z.e.u.s. materialien Biologie
Die Pflanzen

z.e.u.s.
materialien

Biologie

Herausgeber:
Kurt Freytag
Horst Wisniewski

Band 4
Die Pflanzen

Klassen 5 bis 10

Aulis Verlag Deubner

z. eit und
e. nergie bei der
u. nterrichts-
vorbereitung
s. paren.

Bibliografische Information Der Deutschen Bibliothek

Die Deutsche Bibliothek verzeichnet diese Publikation in der Deutschen Nationalbibliografie; detaillierte bibliografische Daten sind im Internet über *http://dnb.ddb.de* abrufbar.

Die Autoren:

Dr. Kurt Freytag, Schwalmstadt	(2.10; 3.2; 3.4; 4.2; 5.1; 5.2; 5.7; 6.1; 6.2; 6.3; 8.1; 8.4; 9.1; 9.5; 10.2; 10.6; 10.16)
Michael Jütte, Dortmund	(3.7; 3.8; 4.1; 4.4; 4.6; 4.7; 4.8; 5.3; 7.1; 7.2; 7.3; 8.2; 8.6; 8.10; 10.4; 10.5; 10.7; 10.8; 10.9; 10.10; 10.17; 10.18; 10.19)
Dr. Helmut Moßner, Weißenhorn	(2.1; 2.4; 2.5; 2.6; 2.7; 2.8; 2.9.–2.9.3; 2.11; 3.5; 3.6; 3.9; 3.10; 3.11; 3.12; 3.13; 3.14; 3.15; 4.3; 4.5; 5.5; 5.6; 6.5; 7.4; 7.5; 8.3; 8.5; 8.7; 8.8; 8.9; 8.11; 9.2; 9.3; 9.4; 9.7; 10.12; 10.13; 10.14; 10.15; 10.20)
Hannelore Rössel, Königstein	(1.1; 1.2; 1.3; 2.2; 2.3; 3.3; 6.4; 10.1; 10.3; 10.11)
Hubert Schmidt, München	(3.1)
Christian Wendel, Vechta	(5.4)

Best.-Nr. 40024

Satz: Textverarbeitung A. Garbe, Köln
Zeichnungen: Niehoff-Lücke, Hannover / Graphik & Text Studio, Barbing
Druck und Weiterverarbeitung: DELO Tiskarna, Ljubljana, Slowenien
ISBN 3-7614-2417-5

Der Verlag möchte an dieser Stelle für die freundliche Genehmigung zum Nachdruck von Copyright-Material danken. Trotz wiederholter Bemühungen ist es nicht in allen Fällen gelungen, Kontakte mit Copyright-Inhabern herzustellen. Für diesbezügliche Hinweise wäre der Verlag dankbar.

Inhaltsverzeichnis

Inhaltsverzeichnis

Inhaltsverzeichnis

Inhaltsverzeichnis

Vorwort

Vorwort und Hinweise zum Einsatz der Materialien im Unterricht

Große Klassen, unvorhergesehene Vertretungsstunden, allgemeiner Zeitmangel oder die Forderung nach Handlungsorientierung und Selbsttätigkeit der Schüler stellen Lehrerinnen und Lehrer immer wieder und immer mehr vor oft nur schwer zu lösende Probleme im Schulalltag.

Die Auswahl von geeigneten Unterrichtsmaterialien ist in diesem Zusammenhang von wesentlicher Bedeutung, denn durch sie werden die Unterrichtsinhalte transportiert, an ihrer Qualität liegt es, ob der damit gestaltete Unterricht interessant und wirkungsvoll ist und damit letztlich sein Ziel erreicht.

Es ist die Absicht dieses mehrbändigen Werks, den Unterrichtenden eine Vielzahl von Materialien anzubieten, die direkt in den Unterricht eingebracht werden können. Sie betreffen alle Gebiete der Schulbiologie und sollen es möglich machen, einen (aus mehreren Gründen leider noch viel zu oft) verbal geführten Unterricht zu ergänzen, die Lehrmethode zu wechseln, die Teilnahme aller Schüler am Unterricht zu fördern und sie so zum Lernen zu motivieren. Schülerexperimente, ausgegebene Materialien und Arbeitsblätter erreichen alle Schüler, geben ihnen die Möglichkeit der persönlichen Auseinandersetzung mit den Inhalten und vervielfachen so die Eingangskanäle für den Lernprozess.

Die Vorbereitungsarbeit des Lehrers wird damit nicht ersetzt, sie wird vereinfacht, weil das angebotene Material didaktisch bereits soweit vorbearbeitet ist, dass es als Folie für den Klassenverband oder als Kopiervorlage für die Hand der Schüler direkt zu verwenden ist. Die langjährige Erfahrung der Autoren bürgt für angemessenes Niveau und schülergerechte Darstellung.

Das vorliegende Werk ist in handliche Bände aufgeteilt, sie sind leicht zu transportieren und problemlos zu photokopieren. Die Schülerseiten für den eigenen Gebrauch ganz oder teilweise zu vervielfältigen ist ausdrücklich erlaubt. Die Bände umfassen inhaltlich den gesamten Bereich der Sekundarstufe I aller Schulformen.

Die z.e.u.s materialien sehen sich keinem methodischen Konzept verpflichtet. Sie stellen eine möglichst große Vielfalt an Unterrichtsmaterialien zur Verfügung, die jeweils punktuell und in freier Entscheidung in den Unterrichtsablauf eingebracht werden können. Andere Medien wie Lehrbücher, Texte, Experimentieranleitungen, Film und Ton sollen dadurch natürlich nicht ersetzt, sondern ergänzt und bereichert werden

Die angebotenen Materialien stehen untereinander in keinem methodischen Zusammenhang (von Ausnahmen abgesehen, z. B. 2.9.1 bis 2.9.3), sie sollen ein Fachgebiet auch nicht vollständig abdecken oder dem Lehrer bzw. der Lehrerin die genaue Ausarbeitung des Unterrichtskonzepts ersparen. Ihr Einsatz im Unterricht muss genau überlegt sein, um jene Effizienz zu erreichen, die von den Autoren beabsichtigt ist.

Zu jeder Materialie gehört die „L-Seite“ mit wichtigen Hinweisen für den Einsatz des Schülerbogens, mit den Lösungen der im Schülerblatt gestellten Aufgaben und gegebenenfalls mit Anregungen für Abwandlungen, Ergänzungen oder Variationen im Einsatz.

Vorwort

Die Materialien selbst – die „S-Seiten“ – umfassen jeweils eine Seite (nur ausnahmsweise auch mehr), und sind von sehr unterschiedlicher Art:

Materialgebundene Aufgaben enthalten Texte, Abbildungen, Zusammenstellungen mit einer oder mehreren darauf bezogenen Aufgaben, die von den Schülern auf einem gesonderten Blatt (z. B. Schülerheft) bearbeitet werden sollen.

Auf **Arbeitsblättern** angegebenes Material wird von den Lernenden ohne Mithilfe des Lehrers bearbeitet, die erhaltenen Befunde können dann direkt in den dafür vorgesehenen Schreibraum eingetragen werden.

Kopierte **Experimentier- und Bastelanleitungen** ersparen wertvolle Zeit für Erläuterungen oder Tafelanschrieb, wenn Schülerversuche durchgeführt werden sollen. Sie können vielfach auch als Anregung für häusliche Versuche dienen; auf Gefahrstoffe im Sinne der Gefahrstoff-Verordnung ist auf den Schülerblättern jeweils hingewiesen.

Als **Folienvorlagen** bzw. als **Tafelbilder** sind Materialien bezeichnet, die auf diesen Einsatz hin konzipiert sind.

Testvorschläge sind für den direkten Einsatz geeignet, müssen aber wohl von Fall zu Fall an die Gegebenheiten der Lerngruppe oder des Unterrichts angepasst werden. Von Bewertungsvorschlägen wurde daher im Allgemeinen abgesehen.

Rätsel, Spiele dienen der Auflockerung. Auf einen gewissen fachlichen Anspruch ist geachtet, dennoch sind sie hervorragend geeignet, sie in unbekannten Klassen (Vertretungsstunden) einzusetzen und dann zum Gegenstand fachlicher Gespräche bzw. Erläuterungen zu machen. Auch Regentage im Schullandheim sind für derartige Materialien eine gute Gelegenheit.

Der große Vorteil all dieser Materialien ist ihre **Flexibilität im Einsatz**. Je nach didaktischer Gegebenheit und methodischem Bedürfnis können die Blätter in Einzel- oder Partnerarbeit, in der Kleingruppe oder mit der ganzen Klasse (evtl. unter Einsatz eines Arbeitsprojektors) bearbeitet werden. Viele Materialien können aber auch als Hausaufgabenvorschläge oder der Lernzielkontrolle dienen.

Jede Materialie trägt eine Kopfleiste der folgenden Art:

L	IV. 2.1	Wir erstellen einen Bestimmungsschlüssel	Materialgebundene Aufgabe	5–8
↓	↓	↓	↓	↓
S = Schülerseite L = Lehrerseite	Band, Kapitel, lfd. Nummer	Inhalt der Materialie	Art der Materialie	Jahrgangsstufen des möglichen Einsatzes

Vorwort

Literaturangaben geben Hinweise auf Informationen, die über den gegebenen Text hinausgehen. Es wurden leicht greifbare und i. A. neuere Veröffentlichungen bevorzugt. Die Auswahl ist aus Platzgründen nicht vollständig.

Quellenangaben weisen die Herkunft von Abbildungen und Texten nach. Autoren und Verlag haben den angeführten Urhebern für die bereitwillige Überlassung von Druckunterlagen und die Abdruckgenehmigungen herzlich zu danken.

Die Inhalte der z.e.u.s. materialien sollen demnächst durch eine CD-ROM ergänzt werden. Der Verlag erhofft sich damit eine weitere Erleichterung der Unterrichtsvorbereitung, weil dadurch der Zugriff verbessert, das Angebot verbreitert und die Einsatzmöglichkeit um eine Dimension größer sein wird.

Autoren, Herausgeber und der Aulis-Verlag hoffen, mit den vorliegenden z.e.u.s. materialien eine Hilfe bereitgestellt zu haben, die die Vorbereitungsarbeit der Lehrerinnen und Lehrer erleichtert und so Kräfte frei macht für die Konzentration auf den Unterricht selbst, ihnen aber auch Möglichkeiten eröffnet zur unterrichtlichen Variation, was den Schülerinnen und Schülern unmittelbar zugute kommt und Motivation und Lernerfolg zu verbessern vermag.

Dem Verlag ist zu danken für die Sorgfalt bei der Herstellung der Arbeitsmaterialien und das bereitwillige Eingehen auf die vielfältigen Wünsche der Herausgeber und Autoren.

Die Herausgeber

Gliederung des Gesamterkes

z.e.u.s. materialien
Biologie

Band 1:
Der Mensch I

Band 2
Der Mensch II

Band 3:
Tierische Zellen, Wirbellose, Wirbeltiere

Band 4:
Die Pflanzen

Band 5:
Genetik, Gentechnik

Band 6:
Ökologie, Natur- und Umweltschutz

Band 7:
Verhalten, Evolution

1
Übergreifende Materialien

Kreuz und quer durch die Pflanzenkunde

Findest du die 37 Begriffe, die in diesem Kreuzworträtsel gesucht werden? Beachte beim Eintragen: Ä = AE, Ü = UE. Wie heißt das Lösungswort?

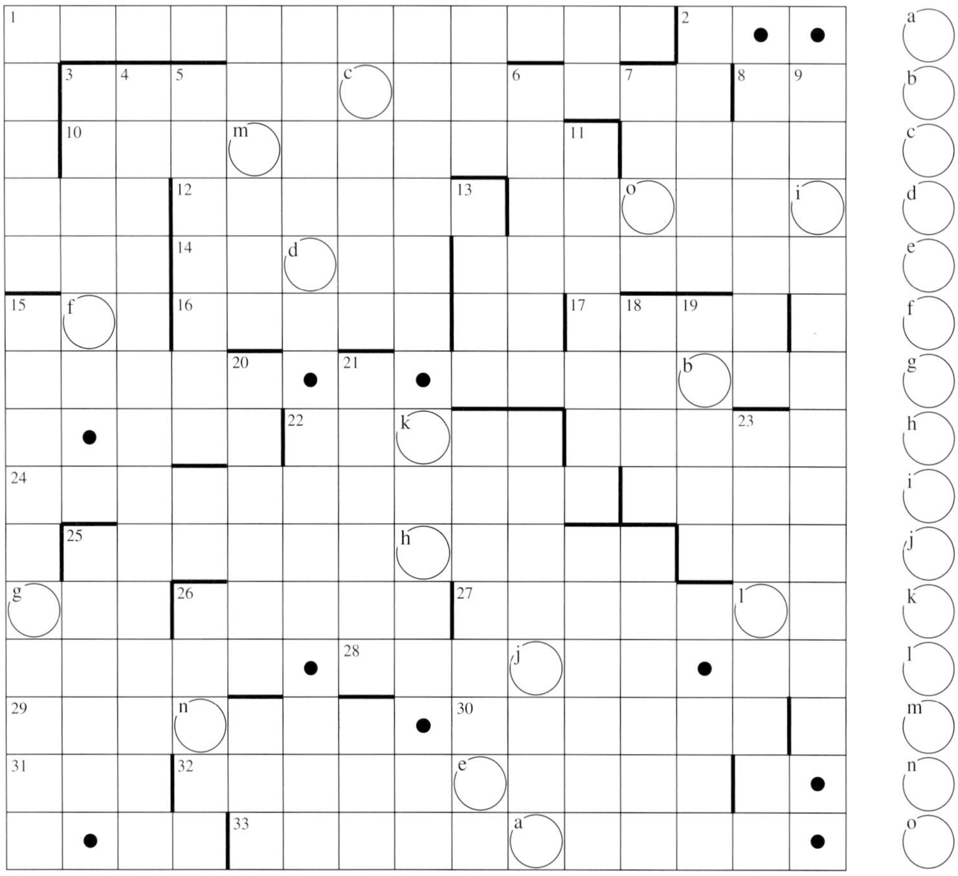

Waagrecht:
1. eine Pflanzenfamilie mit typischem Blütenbau (Beispiele: Sonnenblume, Margerite); **3.** auffälligster, oft bunter Teil der Blüte; **10.** so nennt man Pflanzen, bei denen männliche und weibliche Blüten auf derselben Pflanze wachsen; **12.** sie enthält oft sehr viele Samen und öffnet sich, wenn diese reif sind; **14.** äußerer, aus mehreren Schichten bestehender Bereich von Baumstämmen; **16.** Fruchtstand von Getreidearten; **17.** blütenlose grüne Pflanze, besonders häufig im Wald; **22.** aus ihnen entwickeln sich Pflanzen; **24.** Blattgrün; **25.** allgemeine Bezeichnung für eine Pflanze, die für uns wichtig ist; **26.** so nennt man die stark gefiederten Blätter von Palmen und Farnen; **27.** allgemeine Bezeichnung für ein Holzgewächs, dessen Stamm sich bereits in Bodennähe verzweigt; **28.** Art von Blättern, die im Winter meist nicht abgeworfen werden; **29.** junge Pflanze an einem Trieb der Mutterpflanze; **30.** sie entsteht aus der Blüte; **31.** er wird aus getrockneten Blättern, Blüten oder Früchten zubereitet; **32.** Gas, das tagsüber von grünen Pflanzen abgegeben wird; **33.** so nennt man Pflanzen, die im Winter ihre Blätter behalten.

Senkrecht:
1. der obere Teil eines Laubbaumes; **2.** Teil eines Blattes; **3.** Früchte mit saftigem Fruchtfleisch und meist mehreren Samen; **4.** eine weitere Pflanzenfamilie mit typischem Blütenbau (Beispiel: Taubnessel); **5.** Sammelname für Pflanzen, die stören; **6.** anderer Ausdruck für lange Schlingpflanzen; **7.** große Meeresalge; **8.** „Haar" der Getreideähren; **9.** Beispiele hierfür sind Schneeglöckchen, Anemone und Schlüsselblume; **11.** mittlerer Teil der weiblichen Blüte; **13.** Gesamtheit der Blätter eines Baumes; **15.** äußerer, oft grüner Teil vieler Blüten; **18.** blütenlose Pflanze, die meist im Wasser lebt; **19.** fadenförmiges Befestigungsorgan von Kletterpflanzen; **20.** Teil der Pflanze, der Nährsalze und Wasser aufnimmt; **21.** verholzter Samenstand fast aller Nadelbäume; **23.** sie sind Lebensgemeinschaften von Algen und Pilzen; **25.** Teil des Griffels; **26.** ein Lebensraum, der ohne menschlichen Einfluss verwaldet.

Methodisch-didaktische Hinweise:

Mit 20 Fragen bilden diejenigen zur **Morphologie der Pflanzen** den Schwerpunkt des Rätsels; waagrecht werden gesucht: Blütenblatt, Kapsel, Rinde, Ähre, Samen, Wedel, Nadeln, Ableger, Frucht; senkrecht sind es: Krone, Stiel, Beeren, Granne, Griffel, Laub, Kelchblatt, Ranke, Wurzel, Zapfen, Narbe. Andere Aspekte wie **Lebensräume, Verwandtschaften, Nutzpflanzen** werden gestreift, Namen einzelner Pflanzen werden nicht erfragt. Damit eignet sich das Rätsel für eine **stichpunktartige Wiederholung** des Baus von Pflanzen, es kann im Unterricht oder als Hausaufgabe gelöst werden und hat einen höchstens **mittleren Schwierigkeitsgrad**. Die Bearbeitungszeit beträgt etwa **25 Minuten**.
Ob die Fragen zur Morphologie speziell genug sind, um auch als Vorbereitung auf eine diesbezügliche **schriftliche Lernkontrolle** auszureichen, hängt vom jeweiligen Unterricht ab und wird von Klasse zu Klasse verschieden sein; möglicherweise müssen zu diesem Zweck weitere Begriffe aus den vorangegangenen Stunden ergänzt werden – z. B. andere Pflanzenteile, die der Vermehrung dienen, andere Fruchtstände, Arten von Blütenständen, Blattformen, auch Fachausdrücke, die eine Aussage über die Funktion der betreffenden Pflanzenteile beinhalten, etwa Falterblüte, Hummelblüte oder Windfrüchte, Schleuderfrüchte, Lockfrüchte usw.
Leicht lässt sich das Rätsel zu einer die gesamte **Pflanzenkunde abschließenden Unterrichtsstunde** ausbauen, indem man die dafür geeigneten Rätselfragen durch **Beispiele** ergänzen lässt: Anknüpfend an Nr. 1 waagrecht sowie Nr. 4 und Nr. 9 senkrecht fordert man die Schüler auf, zusätzlich zu den schon in diesen Fragen aufgeführten Beispielen weitere **Korbblütler, Lippenblütler** und **Frühblüher** zu benennen. Den Kreis der Beispiele kann man problemlos auch auf **andere Einteilungskategorien** ausdehnen, die aus den Fragen hervorgehen und zu denen dort keine Beispiele zitiert sind; das gilt für **ein- bzw. zweihäusige** Pflanzen (Nr. 10 w.), **Getreidearten** (Nr. 16 w.), **Waldpflanzen** (Nr. 17 w.), **Nutzpflanzen** (Nr. 25 w.), **immergrüne** Pflanzen (Nr. 33 w.), für **Laubbäume** (Nr. 13 s.), **Wasserpflanzen** (Nr. 18 s.), **Nadelbäume** (Nr. 28 s.), **Wiesenpflanzen** (Nr. 26 s.) sowie für **blütenlose** Pflanzen (Nr. 17 w. und Nr. 18 s.).

Lösung:

Waagrecht:
1. Korbbluetler, 3. Bluetenblatt, 10. einhaeusig, 12. Kapsel, 14. Rinde, 16. Aehre, 17. Farn, 22. Samen, 24. Chlorophyll, 25. Nutzpflanze, 26. Wedel, 27. Strauch, 28. Nadeln, 29. Ableger, 30. Frucht, 31. Tee, 32. Sauerstoff, 33. immergruen

Senkrecht:
1. Krone, 2. Stiel, 3. Beeren, 4. Lippenbluetler, 5. Unkraut, 6. Lianen, 7. Tang, 8. Granne, 9. Fruehblueher, 11. Griffel, 13. Laub, 15. Kelchblatt, 18. Alge, 19. Ranke, 20. Wurzel, 21. Zapfen, 23. Flechten, 25. Narbe, 26. Wiese

Lösungswort: GAENSEBLUEMCHEN

Arbeitsmaterial

1 Frühblüher
a Schneeglöckchen
b Anemone
c Schlüsselblume
d Veilchen

2 Wiesenblumen
a Glockenblume
b Schafgarbe
c Klee
d Hahnenfuß

3 Gelbe Blütenpflanzen
a Löwenzahn
b Sumpfdotterblume
c Hahnenfuß
d Sonnenblume

4 Zwiebelpflanzen
a Schneeglöckchen
b Krokus
c Osterglocke
d Tulpe

5 Pflanzen am Wegrand
a Wegwarte
b Mohn
c Brennnessel
d Wegerich

6 Korbblütler
a Gänseblümchen
b Margerite
c Sonnenblume
d Aster

7 Getreidearten
a Weizen
b Roggen
c Gerste
d Hafer

8 Familien von Blütenpflanzen
a Korbblütler
b Lippenblütler
c Schmetterlingsblütler
d Rosengewächse

9 Kletter- und Schlingpflanzen
a Efeu
b Winde
c Wein
d Stangenbohne

10 Heilpflanzen
a Kamille
b Salbei
c Arnika
d Holunder

11 Giftpflanzen
a Fingerhut
b Maiglöckchen
c Herbstzeitlose
d Tollkirsche

12 Womit sich Pflanzen schützen
a Stacheln
b Dornen
c Brennhaare
d Bitter- und Giftstoffe

13 Einheimische Laubbäume
a Eiche
b Rotbuche
c Eberesche
d Linde

14 Einheimische Nadelbäume
a Tanne
b Fichte
c Kiefer
d Lärche

15 Was Pflanzen benötigen
a Nährsalze
b Wasser
c Licht
d Luft

16 Aufbau von Blütenpflanzen
a Wurzel
b Stängel
c Blätter
d Blüte

17 Speicherorgane
a Zwiebel
b Knolle
c Rübe
d Erdstängel

18 Blattränder
a ganzrandig
b gebuchtet
c gekerbt
d gezähnt

19 Blütenteile
a Kelchblätter
b Blütenblätter
c Staubgefäße
d Stempel

20 Fruchtarten
a Steinfrucht
b Kernfrucht
c Beerenfrucht
d Hülsenfrucht

21 Samenverbreitung
a Lockfrüchte
b Ameisenfrüchte
c Flugfrüchte
d Klettfrüchte

22 Zimmerpflanzen
a Gummibaum
b Amaryllis
c Alpenveilchen
d Weihnachtsstern

23 Pflanzen ohne Blüten
a Farne
b Moose
c Pilze
d Algen

24 Genießbare Pilze
a Steinpilz
b Wiesenchampignon
c Pfifferling
d Trüffel

Aufgabe:

Schreibe für die Herstellung des ersten Quartettspieles das Quartett mit der dir zugeteilten Nummer zunächst auf vier Karten (siehe Muster), rahme jeweils einen der Buchstaben *a* bis *d* kreisförmig ein, und gib die fertigen Karten deinem Lehrer. Wiederhole dieses Verfahren mit weiteren Karten noch 2 bis 3 mal – dann sind genügend Quartettspiele hergestellt, und das Spiel kann beginnen.

Muster für die Beschriftung:

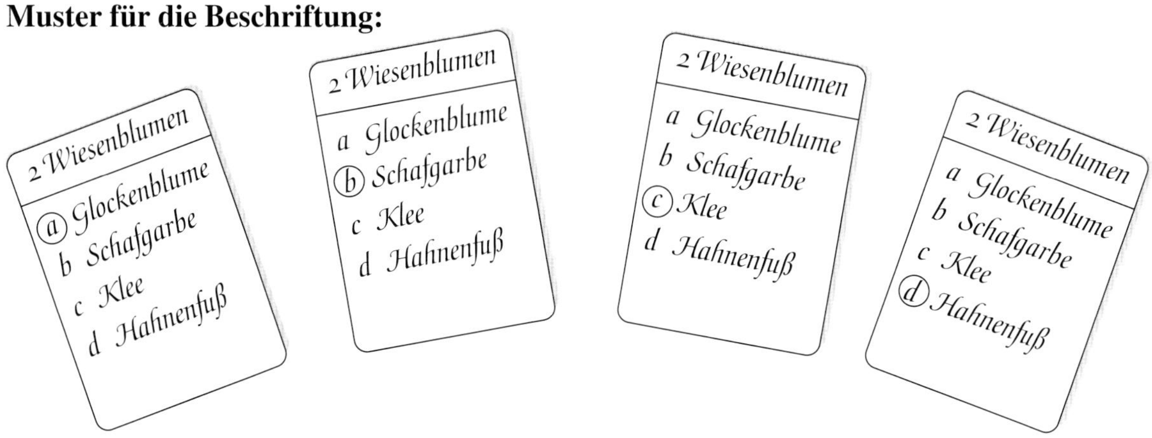

Methodisch-didaktische Hinweise:

Es gibt zahlreiche Gründe, die es immer wieder als notwendig erscheinen lassen, die **Kommunikation der Schüler untereinander** zu fördern; gemeinsames Spielen kann dazu einen Beitrag leisten. Mit dem selbst gefertigten Quartettspiel „Pflanzenkunde“ lässt sich zudem bei den Schülern das **Interesse wecken an dem, was „um uns herum wächst und blüht“** – besonders bei Großstadtkindern ein oft nicht ganz leichtes Unterfangen.
Inhaltlich bieten die 24 Quartette des Spiels einen **stichpunktartigen Überblick** über das Reich der Pflanzen (Aufbau der Pflanzen, Artenvielfalt, Standorte, Nutzung), wobei **schwierigere Sachverhalte** (wie z. B. der Aufbau der pflanzlichen Zelle oder die Funktionen des Waldes) **unerwähnt** bleiben. So lässt sich das Spiel besonders in der Einführungsphase des Botanikunterrichts einsetzen, kann aber auch jederzeit „zwischendurch“ für eine Auflockerung des Unterrichts sorgen; besonders eignet es sich für die letzte Stunde vor Ferienbeginn, auch zu Vertretungsstunden in fremden Klassen. Im Schullandheimaufenthalt gespielt, kann man die Schüler nachträglich bei Wanderungen auf vieles aufmerksam machen, wovon sie zuvor im Spiel gehört haben.
Drei Blütenpflanzen – Schneeglöckchen, Hahnenfuß, Sonnenblume – kommen in jeweils zwei Quartetten vor, was einerseits erhöhte Aufmerksamkeit beim Spielen erforderlich macht und andererseits zeigt, dass man Pflanzen nach sehr unterschiedlichen Kriterien einordnen kann.
Einmal im Unterricht hergestellt, stehen die Quartette für andere Klassen stets zur Verfügung. Spielgruppen von 4 bis 5 Schülern sind am geeignetsten. Vor Spielbeginn sollte man auf die Spielregeln für Quartettspiele hinweisen, da einige Schüler sie u.U. nicht kennen.

Spielregeln für Quartettspiele:

Die Karten werden gemischt und ausgeteilt.
Einer der Schüler beginnt, indem er einen anderen Mitspieler nach einer Karte fragt, die ihm zur Bildung eines vollständigen Quartettes noch fehlt. Erhält er die Karte, kann er so lange beliebige Mitspieler nach anderen ihm noch fehlenden Karten befragen, bis ein Gefragter die gewünschte Karte nicht besitzt. Dieser kann nun seinerseits andere Mitspieler nach ihm noch fehlenden Karten befragen. Vollständige Quartette werden abgelegt.
Passt man genau auf, so kann man sich merken oder folgern, von wem man – wenn man selbst wieder an der Reihe ist – geeignete Karten bekommen kann. Gewinner ist, wer zum Schluss die meisten Quartette abgelegt hat.

Zur (einmaligen) Anfertigung der Quartettspiele:

Man benötigt 200 Karteikarten DIN A6 liniert (Postkartengröße), die man halbiert; dadurch erhält man 400 Karten DIN A7 in der für die Beschriftung geeigneten Linierung. Hiermit lassen sich 4 Quartettspiele mit den 24 vorgeschlagenen Quartetten herstellen. (4 Karten bleiben jeweils als Reserve übrig, falls sich Schüler verschreiben.)
Geht man von einer Klassenstärke von 24 Schülern aus, so überträgt jedes Kind „seine“ Quartettnummer zunächst auf 4 Karten und rahmt dabei jeweils einen der Buchstaben *a* bis *d* ein. (Die nebenstehende Liste wird dazu in ausreichender Anzahl verteilt.) Unter Berücksichtigung der Tatsache, dass käufliche Quartettspiele selten mehr als 10 Quartette enthalten, reicht ein vollständiges Spiel bereits für 2 Spielgruppen. Der Lehrer sortiert die beschrifteten Quartette beim Einsammeln gleich so, dass das eine Spiel die Quartette mit den geraden, das andere die mit den ungeraden Nummern enthält; auf diese Weise entstehen zwei **inhaltlich vergleichbare Teilspiele**. Zwei **Teilspiele mit unterschiedlichen Schwerpunkten** erhält man, wenn man einerseits die Quartette 1–12 zusammenfasst (Blütenpflanzen und Beispiele) und andererseits die Quartette 13–24 (zur Morphologie der Pflanzen, blütenlose Pflanzen, Bäume).
Wiederholt man das Verfahren noch 2 (bis 3) mal, so sind nach ca. 15 Minuten 3 (bis 4) vollständige Quartettspiele fertig beschriftet; somit stehen 6 (bis 8) Spiele zu je 12 Quartetten zur Verfügung.

Ein Rösselsprung

In Versform weist uns der Münchener Schriftsteller *Eugen Roth* auf die Schutzwürdigkeit der Natur hin. Du erfährst den Wortlaut des Spruchs, wenn du dich **zwischen Start und Ziel** des Rätsels **wie ein Springer auf dem Schachbrett** fortbewegst; jedes Feld darf nur einmal benutzt werden.

		Start	Ziel		
		Zu	dert		
fäl-	denk'	ei-	be	wun-	er
nen	hal-	dert	be-	hun-	stun-
es	len	Jahr-	be-	braucht	man
braucht's	schö-	ne	bis	de	Wach-
	ein	Baum	zum	ihn	
nen	ei-			sen	kaum

Der Spruch von *Eugen Roth* lautet:

....

....

....

....

Methodisch-didaktische Hinweise:
Der Spruch von *Eugen Roth* betont am Beispiel des Baums die **Schönheit und Schutzwürdigkeit der Natur** und propagiert damit auf seine Weise den pfleglichen Umgang mit ihr. Ob als Einstieg oder Abschluss des Themas Wald eingesetzt oder im Rahmen einer Unterrichtsreihe mit dem Schwerpunkt Naturschutz verwendet – der in der Rätselform eines Rösselsprungs dargestellte „Merksatz“ lässt sich vielfältig und in der gesamten Sekundarstufe I nutzen; er ist **einprägsam** und deshalb geeignet, von den Schülern in Erinnerung behalten zu werden und möglicherweise nachdenklich zu machen. Den Inhalt des Spruchs kann man gegebenenfalls untermauern mit **Zahlenangaben** über die **Umtriebszeiten** und (in Klammern) das **maximale Alter** einiger wichtiger einheimischer Forstbäume (Werte aus: Biologie in Zahlen, Gustav Fischer Verlag, Stuttgart 1985).

Laubbäume:

Bergahorn	120 – 140	(200) Jahre
Birke	60 – 80	(120) Jahre
Eiche	180 – 300	(1300) Jahre
Hainbuche	60 – 100	(150) Jahre
Rotbuche	120 – 140	(900) Jahre
Spitzahorn	120 – 140	(600) Jahre

Nadelbäume:

Fichte	80 – 120	(1100) Jahre
Lärche	100 – 140	(600) Jahre
Kiefer	100 – 120	(500) Jahre
Tanne	90 – 130	(500) Jahre

Durch die **Verwendung von vier verschiedenen Symbolen** für die vier Zeilen des Spruchs reduziert sich die Zahl der möglichen Sprünge erheblich, wodurch das Rätsel **leicht** und in **ca. 5 Minuten** gelöst werden kann; dass jedes Symbol für eine Zeile steht, teilt man zu Beginn mit. Der Lehrer muss in jedem Fall, evtl. mit Hilfe einer kleinen Tafelskizze, für die „Nicht-Schachspieler“ der Klasse erklären, **wie sich ein Springer** auf dem Schachbrett **bewegt**. Auch, dass die Silben mit (Bleistift-)Strichen so miteinander verbunden werden, dass sich der Spruch entlang der Linienführung ablesen lässt, muss man den Schülern vorab erklären, da die meisten von ihnen vermutlich noch nie einen Rösselsprung gelöst haben (Abbildung).

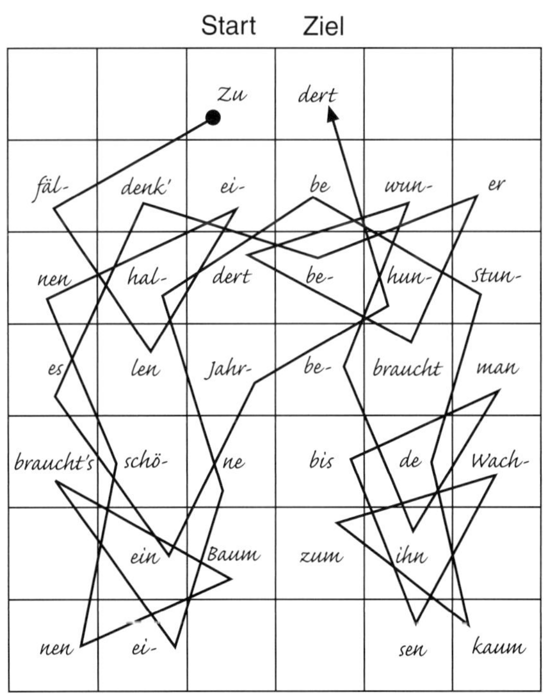

Lösung:

◇ Zu fällen einen schönen Baum

▭ braucht's eine halbe Stunde kaum;

○ zum Wachsen, bis man ihn bewundert,

⬭ braucht er – bedenk' es – ein Jahrhundert.

2
Formenkenntnis Pflanzenportraits

Wir erstellen einen Bestimmungsschlüssel

Zur Bestimmung der vielen Pflanzenarten benutzt man Bestimmungsbücher. Falls diese nur Abbildungen und Beschreibungen enthalten, muss man oft das ganze Buch durchblättern, um den Namen der Pflanze herauszubekommen. Viel gezielter kann man mit Büchern bestimmen, die mit einem Bestimmungsschlüssel arbeiten. Dieser ist so aufgebaut, dass man die Pflanzen immer wieder in zwei Gruppen gemeinsamer Merkmale aufteilt. Weil sich der Schlüssel mehr und mehr aufzweigt, sprechen wir auch von einem gegabelten Schlüssel. Am Beispiel von Blättern verschiedener Laubbäume wollen wir selbst einen solchen Bestimmungsschlüssel entwerfen. Sammle dazu die Blätter folgender Baumarten: Esche, Vogelbeere (= Eberesche), Rosskastanie, Bergahorn, Eiche, Rotbuche und Hainbuche. Trage unten ein, für welches der Blätter die angegebenen Kennzeichen zutreffen.

1 Blatt zusammengesetzt	trifft zu für	2 Blatt gefiedert	trifft zu für	3 Fiederblättchen oval-eiförmig	trifft zu für ....
	....		....	3* Fiederblättchen lanzettlich	trifft zu für ....
	....	2* Blatt gefingert	trifft zu für		
				5 Blattadern fingerförmig	trifft zu für ....
1* Blatt einfach	trifft zu für	4 Blatt eingeschnitten oder gelappt	trifft zu für	5* Blattadern fiederförmig	trifft zu für ....
	....	4* Blatt ganzrandig oder gesägt	trifft zu für	6 Blatt am Rand gewellt	trifft zu für ....
				6* Blatt am Rand gesägt	trifft zu für ....

Um die oben genannten Alternativen besser unterbringen zu können, werden diese in den Bestimmungsbüchern untereinander geschrieben. Die Zahl am rechten Rand gibt an, bei welcher Ziffer du weiterlesen musst.

1	Blatt zusammengesetzt	2
1*	Blatt einfach	4
2	Blatt gefiedert	3
2*	Blatt gefingert	Rosskastanie
3	Fiederblättchen oval-eiförmig	Esche
3*	Fiederblättchen lanzettlich	Vogelbeere
4	Blatt eingeschnitten oder gelappt	5
4*	Blatt ganzrandig oder gesägt	6
5	Blattadern fingerförmig	Bergahorn
5*	Blattadern fiederförmig	Eiche
6	Blatt am Rand gewellt	Rotbuche
6*	Blatt am Rand gesägt	Hainbuche

Sammle weitere Blätter und entwirf selbst einen Bestimmungsschlüssel.

Methodisch-didaktische Hinweise:

Blätter von Laubbäumen sind besonders gut geeignet, in das systematische Vorgehen zur Artbestimmung in Form eines dichotomen Schlüssels einzuführen. Dichotome Schlüssel spielen nach wie vor eine große Rolle in der Biologie. Die Schüler werden bei Benutzung dieser Schlüssel gezwungen, die Objekte genau zu charakterisieren und sich ihre Merkmale genau anzusehen. Durch das Konstruieren eines eigenen Schlüssels wird das formale Prinzip der dichotomen Bestimmungsschlüssel deutlich, das einem Computerprogramm ähnelt. Zum Erreichen des Ziels sind verschiedene Strategien möglich, von denen eine im Beispiel genauer ausgeführt ist. Statt der angegebenen Blätter können für die Erstellung eines Schlüssels auch andere Blätter verwendet werden, eine entsprechende Erarbeitung wäre auch als Hausaufgabe möglich. Der Übersichtlichkeit halber sollten jedoch nicht zu viele Taxa angeboten werden.

Eine weitere Möglichkeit zu dichotomen Schlüsseln zu gelangen, ist die über Merkmalstabellen: gemeinsame Merkmale werden zu Merkmalsgruppen zusammengefasst. Eine Anleitung hierfür, ist in [1] zu finden.

Nachdem die Schüler/innen das Prinzip durchschaut haben, kann mit Bestimmungsbüchern gearbeitet werden, die sowohl mit dichotomen Schlüsseln als auch mit Abbildungen versehen sind, z.B. [2] oder [3].

Lösungen:

1 Blatt zusammengesetzt	trifft zu für *Esche* *Vogelbeere* *Rosskastanie*	2 Blatt gefiedert	trifft zu für *Esche* *Vogelbeere*	3 Fiederblättchen oval-eiförmig	trifft zu für *Esche*
				3* Fiederblättchen lanzettlich	trifft zu für *Vogelbeere*
		2* Blatt gefingert	trifft zu für *Rosskastanie*		
				5 Blattadern fingerförmig	trifft zu für *Bergahorn*
1* Blatt einfach	trifft zu für *Bergahorn* *Eiche* *Rotbuche* *Hainbuche*	4 Blatt eingeschnitten oder gelappt	trifft zu für *Bergahorn* *Eiche*	5* Blattadern fiederförmig	trifft zu für *Eiche*
		4* Blatt ganzrandig oder gesägt	trifft zu für *Rotbuche* *Hainbuche*	6 Blatt am Rand gewellt	trifft zu für *Rotbuche*
				6* Blatt am Rand gesägt	trifft zu für *Hainbuche*

Literatur:

[1] *Eschenhagen, D., Kattmann, U., Rodi, D.* (Hrsg.): Handbuch des Biologie-Unterrichts, Band 2: Lebensformen und Verwandtschaft. Aulis Verlag, Köln 1992.

[2] *Paysan, A., Roth, Ä.*: Bestimmungsbuch für Pflanzen. Ernst Klett Verlag, Stuttgart 1970.

[3] *Pews-Hocke, C.* (Hrsg.): Schüler bestimmen Pflanzen. paetec Gesellschaft für Bildung und Technik, Berlin 1994.

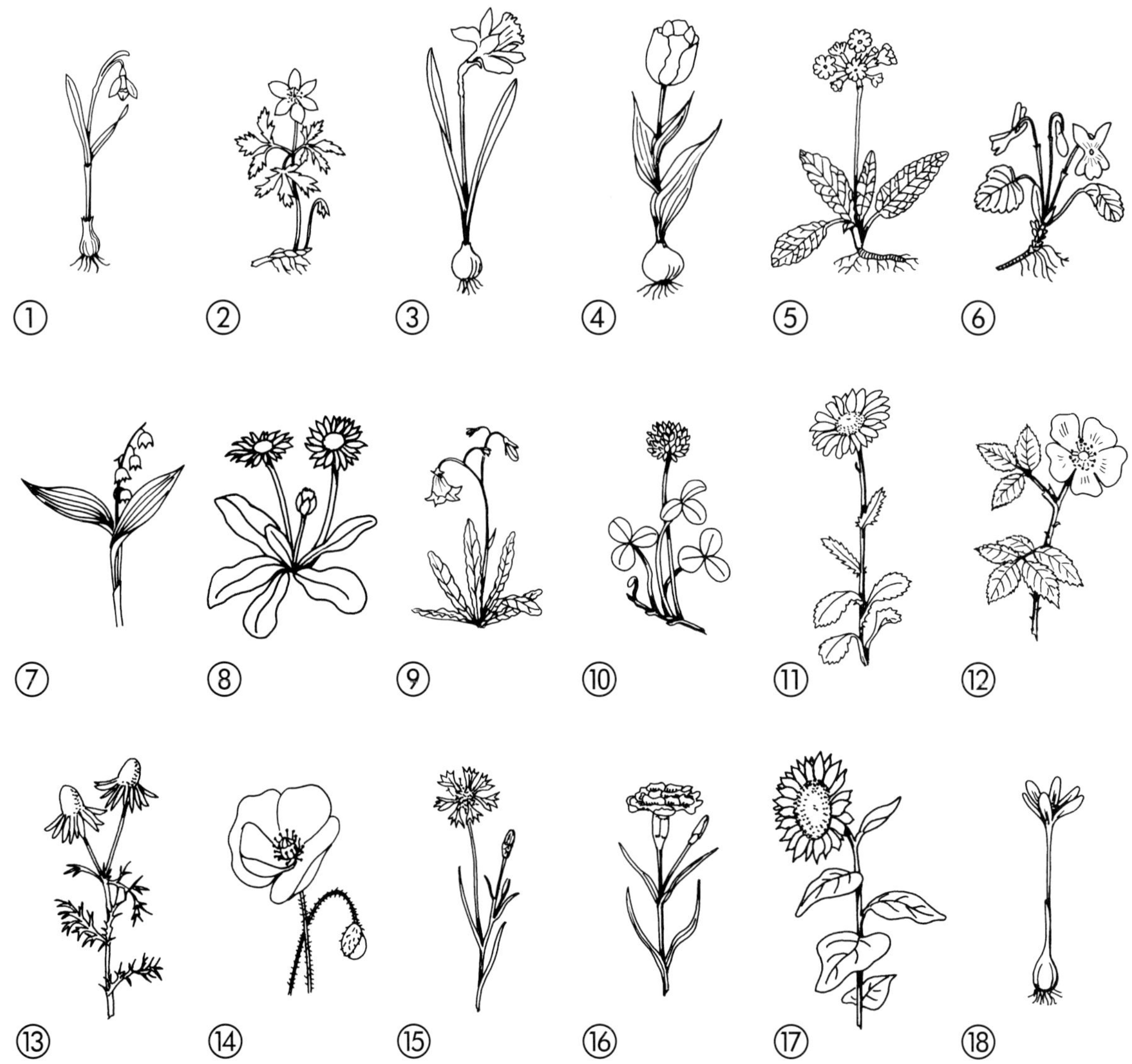

Aufgabe:
Benenne die abgebildeten Blütenpflanzen.

①	⑦	⑬ ....
②	⑧	⑭ ....
③	⑨	⑮ ....
④	⑩	⑯ ....
⑤	⑪	⑰ ....
⑥	⑫	⑱ ....

In alphabetischer Reihenfolge zeigen die Abbildungen: Anemone – Gänseblümchen – Glockenblume – Heckenrose – Herbstzeitlose – Kamille – Klatschmohn – Klee – Kornblume – Maiglöckchen – Margerite – Nelke – Osterglocke – Schlüsselblume – Schneeglöckchen – Sonnenblume – Tulpe – Veilchen.

Methodisch-didaktische Hinweise:

Immer wieder zeigt es sich, dass Schülern aller Altersstufen selbst die gängigsten Blumen dem Namen nach unbekannt sind oder umgekehrt zwar bekannten Namen nicht die entsprechenden Pflanzen zugeordnet werden können. Diesen Mangel an **Formenkenntnissen** soll das Arbeitsblatt helfen auszugleichen; es lässt sich zum **Erlernen** und zum **Wiederholen** zumindest der hier ausgewählten Beispiele nutzen. Selbstverständlich bringt man die „Blumen der Jahreszeit" mit in den Unterricht – schon wegen der Größenverhältnisse und der Farbgebung; von den nicht zur Verfügung stehenden Beispielen zeigt man farbige Abbildungen.
Die Blütenpflanzen sind auf dem Arbeitsblatt nach ihrer **ungefähren Blütezeit** sortiert, gleichzeitig am gleichen **Standort** blühende folgen unmittelbar aufeinander (z. B. im Sommer blühende Wiesenblumen ⑧ bis ⑪, Feldblumen ⑬ bis ⑮). Das Arbeitsblatt enthält nur häufig vorkommende Beispiele, keine Seltenheiten.
Es lässt sich durch **weiterführende Fragen** leicht zu einer **vollständigen Unterrichtsstunde** ausbauen; solche Fragen können beispielsweise sein:
- Welche Blumen sind typische Wiesenblumen / typische Feldblumen, welche findet man eher im Wald, welche wachsen bei uns nicht wild?
- Nenne je einen weiteren Namen für die Beispiele ②, ③, ⑪!
- Welche der abgebildeten Blumen sind Korbblütler?
- Welche Fähigkeit besitzen ⑩ (Klee) und andere Schmetterlingsblütler?
- Wie heißen die Früchte von ⑫ und von ⑰, und wozu verwendet man sie?
- Suche die Pflanzen mit weißer, mit gelber, mit (meist) blauer Blüte heraus!
- Welche der 18 Pflanzen sind bekannte Giftpflanzen?

Soll das Arbeitsblatt für eine (anschließende) schriftliche Lernkontrolle **schwieriger**, evtl. auch etwas **ausführlicher** werden, deckt man die unten auf der Schülerseite alphabetisch aufgezählten Pflanzennamen ab und ersetzt sie gegebenenfalls durch einige der im vorangegangenen Unterricht besprochenen Zusatzfragen (siehe unten).

Lösung:

① Schneeglöckchen
② Anemone / Buschwindröschen
③ Osterglocke / Narzisse
④ Tulpe
⑤ Schlüsselblume
⑥ Veilchen
⑦ Maiglöckchen
⑧ Gänseblümchen
⑨ Glockenblume
⑩ Klee
⑪ Margerite / Wucherblume
⑫ Heckenrose
⑬ Kamille
⑭ Klatschmohn
⑮ Kornblume
⑯ Nelke
⑰ Sonnenblume
⑱ Herbstzeitlose

– evtl. hier abtrennen und unten in die Schülerseite hineinkopieren –

Beantworte folgende Zusatzfragen:
1. Unter welchem zweiten Namen ist Beispiel Nr. ②, Nr. ③, Nr. ⑪ auch bekannt?
2. Wo blüht Nr. ② bevorzugt, wo Nr. ⑤, Nr. ⑨, Nr. ⑭?
3. Zu welcher Pflanzenfamilie gehört aufgrund des Blütenbaus Nr. ⑧, Nr. ⑩?
4. Welche der abgebildeten Blütenpflanzen sind giftig?

①

②

③

④

⑤
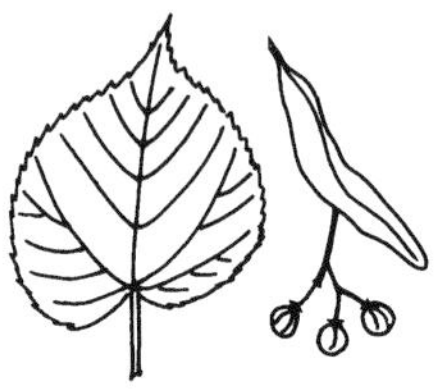
⑥

⑦
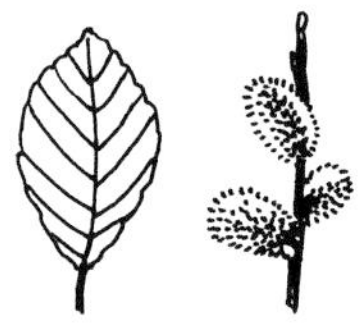
⑧

⑨

⑩
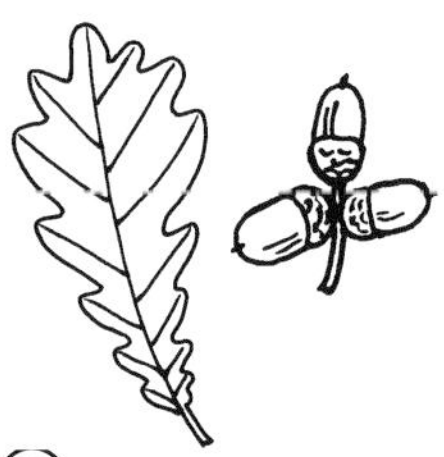
⑪

⑫

⑬

⑭

⑮

⑯

⑰

⑱

⑲

⑳

Aufgabe:
Benenne die Bäume, deren Blätter, Blüten und Früchte hier abgebildet sind.

①	⑥	⑪	⑯ ....
②	⑦	⑫	⑰ ....
③	⑧	⑬	⑱ ....
④	⑨	⑭	⑲ ....
⑤	⑩	⑮	⑳ ....

Die Namen der Bäume, alphabetisch sortiert, sind: Bergahorn – Birke – Eberesche – Eibe – Eiche – Erle – Esche – Fichte – Hainbuche – Kiefer – Korbweide – Lärche – Linde – Robinie – Rosskastanie – Rotbuche – Salweide – Spitzahorn – Tanne – Ulme.

Methodisch-didaktische Hinweise:
Es sind ausschließlich Blätter, Blüten und Früchte **bekannter einheimischer Bäume** abgebildet; die aus Nordamerika stammende Robinie kann mittlerweile auch als einheimisch bezeichnet werden. Die Abbildungen sind sortiert nach **Laubbäumen** und **Nadelbäumen**, die Abbildungen zu den Laubbäumen wiederum nach **einfachen** und **zusammengesetzten** Blättern.
Das Arbeitsblatt ist im Rahmen einer Unterrichtsreihe über den Wald vielseitig zu verwenden und kann helfen, die meist nur spärlich vorhandenen **Formenkenntnisse** der Schüler zu verbessern. Die Abbildungen können
- zur **Erarbeitung** der Formenvielfalt heimischer Bäume herangezogen werden,
- der **Wiederholung** und **Festigung** vorher erworbener Kenntnisse dienen,
- **im Unterricht** oder als **Hausaufgabe** bearbeitet oder
- als abschließende **schriftliche Lernkontrolle** genutzt werden.

Besonders bietet sich das Arbeitsblatt auch zur Vor- oder Nachbereitung eines Lehrausflugs und für Projekttage mit entsprechender Thematik an.
Der Lehrer wird in jedem Fall bemüht sein, möglichst viele Blätter zeigen zu können, wozu sich evtl. auch **Dauerpräparate** eignen – das können Objektdias aus Glas sein oder mit Klebefolie hergestellte Folienpräparate. **Direktkopien** von Blättern sind als **Silhouetten** ebenfalls geeignet und können dort eingesetzt werden, wo anderes Material fehlt. Anhand des zur Verfügung stehenden Anschauungsmaterials wird das jeweils **besonders Typische** an Blättern, Blüten und Früchten mit den Schülern erarbeitet – es findet sich dann im Arbeitsblatt wieder, etwa: Das Ulmenblatt ④ besitzt einen schiefen Blattgrund, das Erlenblatt ⑤ hat eine gekerbte Spitze, das Lindenblatt ⑥ ist schief-herzförmig. Die paarigen Propellerfrüchte von Spitz- und Bergahorn ⑨, ⑩ unterscheiden sich im Winkel (stumpfwinklig bzw. spitzwinklig). Bei Kiefern ⑱ stehen stets 2 oder 5 Nadeln in jedem Büschel, die Eibe ⑯ ist zweihäusig – abgebildet ist der Zweig einer weiblichen Pflanze mit einer für Nadelbäume sonst unüblichen Beere, Fichtenzapfen ⑲ hängen, Tannenzapfen ⑳ stehen.
Beabsichtigt der Lehrer, das Arbeitsblatt (zusätzlich) für eine schriftliche Lernkontrolle zu verwenden und dafür den **Schwierigkeitsgrad** zu **erhöhen**, deckt er die in alphabetischer Reihenfolge aufgelisteten Namen der Bäume ab; er kann die Namen auch mit Hilfe der unten vorgeschlagenen Zusatzfragen überdecken, die er dafür einmal vorab kopiert – auf diese Weise wird die Lernkontrolle zugleich etwas ausführlicher.

Lösung:

① Birke	⑥ Linde	⑪ Eiche	⑯ Eibe
② Rotbuche	⑦ Korbweide	⑫ Eberesche	⑰ Lärche
③ Hainbuche	⑧ Salweide	⑬ Esche	⑱ Kiefer
④ Ulme	⑨ Spitzahorn	⑭ Robinie	⑲ Fichte
⑤ Erle	⑩ Bergahorn	⑮ Rosskastanie	⑳ Tanne

– evtl. hier abtrennen und unten in die Schülerseite hineinkopieren –

Beantworte folgende Zusatzfragen:
1. Welches charakteristische Merkmal hat Blatt Nr. ④, Blatt Nr. ⑤, Blatt Nr. ⑥ ?
2. Wie nennt man die Blätter von Nr. ⑫ bis Nr. ⑮, wie heißt die Frucht von Nr. ② ?
3. Zu welchem Verbreitungstyp gehören die Früchte von Nr. ⑥, Nr. ⑨ und Nr. ⑩?

Aufgaben

1. Sammle von heimischen Bäumen und Sträuchern mehrere, möglichst typische, jedoch nicht zu große Blätter mit dem ganzen Blattstiel.
2. Lege die gesammelten Blätter zwischen Zeitungspapier und presse sie, indem du die Zeitung mit dicken Büchern beschwerst. Damit sich die Farben gut erhalten, solltest du die Papierlagen täglich wechseln und durch trockene ersetzen. Achte darauf, dass die Blätter am Ende wirklich trocken sind.
3. Klebe die trockenen Blätter mit Klebestreifen auf dickes Schreibmaschinenpapier oder Zeichenpapier auf.
4. Beschrifte die Blätter mithilfe der unten stehenden Tabelle nach ihrer *Form*, ihrem *Rand*, ihren *Einschnitten* und ihrer *Fiederung*. Schlage in einem Bestimmungsbuch nach, um welche Arten es sich handelt.
5. Um die Objekte dauerhaft zu schützen, kannst du die Blätter auch in Klarsichthüllen einlegen. Bewahre sie in einem Ordner auf.

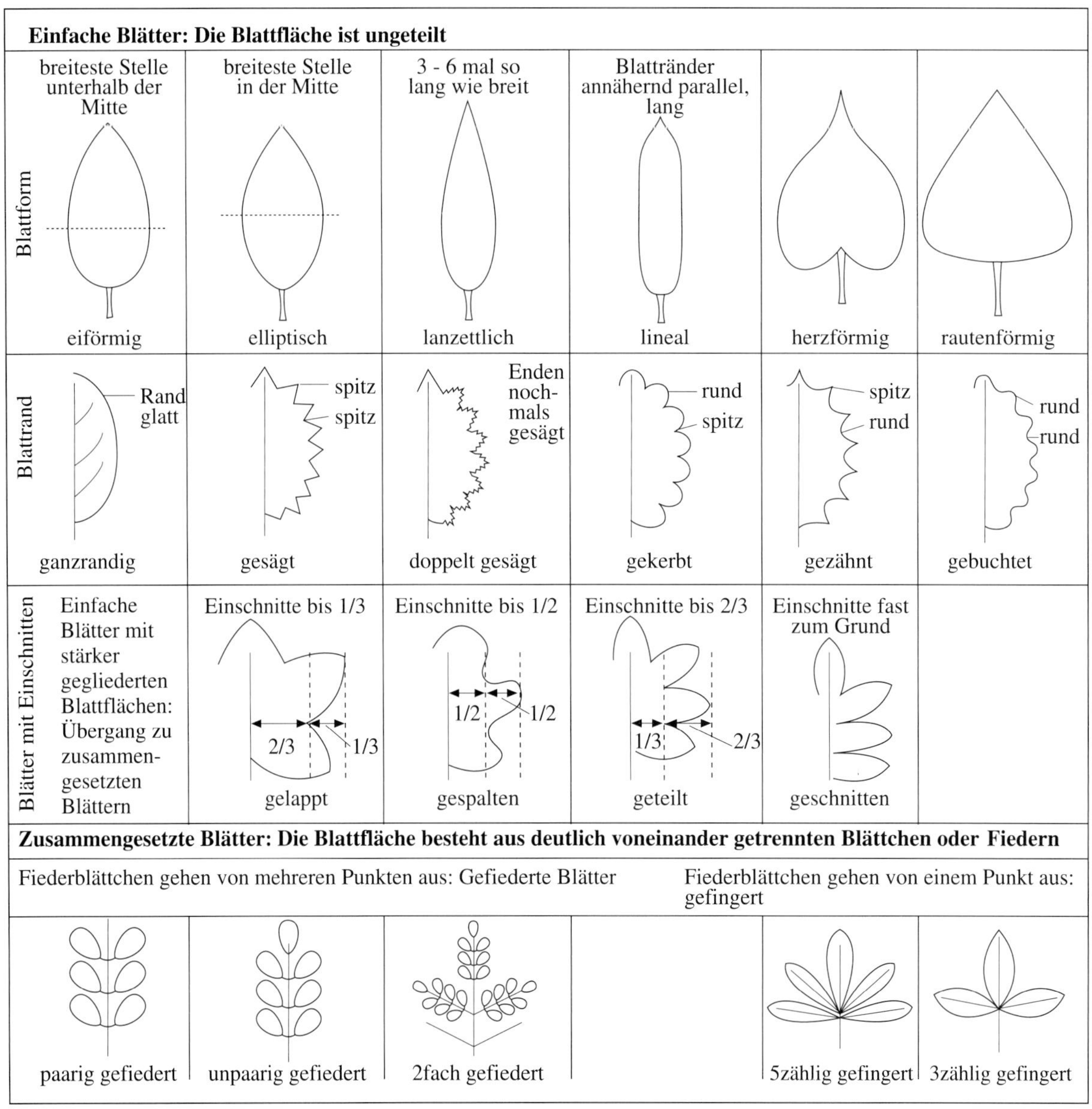

Methodisch-didaktische Hinweise:

Beim Bestimmen von Pflanzen sind im beschreibenden Text bzw. in den Bestimmungsschlüsseln häufig Blattmerkmale angegeben mit denen die Schüler recht wenig anfangen können. In einer Übersicht sind daher die wichtigsten Blattmerkmale systematisch zusammengestellt. Da es für Anfänger schwierig ist, krautige Pflanzen nach den Blättern zu bestimmen, sollte man sich zunächst auf die Blätter von Sträuchern und Bäumen des Waldes beschränken.
Nicht immer lassen sich die Blätter eindeutig einer Blattform zuordnen, d. h. es gibt z.B. Übergänge zwischen eiförmigen und elliptischen Blättern, oder zwischen gesägten und doppelt gesägten. Es wird daher bisweilen von dem gesammelten Blatt abhängen, in welche Kategorie der jeweilige Schüler das Blatt einteilt. Schwierig ist auch die Unterscheidung gelappt, gespalten und geteilt. In [1] werden daher die stärker gegliederten Blätter generell als gelappt bezeichnet.
Einen Bestimmungsschlüssel für Bäume und Sträucher nach Blattmerkmalen findet man in [1] und [3]. Eine übersichtliche Darstellung der Blattformen gibt [1].

Lösungen:

Einfache Blätter
Blattform:
Eiförmig: Grauerle, Hainbuche, Moorbirke, Wildapfel, Wildbirne, Wildkirsche.
Elliptisch: Bergulme, Feldulme, Kreuzdorn, Mehlbeere, Pfaffenhütchen, Roter Hartriegel, Rote Heckenkirsche, Salweide, Traubenkirsche, Waldgeißblatt, Wolliger Schneeball.
Lanzettlich: Esskastanie, Knackweide, Korbweide, Purpurweide, Sanddorn, Silberweide.
Lineal: Uferweide.
Herzförmig: Sommerlinde, Winterlinde.
Dreieckig bis *rautenförmig:* Altersblätter Efeu, Hängebirke, Schwarzpappel.

Blattrand:
Glatt: Faulbaum, Rotbuche, Roter Hartriegel, Rote Heckenkirsche, Pfaffenhütchen, Sanddorn, Waldgeißblatt.
Gesägt: Apfelbaum, Birnbaum, Haselnuss, Kirsche, Knackweide, Kreuzdorn, Schwarzerle, Silberweide, Sommerlinde, Traubenkirsche, Winterlinde.
Doppelt gesägt: Bergulme, Grauerle, Hainbuche, Hängebirke.
Gezähnt: Esskastanie, Mehlbeere, Ohrweide, Salweide, Wolliger Schneeball.
Gekerbt: Schwarzpappel.
Gebuchtet: Zitterpappel.
Gelappt: Bergahorn, Efeu (Jugendblätter), Feldahorn, Gemeiner Schneeball, Silberpappel, Spitzahorn, Stieleiche, Traubeneiche, Zweigriffeliger Weißdorn.
Geteilt bis gespalten: Eingriffeliger Weißdorn, Elsbeere, Roteiche.

Zusammengesetzte Blätter
Unpaarig gefiedert: Brombeere, Eberesche, Gemeine Esche, Himbeere, Robinie, Rose, Roter Holunder, Schwarzer Holunder, Speierling, Waldrebe, Walnuss.
Gefingert: Rosskastanie.

Literatur:

[1] *Godet, J.:* Bäume und Sträucher. Arboris Verlag, Bern 1986.
[2] *Rothmaler, W.:* Exkursionsflora, Band 2, Gefäßpflanzen. Volk und Wissen Verlag, Berlin 1990.
[3] *Paysan, A., Roth, Ä.:* Bestimmungsbuch für Pflanzen. Ernst Klett Verlag, Stuttgart 1970.
[4] *Wagener, A., Strey, G.:* Einführung in das Bestimmen der Pflanzen. Quelle und Meyer, Heidelberg 1981.

S IV. 2.5 Die Gartentulpe

Überprüfe dein Wissen, indem du die Abbildung der Tulpe beschriftest und die fehlenden Begriffe ergänzt.

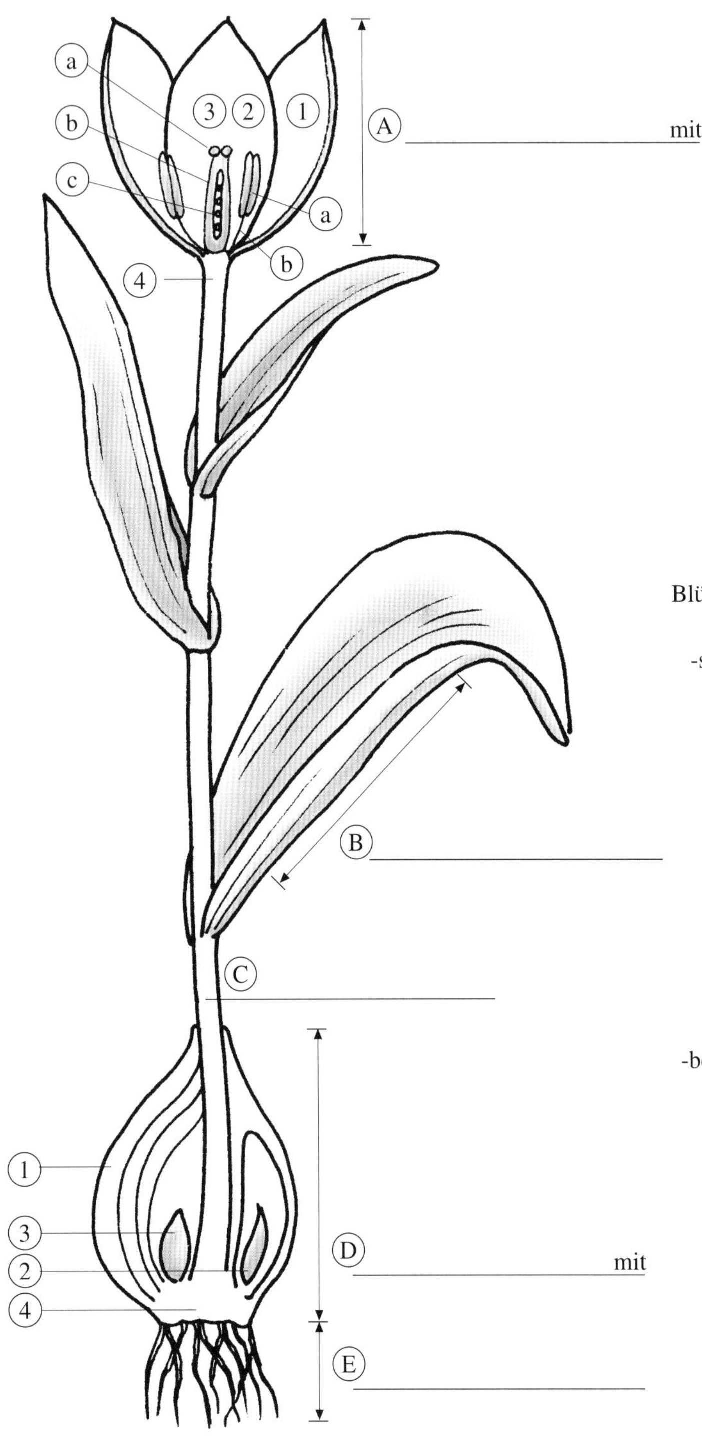

A (1) ____________________

(2) ____________________

(a) ____________________

(b) ____________________

(3) ____________________

(a) ____________________

(b) ____________________

(c) ____________________

(4) ____________________

Blütenformel ____________________

-symmetrie ____________________

-stand ____________________

Frucht ____________________

B Blatt
-form ____________________

-rand ____________________

-adern ____________________

-befestigung ____________________

-stellung ____________________

D (1) ____________________

(2) ____________________

(3) ____________________

(4) ____________________

Methodisch-didaktische Hinweise:

Die Gartentulpe ist als Untersuchungsobjekt für den Anfangsunterricht gut geeignet. Am Ende der Unterrichtseinheit kann die zu beschriftende Abbildung als Lernzielkontrolle verwendet werden, da sie in einer übersichtlichen Darstellung alle besprochenen Elemente enthält.

Lösungen:

A) Blüte mit
① Blütenhüllblatt
② Staubblatt, a Staubbeutel, b Staubfaden
③ Stempel, a Narbe, b Fruchtknoten, c Samenanlage
④ Blütenboden

Blütenformel:	∗B3+3S3+3F(3)
– symmetrie:	radiär
– stand:	Einzelblüte
Frucht:	Kapsel

B) **Blatt**

– form:	lanzettlich
– rand:	ganzrandig
– adern:	parallel
– befestigung:	sitzend
– stellung:	wechselständig

C) Stängel

D) Zwiebel mit
① Speicherblatt
② Ersatzzwiebel
③ Brutzwiebel
④ Zwiebelscheibe

E) Wurzeln

Literatur:
Henes, E.: Biologische Skizzen-Blätter. M. und E. Henes Verlag, Wannweil/Reutlingen 1976.

Kirschbaum und blühender Zweig

Der Süßkirschbaum wird häufig in Gärten gepflanzt. Er stammt von der Vogelkirsche ab, aus der er in Jahrtausenden herausgezüchtet wurde. Die Früchte der Süßkirsche übertreffen die der Wildkirsche weit an Größe. Ende April/Anfang Mai entfalten sich die Knospen. Die Blütenknospen entwickeln sich rascher als die Blattknospen, sodass die Blütenpracht der weißen Blüten besonders augenfällig wird.

Aufgaben:
Suche einen blühenden Kirschbaum. Betrachte zunächst den gesamten Baum. Pflücke einen Zweig ab und beantworte die folgenden Fragen. Falls du keinen Baum findest, kannst du die Abbildungen 1 und 2 zu Hilfe nehmen.

Der Baum (Abb.1)

1. Aus welchen Teilen besteht der Kirschbaum? Beantworte mit Hilfe der Abbildung 1. Ordne jedem Buchstaben einen Begriff zu.

Ein blühender Kirschzweig (Abb. 2)

2. Wie sind die Blätter, wie die Blüten zueinander angeordnet?
3. Vergleiche den Grund der Blätter und der Blüten. Benenne die kleinen, jedoch bald abfallenden Blättchen am Blattgrund.
4. Vermesse die Länge der Blütenstiele.
5. Die Anordnung der einzelnen Blüten zueinander wird als Blütenstand bezeichnet. Schlage in einem Bestimmungsbuch nach und bezeichne die Art des Blütenstandes.
6. Ordne nun jedem Buchstaben der Abbildung einen Begriff zu.

Abb. 1: Der Kirschbaum

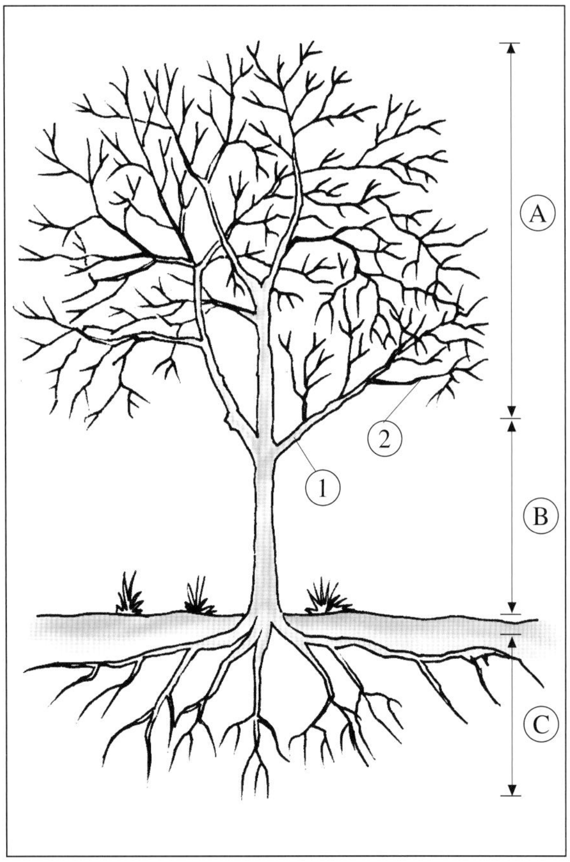

Abb. 2: Ein blühender Kirschzweig

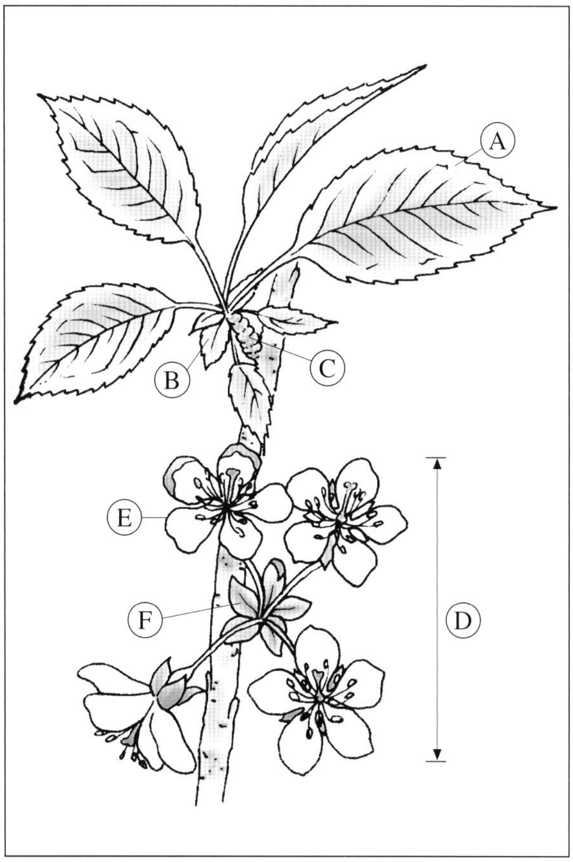

Methodisch-didaktische Hinweise:

Die Süßkirsche eignet sich nach Behandlung der Tulpe besonders für den einführenden Unterricht, denn
- sie ist eine Kulturfrucht, an der der Weg von der Wildpflanze zu einer Kulturpflanze behandelt werden kann;
- der Kirschbaum gehört zu den Holzgewächsen, die typische Gliederung eines Baumes kann aufgezeigt werden;
- die Kirsche blüht zeitig im Frühjahr.

Lösungen:

1. A Krone mit
   1 Ästen
   2 Zweigen
   B Stamm
   C Wurzel

2. Die Blätter und die Blüten stehen in Büscheln an Kurztrieben.

3. Am Grund der Blatt- und der Blütenbüschel sind Knospenschuppen erkennbar. Jedes Blatt trägt am Blattgrund zwei kleine, bräunliche Nebenblätter, die bald abfallen.

4. Die Blütenstiele sind annähernd gleich lang.

5. Es handelt sich um eine Dolde.

6. A Blatt
   B Nebenblatt
   C Kurztrieb
   D Blütenstand (Dolde)
   E Blüte
   F Knospenschuppe

Literatur:

Ewald, E., Venzl, E.: Pflanzenkunde 1. Bayerischer Schulbuch Verlag, 6. Aufl., München 1976.

S IV. 2.7 Der Löwenzahn, ein Korbblütler

Suche eine Löwenzahnpflanze, die verschiedene Entwicklungsstadien der Blütenkörbchen zeigt. Versuche die Pflanze mit der gesamten Wurzel aus dem Boden zu ziehen.
Die Abbildung 1 zeigt eine Löwenzahnpflanze mit verschiedenen Entwicklungsstadien der Körbchenblüten und der Früchte. In Abbildung 2 ist der Querschnitt durch den Blütenstand des Löwenzahns gezeichnet. In Abbildung 3 ist eine Einzelblüte, in Abbildung 4 die sich daraus entwickelnde Fallschirmfrucht dargestellt.

Aufgaben:

Zu Abbildung 1: Die gesamte Pflanze

1. Ordne die Blüten- bzw. Fruchtstände der Löwenzahnpflanze in der richtigen Reihenfolge der Entwicklung und benenne sie.
2. Wie sind die Blätter angeordnet?
3. Warum ist es schwer, eine Löwenzahnpflanze mit der ganzen Wurzel aus dem Boden herauszuziehen?

Zu Abbildung 2: Der Blütenstand

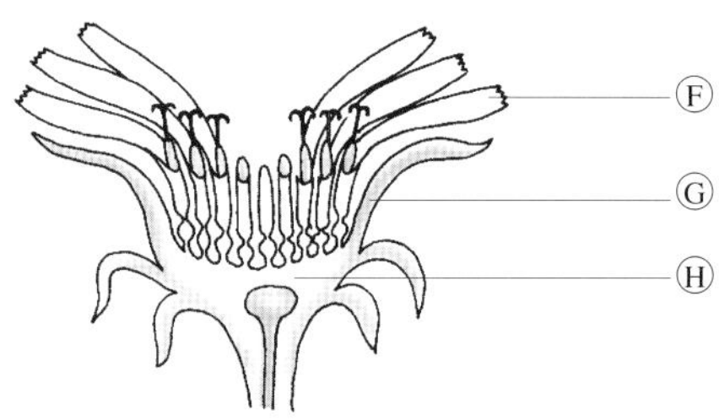

Betrachte einen Blütenstand mit der Lupe und vergleiche mit der Abbildung.

4. Warum spricht man zu Recht von einem Blütenstand?
5. Begründe den Namen Korbblütler für die Familie, zu der der Löwenzahn gehört.
6. Warum spricht man bei G nicht von Kelchblättern?
7. Benenne die Buchstaben F, G und H.

Zu Abbildung 3: Die Einzelblüte

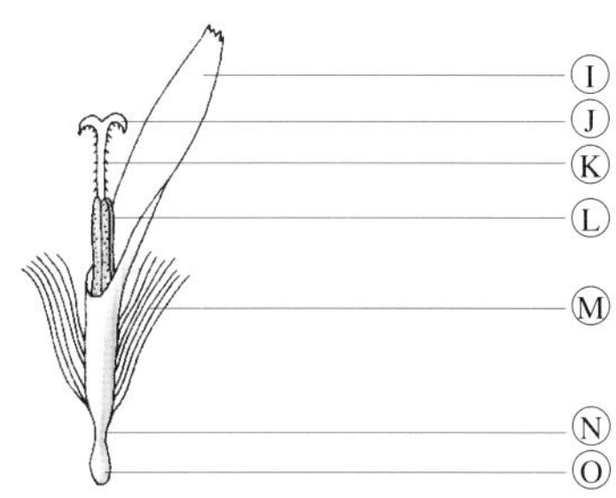

8. Zupfe nun eine einzelne gelbe Blüte heraus und betrachte sie mit der Lupe. Suche die in der Abbildung dargestellten Teile und beschreibe sie.
9. Benenne die Buchstaben I – O.

Zu Abbildung 4: Die Frucht

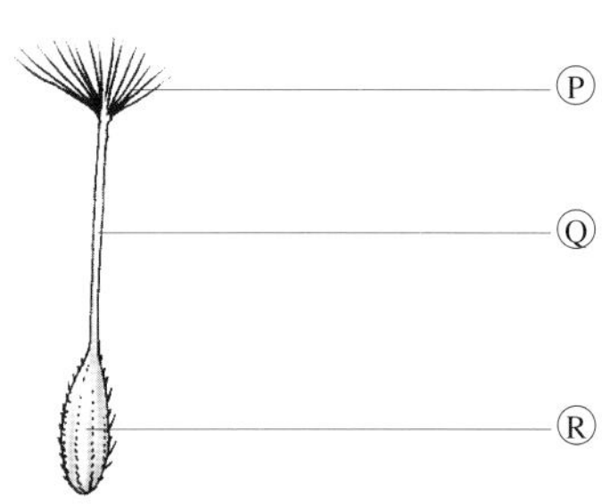

Untersuche nun eine Fallschirmfrucht mit der Lupe.

10. Woraus haben sich die Fallschirmhaare entwickelt?
11. Welche Besonderheit zeigt die Fruchtwand und welchen Sinn hat dies für die Frucht?
12. Welcher Teil der Blüte ist stark in die Länge gewachsen und hat den langen Stiel zwischen Schirmhaaren und Frucht gebildet?
13. Bezeichne die Buchstaben P – R.

Methodisch-didaktische Hinweise:

In vielen Schulbüchern wird die Familie der Korbblütler am Beispiel der Sonnenblume dargestellt. Da diese jedoch meist erst im Sommer verfügbar ist, ist der Löwenzahn eine gute Alternative, zumal er über einen langen Zeitraum blüht und fruchtet.
Um die relativ kleinen Einzelblüten und deren Aufbau gut erkennen zu können, sollten unbedingt **Lupen** ausgeteilt werden.
Das Material kann auch zur **Lernzielkontrolle** nach Besprechung der Kennzeichen eines anderen Korbblütlers, z.B. der Sonnenblume, verwendet werden.

Lösungen:

1. e Knospe, a Blütenstand, d noch geschlossener Fruchtstand, b geöffneter Fruchtstand, c entleerter Fruchtstand.
2. Die Blätter sind als Rosette angeordnet.
3. Die Pfahlwurzel des Löwenzahns kann in trockenen Wiesen bis zu 50 cm lang werden, beim Herausziehen reißt sie meistens ab. An dieser Stelle treibt bald eine neue Pflanze aus.
4. Das Blütenköpfchen des Löwenzahns besteht aus vielen Einzelblüten.
5. Der Blütenboden ist scheibenförmig verdickt und erinnert an ein Körbchen, in dem viele Blüten untergebracht sind. Dies ist das Kennzeichen der Familie der Korbblütler.
6. Der Blütenkorb ist von einem Kranz grüner Blätter umgeben. Dies sind keine Kelchblätter sondern Hochblätter, die auch als Hüllblätter bezeichnet werden, da sie den Blütenstand umhüllen.
7. F Zungenblüte, G Hüllblatt, H Köpfchenboden.
8. Die Kronblätter sind beim Löwenzahn zungenförmig verwachsen, wir bezeichnen sie daher als Zungenblüten. Nur am Grund ist die Krone röhrenförmig. Ein langer Griffel entspringt daraus und trägt am Ende zwei Narben. Der Griffel durchwächst die fünf Staubblätter, die miteinander zu einer Röhre verbunden sind. Die Blütenröhre ist von einem Kranz seidiger Haare umgeben. Diese sind umgewandelte Kelchblätter. Man bezeichnet sie auch als Kelchhaare. Der Fruchtknoten liegt unterhalb der Ansatzstelle der Kelchhaare, er ist unterständig.
9. I Zunge, J Narbe, K Griffel, L Staubblattröhre, M Haarkelch, N Schnabel, O Fruchtknoten.
10. Die Fallschirmhaare haben sich aus dem Haarkelch entwickelt.
11. Die Fruchtwand trägt kleine Widerhaken, die sich im Boden verankern.
12. Der Schnabel zwischen Kelchhaaren und Fruchtknoten verlängert sich bei der Fruchtreife.
13. P Flughaare, Q verlängerter Schnabel, R Nussfrucht.

Literatur:

Vogel, A.: Biologie-Unterricht, Didaktik – Methode – Praxis, Band I. Saarbuch-Verlag, Zweibrücken ohne Jahresangabe.

Das Scharbockskraut

Das Scharbockskraut findest du im zeitigen Frühjahr an feuchten Stellen des Waldrandes, an Hecken und in Wiesen. Die nierenförmigen, glänzenden Blättchen sind das erste Grün. Der eigentümliche Name leitet sich von Skorbut (früher Scharbock = Mundfäule) ab und deutet darauf hin, dass die Pflanze früher gegen diese durch Vitamin-C-Mangel verursachte Krankheit verwendet wurde, denn die Blätter sind besonders vitaminreich. Sie sollten allerdings vor der Blüte gegessen werden, mit zunehmendem Alter nimmt der Gehalt an giftigem Protoanemonin zu.

Untersuche eine Scharbockskrautpflanze mit Hilfe des Textes. Beschrifte die Abbildungen.

Untersuche mehrere Blüten:

Anzahl der Kelchblätter: ...... bis ....

– der Kronblätter von .... bis ....

– der Staubblätter von ....bis ....

– der Fruchtblätter von .... bis ....

Familie: ....

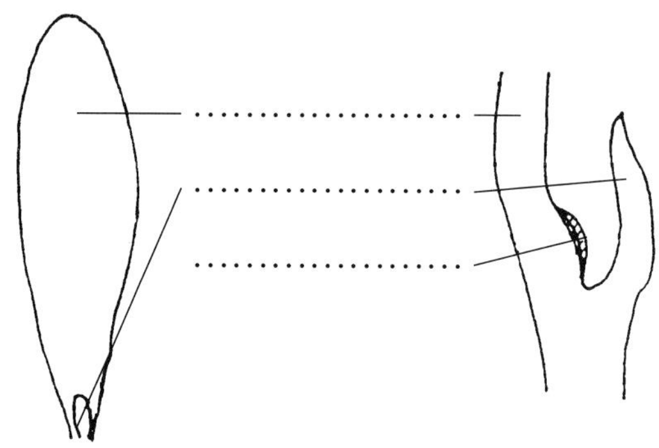

Abb. 1: Kronblatt von vorn und vergrößert im Schnitt von der Seite

Zupfe ein goldgelbes Kronblatt heraus und betrachte seine Basis. Du erkennst ein kleines Anhängsel, eine Nektarschuppe. Sie produziert süßen Nektar und lockt zahlreiche bestäubende Insekten, vor allem Hummeln, Bienen und Wollschweber an (Abb. 2).

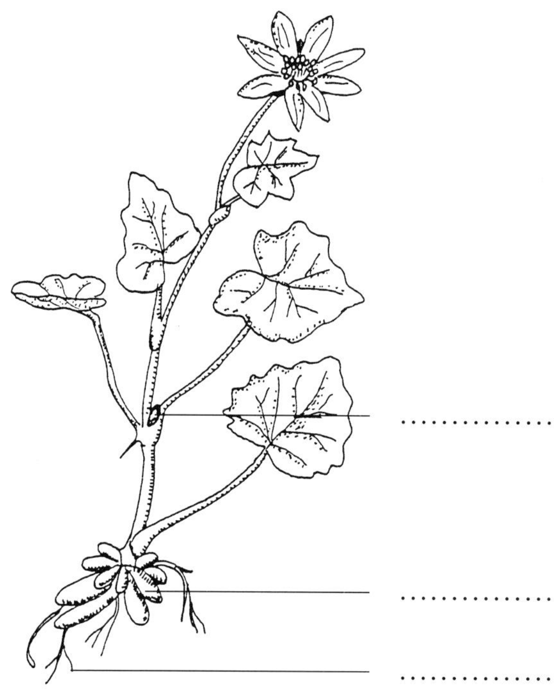

Abb. 2: Ansicht der Pflanze

Blattachsel- und Wurzelknollen: Untersuche den Boden in der Umgebung der Pflanze. Du kannst getreidekornähnliche Knöllchen finden, sie stammen aus den Blattachseln von Scharbockskrautpflanzen. Wenn du weiter suchst, kannst du vielleicht Knöllchen finden, an deren Ende bereits ein kleiner Trieb sichtbar wird. Im Sommer fallen diese Blattachselknollen zu Boden, um im darauf folgenden Frühjahr neue Pflänzchen zu bilden. Da es sich nicht um Samen handelt, die durch Bestäubung und Befruchtung gebildet werden, spricht man von vegetativer Vermehrung.

Betrachte die Wurzel des Scharbockskrautes. Du erkennst neben den länglichen Wurzeln die keulenförmigen Wurzelknollen. Sie dienen der Speicherung von Nährstoffen, die es der Pflanze ermöglichen, bereits im zeitigen Frühjahr auszutreiben. Die Wurzelknollen können sich von der Pflanze lösen und ebenfalls zur Verbreitung beitragen (Abb. 3).

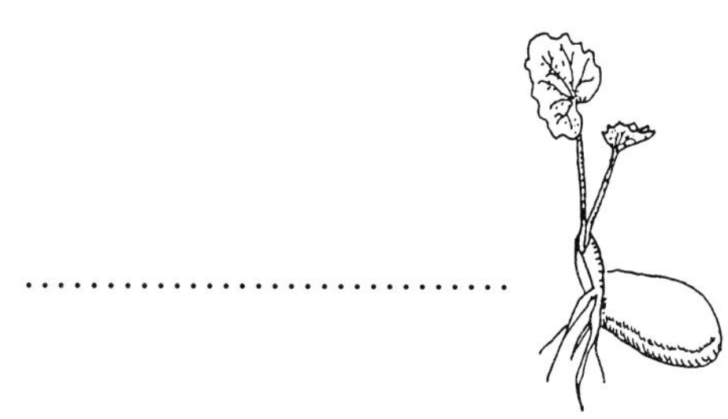

Abb. 3: Vegetative Vermehrung

Methodisch-didaktische Hinweise:

Das Scharbockskraut ist eine besonders faszinierende Pflanze, weil sie im zeitigen Frühjahr verfügbar ist und mit ihr viele biologische Phänomene angesprochen werden können. Am besten führt man **Anfang April** an einem sonnigen Vormittag einen Unterrichtsgang durch. Noch bevor anderes Grün sichtbar wird, treibt das Scharbockskraut an Waldrändern und in frischen Wiesen seine grün-glänzenden Blätter. Außerdem findet man in großer Zahl die kleinen getreidekornähnlichen Brutknöllchen.
Das Interesse der Schüler/-innen kann leicht geweckt werden, wenn der Lehrer erklärt, dass man früher glaubte, dass es Getreide regne. Die Schüler sollen nun solche „Getreidekörner" suchen. Dass es sich nicht um Getreide handelt wird klar, wenn bereits ausgekeimte Bulbillen gefunden werden. Anschließend kann der Lehrer auf die **Überwinterungsmöglichkeiten** von Frühblühern sowie auf die **vegetative Vermehrung** beim Scharbockskraut eingehen. Die entsprechenden Abbildungen im Arbeitsblatt können ausgefüllt werden (weitere Materialien: 2.9.1; 3.9; 9.3).
Die Untersuchung mehrerer Blüten zeigt eine große Variationsbreite in der Anzahl von Kronblättern als auch von Staub- und Fruchtblättern. Hier sollte der Lehrer darauf hinweisen, dass solche Abweichungen als ursprüngliches Merkmal angesehen werden können und für die Familie der Hahnenfußgewächse typisch sind.

Lösungen:

Die Anzahl
- der Kelchblätter ist 3–5.
- der Kronblätter schwankt im Allgemeinen zwischen 7 und 12.
- der Staubblätter schwankt ebenfalls, sie liegt im Schnitt etwa bei 20.
- der Fruchtblätter ist etwas geringer und liegt etwa bei 15 [1].

Familie: Hahnenfußgewächse.
Abbildung oben: Kronblatt, Nektarschuppe, Nektar.
Abbildung Mitte: Blattachselknolle, Wurzelknolle, Wurzel.
Abbildung unten rechts: Keimende Wurzelknolle.

Literatur:

[1] *Probst, W.:* Pflanzen stellen sich vor. Metzler Schulbuchverlag, Hannover 1992.

Pflanzenfamilienausweis – Grundraster

Familienausweis

Familie ....

Blütenformel ....

Symmetrie: ∗ radiär = strahlig, ↓ zweiseitig, + doppelt zweiseitig
Symbole für Blütenformel: Ke = Kelch *(grün)*, Kr = Krone *(ohne Farbe)*
S = Staubblätter *(gelb)*, F = Fruchtblätter *(rot)*.
$\underline{F}$ = oberständiger, F = mittelständiger, $\overline{F}$ = unterständiger Fruchtknoten
( ) [ ] Blütenteile sind miteinander verwachsen
Male im Blütengrundriss mit den angegebenen Farben aus.

Weitere auffallende Familienmerkmale:

....

....

....

Namen von Familienmitgliedern:

....

....

Familienausweis

Familie ....

Blütenformel ....

Symmetrie: ∗ radiär = strahlig, ↓ zweiseitig, + doppelt zweiseitig
Symbole für Blütenformel: Ke = Kelch *(grün)*, Kr = Krone *(ohne Farbe)*
S = Staubblätter *(gelb)*, F = Fruchtblätter *(rot)*.
$\underline{F}$ = oberständiger, F = mittelständiger, $\overline{F}$ = unterständiger Fruchtknoten
( ) [ ] Blütenteile sind miteinander verwachsen
Male im Blütengrundriss mit den angegebenen Farben aus.

Weitere auffallende Familienmerkmale:

....

....

....

Namen von Familienmitgliedern:

....

....

Methodisch-didaktische Hinweise:

Will man ähnlich aussehende Pflanzen voneinander unterscheiden, ist es unbedingt notwendig, systematische Merkmale zu kennen. Bei Blütenpflanzen sollten die Schüler/-innen die wichtigsten Pflanzenfamilien ansprechen können. Kann man eine Blütenpflanze in die richtige Pflanzenfamilie einordnen, ist eine Bestimmung mit bebilderten Bestimmungsbüchern ohne weiteres möglich. Auch der Zugang zu Bestimmungsbüchern mit dichotomen Schlüsseln wird erheblich erleichtert, wenn man im Familienschlüssel beginnen kann. Natürlich können nicht alle Familien durchgenommen werden, aufgrund der Auffälligkeit, der Häufigkeit und der wirtschaftlichen Bedeutung könnten die folgenden Familien behandelt werden: **Zweikeimblättrige Bedecktsamer:** Hahnenfußgewächse, Nelkengewächse, Rosengewächse, Schmetterlingsblütler, Korbblütler, Lippenblütler, Doldenblütler, Kreuzblütler, Nachtschattengewächse. Eventuell können auch noch Mohngewächse, Primelgewächse und Rachenblütler besprochen werden.

Bei den **Einkeimblättrigen Bedecktsamern** sind die Liliengewächse und die Süßgräser besonders wichtige Pflanzenfamilien. Da die Schüler eventuell auch Schneeglöckchen und Sumpfiris ansprechen, sind die Steckbriefe der Amaryllis- und Schwertliliengewächse ebenfalls aufgeführt. Binsen und Sauergräser sollten in der SI habituell voneinander unterschieden werden. Bei der Behandlung des Themas Ökosystem See spielen Sauergräser und Binsen als Pflanzen der Uferzonierung eine wichtige Rolle.

Behandlung im Unterricht:
Es bieten sich folgende Möglichkeiten an:
- Behandlung einer Familie nach der anderen.
- Vergleich verschiedener Familien.
- Kombination beider Verfahren.

Die Familienausweise bieten die Möglichkeit, verschiedene Unterrichtsverfahren anzuwenden, sodass der Unterricht nicht langweilig wird. Die Schüler/-innen können auch selbständig die Familienkennzeichen erarbeiten.

Ausfüllen der Familienausweise:
Der Lehrer kopiert je nach Anzahl der zu behandelnden Pflanzenfamilien das Grundraster und die entsprechenden Abbildungen der Pflanzenfamilien. Die Schüler/-innen schneiden die Abbildungen aus und kleben sie auf die linke Seite des Familienausweises.

Damit sich die Schüler/-innen intensiv mit der Pflanzenfamilie auseinander setzen müssen, soll eine **Blütenformel** aufgestellt werden. Dies macht erfahrungsgemäß großen Spaß. Die wissenschaftlichen Begriffe sind entsprechend vereinfacht und in jedem Familienausweis nochmals angegeben. Zusätzlich sollen die Blütengrundrisse ausgemalt werden: Kelch grün, Krone ohne Farbe, da diese unterschiedlich gefärbt ist, Staubblätter gelb, Fruchtblätter rot. Falls bestimmte Pflanzen abgebildet sind, können diese natürlich auch ausgemalt werden.

Bei den **weiteren auffallenden Familienmerkmalen** werden typische, z. T. in den Abbildungen angegebene, Merkmale eingetragen.

Namen von Familienmitgliedern können im Unterricht angesprochen werden, von den Schülern selbständig in einem Bestimmungsbuch nachgeschlagen oder beim Anlegen eines Herbars eingetragen werden.

Literatur:
Eschenhagen, D., Kattmann, U., Rodi, D. (Hrsg.): Handbuch des Biologieunterrichts SI, Band 2: Lebensformen und Verwandtschaft. Aulis Verlag, Köln 1992.
Graf, J. H., Weber, A., Kristen, I.: Tafelwerk zur Pflanzensystematik. Lehmanns, München 1975.

Pflanzenfamilienausweis Bilder (I)

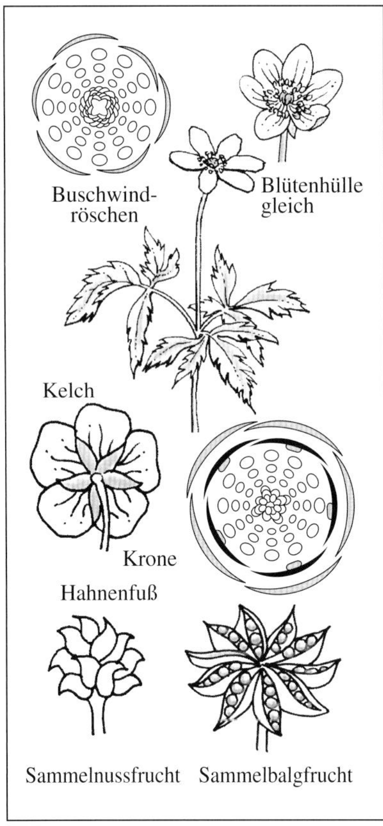

Hahnenfußgewächse

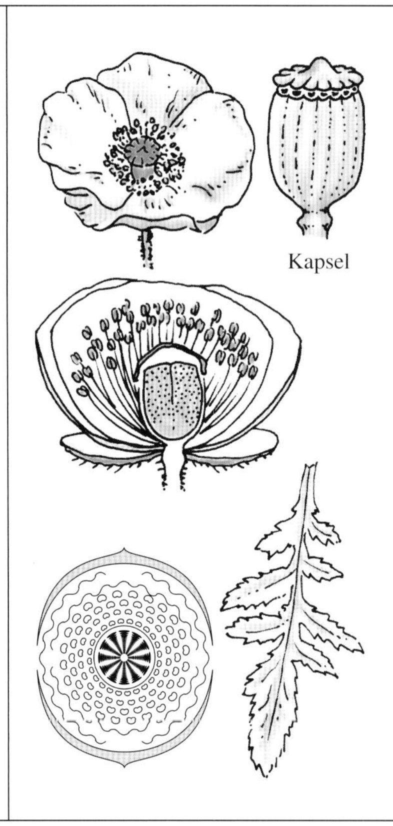

Mohngewächse

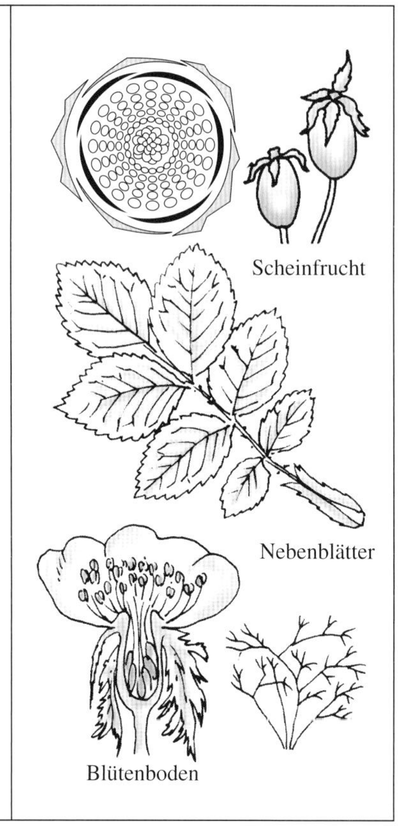

Rosengewächse

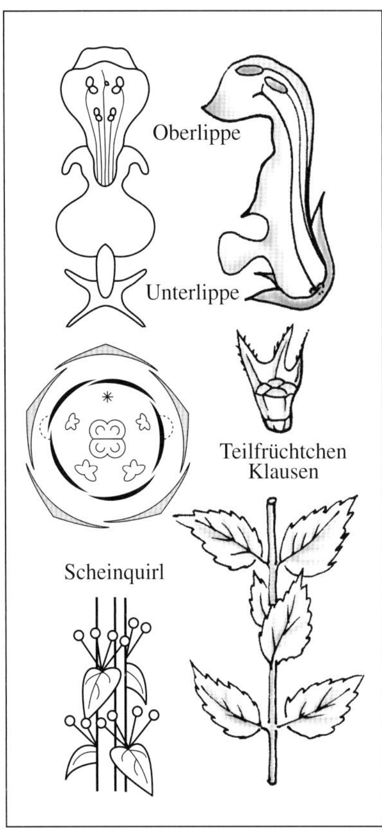

Lippenblütler

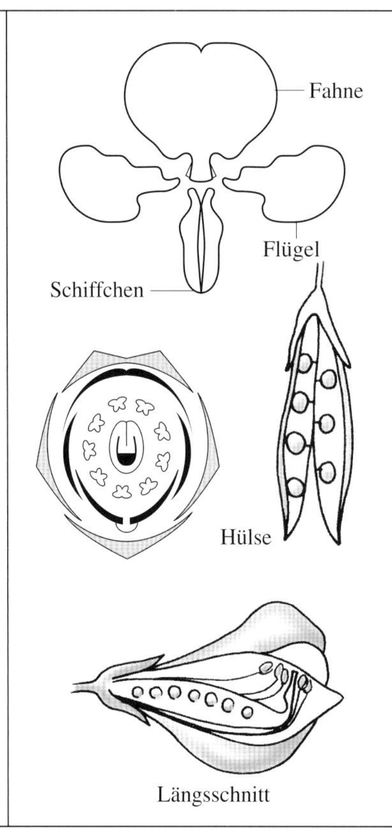

Schmetterlingsblütler

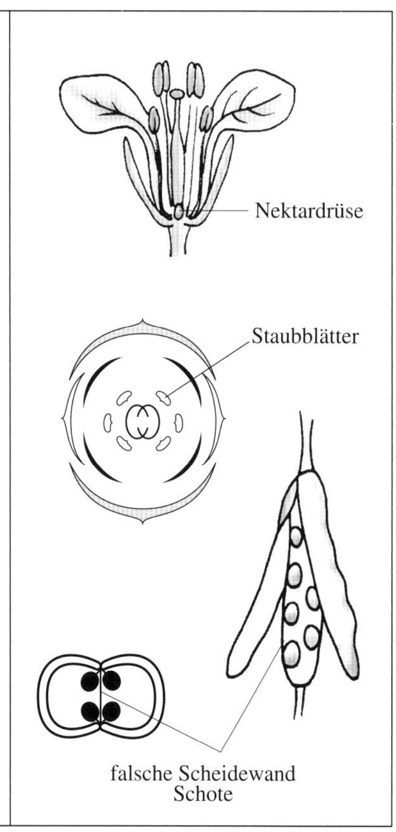

Kreuzblütler

1. **Familie: *Hahnenfußgewächse***
Blütenformel: ✻ selten ↓Ke5Kr5S∞F∞ (Hahnenfuß) oder
✻ B6S∞F∞ (Buschwindröschen)
Weitere auffallende Familienmerkmale: Blütenhülle frei. Blütenhülle gleich (Perigon), z.B. Buschwindröschen, oder Kelch- und Kronblätter (z.B. Scharfer Hahnenfuß). Häufig Fettglanz auf Kronblättern. Frucht: Nüsschen oder Balgfrüchte, selten Beere.
Namen von Familienmitgliedern: Buschwindröschen, Scharbockskraut, Leberblümchen, Scharfer Hahnenfuß, Sumpfdotterblume, Nieswurz, Rittersporn, Eisenhut, Akelei.
2. **Familie: *Mohngewächse***
Blütenformel: ✻ Ke2Kr2+2S∞(F2–20)
Weitere auffallende Familienmerkmale: Kelchblätter früh abfallend. Laubblätter meist tief geteilt. Früchte: Kapsel. Milchsaft.
Namen von Familienmitgliedern: Klatschmohn, Schöllkraut.
3. **Familie: *Rosengewächse***
Blütenformel: ✻ Ke5Kr5Snx5F1-∞
Weitere auffallende Familienmerkmale: Blütenboden häufig an der Fruchtbildung beteiligt (Scheinfrüchte). 4 Unterfamilien: *Spiräenartige* mit Balgfrüchten, z. B. Waldgeißbart, Spierstaude. *Rosenartige* mit Nüsschen, selten Steinfrüchte, z. B. Brombeere, Himbeere, Erdbeere, Fingerkraut, Rose. *Kernobstgewächse*: Samen in pergamentartigen Fruchtblättern, z. B. Apfel, Birne, Eberesche, Weißdorn. *Steinobstgewächse* mit Steinfrüchten, z. B. Kirsche, Mandel, Pflaume, Schlehe. Laubblätter wechselständig, oft tief geteilt, mit Nebenblättern.
4. **Familie: *Lippenblütler***
Blütenformel: ↓ Ke(5)[Kr(5)S4]F(2)
Weitere auffallende Familienmerkmale: Kronblätter: 2 bilden Oberlippe, 3 die Unterlippe. Staubblätter sind paarweise angeordnet, meist 2 lange und 2 kurze. Blütenstand: Scheinquirl. Frucht durch falsche Scheidewand in 4 Klausen geteilt. Laubblätter ungeteilt, kreuzgegenständig. Stängel vierkantig.
Namen von Familienmitgliedern: Weiße, Gelbe, Bunte Taubnessel, Thymian, Gundermann, Ziest, Hohlzahn, Pfefferminze, Salbei, Rosmarin, Melisse.
5. **Familie: *Schmetterlingsblütler***
Blütenformel: ↓ Ke(5)Kr5S(9)+1F1
Weitere auffallende Familienmerkmale: Frucht: Hülse. Laubblätter gefiedert oder gefingert, mit Nebenblättern. Stickstofffixierer durch Symbiose mit Bakterien (*Rhizobium*).
Namen von Familienmitgliedern: Zaunwicke, Frühlingsplatterbse, Kronwicke, Ginster, Bohne, Erbse, Kleearten, Steinklee, Luzerne, Goldregen, Ginsterarten.
6. **Familie: *Kreuzblütler***
Blütenformel: + Ke4Kr4S2+4F(2)
Weitere auffallende Familienmerkmale: Frucht aus 2 Fruchtblättern verwachsen, 2-fächrig durch falsche Scheidewand (Auswachsungen der Plazenta). Schote: 3 mal so lang wie breit. Schötchen weniger als 3 mal so lang wie breit. Senföle.
Namen von Familienmitgliedern: Raps, Ackersenf, Hederich, Hirtentäschel, Hellerkraut, Knoblauchsrauke, Wiesenschaumkraut, Silberblatt, Kresse, Meerrettich, Rettich, Radieschen, Kohlarten.

Pflanzenfamilienausweis Bilder (II)

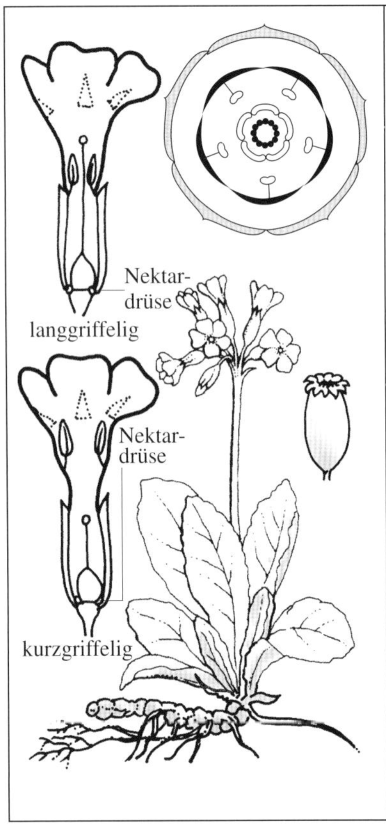

Primelgewächse

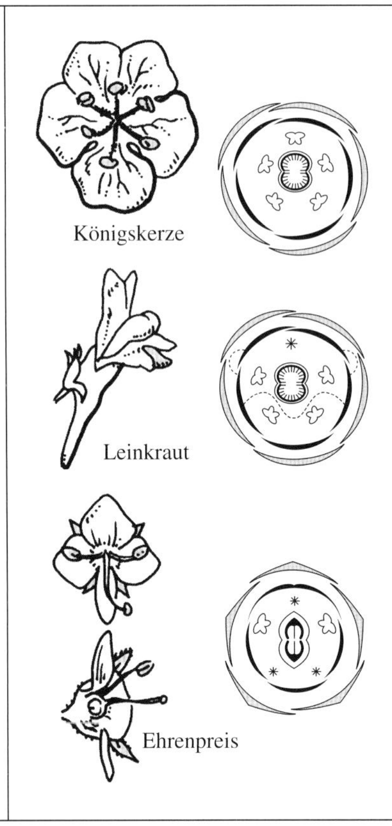

Rachenblütler

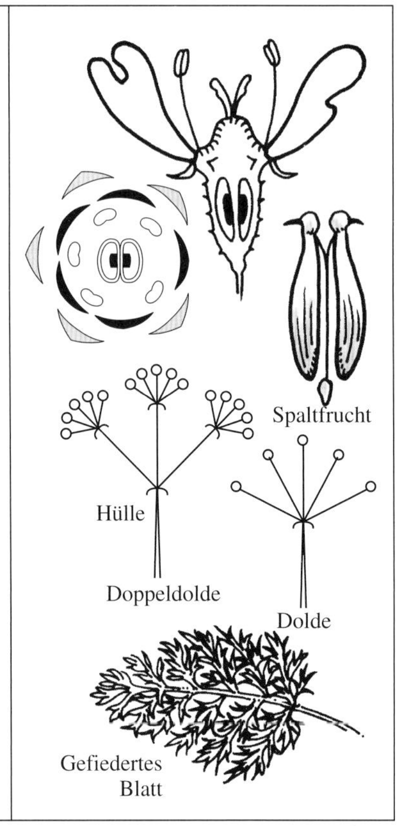

Doldengewächse

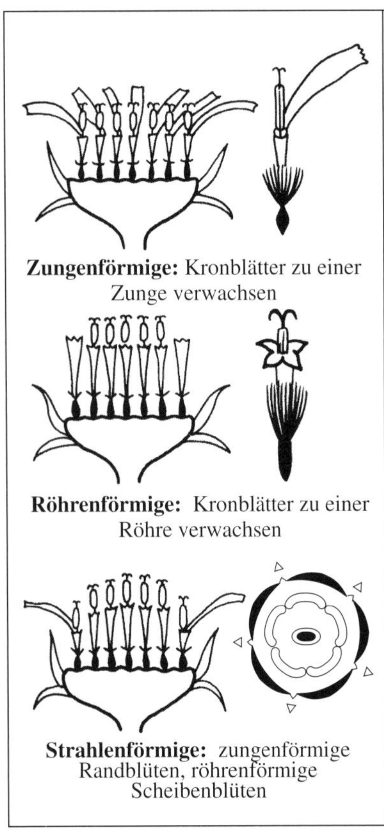

Korbblütler

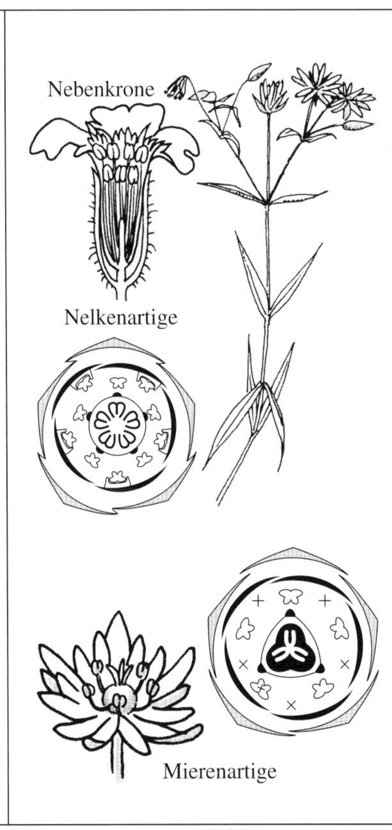

Nelkengewächse

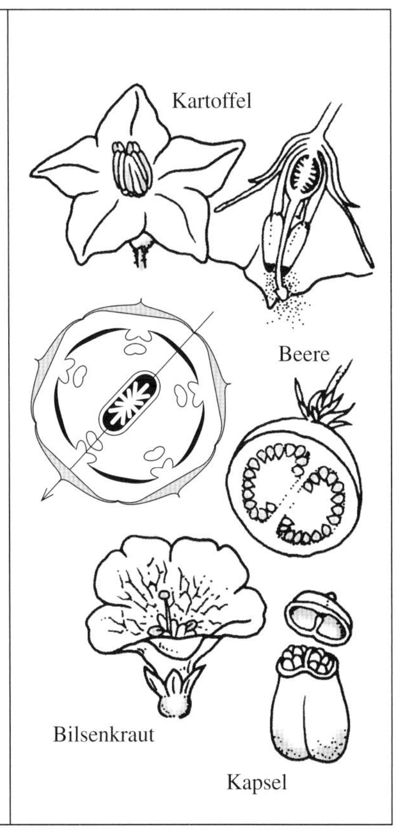

Nachtschattengewächse

1. **Familie: *Primelgewächse***
   Blütenformel: ∗ Ke(5)[Kr(5)S5]$\underline{F(5)}$
   Weitere auffallende Familienmerkmale: Frucht: Kapsel. Laubblätter einfach, häufig in Rosetten.
   Namen von Familienmitgliedern: Hohe, Frühlings-Schlüsselblume, Gilbweiderich, Gauchheil.
2. **Familie: *Rachenblütler***
   Blütenformel: ∗ – ↓ Ke(5)Kr(5)S5-2$\underline{F(2)}$
   Weitere auffallende Familienmerkmale: Kronblätter bilden oft Oberlippe (2) und Unterlippe (3). Tendenz innerhalb der Familie: Vom radiären zum zygomorphen Bau. Reduktion der Staubblätter von 5 zu 2.
   Namen von Familienmitgliedern: Königskerze, Fingerhut, Braunwurz, Klappertopf, Wachtelweizen, Leinkraut, Ehrenpreis, Augentrost.
3. **Familie: *Doldengewächse***
   Blütenformel: ∗ Ke5Kr5S5$\overline{F(2)}$
   Weitere auffallende Familienmerkmale: Blütenstand: Dolde oder Doppeldolde. Frucht: Die beiden Fruchtblätter weichen an ihrer Verwachsungsnaht auseinander, es entsteht eine Spaltfrucht aus zwei Hälften, von denen jede aus einem Fruchtblatt gebildet wird. Laubblätter meist gefiedert. Bilden ätherische Öle.
   Namen von Familienmitgliedern: Wiesenkerbel, Wilde Möhre, Wiesenbärenklau, Kälberkopf, Giersch, Kümmel, Fenchel, Anis, Dill, Petersilie.
4. **Familie: *Korbblütler***
   Blütenformel: ∗ – ↓ Ke5Kr(5)S(5)[$\overline{F(2)}$]
   Weitere auffallende Familienmerkmale: Blütenstand: Viele Blüten auf einem krugartigen Köpfchenboden ergeben Blütenstand (Körbchen). Kelchblätter häufig als Pappus ausgebildet. Kronblätter verwachsen – Zungenblüten oder Röhrenblüten. Staubblätter: 5 Staubbeutel sind zu einer den Griffel umschließenden Röhre verwachsen. Frucht: Samen- und Fruchtschale verwachsen miteinander – Achäne. Unterfamilien: Zichorienartige: a) Nur zungenförmige Kronblätter (Zungenblüten), Milchsaft. Asternartige: b) Nur röhrenförmig verwachsene Kronblätter (Röhrenblüten) oder c) Randblüten zungenförmig, Scheibenblüten röhrenförmig.
   Namen von Familienmitgliedern: a) Löwenzahn, Wegwarte, Wiesen-Bocksbart, Wiesen-Pippau, b) Wiesen-Flockenblume, Kornblume, Acker-Kratzdistel, Nickende Distel, Klette, c) Goldrute, Schafgarbe, Gänseblümchen, Margerite, Kamille, Huflattich.
5. **Familie: *Nelkengewächse***
   Blütenformel: Nelkenartige: ∗Ke(5)Kr5S5+5$\underline{F(5)}$ Mierenartige: ∗Ke(5)Kr5S5$\underline{F(3)}$
   Weitere auffallende Familienmerkmale: Blütenstand in Dichasien (Endblüte wird von zwei Seitenblüten übergipfelt). Frucht meist Kapsel. Laubblätter einfach und gegenständig.
   Namen von Familienmitgliedern: Rote, Weiße Lichtnelke, Kuckuckslichtnelke, Karthäusernelke, Kornrade, Taubenkropf, Leimkraut, Seifenkraut, Acker-Hornkraut, Hainsternmiere.
6. **Familie: *Nachtschattengewächse***
   Blütenformel: ∗ – ↓ Ke(5)[Kr(5)S(5)] $\underline{F(2)}$
   Weitere auffallende Familienmerkmale: Früchte: Kapseln oder Beeren. Laubblätter wechselständig.
   Namen von Familienmitgliedern: Kartoffel, Tollkirsche, Bilsenkraut, Tomate, Bittersüßer, Schwarzer Nachtschatten, Stechapfel.

Pflanzenfamilienausweis Bilder (III)

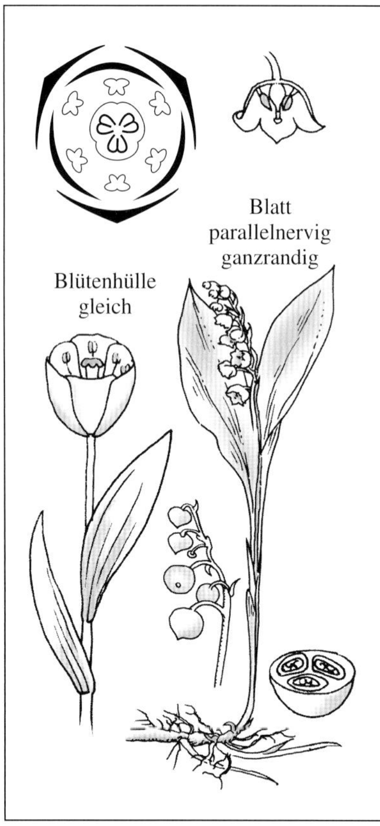

Liliengewächse

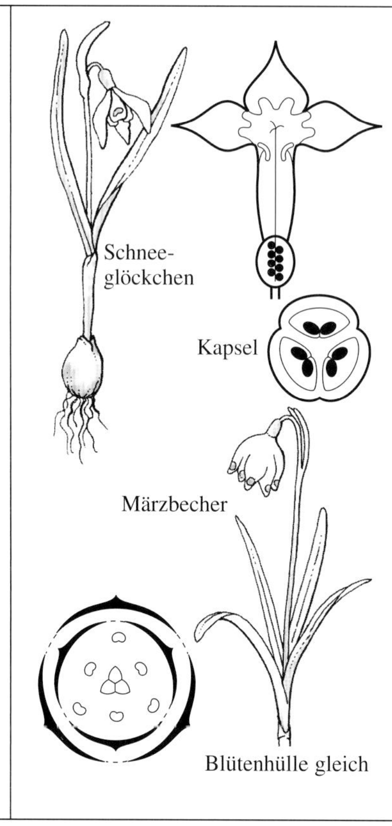

Amaryllisgewächse

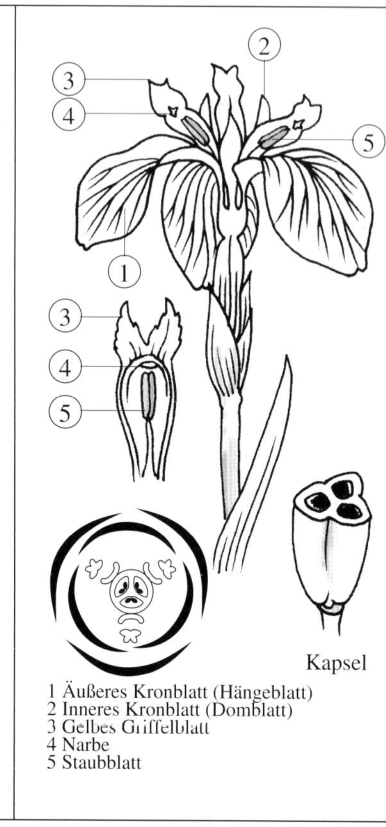

Schwertliliengewächse

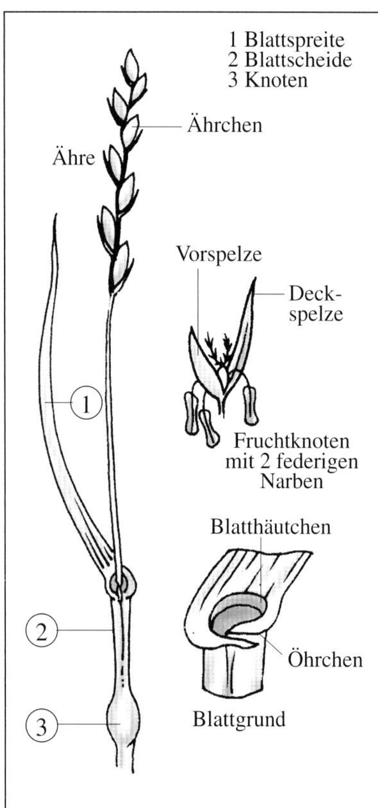

Süßgräser

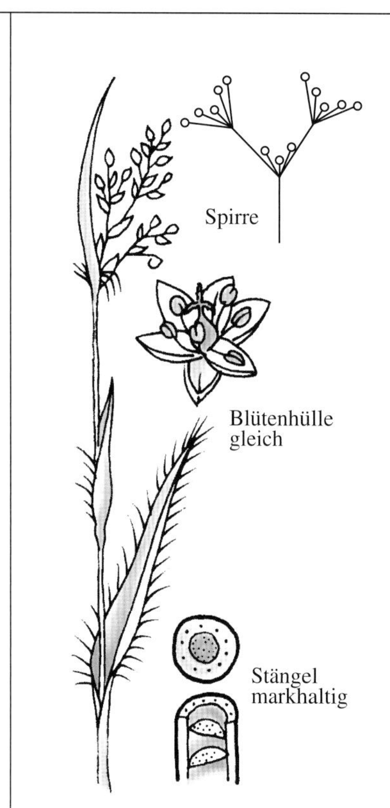

Binsengewächse

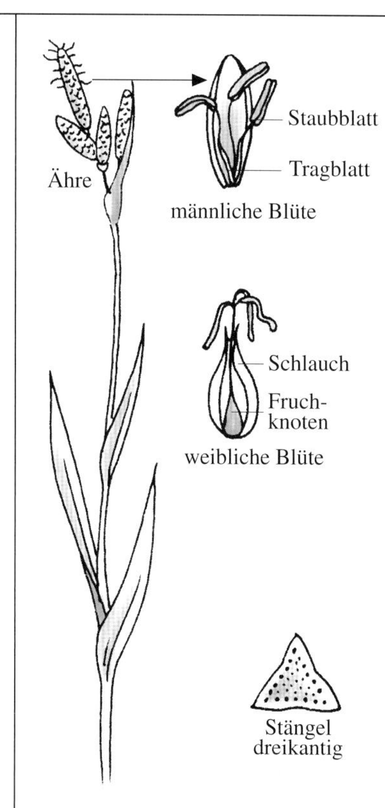

Sauergrasgewächse

1. **Familie: *Liliengewächse***
   Blütenformel: $\ast$ B3+3S3+3$\underline{\text{F(3)}}$
   Weitere auffallende Familienmerkmale: Kronblätter frei oder verwachsen. Früchte: Kapseln oder Beeren. Blätter paralleladrig, ganzrandig.
   Namen von Familienmitgliedern: Maiglöckchen, Tulpe, Weißwurz, Lauch, Schattenblume, Herbstzeitlose, Türkenbund-Lilie.
2. **Familie: *Amaryllisgewächse* (= Narzissengewächse)**
   Blütenformel: $\ast$ B3+3S3+3$\overline{\text{F(3)}}$
   Weitere auffallende Familienmerkmale: Fruchtknoten unterständig.
   Namen von Familienmitgliedern: Schneeglöckchen, Märzenbecher, Narzisse.
3. **Familie: *Schwertliliengewächse***
   Blütenformel: $\ast$ – $\downarrow$ B3+3S3$\overline{\text{F(3)}}$
   Weitere auffallende Familienmerkmale: Ein Staubblattkreis fehlt. Frucht: Kapsel.
   Namen von Familienmitgliedern: Sumpfschwertlilie, Krokus.
4. **Familie: *Süßgräser***
   Blütenformel: –
   Weitere auffallende Familienmerkmale: Krone: Trockenhäutige Spelzen (Deckspelze und Vorspelze), 2 Schwellkörper (evtl. umgewandelte Kronblätter) spreizen bei schönem Wetter die Spelzen auseinander. Staubblätter: 3 (selten 2 x 3 bei Bambus, Reis). Fruchtblatt: 1 oberständiger Fruchtknoten mit 2-federiger Narbe. Frucht: Kornfrucht (Nussfrucht) bei der die Samenschale mit der Fruchtwand verwachsen ist = Karyopse. Stängel: Im Querschnitt rund und hohl, durch Knoten gegliedert. Blätter lang, an den Knoten entspringend und den Stängel als Scheide umfassend. Einteilung in a) Ährengräser, b) Ährenrispengräser, c) Rispengräser.
   Namen von Familienmitgliedern: a) Englisches Raygras, Quecke, Zwenke, Roggen, Weizen, Gerste, b) Kammgras, Lieschgras, Fuchsschwanzgras, c) Schilf, Pfeifengras, Rispengras, Schwingel, Trespe, Honiggras, Knauelgras, Hafer.
5. **Familie: *Binsengewächse***
   Blütenformel: $\ast$ B3+3S3+3oder3$\underline{\text{F(3)}}$
   Weitere auffallende Familienmerkmale: Kapselfrüchte. Binsen: Blätter rinnig oder stielrund. Hainsimsen: Blätter flach, am Rand gewimpert. Stängel mit lockerem Markgewebe (Sternparenchym) das der Durchlüftung dient.
   Namen von Familienmitgliedern: Blaugrüne Binse, Flatter-Binse, Haar-Hainsimse, Wald-Hainsimse.
6. **Familie: *Sauergrasgewächse***
   Blütenformel: –
   Weitere auffallende Familienmerkmale: Schrittweise Rückbildung der 3-zähligen zwittrigen Liliaceenblüte. *a) Simsen:* Zwittrig mit 6 widerhakigen Borsten, die als Perigon gedeutet werden. Beim Wollgras werden diese Perigonborsten zu einem langen Schopf weißer Haare, die sekundär vermehrt sind. *b) Seggen:* männliche Blüten: 1 Tragblatt und 3 Staubblätter. Weibliche Blüten: 1 Fruchtknoten, der von einem Schlauch umhüllt wird (Utrikulus). Dieser wird als verwachsenes Tragblatt gedeutet.
   Namen von Familienmitgliedern: a) Gemeine Teichsimse, Gemeine Waldsimse, Wollgras, b) Steife Segge, Schlanke Segge, Blasen-Segge, Zittergras-Segge.

Knollenblätterpilz und Champignon – wer sie kennt, lebt länger

Fast alle Pilzvergiftungen mit tödlichem Ausgang werden von Knollenblätterpilzen verursacht, daher muss jeder Pilzsammler diesen Giftpilz und den Champignon, mit dem er meist verwechselt wird, genau kennen.

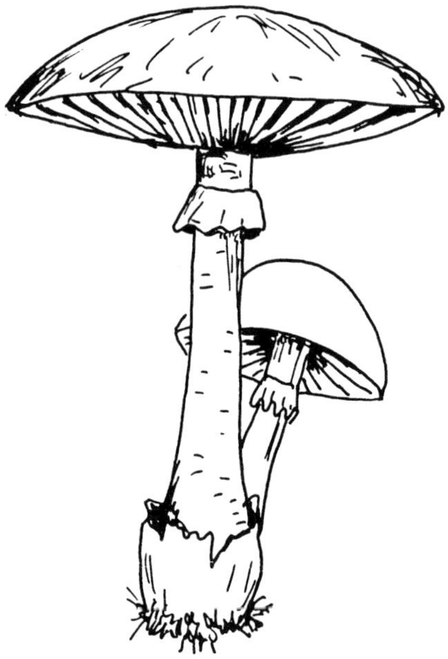

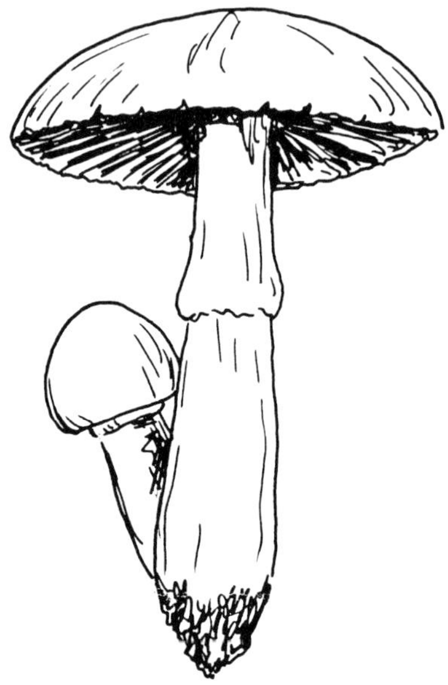

	Grüner Knollenblätterpilz	Wiesenchampignon
Hutoberseite	hell bis olivgrün gefärbt, auch weißlich Oberhaut leicht abziehbar	weiß, flockig-seidig Oberhaut leicht abziehbar
Blätter	weiß, im Alter grünlich gelb	rosarot bis fleischfarben oder schokoladenbraun
Stiel	weißlich, biegsam; mit schlaff herabhängender, faltiger Manschette. Das knollig verdickte Ende steckt in einer weißlichen, sackartigen Hülle.	weißlich, seidig-glatt, am Grunde verjüngt. Mit dünnem, oft zerrissenem Ring
Fleisch	weiß, zart; unter der Oberhaut schwach grünlich	weiß, rosafarben durchzogen
Geruch	süßlich, anisartig	würzig, nie anisartig
Standort	vorwiegend in Laubwald und Parkanlagen **– tödlich giftig! –**	Wiesen, Felder, gedüngte Viehweiden **– geschätzter Speisepilz –**

Aufgaben:

1. Welche zwei Kennzeichen sind am ehesten geeignet, die beiden Pilzarten sicher zu unterscheiden?

....

2. „Ein mitgekochter Silberlöffel läuft schwarz an, wenn sich giftige Pilze in der Speise befinden“ – Was ist deine Meinung zu diesem Ratschlag, der seit 2000 Jahren schriftlich und mündlich weitergegeben wird?

....

Methodisch-didaktische Hinweise:

Pilze kennen ist eine Sache der Erfahrung. Dennoch sollte der Biologieunterricht die Chance nutzen, ein Stück Aufklärung über die Gefahren beim Pilzesammeln zu betreiben. Das Arbeitsblatt hilft den Schüler/-innen, zwei Arten von Pilzen zu unterscheiden, auf deren Unkenntnis 98–100 % aller tödlichen Pilzvergiftungen zurückzuführen sind (*Falkenhahn*, S. 474): Es sind dies der *grüne Knollenblätterpilz* und der *Wiesenchampignon*, auch *Wiesen-* oder *Feldegerling* genannt.
In der Tat besitzen beide Pilzarten eine Reihe von Ähnlichkeiten, die einem oberflächlichen Betrachter zum Verhängnis werden können. Daher ist auf dem Arbeitsblatt neben einer Skizze eine Reihe von Merkmalen zusammengestellt, die Grundlage einer Aussprache zwischen Schülern untereinander in einer Arbeitsgruppe oder im Unterrichtsgespräch sein sollen.
Die Leitfragen verlangen es, sich mit den gemeinsamen und unterschiedlichen Merkmalen von Knollenblätterpilz und Champignon auseinander zu setzen. Auch wenn auf weitere ähnliche Arten (z.B. den weißen und den gelben Knollenblätterpilz, den Giftchampignon oder den Schafegerling) hier verzichtet wird, dürfte kein Problem daraus entstehen (Knollenblätterpilze besitzen keine bräunlich gefärbten Lamellen, der Giftchampignon verfärbt sich beim Anschneiden vor allem in der Knolle sattgelb, der Schafegerling ist essbar).

Lösungen:

1. Sicherste Kennzeichen sind
   (1) die rosa bis braun gefärbten Lamellen (Blätter)
   (2) der (namengebende) am unteren Ende knollenartig verdickte Stiel
2. Dem überlieferten Ratschlag ist auf *keinem Fall* zu folgen – es könnten fatale Konsequenzen daraus erwachsen!

Mögliche Ergänzung:

Die völlige Unwirksamkeit des „Giftanzeigers Silberlöffel“ kann man leicht zeigen, wenn man geschnitzelte Giftpilze (Knollenblätterpilze, Fliegenpilze) in einem Becherglas zusammen mit einem Silberlöffel kocht. – **Achtung!** Die giftige Brühe nicht herumstehen lassen, sondern am Ende der Stunde über das Abwasser (Klospülung) entsorgen!

Literatur:

Hennig, B., Kreisel, B.: Taschenbuch für Pilzfreunde. Gustav Fischer-Verlag, Jena 1987.
Falkenhahn, H. H.: Handbuch der praktischen und experimentellen Schulbiologie, Bd. I, Kap. II Gift- und Speisepilze. Aulis-Verlag, Köln 1971.

Flechten – lebende Anzeiger von Luftqualität

Suche in deiner Stadt eine Allee mit älteren Bäumen (Stammumfang mindestens 80 cm). Die Bäume sollten möglichst zur gleichen Art gehören. Die Rinden sind mit Flechten bewachsen. Flechten sind keine Schmarotzer, schädigen also den Baum nicht. Man kann Flechten als lebende Anzeiger (Bioindikatoren) für die Bestimmung der Luftqualität verwenden. Manche Flechten reagieren sehr empfindlich auf Luftschadstoffe, besonders auf Schwefeldioxid, das bei Verbrennungsprozessen und im Kfz-Verkehr entsteht. Die Übersicht zeigt vier Typen von Flechten. Am empfindlichsten gegen Luftverschmutzung sind die Bartflechten und die Strauchflechten, es folgen die Laub- bzw. Blattflechten. Krustenflechten halten noch höhere Schadstoffkonzentrationen aus. Wenn überhaupt keine Flechten vorkommen bzw. nur Grünalgen die Bäume überziehen, ist die Luft sehr stark mit Schadstoffen belastet. Wir sprechen dann von einer Flechtenwüste. Dies ist in Innenstädten mit viel Verkehr der Fall.

Flechtenuntersuchung

Eine grobe Abschätzung der Luftbelastung lässt sich nach dem angegebenen Schema vornehmen. Wähle die Untersuchungsfläche immer in der gleichen Himmelsrichtung und achte darauf, dass die Bäume nicht mehr als 30° geneigt sind, da z.B. herablaufendes Wasser das Ergebnis verfälschen würde. Auch der unterste Stammbereich sollte nicht in die Kartierungsfläche einbezogen werden. Damit die Fläche immer gleich groß ist, bindest du eine Schnur so zusammen, dass sie eine Länge von 3,60 m hat. In 2 m Höhe und in 0,5 m Höhe befestigst du im Abstand von 30 cm jeweils 2 Stecknadeln. Nun kannst du deine Aufnahmefläche mit der Schnur abgrenzen. Dieser Fläche entsprechen 100 %. Schätze nun ab, wie viele Prozent der einzelnen Flechtengruppen dort wachsen. Trage deine Ergebnisse in die Tabelle ein und berechne den Durchschnitt.

Beurteile nun, wie stark die Luftverunreinigung ist. Trage dein Ergebnis ein.

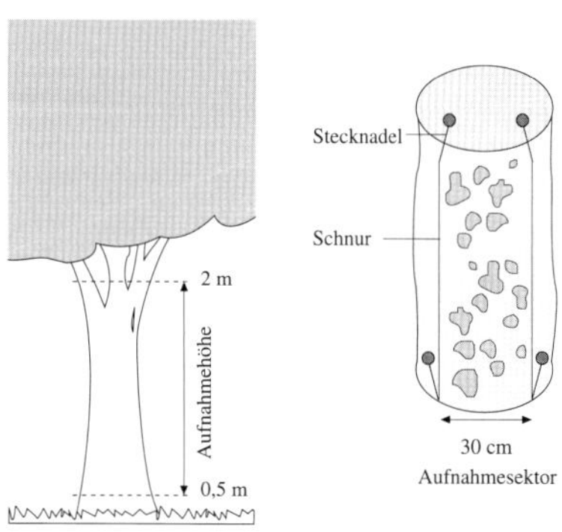

Pflanzentyp		Bedeckung am Stamm	Höhe der Luftverunreinigung
Bartflechten	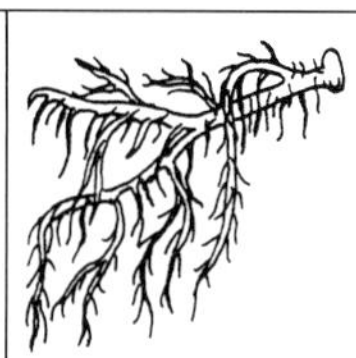	Es genügt, wenn diese Flechtengruppen vorhanden sind.	keine oder nur unbedeutende Luftverunreinigung
Strauchflechten			
Laubflechten		> 50 %	
		10 – 50 %	Einwirkungen von Schadstoffen aus der Luft möglich
		< 10 %	Luft ist mit Schadstoffen belastet
Krustenflechten	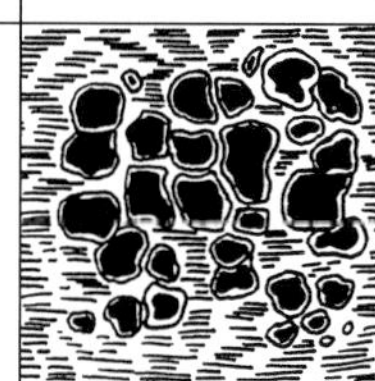	häufig vorhanden	
		kaum vorhanden	Luft mit Schadstoffen stark belastet
Keine Flechten	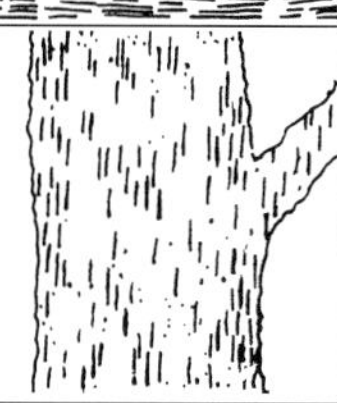		Luft mit Schadstoffen sehr stark belastet

Untersuchungsgebiet: .... **Datum:** ....

Protokoll angefertigt von: ....

Nr.	Baumart	Bart- und Strauchflechten vorhanden: ja/nein	Laubflechten in %	Krustenflechten in %
1				
2				
3				
4				
5				
Rechne nun den Durchschnitt aus.		Vorhandensein genügt		
Ergebnisse:				

....

....

Methodisch-didaktische Hinweise:

Im Biologieunterricht wird die Symbiose zwischen Algen und Pilzen häufig am Beispiel der Flechten erarbeitet. Dass Flechten als Bioindikatoren Aussagen über die Luftbelastung erlauben, ist in den meisten Lehrbüchern erwähnt. Relativ schwierig ist jedoch eine genaue Kartierung, die eine gewisse Kenntnis der Arten und ihrer Eignung als Bioindikatoren voraussetzt. Der Unterrichtsvorschlag ermöglicht es, durch Klassifikation nach der Wuchsform auf eine Bestimmung der einzelnen Arten zu verzichten und dennoch eine (grobe) Abschätzung der Luftbelastung vornehmen zu können [2]. Es sollte jedoch unbedingt darauf hingewiesen werden, dass für präzise Aussagen genauere Kartierungen unter Einbeziehung bestimmter Arten erforderlich ist. Eine Anleitung ist in *Kirschbaum, U., Wirth, V.: Flechten erkennen – Luftgüte bestimmen* zu finden. Die Methode ist jedoch geeignet, in das Prinzip der Flechtenkartierung und ihre Auswertung einzuführen.
Eine einleuchtende Erklärung für die unterschiedliche Empfindlichkeit der verschiedenen Wuchsformen kann so gegeben werden: Je weiter der Thallus in den Luftraum ragt, umso stärker ist die Exposition, d.h. umso stärker ist die Flechte den Schadgasen ausgesetzt. Lichenen sind wechselfeuchte Organismen, die die zum Wachsen benötigten Ionen direkt der Luft oder dem Niederschlag entnehmen. Außerdem sind Flechten auch noch im Winter stoffwechselaktiv, in dem aufgrund von Inversionswetterlagen häufig besonders hohe Schadstoffkonzentrationen vorhanden sind.
Nach *Klahm* unterscheidet man je nach Reaktion der Baumrinde drei Baumartengruppen. Nur innerhalb dieser darf gemeinsam kartiert werden:
Bäume mit subneutraler Borke: Spitzahorn (*Acer platanoides*), Esche (*Fraxinus excelsior*), Walnuss (*Juglans regia*), Apfel (*Malus spec.*), Pappel (*Populus spec.*), Ulme (*Ulmus carpinifolia*).
Bäume mit mäßig saurer Borke: Bergahorn (*Acer pseudoplatanus*), Birne (*Pyrus communis*), Robinie (*Robinia pseudacacia*), Winterlinde (*Tilia cordata*), Sommerlinde (*Tilia platyphyllos*).
Bäume mit saurer Borke: Schwarzerle (*Alnus glutinosa*), Birke (*Betula spec.*), Vogelkirsche (*Prunus avium*), Stieleiche (*Quercus robur*), Traubeneiche (*Quercus petraea*).

Literatur:

[1] *Kirschbaum, U., Wirth, V.:* Flechten erkennen – Luftgüte bestimmen. Ulmer, Stuttgart 1995.
[2] *Klahm, G.:* Wie sauber ist die Luft in unserer Stadt? – Pflanzen zeigen uns den Zustand der Luft an. NiUB, 3/32 (1984), S. 92–103.

3

Bau des Pflanzenkörpers (Morphologie, Anatomie, Mikroskopie)

Ein mikroskopisches Präparat muss so dünn sein, dass es vom Licht durchdrungen werden kann. Um so etwas herzustellen, benötigst du eine ganze Reihe von Materialien:

- Objektträger
- Deckglas
- Glas mit Wasser
- Pipette
- Glasstab
- Präpariernadel
- Pinzette
- Rasierklinge (eine Schneide mit Klebestreifen gesichert)
- Filterpapierstreifen
- Farbstoffe zum Färben der Präparate
- Bleistift und weißes Papier zum Zeichnen des Objektes

Herstellung eines Präparates einer lebenden Pflanzenzelle
An der Innenseite eines Zwiebelblattes wird ein feiner Schnitt gemacht und von dort aus mit der Pinzette das dünne Häutchen mit einer Zellschicht abgezogen. Ein kleines Stück davon legst du auf den Objektträger. Mit der Pipette (oder Glasstab) gibst du einen Tropfen Wasser darauf. Setze die Kante eines Deckglases an und lasse es mit Hilfe der Nadel langsam auf das Objekt sinken (Abb.). Dadurch vermeidest du eingeschlossene Luftblasen.

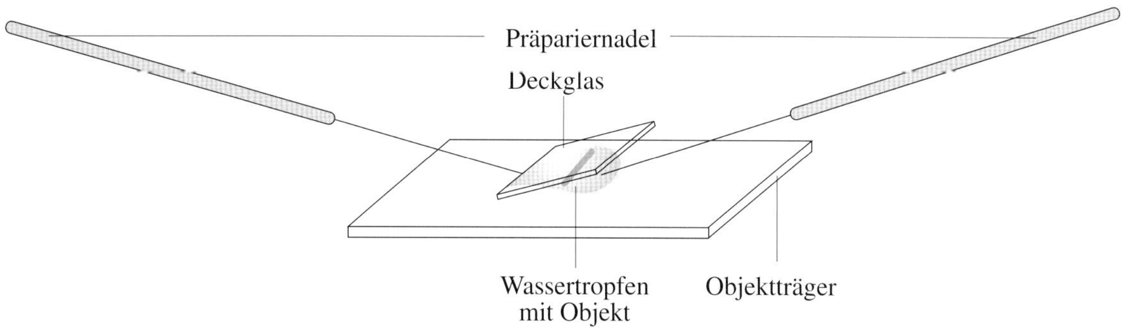

vorsichtiges Auflegen eines Deckglases

Der Wassertropfen sollte den Raum unter dem Deckglas gerade ausfüllen. Was zu viel ist, wird mit einem Filterpapierstreifen abgesaugt (Abb. unten).
Die Dicke der Wasserschicht musst du genau bemessen:
Wenn du zu viel absaugst, kann das Objekt zerdrückt werden. Mit einem Wassertropfen am Glasstab kannst du auf der anderen Seite Wasser zusetzen. Es dringt sofort unter das Deckglas ein.

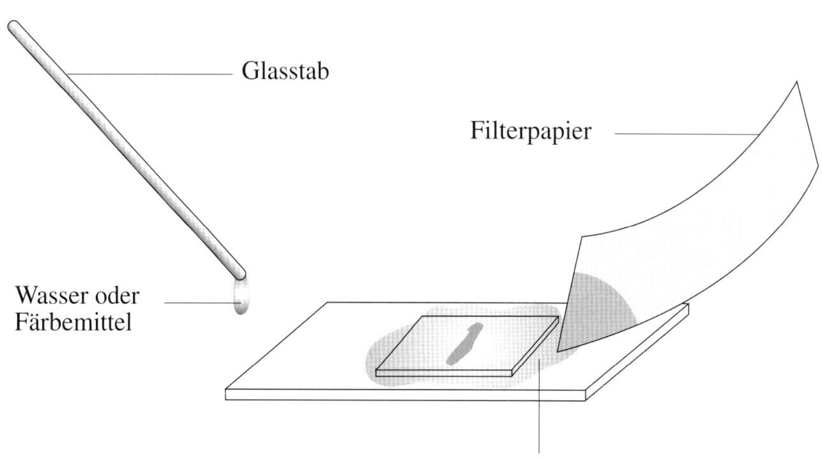

Absaugen des überschüssigen Wassers

Methodisch-didaktische Hinweise:

Die wenigen Geräte und Griffe zum Herstellen eines mikroskopischen Präparates müssen einmal gelernt sein.
Es wird hier die Anfertigung eines Zwiebelhäutchen-Präparates empfohlen, weil es leicht zu gewinnen ist, im Mikroskop bei allen Vergrößerungen gute Informationen liefert und den Wert von Färbemethoden gut erkennen lässt.
Selbstverständlich können auch andere Objekte für eine solche erste Übung verwendet werden, z. B.: Kartoffelstärke, Textilfasern (Watte, Pulloverhaare), Haare von Pflanzen (Brennnessel), Pollenkörner, Algen, Schmetterlingsschuppen u.a.m.

Meist kommen die Schüler selbst auf den Lehrer zu mit der Frage, was ist denn das? Im Blickfeld sind dann häufig:
Lufteinschlüsse, Salzkristalle (vor allem beim Eintrocknen), Verunreinigungen durch Staub, zittriges Objekt durch zu viel Wasser, Verunreinigungen auf der Oberseite des Deckglases u. ä. Das genaue Bemessen der Wassermenge unter dem Deckglas erfordert Sorgfalt und Übung (Erziehungsziele!).

Später wird man den Schülern fertige Dauerpräparate anvertrauen. Erst wenn sie gelernt haben, wie schwierig und zeitraubend die Herstellung solcher Präparate sein kann, werden sie entsprechend vorsichtig damit umgehen und dem Lehrer manchen Ärger ersparen.

Herstellen von Dünnschnitten

Nicht alle Objekte sind so dünn, dass wir sie direkt unter dem Mikroskop betrachten können. Häufig muss man sie erst in sehr dünne Scheiben zerlegen, um deren Aufbau studieren zu können. Man nennt sie „Schnitte", die je nach der Schnittrichtung Querschnitte oder Längsschnitte genannt werden (Abb. 1).

Zum Schneiden benutzen wir am besten eine unbenutzte Rasierklinge, deren eine Schneide mit einem Streifen Klebeband gesichert wird.
Um einen Querschnitt durch einen Pflanzenstängel herzustellen, nimmt man diesen, wie die Abb. 2 zeigt, zwischen Daumen und Zeigefinger der linken Hand; die Rasierklinge wird von Daumen und Zeigefinger der rechten Hand geführt. Man zieht (!) die Schneide der Klinge durch das Pflanzengewebe und gewinnt mehrere dünne Schnitte, die in einem Tropfen Wasser auf dem Objektträger aufgefangen werden. Der dünnste Schnitt wird auf einen anderen Objektträger übertragen, mit einem Tropfen Wasser bedeckt und mit einem Deckglas versehen zunächst mit schwacher, dann mit stärkerer Vergrößerung mikroskopiert. Der Schnitt ist richtig ausgefallen, wenn man im Mikroskop nur *eine* Zellschicht sieht.

Abb. 1: Schnittrichtungen

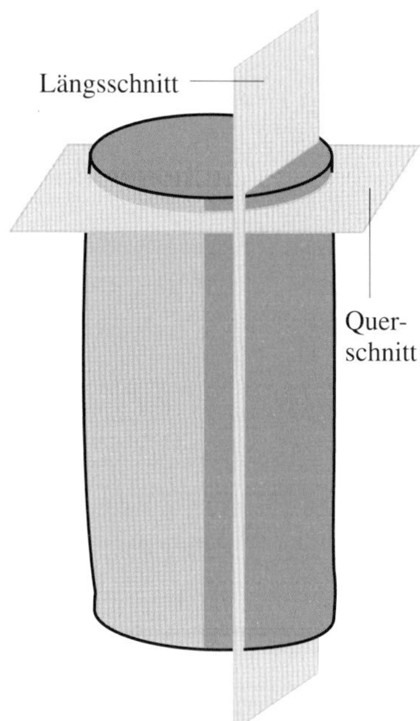

Oft kann man ein kleines oder dünnes Objekt nicht richtig festhalten. Dann hilft ein Trick: Ein Stückchen Kork wird halbiert, das Objekt zwischen die Hälften gelegt und dann mitsamt dem Kork geschnitten. Die Korkreste werden mit der Nadel entfernt. An Stelle von Kork kann man auch Stückchen vom Holundermark verwenden.
Mit Kork- oder Holundermark kann man auch Blattquerschnitte herstellen, wenn man das Blatt zwischen die Korkhälften klemmt. Nur guten Kork verwenden, zum Halten nur ein kleines Stück verwenden, das man sich evtl. mit einem Messer zurecht schneidet.

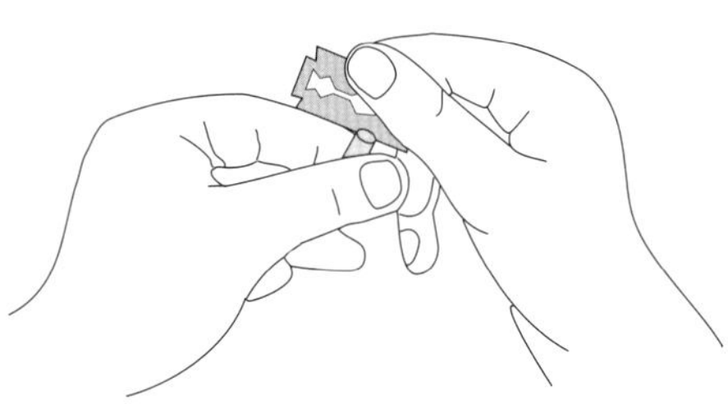

Abb. 2:
So wird mit der Rasierklinge geschnitten.

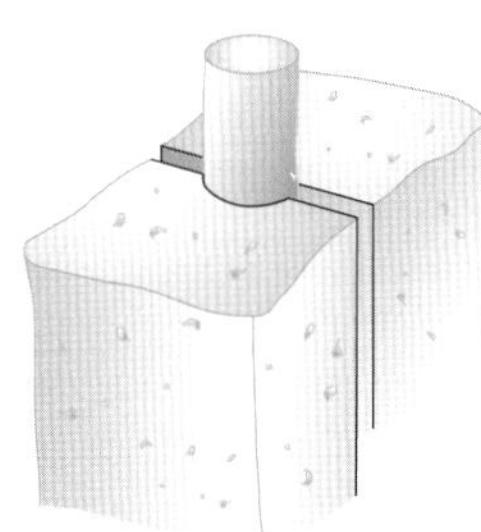

Abb. 3:
Mit einem halbierten Korkstück kann man kleine Objekte gut halten.

Methodisch-didaktische Hinweise:

Das Schneiden von Objekten zur mikroskopischen Untersuchung sollte schon im Anfangsunterricht geübt werden, um die Methode später ohne großen Zeitverlust gezielt einsetzen zu können.

Man beginnt zweckmäßig mit der Herstellung eines einfachen Präparats, das keine Schnitttechnik verlangt (vgl. IV, 3.1; I, 1.4, 1.5), und geht erst dann zur Anfertigung von Schnitten über. Geeignet für den Anfänger sind nicht zu weiche, unverholzte Pflanzenstängel (Taubnessel, Begonie, Blattstiele, junger Fliederzweig). Zum Festhalten sollte man etwa 1 cm dicke Stücke von gutem Kork bereithalten. Ungeeignet sind Korken, die aus Korkgranulat hergestellt worden sind. Holundermark ist sehr gut geeignet und getrocknet jahrelang als Vorrat haltbar.

Die Herstellung von Blattquerschnitten ist schon recht diffizil und für sehr junge Schüler/-innen kaum geeignet. Man darf nur sehr schmale Blattstreifen zwischen die Korkhälften klemmen, die Rasierklinge muss scharf sein, wenn gute Schnitte gelingen sollen. Zur Sicherheit ist es unbedingt notwendig, eine Schneide mit Klebestreifen abzudecken, um Verletzungen zu vermeiden!

Es ist schwierig und im Allgemeinen auch nicht notwendig, großflächige Schnitte herzustellen. Ein Segment des Querschnitts reicht meistens aus. So bringen oft scheinbar misslungene Schnitte, die nur einen kleinen Teil des Objekts erfasst haben, die besten Ergebnisse. Auch hier macht die Übung den Meister.

Die schwächste Vergrößerung wird bei der Durchmusterung des Präparats zuerst eingesetzt. Erst wenn man eine geeignete, d.h. genügend transparente und die gesuchten Stellen enthaltende Schnitte gefunden hat, stellt man die nächste Vergrößerung ein. Sehr dick geratene Schnitte sondert man vorher mit der Nadel aus, um das Deckglas möglichst flach zu halten, wenn man später mit stärkerer Vergrößerung arbeiten möchte.

Ausführliche Anleitung zur Herstellung von verschiedenen Dauerpräparaten findet man in *W. Schlüter*: Mikroskopie. Aulis-Verlag, Köln 1976 oder anderen Anleitungen zum Mikroskopieren.

Der Rätselpilz

Wenn du alle 16 Fragen beantwortet hast, kannst du senkrecht als **Lösungswort** den Namen eines **beliebten Speisepilzes** ablesen. Welche Pilze sind zusätzlich auch abgebildet?

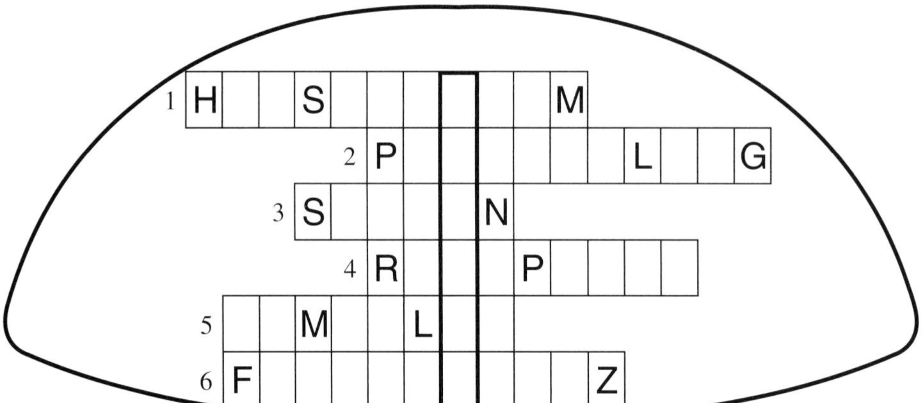
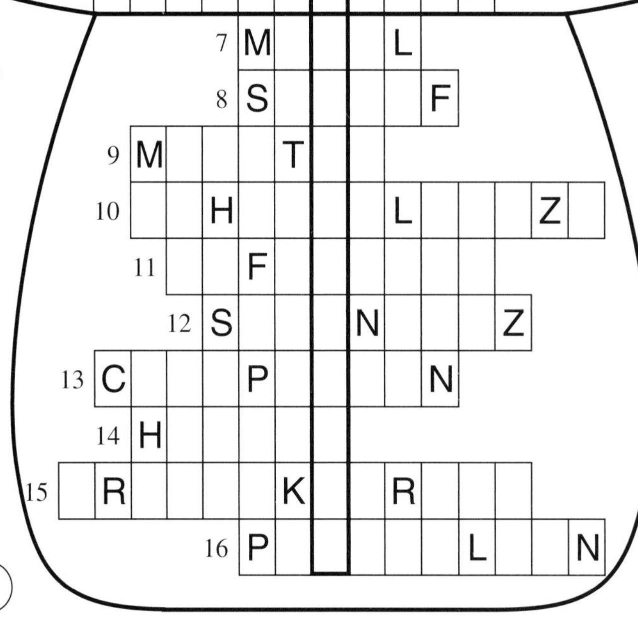

Nr. ◯

Nr. ◯

Nr. ◯

Nr. ◯

1. gefürchteter Schädling, der sich in feuchten Räumen entwickelt und Holz und Mauerwerk zerstört; **2.** beliebter Speisepilz von charakteristischem Geschmack, gelber Lamellenpilz mit gelapptem Hut und weit in den Stiel hinablaufenden Leisten; **3.** die Zellen, die der Vermehrung und Verbreitung von Pilzen dienen; **4.** Gruppe gefürchteter Getreideschädlinge; **5.** blattartige Gebilde auf der Unterseite des Hutes zahlreicher Pilze, Träger der Sporen; **6.** der bekannteste Giftpilz, hat einen leuchtend roten Hut mit weißen Flocken, Lamellenpilz; **7.** das weit verzweigte Fadengeflecht der Pilze; **8.** Schädling, befällt Blätter und Früchte von Apfel- und Birnbäumen, ruft schwarze Flecken hervor; **9.** Schädling, befällt Kulturpflanzen, z. B. Weinreben und Rosen, so dass die Blätter wie weiß gepudert aussehen und absterben; **10.** Gruppe von Pilzen, deren Vertreter einerseits Lebensmittel wie z. B. Brot, Käse, Obst, Marmelade befallen und ungenießbar machen können, zu der aber auch Arten von hohem Nutzen zählen; **11.** Gruppe von Pilzen, deren Vertreter z. B. beim Backen und bei der Herstellung alkoholischer Getränke eine Rolle spielen; **12.** einer der bekanntesten Speisepilze unserer Laub- und Nadelwälder, Röhrenpilz mit braunem Hut; **13.** geschätzter Speisepilz, wird in großem Umfang gezüchtet, Lamellenpilz mit weißem Hut und je nach Alter unterschiedlich getönten Lamellen; **14.** die weißen Zellfäden der Pilze; **15.** Teil des Pilzes, den der Pilzsucher sammelt (Ö = OE); **16.** das bekannteste Antibiotikum, von Fleming entdeckt, wird von einem Schimmelpilz produziert

Methodisch-didaktische Hinweise:
Ob man die Pilze als eigenständiges Thema bespricht oder als Ergänzung in eine Unterrichtsreihe über den „Wald als Ökosystem" einfügt, vielleicht auch im Zusammenhang mit dem Thema „Nahrungsmittel" behandelt – das Rätsel kann bereits Bekanntes festigen und den Schülern den einen oder anderen neuen Aspekt vermitteln.
Das Rätsel enthält:
- 5 einfache Fragen zur **Morphologie** der Pilze (Nr. 3, 5, 7, 14, 15),
- 4 Fragen nach bekannten ungiftigen/giftigen **Großpilzen** (Nr. 2, 6, 12, 13),
- 7 Fragen nach nützlichen/schädlichen **Kleinpilzen** (Nr. 1, 4, 8, 9, 10, 11, 16).

Die vier erfragten Großpilze sind zusätzlich auch abgebildet und sollen von den Schülern mit den Ziffern versehen werden, unter denen sie im Rätsel vorkommen. Nach komplizierten Sachverhalten und selteneren Pilzen wird nicht gefragt. Auch, dass Pilze Vergiftungen und Infektionen hervorrufen können und Pilzsporen Allergien, wird im Rätsel nicht erwähnt.
Den **Schwierigkeitsgrad** des Rätsels kann man erheblich erhöhen und dadurch etwaigen Vorkenntnissen der Schüler anpassen, indem man es ohne die bereits eingetragenen Buchstaben anbietet (man löscht sie auf einer ersten Kopie und verwendet diese dann als neue Kopiervorlage). Das Rätsel kann in **etwa 10 Minuten** fertig ausgefüllt sein.

Anmerkungen zum Lösungswort:
1. Der **Wiesen**champignon heißt auch **Feld**champignon, es handelt sich um *Agaricus campestris*. Die Art ist besonders auf Weiden (Begleiter von Viehmist) und an Feldwegen anzutreffen und ist ein hoch geschätzter Speisepilz.
2. Der in großem Maßstab gezüchtete **Kultur**champignon wird oft als Kulturform des Wiesenchampignons betrachtet, ist aber eine gut abgegrenzte **eigene Art**, nämlich *Agaricus bisporus*, die mitunter auch im Freien in Gärten auftritt.
3. Eine lebensgefährliche Verwechslung der Champignons, besonders der in Wäldern anzutreffenden Arten, mit Knollenblätterpilzen ist möglich. Man sollte aus diesem Grund und in diesem Zusammenhang unbedingt auf das hohe Risiko jeglichen Pilze-Sammelns hinweisen. (Sichere Methoden oder Tricks zur Unterscheidung zwischen giftigen und ungiftigen Pilzen gibt es entgegen landläufiger Meinung nicht (vgl. IV. 2.10).

Lösung:

1. Hausschwamm (**w**)
2. Pfifferling (**i**)
3. Sporen (**e**)
4. Rostpilze (**s**)
5. Lamellen (**e**)
6. Fliegenpilz (**n**)
7. Mycel (**c**)
8. Schorf (**h**)
9. Mehltau (**a**)
10. Schimmelpilze (**m**)
11. Hefepilze (**p**)
12. Steinpilz (**i**)
13. Champignon (**g**)
14. Hyphen (**n**)
15. Fruchtkoerper (**o**)
16. Penicillin (**n**)

Lösungswort: WIESENCHAMPIGNON

Die Abbildungen zeigen
links oben Nr. ②, rechts oben Nr. ⑥, links unten Nr. ⑫, rechts unten Nr. ⑬.

S IV. 3.4 Bakterienformen im Zahnbelag

Unsere Mundhöhle und die Oberfläche der Zähne ist von einer Vielzahl von Bakterien verschiedener Art besiedelt, die eine normale Mundflora bilden ohne Krankheitserscheinungen hervorzurufen. Ein mikroskopisches Präparat der Mundflora zeigt meistens alle vorkommenden Bakterienformen vereint:

- kleine Kügelchen (*Kokken*), perlschnurartig verbunden heißen sie *Streptokokken*;
- kurze oder längere Stäbchen (*Bakterien im engeren Sinn*, falls sie Sporen ausbilden, heißen sie *Bazillen*) und
- korkzieherartig gedrehte *Spirillen*.

Um ein mikroskopisches Präparat davon herzustellen, gehen wir folgendermaßen vor:
Material: Mikroskop (Vergr. mindestens 400-fach), Objektträger, Deckglas, Holzspan, Pipette, Brenner, Fließpapier, 2 %ige wässr. Methylenblaulösung.

Mit einem Holzspan schaben wir von unseren Zähnen ein winziges Schleimflöckchen ab (Achtung, vorher nicht essen oder Zähne putzen!) und verreiben es mit einem Tropfen Wasser, der auf die Mitte eines gereinigten Objektträgers gebracht worden ist. Den nunmehr leicht getrübten Tropfen treiben wir etwas auseinander und lassen ihn trocknen.
Dann ziehen wir den Objektträger (mit dem trockenen Bakterienbelag nach oben) dreimal langsam durch die Flamme eines Gas- oder Spiritusbrenners und heften damit die Bakterien fest an das Glas.
Nach dessen Abkühlung verteilen wir 1 – 2 Tropfen einer 2 %igen wässrigen Methylenblaulösung über den Ausstrich und lassen 2 Minuten einwirken. Jetzt können wir die Farbstofflösung unter dem Wasserhahn abspülen, die Unterseite des Objektträgers mit etwas Fließpapier abtrocknen, ein Deckglas auflegen und mikroskopieren (zunächst mit mittlerer, dann mit starker Vergrößerung (ca. 400 – 500-fach) beobachten.
Zeichne einzelne Formen und benenne sie:

....

Ganz entsprechend kannst du vorgehen, wenn du die Bakterienflora von Jogurt oder von Sauerkrautflüssigkeit sichtbar machen möchtest.

Methodisch-didaktische Hinweise:
Die Untersuchung der eigenen Mundflora im Mikroskop ist nicht nur eine hochinteressante Beschäftigung mit dem eigenen Körper, sie motiviert auch zu allerlei Fragen und regt dadurch zu einem breit gefächerten Unterrichtsgespräch an. Folgende Themen können sich aus der Beschäftigung mit der eigenen Flora entwickeln:
- die Rolle der Mundflora, Tätigkeit der Bakterienflora
- Kariesbildung
- Zahn- und Mundpflege
- Pathogene und nichtpathogene Keime
- Infektionsmöglichkeiten durch den Mundspeichel (AIDS, Pfeiffer-Drüsenfieber)
- Symbiosen zwischen höheren und niederen Lebewesen

Abgesehen von dieser persönlichen Anteilnahme ist die Anfertigung eines solchen Präparates auf mehrfache Weise exemplarisch, denn
- die Vorgehensweise ist die in der Mikrobiologie übliche für die Untersuchung von natürlichen Medien;
- man kann auf einfache Weise rasch einen Überblick über die verschiedenen Bakterienformen bekommen;
- die aufzufindenden Bakterienarten sind groß genug, um sie ohne Verwendung empfindlicher und teurer Ölimmersionsobjektive beobachten zu können;
- Infektionen sind ausgeschlossen, wenn man den Belag der eigenen Zähne untersucht. Zudem werden bei der Hitzefixation die Mikroorganismen abgetötet.

Zufrieden stellende Ergebnisse erhält man aber nur, wenn nicht unmittelbar vor der Untersuchung gegessen wurde (vorher darauf aufmerksam machen, bzw. die Präparation an das Ende der Stunde legen, die mikroskopische Beobachtung dann auf die nächste Stunde verschieben).
Die Färbelösung setzt der Lehrer vor der Stunde an, indem er 2 g Methylenblau (grob gewogen) in 100 ml Wasser löst. Eine Vorratslösung ist lange Zeit haltbar. Zur Not gelingen auch mit blauer Tinte brauchbare Färbungen.

Ergebnisse: Bei Vergrößerungen um 400 x sind deutlich die im Arbeitsblatt angegebenen Bakterienformen Kokken, Stäbchen (Bakterien i.e.S.), Spirillen blau gefärbt zu erkennen. Oftmals sind Einschlusskörperchen auszumachen. Sporenbildner findet man i. A. nicht, die Bakteriensporen zeigen sich in solchen Präparaten als helle (ungefärbte) Auftreibungen der Bakterienkörper.
Die Untersuchung von *Jogurt, Saurer Milch* oder *Sauerkrautwasser* hat eher alternativen Charakter, sie bietet sich an, wenn man die Untersuchung der Mundhöhle nicht möchte, aber auch, um die Methode an einem weiteren Objekt zu üben oder um die Ursachen biotechnischer Vorgänge (mikrobielle Milchsäurebildung) kennen zu lernen. Die Flora aus diesen Bereichen ist aber gewöhnlich homogener (Milchsäurestäbchen, Streptokokken).

Literatur:
Freytag, K.: Schulversuche zur Bakteriologie. Praxis-Schriftenreihe Biologie Bd. 3. Aulis-Verlag, Köln 1980, 4. Aufl.
Knoke, M., Bernhardt, H.: Mikroökologie des Menschen. Edition medizin. VCH Verlags-Gesellschaft, Weinheim 1986.

S IV. 3.5 Vom Klebebild zum Blütengrundriss

Klebebild der Tulpenblüte

Zupfe die Blütenteile der Tulpenblüte von außen nach innen ab und merke dir genau, wie die einzelnen Teile zueinander angeordnet waren. Lege die einzelnen Blütenteile auf Buntpapier, umfahre sie mit Bleistift und schneide sie aus. Verwende für die Blütenhüllblätter weißes, für die Staubblätter gelbes und für den Stempel rotes Papier.

Zeichne mit dem Zirkel nach Vorlage der Abbildung vier konzentrische Kreise in dein Heft. Der Radius sollte 1,5, 2, 2,5 und 3 cm sein. Ziehe mit einem Winkeldreieck auch die gestrichelt eingezeichneten Hilfslinien. Klebe dann die Blütenteile auf, so wie sie in der Tulpe angeordnet waren.

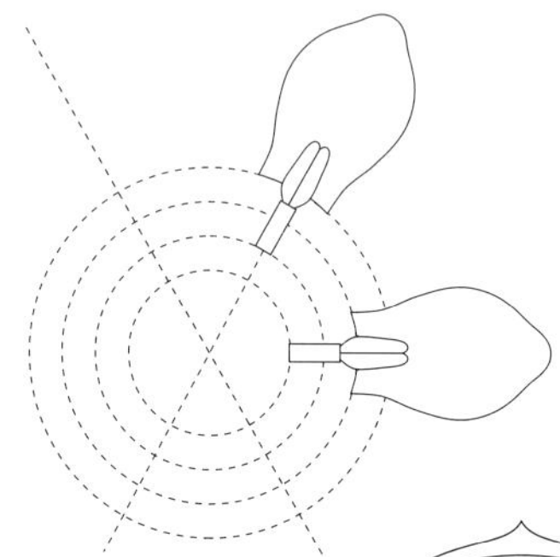

Wir stempeln einen Blütengrundriss

Male die Blütenteile des abgebildeten Blütengrundrisses mit folgenden Farben aus:

Blütenhüllblätter weiß

Staubblätter gelb

Fruchtblätter rot

Samenanlagen orange

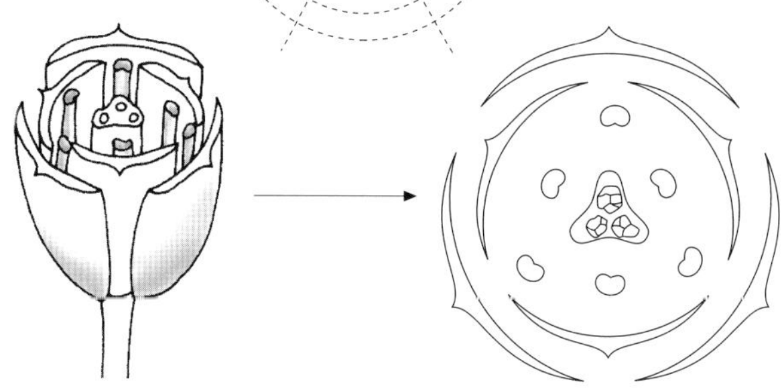

Schneide eine geschlossene Tulpenblüte unterhalb der Mitte mit einer Rasierklinge quer. Drücke die Schnittfläche auf ein Stempelkissen und stemple einen Blütengrundriss auf ein Blatt Papier. Klebe einen besonders gut gelungenen Druck in dein Heft ein.

Blütensymmetrie

Stelle einen kleinen Taschenspiegel senkrecht auf den Blütengrundriss, sodass dieser nur noch halb zu sehen ist. Drehe nun den Spiegel so lange, bis sich Bild und Spiegelbild zu einer Blüte ergänzen. Wie viele Spiegelachsen sind möglich?

Merke: Wenn sich mehr als zwei Spiegelachsen durch eine Blüte legen lassen, sprechen wir von strahligen oder radiären Blüten.

Blütenformel

Die Tulpenblüte lässt sich in ihrem Aufbau durch eine Blütenformel darstellen. Die einzelnen Blütenteile werden von außen nach innen angegeben, indem man für die Blütenteile ein Symbol verwendet und dahinter die Anzahl der Teile angibt. Wenn die Blüte radiär ist, geben wir dies mit einem Stern * vor der Blütenformel an.

6 Blütenblätter	=	B6, genauer in zwei Kreisen	=	B3+3
6 Staubblätter	=	S6, genauer in zwei Kreisen	=	S3+3
3 Fruchtblätter	=	F3, wenn diese miteinander verwachsen sind, setzt man die Zahl in Klammern, also F(3)		

Die Ansatzstelle der Blütenhüllblätter und der Staubblätter ist unterhalb des Fruchtknotens. Dieser ist daher oberständig. Dies wird in der Blütenformel durch einen Strich unter der Drei symbolisiert, also F($\underline{3}$)

Wie lautet die vollständige Blütenformel der Tulpe? ....

Methodisch-didaktische Hinweise:

- Die Anordnung der Blütenteile zueinander kann vom Lehrer auch sehr schön am Overheadprojektor demonstriert werden, die konzentrischen Kreise werden auf eine Folie gezeichnet, die Blütenteile der Tulpe werden aus buntem Transparentpapier oder aus bemalter Overheadfolie ausgeschnitten und entsprechend dem Blütengrundriss angeordnet.
- Um für das Stempeln eine geschlossene Blüte zu erhalten, empfiehlt es sich, die Tulpen vorher im Kühlschrank aufzubewahren.
- Bevor Rasierklingen an Schüler ausgeteilt werden, sollte der richtige Umgang vom Lehrer gezeigt werden (1 Schneide mit Klebeband sichern!).
- Für das Stempeln ist es günstig, die Blüte unterhalb der Mitte zu schneiden. Der besseren Übersicht halber ist in der Darstellung die Blüte weiter oben quergeschnitten.
- Die verwendeten Farben für die Blütenteile sollten auch später beibehalten werden, wobei bei Pflanzen, die in Kelch und Krone gegliedert sind, für die Kelchblätter Grün, für die Kronblätter am besten Weiß verwendet wird. In manchen Lehr- und Schulbüchern wird die Farbe Rot für die Kronblätter gewählt, Blau für die Fruchtblätter [2, 3]. In den gängigen (schwarz-weißen) Lehrbüchern der Botanik [4] sind die Kelchblätter schraffiert, die Kronblätter schwarz gedruckt.
- Das Aufstellen von Blütenformeln sollte auch später immer wieder eingeübt werden, es macht Schülern großen Spaß und zwingt sie zu einem genauen Hinsehen.
- In den wissenschaftlichen Lehrbüchern [3, 4] werden als Abkürzungen für die Teile der Blütenformeln folgende Symbole verwendet: P für Perigon (Kelch und Krone gleich gestaltet), K für Kelch, C für Corolle (= Blütenkrone), A für Androeceum (Gesamtheit aller Staubblätter einer Blüte), G für Gynaeceum (Gesamtheit der Fruchtblätter einer Blüte). Da die Schüler/-innen mit diesen Fachbegriffen jedoch wenig anfangen können, empfehlen sich die Abkürzungen für die deutschen Fachbegriffe (Kelchblätter Ke, Kronblätter Kr, Staubblätter S, Fruchtblätter F).

Lösungen:
Blütenformel der Tulpe: $* B3+3S3+3\underline{F(3)}$

Literatur:

[1] *Bonora, V., Dieterle, A., Görz, G., Gotzler, H.:* Natura. 5. Jahrgangsstufe, Ausgabe Bayern. Ernst Klett, Stuttgart u.a. 1992.
[2] *Eschenhagen, D., Kattmann, U., Rodi, D. (Hrsg.):* Handbuch des Biologieunterrichts, Sekundarbereich I, Band 2, Lebensformen und Verwandtschaft. Aulis Verlag, Köln 1992.
[3] *Hess, D.:* Die Blüte. Verlag Eugen Ulmer, Stuttgart 1990.
[4] *Strasburger, E.:* Lehrbuch der Botanik. 32. Aufl. Gustav Fischer Verlag, Stuttgart, New York 1983.

Der Bau der Kirschblüte

Aufgaben:

1. Betrachte eine einzelne Kirschblüte. Beschreibe die Form des Blütenbodens.
2. Benenne die nach unten geschlagenen grünen Blättchen am äußeren Rand des Blütenbodens.
3. Wie groß ist ihre Anzahl?
4. Benenne die weiter innen stehenden, weißen Blätter. Wie viele sind es?
5. Wie viele Staubblätter kannst du zählen?
6. Wie viele Fruchtknoten kannst du erkennen?
7. Überlege, ob der Fruchtknoten unter-, mittel- oder oberständig ist.
8. Die beiden Abbildungen zeigen den Blütenlängsschnitt und den Blütengrundriss der Kirschblüte. Male aus: 1, 5, 6 grün, 2 ohne Farbe, 3 a, b, gelb, 4 a, b, c rot, 4 d orange. Beschrifte die Blütenteile in der untenstehenden Tabelle.
9. Wie lautet die Blütenformel der Kirschblüte? Für die einzelnen Blütenteile werden folgende Symbole verwendet:
   Symmetrie: radiär (strahlig) *, zweiseitig ↓, doppelt zweiseitig +

   Kelchblätter = Ke ....

   Kronblätter = Kr ....

   Staubblätter = S ....

   Fruchtblätter = F ....

   $\underline{F}$ oberständiger, –F– mittelständiger, $\overline{F}$ unterständiger Fruchtknoten.
   () [] Blütenteile sind miteinander verwachsen.

Blütenlängsschnitt und Blütengrundriss der Kirschblüte:

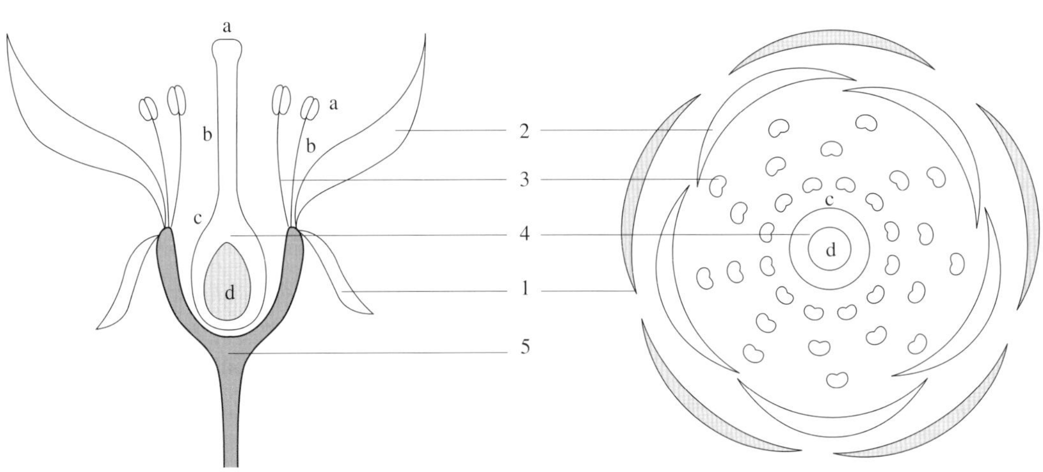

1	....	4a	....
2	....	4b	....
3	....	4c	....
3a	....	4d	....
3b	....	5	....

Methodisch-didaktische Hinweise:

Es empfiehlt sich, die Kirschblüte im Anschluss an die Besprechung der Tulpe durchzunehmen. Sie blüht bereits Ende April/Anfang Mai und ist damit frühzeitig für den Unterricht verfügbar. Sie ist ein typischer Vertreter der wichtigen Familie der Rosaceae. Im Anschluss an die Besprechung des Blütenbaues können dann weitere Themen anhand der Kirschblüte behandelt werden: „Bestäubung und Befruchtung“ (8.3) sowie „Von der Blüte zur Frucht“ (8.6).

Lösungen:

1. Der Blütenboden ist krugförmig aufgewölbt.
2. Es sind die Kelchblätter.
3. Anzahl: 5.
4. Kronblätter. Anzahl: 5.
5. Vielzahl von 5, meist 15 oder 20. Es sollte darauf hingewiesen werden, dass die Botaniker meist nicht über 10 hinauszählen und dann salopp die Zahl als „unendlich“ angeben (∞).
6. Fruchtknoten: 1.
7. Der Fruchtknoten liegt etwas unterhalb der Ansatzstelle der Kelch-, Kron- und Staubblätter, der Blütenboden umschließt den Fruchtknoten nicht vollständig, er ist mittelständig.
8. 1 Kelchblatt, 2 Kronblatt, 3 Staubblatt, 3 a Staubbeutel, 3 b Staubfaden, 4 Fruchtblatt, 4 a Narbe, 4 b Griffel, 4 c Fruchtknoten, 4 d Samenanlage, 5 Blütenboden.
9. ∗Ke5Kr5S∞F–1–

Die Weizenpflanze

Abb. 1: Weizenpflanze

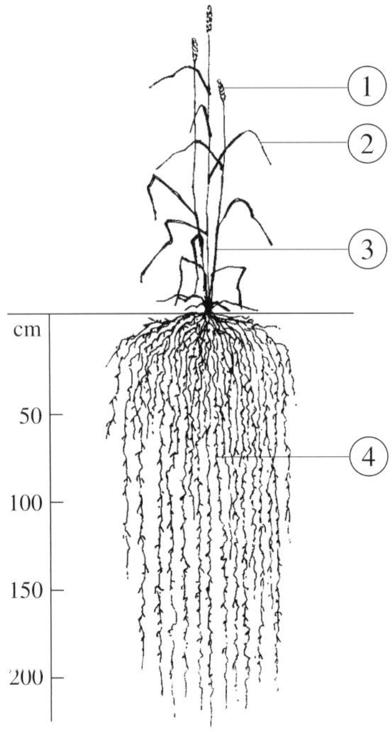

Abb. 2: Junge Weizenpflanze

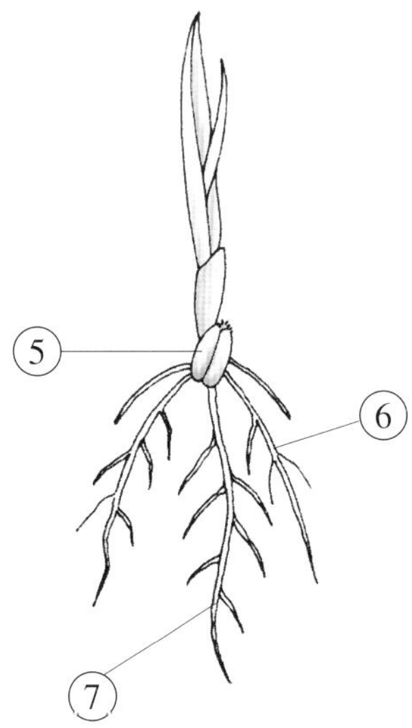

Abb. 3: Weizenspross

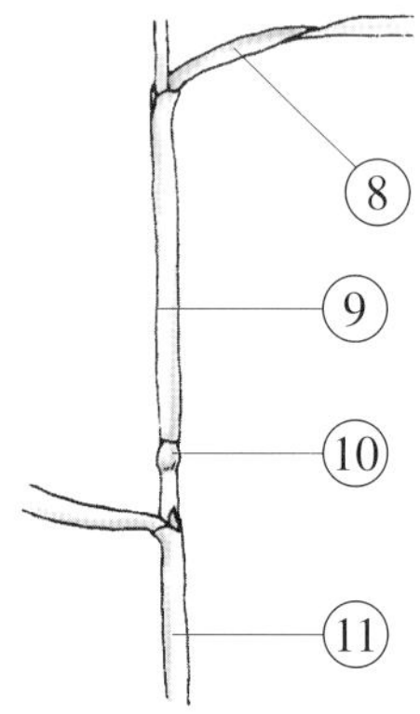

Die Weizenpflanze gehört zu den Süßgräsern und damit zu den Einkeimblättrigen Pflanzen. Für Einkeimblättrige Pflanzen ist charakteristisch, dass sie nach der Keimung nur ein Keimblatt und schon bald Seitenwurzeln ausbilden, aus denen ein ausgedehntes Wurzelbüschel entsteht. Die Weizenpflanze kann 100 – 170 cm hoch werden, und ihr Spross ist durch Verdickungen (Knoten, Nodien) in deutlich unterscheidbare Abschnitte unterteilt: Nodien und Internodien. Aus den Nodien, die noch teilungsfähige und zarte Zellen enthalten, entspringen die Blätter, die zunächst das Nodium, dem sie entspringen, und einen Teil des Internodiums umfassen (Unterblatt), dann aber nahezu waagerecht vom Spross abzweigen (Oberblatt). Die Weizenblüten entwickeln sich in einem Blütenstand, der Ähre eines Sprossabschnittes. Sie werden durch den Wind bestäubt. Aus jeder Blüte geht nur ein einzelnes Weizenkorn hervor, aus dem sich eine neue Weizenpflanze entwickeln kann.

Aufgaben:

1. Beschrifte die einzelnen Bestandteile der Weizenpflanze in den Bildern 1 – 3 anhand der Aufgaben im Text. Schreibe die richtigen Bezeichnungen mit den Zahlen in dein Heft.
2. Untersuche an einer Weizenpflanze:
   - die Stelle, aus der die Blätter entspringen,
   - den Spross dicht oberhalb eines Knotens.

   Beschreibe deine Beobachtungen. Welche Vorteile ergeben sich aus dieser Beschaffenheit für die Weizenpflanze?
3. Langzeitversuch: Eine Weizenpflanze, die in einem Pflanztopf wächst, wird niedergedrückt, ohne sie vollständig abzuknicken. Der weitere Wachstumsverlauf wird protokolliert. Notiere deine Beobachtungen.

Methodisch-didaktische Hinweise:

Zusammen mit den Materialien über andere Kulturpflanzen bietet sich die Verwendung in einem arbeitsteilig organisierten Gruppenunterricht oder bei einem projektartigen Vorgehen an. Die Beschäftigung mit dieser Materialie wird dann zeitlich deutlich über den Rahmen einer Unterrichtsstunde hinausreichen. Der Aufgabenkatalog erweitert sich für die bearbeitenden Schüler um die Maßgabe, die dargestellten Inhalte für die Mitschüler verständlich aufzubereiten. Mit dieser Materialie kann die allgemeine Erscheinungsform des Kulturweizens erarbeitet werden, wobei auch die Kennzeichen von Süßgräsern allgemein in den Blick genommen werden können. Spezielle Vorkenntnisse auf Seiten der Schüler sind nicht erforderlich; Grundwissen zum Aufbau von Pflanzen sollte verfügbar sein (vgl. dazu auch 3.8 und 2.9.3).

Lösungen:

1. 1 Blütenstand Ähre
   2 Blatt
   3 Spross
   4 Wurzelsystem
   5 Weizenkorn
   6 Seitenwurzeln
   7 Keimwurzel
   8 Oberblatt
   9 Unterblatt
   10 Nodium
   11 Internodium
2. Das Unterblatt schützt vor allem die empfindlichen Zellen in den Nodien und stützt an den wenig verdickten Nodien den Halm.
3. Die Weizenpflanze richtet sich auf durch verstärkte Zellteilung der dem Erdboden zugewandten noch teilungsfähigen Nodienzellen (vgl. Abb. 4).

Abb. 4: Gerichtetes Wachstum an einem Grashalmknoten

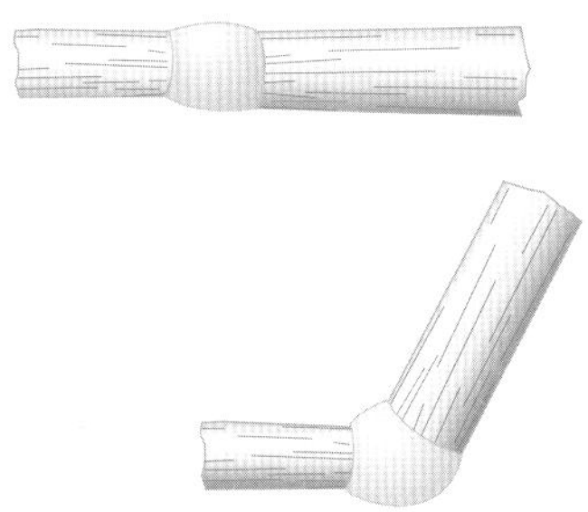

S IV. 3.8 Blüten und Früchte des Weizens

Abb. 1: Weizenähre und Weizenkorn
A Rückansicht
B Seitenansicht

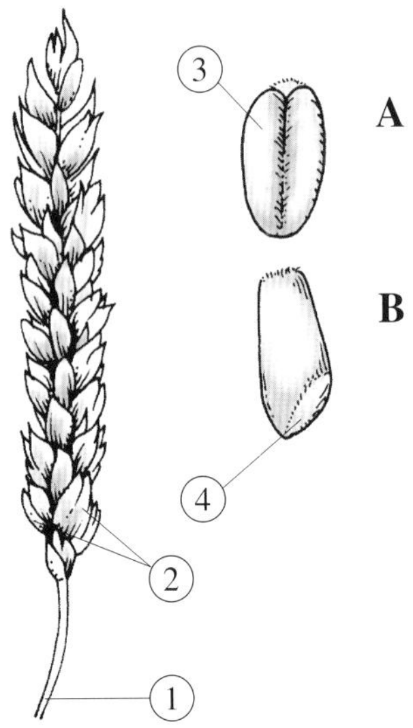

Abb. 2: Weizenblüte
A Schema einer zusammengesetzten Ähre
B Schema einer Weizenblüte

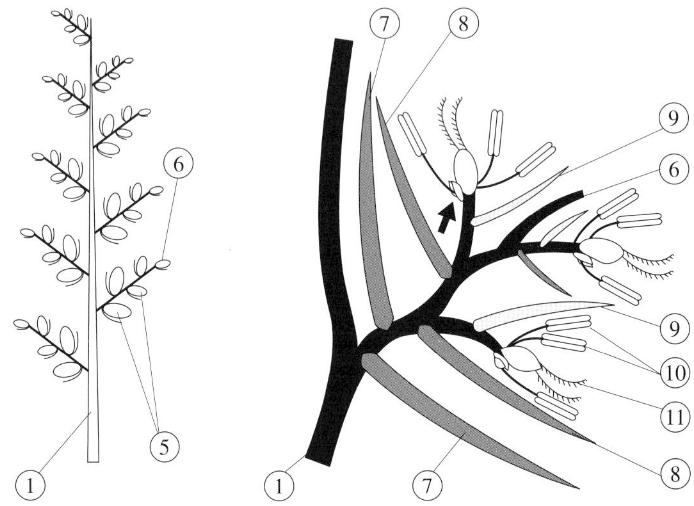

Abb. 3: Schnitt durch ein Weizenkorn

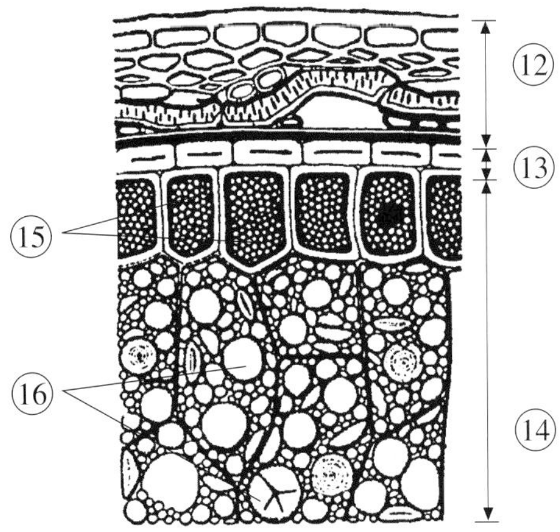

Die Weizenblüten entwickeln sich in einem Blütenstand, der Ähre, am Ende eines Sprossabschnittes. Einzelblüten wachsen ungestielt auf kurzen Seitenzweigen, die von der Sprossachse oder Ährenachse abzweigen. Die Seitenzweige bilden in kurzem Abstand Blütenhüllblätter (Spelzen) aus. Zunächst entstehen zwei Hüllspelzen, dann folgen je nach Anzahl der Blüten die Deckspelzen und die Vorspelzen. Die eigentliche Blüte besteht zumeist aus drei lang gestielten Staubblättern und einem Fruchtknoten mit zwei langen Narbenästen. Weizenpflanzen werden durch den Wind bestäubt. In jeder Blüte wächst ein einzelnes Weizenkorn. Das Weizenkorn ist eine Frucht, die von der Fruchtschale umgrenzt ist. Die Fruchtschale ist mit der darunter liegenden Samenschale verbunden. Im Inneren des Korns findet man den Pflanzenembryo, der sich schon äußerlich an der Fruchtschale erkennen lässt, und Nährgewebe, das aus innen liegenden stärkereichen Zellen und einer äußeren Lage eiweißreicher Zellen besteht (Abb. 3).

Aufgaben:

1. Beschrifte die einzelnen Bestandteile der Weizenblüte und des Samens anhand der Angaben im Text. Schreibe die richtigen Bezeichnungen mit den Zahlen in dein Heft.
2. Die Staubblätter der Weizenblüte besitzen lange Stiele und der Fruchtknoten stark ausgebildete Narbenäste. Zur Reifezeit werden die Staubblätter durch Schwellkörperchen auseinander gedrückt (vgl. Abb. 2 B Pfeil). Erkläre diese Beobachtungen mit Hilfe der Angaben zur Fortpflanzung des Weizens.
3. Suche geeignete Materialien und baue ein Modell der Weizenblüte. Folgende Bestandteile müssen erkennbar sein: Staubblätter, Fruchtknoten mit Narbe, Schwellkörperchen, Vorspelze, Deckspelze, Hüllspelze, Seitenzweig, Ährenachse.

Methodisch-didaktische Hinweise:

Die Blütenbiologie der Süßgrasblüten wird häufig als schwierig empfunden. Aus diesem Grund wurden stark schematisierte Zeichnungen des Blütenaufbaus verwendet und eine gleichartige Nummerierung in den Bildern eingesetzt. Auf einige Begriffe, die für das Verständnis des Blütenaufbaus nicht unbedingt erforderlich sind, wurde verzichtet (z. B. Granne, Aleuronschicht). Der für die Backtauglichkeit unentbehrliche Weizenkleber (vgl. IV, 10.4: Backeigenschaften von Weizenmehl) findet sich übrigens in den stärkereichen Zellen. Die Aleuronschicht enthält ausschließlich Reserveproteine mit anderer Aminosäurezusammensetzung als das Kleberprotein.
Diese Materialie kann sowohl eingesetzt werden, um Kenntnisse über diese wichtigste unserer Nutzpflanzen zu erweitern, als auch um in den allgemeinen Bau von Süßgräserblüten einzuführen. Zusammen mit Materialien über andere Nutzpflanzen bietet sich zudem die Verwendung in einem arbeitsteilig organisierten Gruppenunterricht an. In diesem Fall wird die Beschäftigung mit dieser Materialie deutlich länger dauern als eine Unterrichtsstunde und der Aufgabenkatalog für die bearbeitende Gruppe verlängert sich um die Maßgabe, die dargestellten Inhalte für die Mitschüler verständlich aufzubereiten (Projekttage; Weizen blüht im Juni).

Lösungen:

1. 1 Sprossachse
   2 Ährenblüten mit Weizenkörnern
   3 Weizenkorn
   4 Pflanzenembryo
   5 Ährenblüten
   6 Seitenzweig mit Ährenblüte
   7 Hüllspelzen
   8 Deckspelzen
   9 Vorspelzen
   10 Staubblätter
   11 Fruchtknoten mit Narbenästen
   12 Fruchtschale
   13 Samenschale
   14 Nährgewebe
   15 Eiweißreiche Zellen
   16 Stärkereiche Zellen

2. Die Bestäubung findet durch den Wind statt. Die langen Staubbeutel exponieren die Pollen dem Wind und die langen Narbenäste können den Pollen besonders gut aus der Luft auffangen.

3. Der Phantasie sind keine Grenzen gesetzt. Als Materialien eignen sich verschieden starke und verschieden gefärbte Pappstücke, Pfeifenreiniger, andere Naturmaterialien wie Zweige, Kastanien, Holzreste u. v. m.

Fettglanz auf Blütenblättern des Scharbockskrauts

Betrachte die Kronblätter des Scharbockskrauts. Es fällt auf, dass diese wie gelb lackiert aussehen, ein Phänomen, das bei anderen Hahnenfußarten und bei der Butterblume in gleicher Weise auftritt. Trotz des Lackglanzes kann man jedoch deutlich zwei Zonen entdecken, die sich in ihrer Leuchtkraft unterscheiden: Der innere Bereich der Blüte ist mattgelb, der äußere leuchtet intensiv. Eine Erklärung ist möglich, wenn man einen Querschnitt (s. Abb.) durch ein Blütenblatt betrachtet und die unten aufgeführten Versuche durchführt.

1 Querschnitt durch das Kronblatt

1.1 Informiere dich über den Bau eines Laubblattes und vergleiche mit dem Bau eines Kronblattes. Ordne den Buchstaben der Abbildung jeweils einen Begriff zu. Wie wirkt die Zellschicht b? Erfinde einen passenden Begriff.

1.2 Für das menschliche Auge ist der Kontrast der Farben gelb glänzend – gelb matt nicht besonders groß. Überlege, warum sich für Bienen das Innere der Blüte wesentlich stärker vom glänzenden äußeren Teil abhebt.

2 Versuch: Wie entsteht der Fettglanz?

Material: Uhrgläschen, Lugolsche Lösung, Pipette, Blüte des Scharbockskrautes.

Durchführung: Zupfe eine Blüte ab und lege sie in ein Uhrgläschen. Tropfe nun etwas Lugolsche Lösung (Jodkaliumjodidlösung) zu. Interpretiere das Ergebnis.

3 Versuch: Extraktion des gelben Blütenfarbstoffs

Das Gelb der meisten Blüten wird durch zwei unterschiedliche Farbstoffe hervorgerufen: den wasserlöslichen Flavonoiden oder den wasserunlöslichen Carotinoiden. Durch einen einfachen Versuch kannst du entscheiden, welcher Farbstoff die Kronblätter des Scharbockskrauts gelb färbt.

Material: Kleine Reibeschale mit Pistill, Spatel, Messzylinder 5 oder 10 ml, Seesand, Wasser, Benzin (feuergefährlich F!), 2 Reagenzgläser, kleiner Glastrichter, Faltenfilter.

Durchführung: Miss jeweils 5 ml Wasser und Benzin ab. Zerreibe nacheinander jeweils die Kronblätter einer Blüte des Scharbockskrautes in der Reibeschale mit Pistill und einer Spatelspitze voll Seesand a) mit Wasser, b) mit Benzin.

Filtriere anschließend durch jeweils ein Faltenfilter in die verschiedenen Reagenzgläser. Vergleiche die Farbintensität der Lösungen. Um welchen Farbstoff handelt es sich?

Abb.: Querschnitt durch ein Kronblatt des Scharbockskrauts

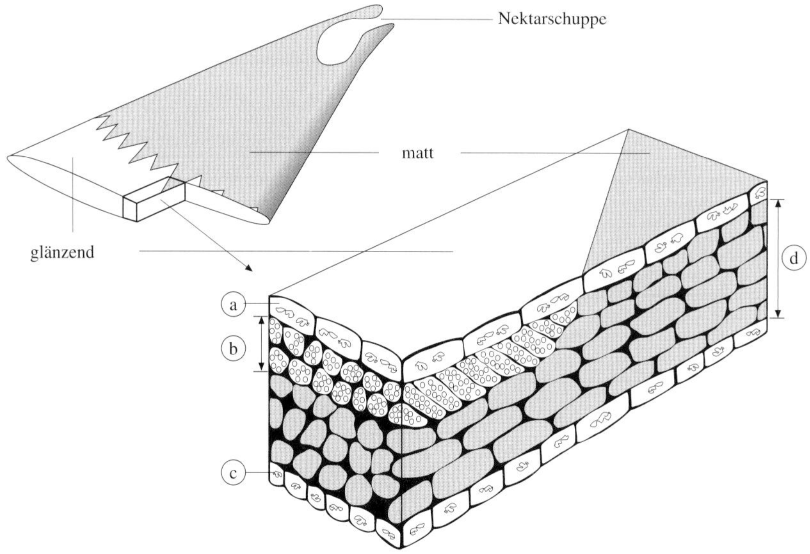

Methodisch-didaktische Hinweise:

An der Blüte des Scharbockskrautes lassen sich verschiedene Fragestellungen erarbeiten:

- Kronblatt und Laubblatt sind prinzipiell gleich aufgebaut. Die Blüte ist das natürliche Ende eines Sprosses. Durch Stauchung der Sprossachse und Umwandlung ihrer Blattorgane in meist grüne Kelchblätter, bunte Kronblätter sowie in Staub- und Fruchtblätter, erfüllt die Blüte die Aufgabe der sexuellen Fortpflanzung. Die Kelchblätter dienen meist zum Schutz, die Kronblätter locken Insekten an. Staub- und Fruchtblätter stehen im direkten Dienst der sexuellen Fortpflanzung. Bereits Goethe hat in seinen Metamorphosen auf diese Zusammenhänge hingewiesen.
- Tricks der Pflanze, um Insekten den Weg zum Nektar zu zeigen, sind die Saftmale. Ist der Nektar in speziellen Honigblättern verborgen, muss dem Besucher eine Orientierungshilfe geboten werden. Auch bei anderen Blüten gilt meist, dass die äußeren Bereiche UV reflektieren, die inneren absorbieren.
- Bei den gelben Blütenfarben kann es sich um (lipophile) Carotinoide oder um (hydrophile) Flavonoide handeln. Der Versuch 2 weist mit einfachen Mitteln auf die liphophile Eigenschaft der Carotinoide hin.
- Zur Technik der Präparation vgl. IV, 3.1, 3.2

Lösungen:

1.1 Das Kronblatt ist prinzipiell genauso gebaut wie ein grünes Laubblatt, besteht also aus einer oberen und unteren Epidermisschicht, dazwischen liegen die Zellen des Mesophylls, die wir vom Blatt her als Palisaden- und Schwammzellen kennen. Diese Differenzierung fehlt beim Kronblatt. Gelbe Farbstoffe, Carotinoide, wie sie auch in der Karotte vorkommen, liegen fein verteilt in der oberen und unteren Epidermis. Spaltöffnungen fehlen. Im obersten Bereich des Mesophylls erkennt man eine weitere Schicht dicht nebeneinander liegender Zellen, die Spiegelschicht (Tapetum), die allerdings nur im äußeren Bereich der Kronblätter dicht mit Stärkekörnern angefüllt ist. Diese reflektieren das Licht, der Fettglanz entsteht. Im inneren Teil des Kronblattes fehlt diese Schicht, er erscheint daher matt.
a = Obere Epidermis mit Carotinoidtröpfchen
b = Spiegelschicht = Tapetum = (Stärkehaltige Zellschicht)
c = Untere Epidermis mit Carotinoidtröpfchen
d = Mesophyll

1.2 Da Bienen Licht auch im ultravioletten Bereich wahrnehmen, erscheint für sie der Kontrast viel stärker. Der innere, dunkle Teil reflektiert kaum UV und führt als Saftmal zum Nektar.

2. Nur der äußere Teil des Kronblattes färbt sich schwarz-violett. Die Stärkekörner der Tapetumschicht ergeben die typische Nachweisfärbung für die Stärke.

3. Carotinoide sind fettlöslich, sie lösen sich sehr gut in Benzin, nicht jedoch in Wasser.

Literatur:

Hess, D.: Die Blüte. Verlag Eugen Ulmer, Stuttgart 1990, 2. Aufl.
Probst, W.: Pflanzen stellen sich vor. Metzler Schulbuchverlag, Hannover 1992.

S IV. 3.10 Was sind eigentlich Hagebutten?

Hecken sind durch die Anlage großer maschinengerechter Felder in den letzten Jahrzehnten als überflüssig einfach weggerodet worden. Inzwischen weiß man vielerorts wieder ihren Wert zu schätzen, denn es ist erwiesen, dass in einer Hecke viele Tiere Wohnung und Nahrung finden, die auch den Schädlingsbefall in den angrenzenden Feldern erheblich mindern. Früher waren Hecken für die Menschen sehr wichtig, dienten sie doch als lebende Zäune, als natürlicher Wind- und Erosionsschutz und auch als Nahrungsquelle für Tier und Mensch.
Im Herbst findest du in Hecken die Früchte der Rosen, die Hagebutten. Der Name dieser rotleuchtenden Früchte leitet sich von althochdeutsch hag = Hecke und Butte = Fass ab.
Die Früchte enthalten besonders viel Vitamin C und übertreffen damit sogar Orangen. Hoffmann von Fallersleben spielt in seinem bekannten Kinderrätsellied mit dem Männlein im Walde nicht etwa auf den Fliegenpilz an, sondern auf die Hagebutte, wie die zweite Strophe eindeutig belegt:

Ein Männlein steht im Walde
ganz still und stumm,
es hat vor lauter Purpur
ein Männtlein um.
Sagt, wer mag das Männlein sein,
das da steht im Wald allein
mit dem purpur roten Mäntelein?

Das Männlein steht im Walde
auf einem Bein
und hat auf seinem Haupte
schwarz Käpplein klein.
Sagt, wer mag das Männlein sein,
das da steht im Wald allein
mit dem purpur roten Mäntelein?

Hoffmann von Fallersleben (1860)

Sammle einige Hagebutten und bringe sie in den Unterricht mit.

Aufgaben:

1. War es schwierig, eine Hecke mit Hagebutten zu finden?
2. Sehen alle mitgebrachten Hagebutten gleich aus oder gibt es Unterschiede?
3. Belege die Worte „steht auf einem Bein“, „purpur rotes Mäntelein“, „schwarz Käpplein klein“, des Kinderlieds mit richtigen botanischen Fachbegriffen.
4. Schneide mit einem Skalpell oder einem Messer die Hagebutte in Längsrichtung durch.

4.1 Der Name Hagebutte, also „Fass in der Hecke“ ist sehr treffend. Was ist mit dem Fass gemeint, und was ist innerhalb des Fasses zu finden?

4.2 Begründe, wieso man von einer Scheinfrucht spricht. Um welche Fruchtform handelt es sich bei den echten Früchten? Begründe.

4.3 Die Abbildung zeigt einen Längsschnitt durch eine Hagebutte und die zugehörige Blüte. Beschrifte zunächst die erkennbaren Teile der Hagebutte. Verwende dazu die Begriffe: Samen, Frucht, Griffelrest, Scheinfrucht, Kelchblattrest.

5. Beschrifte die Abbildung der Blüte und male die daraus entstandenen Fruchtteile mit den gleichen Farben aus: Kelchblätter und Blütenboden grün. Staubblätter gelb, Fruchtknoten rot, Samenanlage orange.

Längsschnitt durch die Rosenblüte (rechts) und durch eine Hagebutte (links)

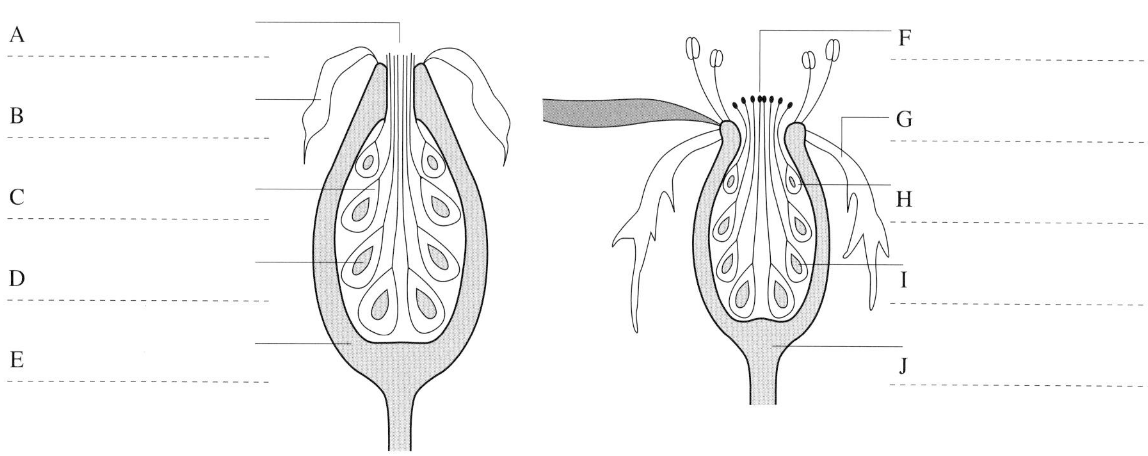

Methodisch-didaktische Hinweise:

Wenn im Herbst die roten Früchte der Heckenrosen, die Hagebutten, rote Farbtupfer in die Hecken malen, wäre Gelegenheit, ausgehend von den Früchten nochmals den Weg von der Blüte zur Frucht zu wiederholen. Befindet sich in der Nähe der Schule eine Hecke, könnte die Gruppe selbst Hagebutten sammeln oder man stellt das Sammeln von Hagebutten in der vorausgehenden Unterrichtsstunde als Hausaufgabe. Die Hagebutten könnten nach Abschluss der Untersuchungen weiter verarbeitet werden, so dass ein sinnliches Erlebnis einen dauerhaften und positiven Eindruck bei den Schülern hinterlässt. Einige einfache Rezepte seien deshalb hier genannt:

Hagebuttenmus
350 g halbierte und entkernte Hagebutten, 75 g Zucker, 3 Esslöffel Zitronensaft, eine Zimtstange.
Die Hagebutten werden mit den anderen Zutaten und wenig Wasser zugedeckt weich gekocht und anschließend durch ein Sieb passiert. Man kocht nochmals kurz auf und gibt das Mus in ein Marmeladenglas. Da das Entkernen sehr mühsam ist, ist es auch möglich, die in Stücke geschnittenen Hagebutten mit etwas mehr Wasser weich zu kochen und dann durch das Sieb zu passieren.
Hagebuttennüsschentee „Kernlestee“
1 – 2 g der grob zerkleinerten Nüsschen werden kalt aufgesetzt und anschließend eine Minute lang gekocht. Man erhält dann einen Tee mit vanilleartigem Geschmack. Es ist auch möglich, die klein geschnittenen Früchte (also die Kerne mitsamt der Schale) mit kochendem Wasser zu übergießen.
Hagebuttenkrem
500 g Hagebutten, 150 g flüssigen Honig, $\frac{1}{2}$ l Saure Sahne, 1 Ei.
Hagebutten wie oben längs teilen und entkernen, die Scheinfruchthälften waschen und in einem Sieb abtropfen. In einen Topf geben und mit so viel Wasser aufgießen, dass sie gerade bedeckt sind. Etwa 15 Minuten leicht kochen und dann durch ein Sieb in eine Schüssel rühren. Das Eigelb mit dem Honig und der Sauren Sahne verrühren und diese Masse unter das Hagebuttenmus rühren. Eine halbe Stunde in den Kühlschrank stellen.

Lösungen:
1. Hier könnte nochmals der ökologische Aspekt angesprochen werden [1, 3].
2. Es ist zu erwarten, dass die Schüler/-innen Hagebutten verschiedener Rosenarten sammeln. Unter Heckenrose werden verschiedene Rosenarten subsummiert, z.B. die Hunds-Rose (*Rosa canina*), die Essig-Rose (*R. gallica*), die Wein-Rose (*R. rubiginosa*), die Kartoffel-Rose (*R. rugosa*), mit großen Hagebutten, die aus Ostasien stammt und z.Z. häufig in Parks und an Straßenrändern angepflanzt wird.
3. „steht auf einem Bein“: Fruchtstiel, „purpur rotes Mäntelein“: Scheinfrucht, „schwarz Käpplein klein“: Reste der Griffel und der Kelchblätter.

4.1 Fass: Scheinfrucht (hochgewölbter Blütenboden). Im Fass: Die zahlreichen harten Kerne im Inneren der Hagebutte, die eigentlichen Früchte.

4.2 Die Früchte mit den darin eingeschlossenen Samen bleiben vom Blütenboden umhüllt. Dieser wird rot und fleischig. Die Hagebutte ist also keine echte Frucht, da diese ja aus dem Fruchtknoten entsteht, sondern eine Scheinfrucht. Da der gesamte Fruchtknoten hart wird, sprechen wir von Nüssen. Da die Rose viele Fruchtknoten besitzt, aus denen viele Nüsse hervorgehen und diese im Blütenboden gesammelt bleiben, wird die Scheinfrucht Hagebutte auch als Sammelfrucht bezeichnet. Bei diesen vielen kleinen Früchten sprechen wir dann allgemein in der Verkleinerungsform von Früchtchen, die Hagebutte enthält dann Nüsschen.

4.3 A Griffelrest, B Kelchblattrest, C Frucht, D Samen, E Scheinfrucht.

5. F Griffel mit Narben, G Kelchblatt, H Fruchtknoten, I Samenanlage, J Blütenboden.
Kelchblattreste + Scheinfrucht grün, Fruchtwand rot, Samen orange.

Literatur:
[1] *Gerhardt-Dircksen, A.* (Hrsg.): Lebensraum Hecke. Praxis der Naturwissenschaften Biologie, 6/45 (1996).
[2] *Klemme, B., Holterman, D.:* Un-Kräuter zum Genießen. Noch mehr Delikatessen am Wegesrand. Walter Rau Verlag, Düsseldorf 1996.
[3] *Lammert, F.-D.* (Hrsg.): Hecken – Feldgehölze. Unterricht Biologie, 116/10 (1986).

Untersuchungsmaterial: 3 bis 4-jähriger Spross der Linde (Sommer- oder Winterlinde).
Geräte: Mikroskop, Objektträger, Deckglas, Pinzette oder Präpariernadel, Pipette, scharfe Rasierklinge.
Chemikalien: Phloroglucinlösung, konz. Salzsäure (färbt verholzte Gewebe rot an; ätzend!).
Durchführung: Schneide den Lindenzweig zunächst mit der scharfen Rasierklinge quer, damit eine glatte Schnittfläche entsteht. Schneide nun nochmals, indem du die Rasierklinge etwas oberhalb der Mitte der Holzfläche aufsetzt und unter leichtem Druck auf dich zuziehst. Fertige am besten mehrere Schnitte und verwende das dünnste Präparat. Bringe den Schnitt mit Hilfe der Präpariernadel oder der Pinzette auf den Objektträger. Durchfeuchte mit Phloroglucinlösung, gib 1 – 2 Tropfen Salzsäure (ätzt; C) dazu und lege das Deckglas darüber. Betrachte den Querschnitt mit der schwächsten Vergrößerung, zeichne einen Ausschnitt.

Aufgaben:

1. Lies den folgenden Text und beschrifte die Abbildung mit den kursiv herausgehobenen Begriffen.
   Während der Spross vieler krautiger Pflanzen unverdickt bleibt, nimmt die Dicke mehrjähriger Pflanzen zu, der Spross verholzt, wir bezeichnen dies als sekundäres Dickenwachstum. Dieses geht von einem geschlossenen, teilungsaktiven *Kambium*ring aus, der in radialer Richtung Zellen abgibt. Die nach außen abgegebenen Zellen werden als *Rinde*, die nach innen produzierten Gewebe als *Holz* bezeichnet. Durch das Dickenwachstum werden die Abstände der *Markstrahlen* größer, sie erweitern sich daher in der Rinde keilförmig nach außen. Zusätzlich werden im Holz neue Markstrahlen angelegt. Außerdem bildet das Kambium in der Rinde die dreieckigen *Baststränge*. Diese erscheinen streifig geschichtet, da sich stark verholzter (im Präparat rot gefärbter) Hartbast mit unverholztem (nicht gefärbtem) Weichbast abwechselt. Da auch die alte Abschlusshaut (Epidermis) durch das Dickenwachstum zerreißt, muss ein neues Abschlussgewebe gebildet werden, der *Kork*, der sich bei älteren Ästen zur dicken Borke weiterentwickelt.
   Ganz innen ist das großzellige, unverholzte *Mark* deutlich sichtbar, es schließt sich der Holzkörper an. Die Linde gehört zu den zerstreutporigen Hölzern, die *großen Gefäße* sind ziemlich gleichmäßig verteilt. Am Ende des Sommers jedoch werden auch noch sehr *enge Gefäße* ausgebildet, sodass die *Jahresringgrenze* gut erkennbar ist.
2. Wie alt ist der abgebildete, wie alt der von dir geschnittene Lindenzweig?
3. Beschreibe die Aufgaben von Kork, Markstrahlen, Bast, Kambium, Gefäßen und Mark.

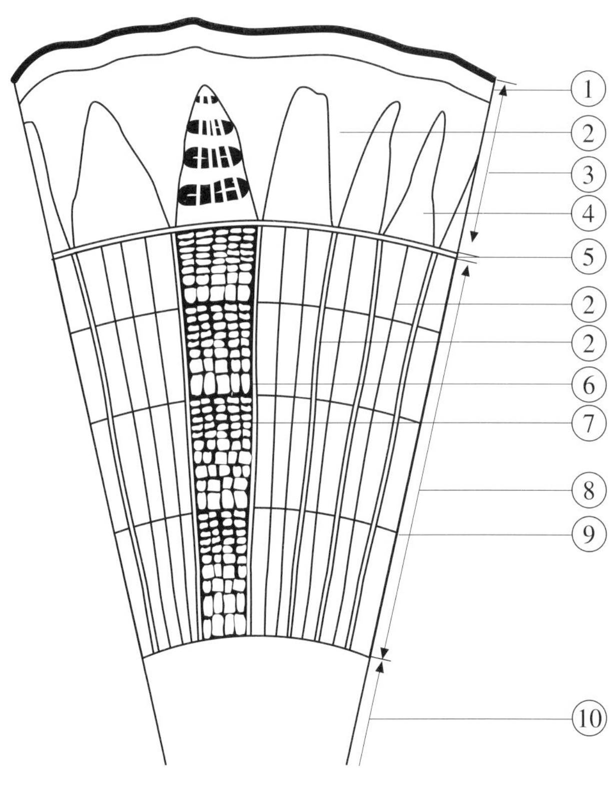

Querschnitt durch den Zweig der Linde

Methodisch-didaktische Hinweise:

Nach der Besprechung des Aufbaus eines Stammes, sollte für Schüler/-innen auch die Möglichkeit bestehen, einen Querschnitt durch das Holz im Mikroskop zu betrachten. Falls eine scharfe Rasierklinge verwendet wird, ist ein Querschnitt durch das Lindenholz leichter zu erstellen als ein Blattquerschnitt, da nicht in Styropor geschnitten werden muss. Damit der Schnitt gelingt, ist es wichtig wie oben beschrieben zu verfahren. Auf keinen Fall darf die Klinge (wie beim Schneiden einer Wurstscheibe) seitlich angesetzt werden, da die Präparate sonst zu dick werden (vgl. dazu IV 3.2).
Aus didaktischen Gründen ist das sekundäre Dickenwachstum im Text vereinfacht dargestellt. Es wird nicht unterschieden, ob es sich im Schnitt um primäre oder sekundäre Rinde handelt und auch bei der Bildung des sekundären Abschlussgewebes wird nicht darauf eingegangen, dass dieses durch ein neu gebildetes Korkkambium (Phellogen) entsteht.
Herstellung der Phloroglucinlösung: 1–5 g Phloroglucin werden in 100 ml Ethanol (92 %ig) oder Spiritus gelöst (Feuergefährlich, F).

Lösungen:

1. 1 Kork
   2 Markstrahl
   3 Rinde
   4 Baststrang
   5 Kambium
   6 große Gefäße (Frühling)
   7 enge Gefäße (Spätsommer)
   8 Holz
   9 Jahresringgrenze
   10 Mark
2. Abgebildeter Zweig: 4 Jahre. Bestimmung des Alters im Präparat durch Auszählen der Jahresringe.
3. Kork: Abschlussgewebe, Schutz vor Austrocknung und Schädlingsbefall.
   Markstrahlen: Nährstoffspeicher, Quertransport.
   Bast: Mit Siebzellen, dienen hauptsächlich dem Nährstofftransport zur Wurzel und in den Stamm.
   Kambium: Wachstumsschicht (Zellteilungen).
   Gefäße: Dienen dem Wassertransport von der Wurzel zu den Blättern.
   Mark: Nährstoffspeicher.

Literatur:

Nultsch, W.: Botanisches Praktikum für Anfänger. Georg Thieme Verlag, Stuttgart 1995.
Strasburger, E.: Lehrbuch der Botanik, 34. Aufl. Gustav Fischer, Stuttgart, Jena, Lübeck, Ulm 1998.

Der Aufbau eines Stammes

An einer Stammscheibe z. B. der Kiefer, kann man *Holz* und *Rinde* gut unterscheiden. Zwischen Holz und Rinde liegt die nur mikroskopisch sichtbare Wachstumsschicht, das *Kambium*. Dieses bildet nach innen *Holzzellen*, nach außen den *Bast*. Die äußeren Zellen des Bastes verkorken und sterben ab. Sie bilden die tote *Borke*, die den Baum vor Austrocknung und vor Schädlingsbefall schützt. Das Holz zeigt konzentrische Ringe, die jeweils einem Jahreszuwachs entsprechen, die Jahresringe. Die *Jahresringgrenzen* entstehen dadurch, dass im Frühjahr große Holzzellen, im Sommer und Herbst dagegen kleine Zellen gebildet werden, man spricht daher von *Frühholz* und von *Spätholz*.
Der innere, tote Teil des Holzes, das *Kernholz*, ist durch braune Gerbstoffe gegen Pilzbefall geschützt. Das helle *Splintholz* enthält noch lebende Zellen, die durch Auflösung der Querwände röhrenartig gestaltet sind. Sie bestehen aus Tüpfelgefäßen und in Laubholz auch aus Ringgefäßen. Sie dienen dem Transport von *Wasser* mit den darin gelösten *Salzen* von der Wurzel bis in die Krone zu den Nadeln und Blättern.
Der Bast enthält Zellen, deren Querwände wie ein Sieb durchbrochen sind, die Siebzellen. In ihnen werden die in den Blättern gebildeten *Nährstoffe* zur Wurzel und zu den *Markstrahlen* geleitet. Die Markstrahlen verlaufen radial quer durch den Bast und das Holz bis ins innere *Mark*. Sie dienen der Querverbindung und sind wichtige Nährstoffspeicher.

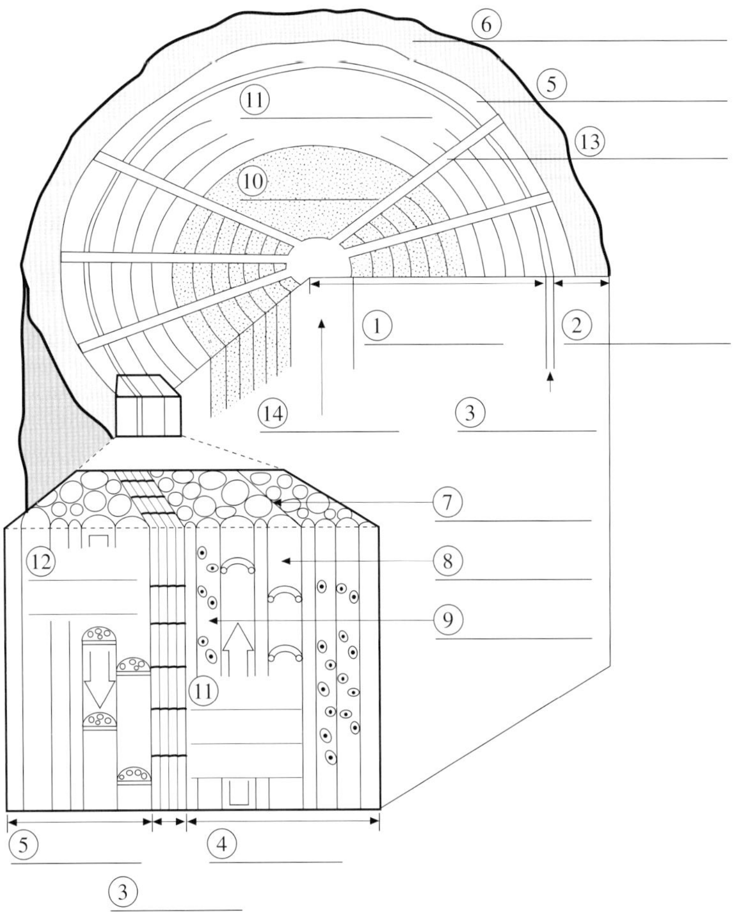

Aufgaben:

1. Beschrifte den Querschnitt durch einen Stamm.
2. Male mit folgenden Farben aus: Borke schwarz, Bast rot, Kambium violett, Splintholz gelb, Kernholz orange, Markstrahlen und Mark braun. Wasser + Salze: blauer Pfeil, Nährstoffe: roter Pfeil

Methodisch-didaktische Hinweise:

Der Lehrer sollte eine Baumscheibe der Kiefer zeigen, an ihr lassen sich die einzelnen Schichten, aufgrund der dunkleren Färbung auch das Kernholz, besonders gut zeigen. Der vergrößerte Ausschnitt dagegen zeigt aus didaktischen Gründen Holz und Bast eines Laubbaumes, z.B. der Buche. Ringgefäße fehlen bei der Kiefer, dagegen durchziehen bei ihr zusätzlich Harzgänge das Holz, sodass eine Darstellung unübersichtlicher wird.

Die Eigenschaften des Holzes, das aus Zellulosefasern und Holzstoff (Lignin) zusammengesetzt ist, lassen sich mit denen von Beton vergleichen, der mit Baustahl durchsetzt ist (vgl. IV.6.2).

Der druckfeste Beton wird erst durch Einlagerung von elastischen Stahlmatten auch einigermaßen biegefest. Holz nimmt eine Mittelstellung zwischen hochfesten aber wenig dehnbaren Materialien (z. B. Stahl) und hochdehnbaren, aber dafür wenig festen Stoffen (z. B. Leder) ein.

Lösungen:

1. 1 Holz
   2 Rinde
   3 Kambium
   4 Holzzellen
   5 Bast
   6 Borke
   7 Jahresringrenze
   8 Frühholz (Ringgefäß)
   9 Spätholz (Tüpfelgefäße)
   10 Kernholz
   11 Wasser + Salze
   12 Wasser + Nährstoffe
   13 Markstrahl
   14 Mark

Literatur:

Bonora, V., Alf, D., Görz, G., Gotzler, H., Libera, W.: Natura, 8. Jahrgangsstufe. Ernst Klett Verlag, Stuttgart, Düsseldorf, Berlin, Leipzig 1994.

S IV. 3.13 Der Bau der Maiglöckchenwurzel

Das Maiglöckchen (*Convallaria majalis*), aus der Familie der Liliengewächse (Liliaceae), wächst in lichten Buchenwäldern, aber auch in Gärten. Der Name „majalis" bedeutet im Lateinischen „im Mai". Es besitzt ein unterirdisch, waagrecht wachsendes, etwas dickeres Rhizom, an dem die Wurzeln wachsen.

Mikroskopische Untersuchung eines Querschnitts durch die Wurzel des Maiglöckchens

Untersuchungsmaterial: Frische Wurzel des Maiglöckchens.

Geräte: Styroporwürfel oder Korkstück, Rasierklinge, Mikroskop, Objektträger, Deckglas, Tropfpipette.

Chemikalien: Phloroglucin-Salzsäure (ätzend, C!).

Durchführung: Frisch geerntete Wurzeln werden mit Hilfe der Rasierklinge exakt quergeschnitten. Die Schnitte werden auf den Objektträger in einen Tropfen mit Phloroglucin/Salzsäure gegeben.

Abb. 1: Das Maiglöckchen

Aufgaben:

1. Zeichne bei der schwächsten Vergrößerung eine Übersicht vom gesamten Wurzelquerschnitt und beschrifte. Nach der Anzahl der Wasserleitungsbahnen bezeichnet man die Wurzel als 3-, 4-, 5- oder mehrstrahlig. Wieviel strahlig ist die Wurzel?
   Verwende von außen nach innen die folgenden Begriffe:
   Wurzelrinde: Obere Wurzelhaut, untere Wurzelhaut, Rindengewebe, Kontrollschicht.
   Zentralzylinder: Ringförmige Teilungszone, Wasserleitungsbahnen, Nährstoffleitungsbahnen, evtl. Mark.
2. Phloroglucin färbt verholzte Zellwände rot an. Welche Gewebe sind stark verholzt, welche nicht?
3. Die Abbildung 2 zeigt ein Detail aus dem Wurzelquerschnitt. Suche in deinem Wurzelquerschnitt bei stärkerer Vergrößerung einen ähnlichen Ausschnitt und ordne den Buchstaben der Abbildung 2 die richtigen Gewebebereiche zu. Male verholzte Zellen der Abbildung 2 rot aus.

Meine Zeichnung:

Abb. 2: Ausschnitt aus dem Wurzelquerschnitt des Maiglöckchens

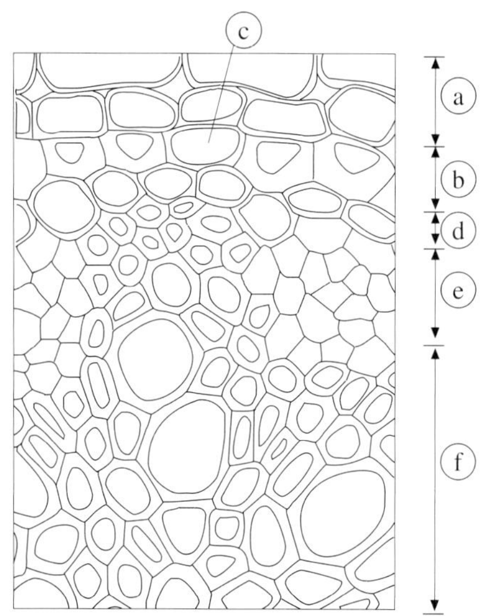

4. Begründe den Namen Kontrollschicht.
5. Welchen Vorteil hat die Anordnung der Leitbündel im Inneren der Wurzel?
6. Begründe, warum die Zellen der Kontrollschicht U-förmig nach außen geöffnet und verholzt sind.

Methodisch-didaktische Hinweise:
Da einkeimblättrige Pflanzen kein sekundäres Dickenwachstum aufweisen, lässt sich am Beispiel des Maiglöckchens der Aufbau der Wurzelgewebe recht schön zeigen. Die Wurzeln sind sprossbürtig an den Rhizomen und dürfen nicht mit diesen verwechselt werden. Die für Schüler/-innen etwas schwierigen Bezeichnungen der Wurzelgewebe wurden vereinfacht, die entsprechenden Fachbegriffe sind zusätzlich aufgeführt.

Lösungen:

Abb. 3: Querschnitt durch die Wurzel des Maiglöckchens

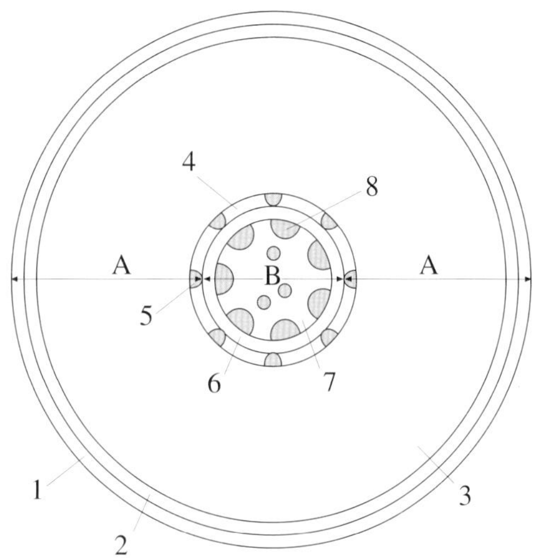

1. **Wurzelrinde (A)**: Die einzellige **Obere Wurzelhaut** (Rhizodermis) (1): Die lebenden Zellen besitzen dünne, wenig verholzte Zellwände und tragen z.T. Wurzelhaare. Das Gewebe bildet nach außen den Abschluss, ist aber auch für die Aufnahme von Wasser mit darin gelösten Mineralsalzen verantwortlich. Erst die **Untere Wurzelhaut** (Exodermis) (2) ist ein typisches Abschlussgewebe, sie ist einzellig und im Präparat durch Rotfärbung gut zu erkennen. Trotz der Lignin- und Suberineinlagerungen in die Zellwände handelt es sich um noch lebende Zellen. Das aus relativ großen Zellen bestehende **Rindengewebe** (3) enthält Stärkekörner. Es dient hauptsächlich der Stoffspeicherung.
   Die einschichtige **Kontrollschicht** (Endodermis) (4) schließt die Rinde nach innen ab. Sie besteht aus lückenlos aneinander grenzenden, lebenden Zellen. Vor dem Xylem liegen, deutlich davon abgegrenzt, die nichtverholzten und damit wasserdurchlässigen **Kontrollzellen** (Durchlasszellen) (5), die der Wasserstrom passieren muss. In den Radialwänden ist der schmale stark angefärbte **Caspary-Streifen** sichtbar.
   Zentralzylinder (B): Der äußere Teil wird von der **Teilungszone** (Perizykel) (6) gebildet, einer nicht gefärbten Zellschicht mit teilungsaktiven Zellen, die für die Bildung von Seitenwurzeln verantwortlich sind. Ganz innen ist ein **(siebenstrahliges) radiales Leitbündel** erkennbar. Die rot gefärbten **Wasserleitungsbahnen** (Xylem) (7) sind strahlig angeordnet. Dazwischen liegen ungefärbte **Nährstoffleitungsbahnen** (Phloem) (8).
2. Stark verholzt sind: Die untere Wurzelhaut, die Kontrollschicht mit Ausnahme der Kontrollzellen, die Wasserleitungsbahnen.
3. a = Rindengewebe, b = Kontrollgewebe, c = Durchlasszelle, d = Teilungszone, e = Nährstoffleitungsbahnen, f = Wasserleitungsbahnen.
4. Da das Wasser diese Zellen passieren muss, kontrollieren sie die Wasseraufnahme durch die Wurzelhaare, aber auch die Wasserabgabe in die Wasserleitungsbahnen.
5. Pflanzenstängel müssen eine hohe Druck- und Biegungsfestigkeit aufweisen, die Leitbündel sind daher dort peripher zylinderförmig angeordnet. Wurzeln dagegen werden im Wesentlichen auf Zug und Biegung beansprucht. Die stark sklerenchymisierten Wasserleitungsbahnen entsprechen im Inneren angeordneten Seilzügen, die besonders reißfest sind. Die sternförmige, pfeilerartige Anordnung gibt zusätzliche Druckstabilität. Im Zentrum eines Zylinders erfolgt bei Verbiegung keine Längenänderung, es ist daher günstig, wenn auch die mechanisch besonders gefährdeten Nährstoffleitungsbahnen zentrisch verlaufen.
6. Die stark verdickten, lignifizierten, Zellwände der Kontrollschicht sind U-förmig nach außen geöffnet und gleichen U-Trägern wie sie in technischen Konstruktionen verwendet werden. Sie sind damit druck- aber auch biegefest.

Literatur:
Grünsfelder, M.: Makroskopische und mikroskopische Untersuchung von Arzneidrogen. Thieme Verlag, Stuttgart, New York 1991.
Nachtigall, W.: Biotechnik. Quelle und Meyer, Heidelberg 1971.

Wir basteln ein Blattmodell

Aufgaben:

1. Male aus:

Grün:	fotosynthetisch aktives Gewebe	Blau:	Wasserleitungsbahnen (Gefäßteil)
Braun:	Abschlussgewebe	Rot:	Nährstoffleitungsbahnen (Siebteil)

2. Schneide das Blattmodell aus, falte an den gestrichelten Linien und an den Falzen. Klebe das Modell zusammen.
3. Erstelle eine Tabelle, in der du alle dir bekannten Gewebe bzw. Zellen mit Fachausdrücken benennst und deren Aufgaben erläuterst.

Ausschneidebogen für ein räumliches Blattmodell

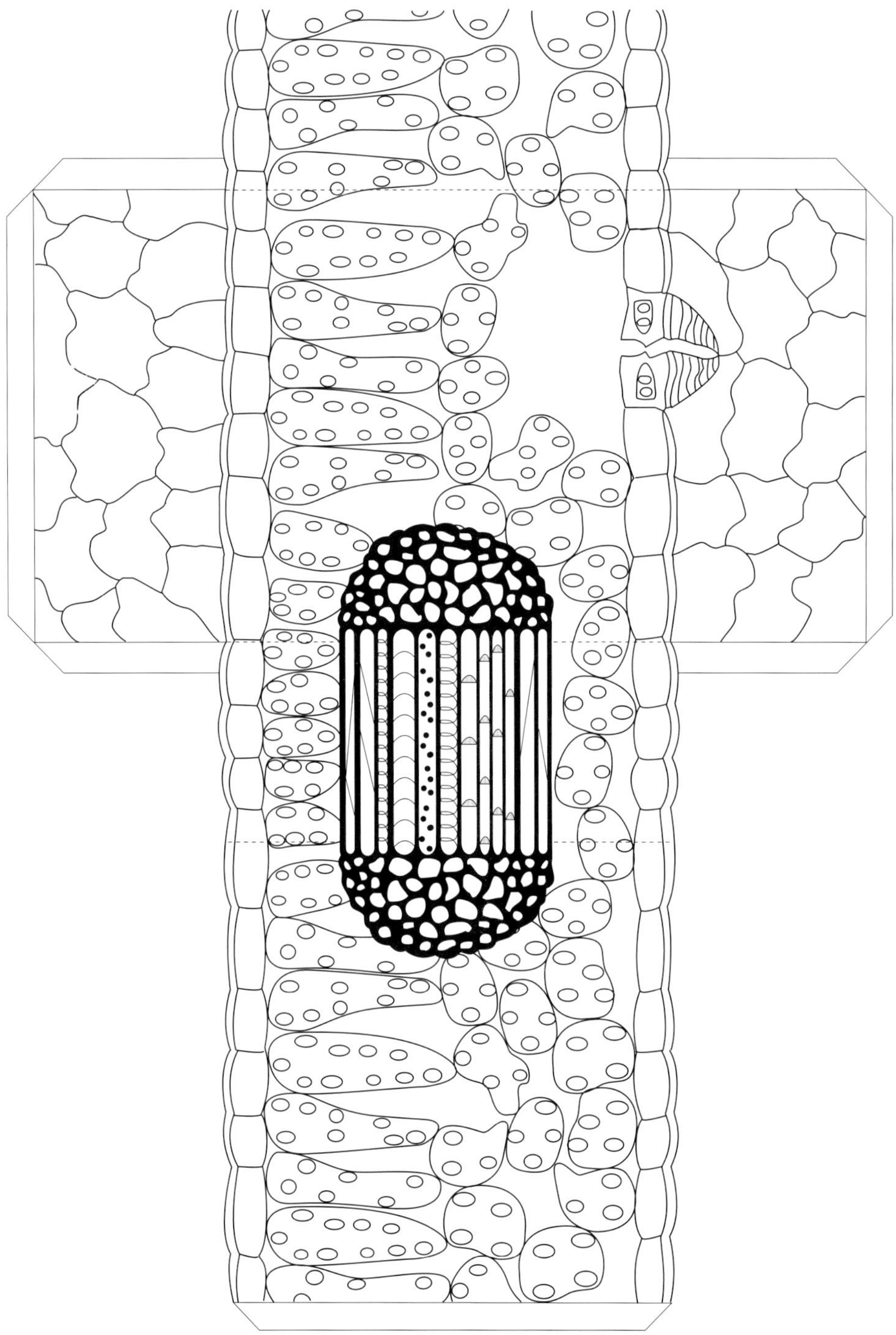

Methodisch-didaktische Hinweise:

Schüler der genannten Altersstufen haben oft Schwierigkeiten, aus einem mikroskopischen Querschnitt das dreidimensionale Bild des Blattes zu rekonstruieren. Es bietet sich daher an, nach der theoretischen Behandlung des Blattquerschnitts bzw. nach Anfertigung eines mikroskopischen Präparats eines Schnittes durch ein Blatt (z. B. der Christrose = *Helleborus niger*), das Ausschneiden und Zusammenkleben des Modells mit den Zusatzfragen als Hausaufgabe zu stellen.
Durch optisches Vergrößern und Kopieren auf dünnen Karton kann man ein Demonstrationsmodell erstellen, das man bei Bedarf immer wieder einsetzen kann.

Lösungen:

1. – Fotosynthetisch aktiv: Palisadengewebe, Schwammgewebe, auch Schließzellen
   – Abschlussgewebe: obere und untere Epidermis mit Kutikula
   – Wasserleitungsbahnen: oberer Teil des Leitbündels
   – Nährstoffleitungsbahnen: unterer Teil des Leitbündels

3.

Name	Aufgabe
Obere Epidermis mit Kutikula	Abschluss, Schutz gegen Verdunstung
Palisadengewebe	Fotosynthese
Schwammgewebe mit Interzellularen	Stoffspeicherung, Durchlüftung, Gastransport, Fotosynthese
Untere Epidermis mit Kutikula	Abschluss, Schutz gegen Verdunstung
Regelbare Spaltöffnung mit Schließzellen	Aufnahme und Abgabe der Gase Kohlenstoffdioxid und Sauerstoff, Abgabe von Wasserdampf (Transpiration)
Leitbündel („Blattader“) mit Gefäßteil und Siebteil	Transport von Wasser mit gelösten Mineralsalzen, Transport von Traubenzucker, Festigung

Literatur:

Väth, R.: Überblick über den Feinbau des Pflanzenkörpers und über wichtige Funktionen der Bauelemente. Akademiebericht Nr. 73: Biologie in der Mittelstufe des Gymnasiums, 7. Jahrgangsstufe, S. 229–233. Akademie für Lehrerfortbildung, Dillingen 1984.

Blattvergleich Laubbaum – Nadelbaum

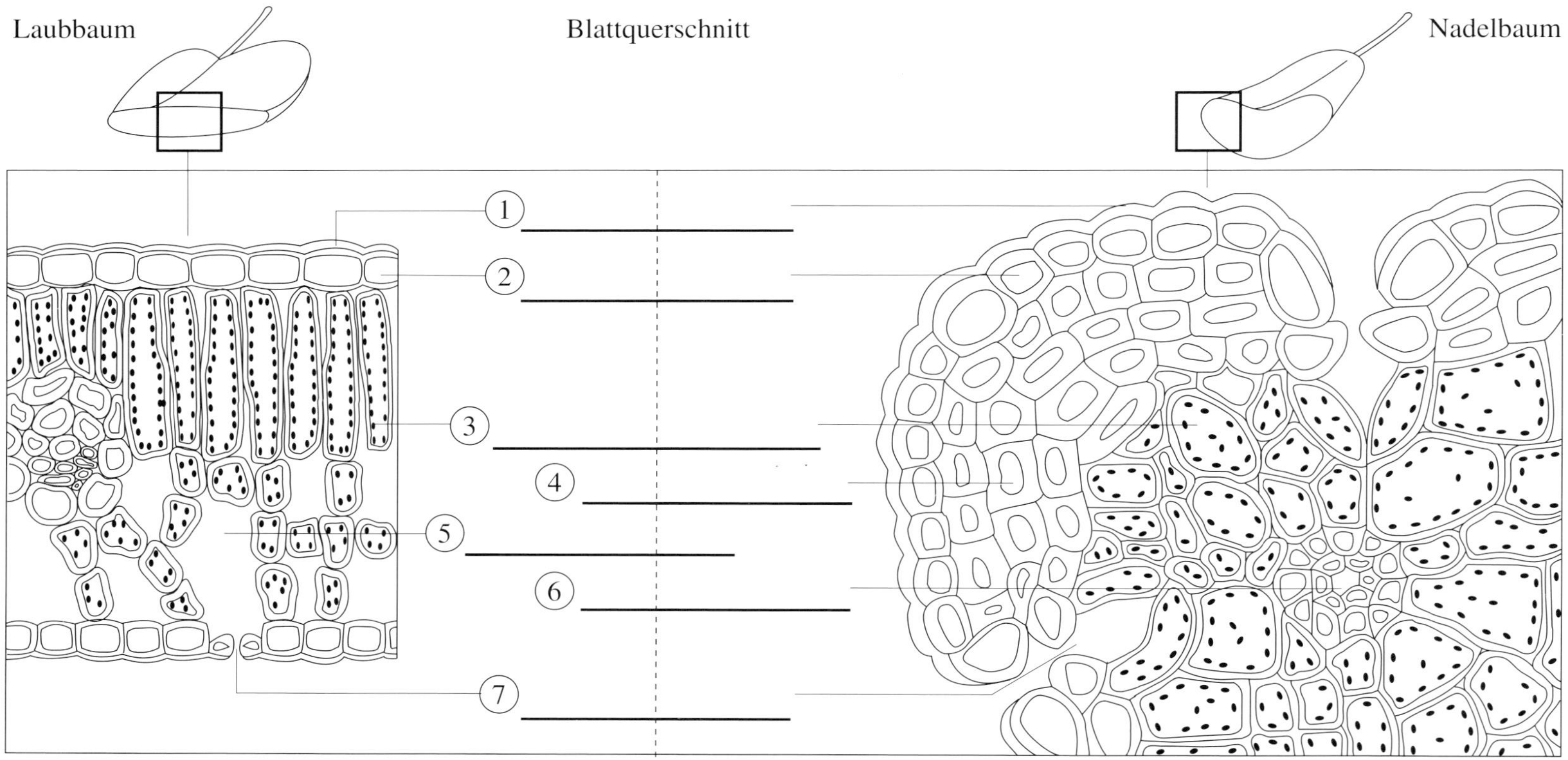

Aufgaben:
1. Beschrifte die Skizze.
2. Male aus:
   Braun: Abschlussgewebe Grün: fotosynthetisch aktives Gewebe
3. Vergleiche in einer Tabelle Laubblatt und Kiefernnadel bezüglich Form, Spaltöffnungen, Festigungsgewebe, Chloroplasten, Zellzwischenräumen, Harzgängen.
4. Nenne die Anpassungen der Nadeln an die winterliche Trockenperiode.

Methodisch-didaktische Hinweise:

Bei der Besprechung eines Nadelbaumes, z. B. der Kiefer, sollte den Schüler/-innen klar werden, dass Nadeln, ebenso wie die bereits besprochenen Laubblätter der Fotosynthese dienen und daher im Aufbau prinzipiell übereinstimmen. Insbesondere sollte die Morphologie der Nadel als Anpassung an die winterliche Trockenperiode herausgestellt werden. Da diese Anpassungen im Wesentlichen im äußeren Bereich der Nadel sichtbar werden, wird im Arbeitsblatt nur dieser Ausschnitt mit dem eines Laubblattes verglichen. Es empfiehlt sich, im Unterricht die Frage aufzuwerfen, warum Nadelbäume (mit Ausnahme der Lärche) im Gegensatz zu Laubbäumen im Herbst ihre Blätter nicht abwerfen.

Lösungen:

1. 1 Kutikula, 2 Epidermis, 3 Assimilationsgewebe, 4 Hypodermis, 5 Interzellulare, 6 Harzkanal, 7 Spaltöffnung.
2. Braun: Laubblatt: Epidermis mit Kutikula. Nadel: Epidermis mit Kutikula, Hypodermis. Grün: Laubblatt: Palisadengewebe, Schwammgewebe, evtl. Schließzellen. Nadel: Zellen des Assimilationsgewebes.
3.

	Buchenblatt	**Kiefernadel**
Form	flach	dick
Spaltöffnungen	nicht eingesenkt	eingesenkt
Festigungsgewebe		unter der Epidermis
Chloroplasten	in Palisaden- und Schwammgewebe	nur in palisadenähnlichen Zellen
Interzellularen	besonders im Schwammgewebe	kaum vorhanden
Harzgänge	fehlen	zahlreich

4. Nadeln haben
   - dicke Kutikula
   - Epidermis mit dicken Zellwänden
   - versenkte Spaltöffnungen
   - zusätzliche Hypodermis
   - dicht gepackte Zellen des Assimilationsgewebes

Literatur:

Dorn, M.: Überblick über den Aufbau eines Nadelbaumes und über wichtige Funktionen seiner Bauelemente. Akademiebericht Nr. 73: Biologie in der Mittelstufe des Gymnasiums, 7. Jahrgangsstufe, S. 92 – 94. Akademie für Lehrerfortbildung, Dillingen, 1984.
Strasburger, E.: Lehrbuch der Botanik an Hochschulen, 34. Aufl. Gustav Fischer, Stuttgart, Jena, Lübeck, Ulm 1998.

4
Wasserhaushalt der Pflanzen

Wasserhaushalt bei Moosen

I. Wiege eine kleine Hand voll trockenes Torfmoos auf einer Waage ab und lege es anschließend in ein Gefäß mit Wasser. Nimm nach 10 Minuten das Torfmoos aus dem Wasser, lasse es abtropfen und wiege es erneut

Gewicht des trockenen Torfmooses	....
Gewicht des gewässerten Torfmooses	....
Differenz	....

Torfmoos-Pflanze

II. Für diesen Versuch brauchst du trockene und gewässerte Torfmoos-Pflanzen. Zupfe vom oberen Drittel eines Moospflänzchens ein Blättchen ab und lege es auf einen Objektträger. Das trockene Blättchen muss möglichst glatt ausgerichtet werden und wird mit einem Deckgläschen bedeckt. Das gewässerte Blättchen kann in einen Wassertropfen gelegt und mit einem Deckgläschen bedeckt werden. Beide Blättchen werden mikroskopiert und ein Ausschnitt wird gezeichnet.
Zeichnungen:

Trockenes Torfmoos-Blättchen	Gewässertes Torfmoos-Blättchen

Füge den trockenen Blättchen anschließend Wasser zu und beobachte unter dem Mikroskop die Veränderung.

III. Für den folgenden Versuch benötigst du Sternmoos mit Sporenbehältern. Vom Stiel des Sporenbehälters werden mit einer Rasierklinge einige möglichst dünne Querschnitte angefertigt. Die Querschnitte werden auf einem Objektträger in einen Wassertropfen gelegt und mit einem Deckgläschen bedeckt.
Die Querschnitte werden mikroskopiert und gezeichnet.

Vergleiche den gezeichneten Querschnitt mit dem Querschnitt durch den Stängel einer Herzlilie.

Sternmoos-Pflanze

Zeichnung	**Herzlilie, Spross quer**
	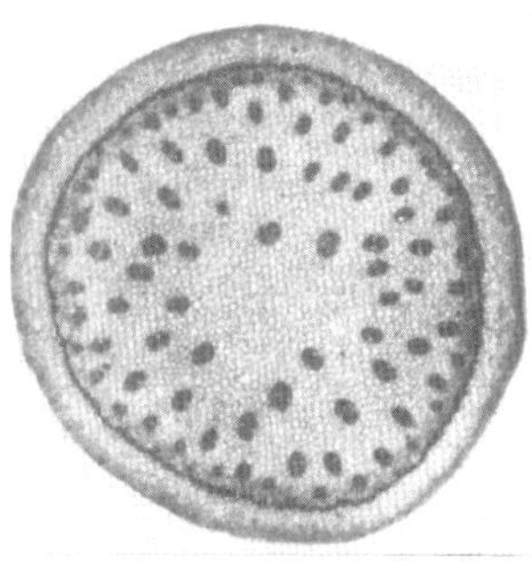

Aufgaben:
1. Führe die Versuche I bis III entsprechend der Anleitungen durch und sammle deine Beobachtungen.
2. Moose sind wechselfeuchte Pflanzen, die auf feuchte Standorte angewiesen sind. Begründe diese Aussage anhand deiner Ergebnisse.

Methodisch-didaktische Hinweise:

Die Materialie lässt sich einsetzen, um den „amphibischen“ Charakter von Moosen zu verdeutlichen: Einerseits handelt es sich um landlebende Pflanzen, die in ihrem äußeren und inneren Bau bereits Anpassungserscheinungen an das Landleben zeigen (z. B. die Ausprägung von Leitelementen), andererseits sind sie auf das Wasser noch in so starkem Maße angewiesen, dass spezielle Speichereinrichtungen vorhanden sind, um wasserarme Zeiten gut überstehen zu können. Damit lässt sich die Materialie in verschiedenen (ökologischen, systematischen ...) Zusammenhängen ohne besondere Anforderungen an die Vorkenntnisse der Schüler nutzen. Erfahrungen im Umgang mit dem Mikroskop werden jedoch erwartet (vgl. IV, 3.1 und 3.2).
Zur weiter gehenden Untersuchung der Wasseraufnahme und Wasserleitung bei Moosen lassen sich ergänzend folgende Versuche durchführen:

- Trockene Moospflanzen werden „kopfüber“ in Erlenmeyerkolben gehängt, in denen sich trockenes (a) bzw. feuchtes (b) Filterpapier befindet. Im Versuch b spreizen sich die Blättchen ab, um Wasserdampf aufzunehmen.
- Taucht man eine trockene Moospflanze mit dem Stämmchen in Wasser, ohne dass die Blättchen benetzt werden (ggf. müssen einige Blättchen entfernt werden), so bleiben auch die oberen Blättchen trocken (Filterpapierprobe). Wurden jedoch die unteren Blättchen befeuchtet, so wird das Wasser auch zu den oberen Blättchen geleitet: Die Wasserleitung findet äußerlich statt.

Lösungen:

1. I. Trockenes Torfmoos kann Wasser bis zum 20fachen des eigenen Gewichtes aufnehmen. [Andere Moose besitzen ein geringeres Wasserhaltevermögen.]
   II. Die Torfmoos-Blättchen zeigen ein Netz Chloroplasten führender Zellen. In den Maschen des Netzes liegen tote, leere Zellen (Hyalinzellen) mit Poren und spiraligen Wandverdickungen. Im feuchten Zustand ist das Netz gegenüber dem trockenen Zustand geweitet. Die Wasseraufnahme erfolgt kapillar nahezu gleichzeitig mit dem Wasserzusatz.

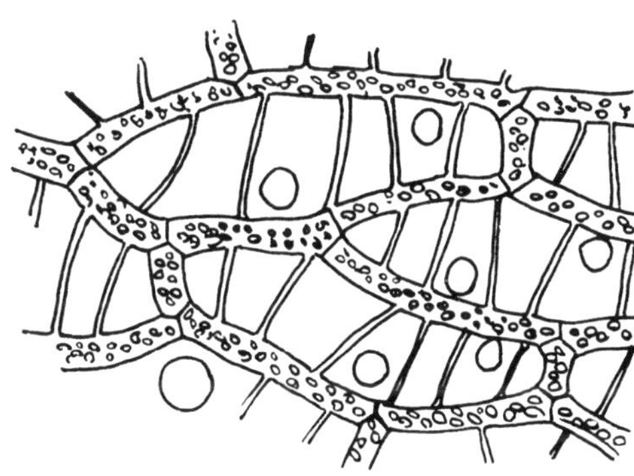

Torfmoos-Blättchen unter dem Mikroskop

   III. Die Achsenquerschnitte einiger Moose (z.B. Widertonmoos, Sternmoos) zeigen einen differenzierten Zentralzylinder (mit Leit-, Speicher- und Festigungselementen), der im Querschnitt des Sporangienstiels besonders gut zu beobachten ist. Die Wasserleitungsfunktion ist jedoch nicht besonders stark ausgeprägt. Die äußeren Zellschichten besitzen Verdickungen, die als Schutz vor Wasserverlusten interpretiert werden können. Der Querschnitt durch den Kürbisspross zeigt demgegenüber eine Zunahme der Leitzylinder und eine stärkere Differenzierung der Zelltypen.
2. – Moose können Wasser durch die gesamte Körperoberfläche aufnehmen.
   – Wasser kann außen am Stämmchen entlang geleitet werden.
   – Moose können Wasser speichern.
   – Moose können Austrocknung ertragen.
   – Moose besitzen Anpassungserscheinungen an zeitweisen Wassermangel (Zentralzylinder, verdickte äußere Zellen).

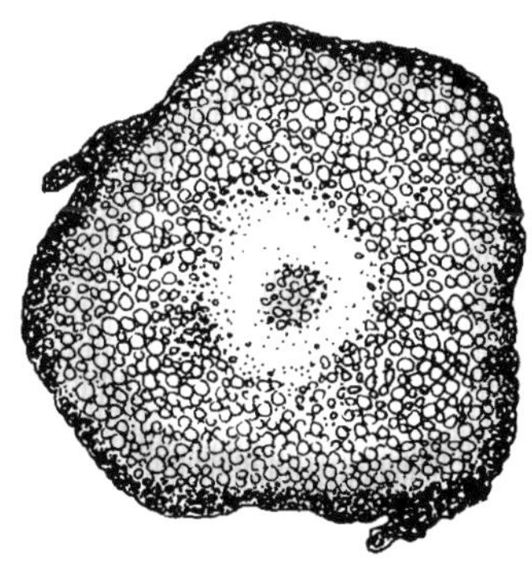

Achsenquerschnitt des Widertonmooses

Osmose – Wanderung mit Hindernissen

Osmose: Stoffaustausch zwischen zwei Lösungen, die durch eine teildurchlässige Scheidewand von einander getrennt sind. Die Teilchen des Lösungsmittels wandern in die höher konzentrierte Lösung und verdünnen diese, die gelösten Stoffe bleiben zurück.

I. Osmose durch eine Zellophanhaut

Ein unbeschädigtes Blatt Einmach-Zellophan wird zu einem Beutel geformt, der oben um den Stiel eines Trichters zusammengebunden wird. Der Beutel wird durch den Trichter etwa zur Hälfte mit einer verdünnten (farblosen) Lösung (w = ca. 1 %) von Phenolphtalein gefüllt. Dann hängt man den Beutel in ein mit Wasser gefülltes Becherglas, tropft in das Umgebungswasser etwas Lauge, rührt mit einem Glasstab um und wartet das Ergebnis ab.

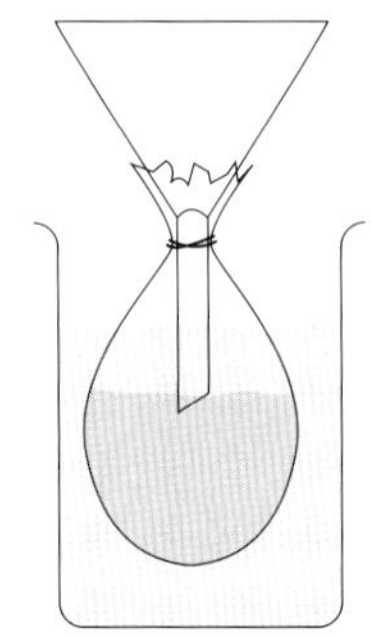

Beobachtung: ....

Erkläre: ....

II. Der tropfende Rettich

Ein Rettich wird sauber gewaschen. Mit dem Messer schneidet man die obere „Kappe" unterhalb der Blätter ab und höhlt ihn so aus, dass eine Wand von ca. 1,5 cm Stärke stehen bleibt. Mit einer Stricknadel wird der Rettich nach unten durchstochen. Nun füllt man den entstandenen Hohlraum mit Zucker, legt den „Deckel" wieder auf und setzt den Rettich auf ein enges, hohes Becherglas. Einige Tage beobachten.

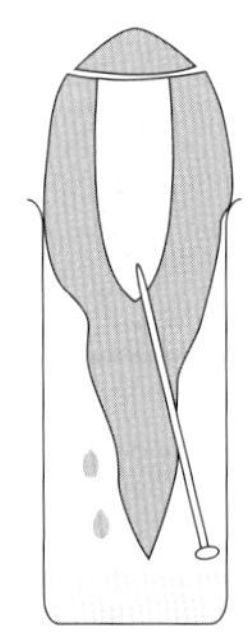

Beobachtung: ....

Erkläre: ....

III. Löwenzähne kringeln sich

Zwei hohle Blütenschäfte vom Löwenzahn werden mit einem scharfen Messer 4–5 cm tief kreuzweise eingeschnitten. Der eine wird in ein kleines Becherglas in Wasser gestellt. Der andere kommt in ein Becherglas mit Kochsalzlösung.

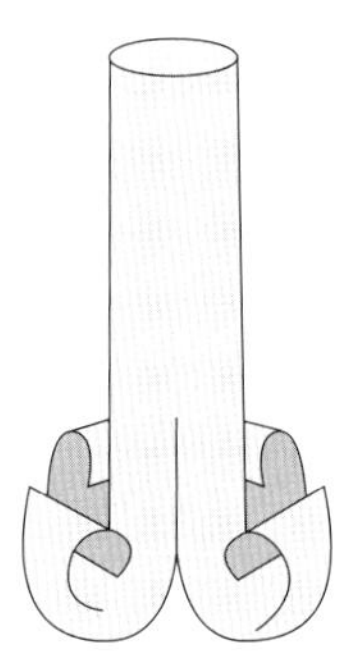

Beobachtung: ....

....

Erkläre unter der Annahme, dass die äußere Haut des Blütenschaftes fester ist als die inneren Zellschichten, wie es zu der beobachteten Ringelung gekommen sein könnte.

....

....

....

Methodisch-didaktische Hinweise:
Die Osmose ist eine der wichtigsten physikalischen Vorgänge, deren Kenntnis für das Verstehen grundlegender biologischer Vorgänge in den Körpern der Organismen notwendig ist. So können die Wasseraufnahme durch die Wurzeln, die durch den Turgor erzeugte Stabilität nicht verholzter pflanzlicher Gewebe, der auf osmotische Vorgänge ausgerichtete Bau mancher Zellmembranen und die dadurch bedingte Notwendigkeit des aktiven Stofftransports durch sie hindurch nur verstanden werden, wenn die relativ einfachen physikalischen Hintergründe der Osmose bekannt sind.
Daher soll ein einfacher **Modellversuch (I.)** die Zusammenhänge zwischen Wanderung (Diffusion) von Teilchen und ihre Selektion durch eine nur für kleine Teilchen durchlässige (semipermeable) Wand verdeutlichen. (Diese Übersetzung von semipermeabel ist sicher zutreffender als der Begriff „halbdurchlässig", der erfahrungsgemäß oft falsche Vorstellungen induziert.) Der Versuch ist als Schülerversuch möglich, wenn man eine sehr verdünnte Lauge verwendet (1 %ige Kali- oder Natronlauge, Xi). Der Inhalt des Beutels färbt sich von außen nach innen rasch rot, woraus man auf die Einwanderung von „Laugen-Teilchen" (OH-Ionen) schließen kann. Taucht man den Beutel dann in eine Lösung von ca. 5 %iger Salsäure (Xi), so entfärbt sich der Beutelinhalt wiederum von außen nach innen, weil die einwandernden H^+-Ionen die Hydroxid-Ionen neutralisieren. Die Farbstoffteilchen verlassen den Beutel nicht, sie sind „zu groß", um die Poren der Membran zu durchdringen.

Diffusion: Alle Teilchen durchdringen die Membran ungehindert, überall gleiche Konzentration

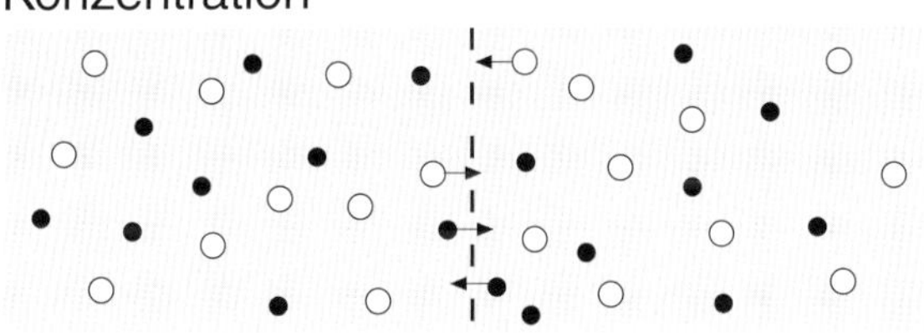

Osmose: Membran ist nur für die kleinen Teilchen durchlässig, sie streben den Konzentrationsausgleich an

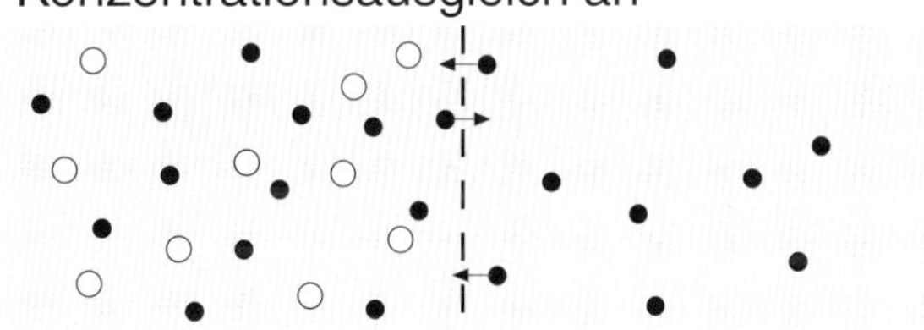

Der **„tropfende Rettich"** diente früher „zu Omas Zeiten" zur Erzeugung eines süßen Rettichsaftes, dem man hustenlindernde, gallensaft- und urintreibende Wirkung zuschrieb. Die wasserentziehende Wirkung des Zuckers wird am Schrumpfen des Rettichs augenfällig. Es dauert allerdings einige Tage, bis sich reichlich Saft gebildet hat. – In Ermangelung des Rettichs kann man auch eine große Kartoffel nehmen oder eine Rübe, anstelle von Zucker kann auch Kochsalz verwendet werden.
Angeschnittene **Löwenzahn-Blütenstiele** rollen sich ein, wenn sie in Wasser gestellt werden, die Einrollung geht zurück, wenn man sie in Kochsalz- oder Zuckerlösung stellt. Ursache ist das Zusammenwirken der Wasseraufnahme der Zellen mit einer Verstärkung der epidermalen Zellschichten, die der gleichmäßigen Volumenvergrößerung einen Widerstand entgegensetzen.
Ergänzend kann man die **Plasmolyse** zeigen, wenn man dünne pflanzliche Gewebe (Häutchen einer roten Zwiebel, Moosblättchen von Mnium, Epidermis von Rotkohl o. ä.) unter dem Mikroskop skizziert und dann einen Tropfen einer (konzentrierten) Kochsalz- oder Zuckerlösung unter das Deckglas bringt. Die Cytoplasmamembran löst sich als Folge der Wasser entziehenden Wirkung der Salzlösung von der Zellwand ab („Plasmolyse"). Hier wandern die kleinen Wassermoleküle aus der Vakuole heraus in die konzentriertere Lösung hinein (vgl. auch 1.5.1: Sauerklee).

Aufgaben:

1. Betrachte die vor dir liegende Frucht. Benenne die Fruchtform: ....
2. Woraus ist diese Frucht entstanden? ....
3. Für welche Familie sind solche Früchte typisch? ....
4. Nenne einige Vertreter dieser Pflanzenfamilie: ....

Versuch 1: Schleudermechanismus

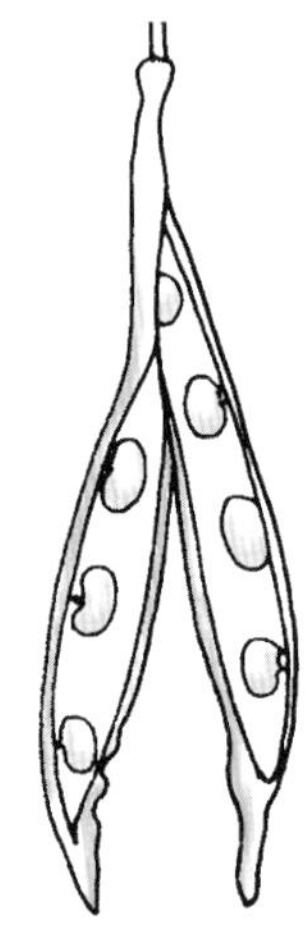

5. Lege eine reife, noch geschlossene Frucht in den Trockenschrank und erwärme auf 75 °C.

   Beobachtung: ....

   ....

6. Wie bezeichnet man solche Früchte allgemein?

   ....

7. Welchen Sinn hat die beobachtete Veränderung?

   ....

   ....

8. Lege die Frucht in eine Schale mit Wasser. Welche Beobachtung machst du?

   ....

Versuch 2: Modellversuch zur Quellungsbewegung

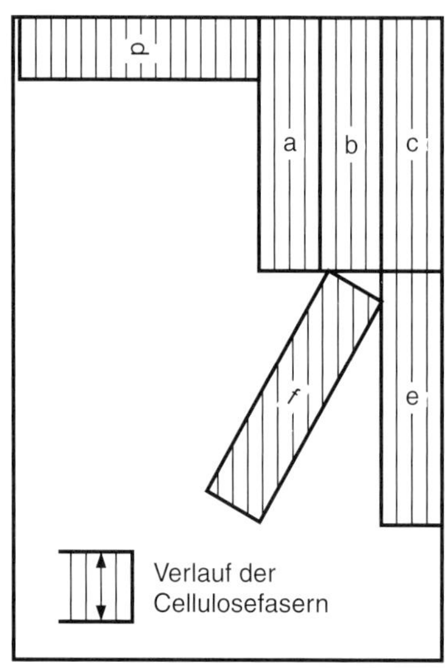

Material: Schreibmaschinenpapier, Bleistift, Lineal, Schere, Klebstoff, Trockenschrank.
Durchführung: Schneide aus einem Bogen Schreibmaschinenpapier 6 Streifen nach dem in der Abb. angegebenen Muster aus. Beschrifte die Streifen mit den Buchstaben a – f.
Weiche nun die Streifen gründlich in Wasser ein. Klebe die Streifen anschließend paarweise zusammen: a und b, c und d, e und f. Trockne die Streifen 10 Minuten bei ca. 75 °C im Trockenschrank. Welche Beobachtungen machst du?
Gib eine Erklärung!
Berücksichtige dabei, dass die Papierfasern des Blattes in Richtung der Längskante verlaufen.

9. a + b ....
10. c + d ....
11. e + f ....
12. Lege die Papierstreifen in eine Schale mit Wasser.

    Beobachtung?: ....

13. Welche Rückschlüsse auf den Faserverlauf in den Fruchtwänden lassen sich ziehen?

    ....

Methodisch-didaktische Hinweise:
Die Hülsen von Schmetterlingsblütler, z. B. von Goldregen und der Zaunwicke, eignen sich gut, um den Schleudermechanismus bei Streufrüchten zu demonstrieren.
Nach der Fruchtreife sterben die Gewebe ab. Sie trocknen aus. In die Zellwände der Hülse sind Mikrofibrillen aus Cellulose eingelagert. Diese können Wasser aufnehmen, sie quellen auf. Beim Austrocknen entquellen sie und verkürzen sich. Da die Mikrofibrillen sich in ihrer Länge durch Quellung kaum verändern, sondern nur in der Senkrechten dazu, kommt es beim Austrocknen zu einer Verkürzung in Querrichtung zum Verlauf der Mikrofibrillen. Der Gewebeverband der Zellen der Hülse besteht aus zwei Lagen von Zellen, in denen die Mikrofibrillen der Zellwände in einem Winkel von etwa 45 Grad zueinander verlaufen. Da die Verkürzung der beiden Lagen in verschiedene Richtungen stattfindet, kommt es beim Austrocknen zu Torsionen. Die Hülse reißt an der Bauch- und Rückennaht auf, und die Samen werden herausgeschleudert. Die Wurfweite beträgt bis zu 4 Metern! Im Modellversuch mit den Papierstreifen lassen sich die Quellungsbewegungen sehr schön nachvollziehen. (Achtung, der Modellversuch gelingt nicht mit Recyclingpapier!)
Falls kein Trockenschrank vorhanden ist, lassen sich die Versuche auch im Reagenzglas durch sanftes Erwärmen oder auf einer Herdplatte bzw. im Backofen durchführen (Hausaufgabe).

Lösungen:
1. Es handelt sich um eine Hülse.
2. Aus einem oberständigen Fruchtknoten.
3. Für Schmetterlingsblütler.
4. Zaunwicke, Goldregen, Erbse, Bohne, Lupine, Platterbse.

Versuch 1: Schleudermechanismus
5. Die Frucht platzt an der Bauch- und Rückennaht auf, indem sich die beiden Fruchtwände gegeneinander verdrehen, die Samen werden herausgeschleudert.
6. Solche Früchte werden als Streufrüchte bezeichnet.
7. Die Samen sollen möglichst weit fortgeschleudert werden. Der Schleudermechanismus dient der Ausbreitung der Pflanze.
8. Die Fruchtwand entdrillt sich wieder.

Versuch 2: Modellversuch zur Quellungsbewegung
9. Bei den Streifen a und b kommt es zu keiner Verkürzung, da die Cellulosefibrillen in die gleiche Richtung verlaufen.
10. Stehen die Fibrillen senkrecht zueinander (c und d), rollt sich der Papierstreifen ein.
11. Bei e und f sind die Fibrillen im 45-Grad-Winkel zueinander angeordnet, die beiden Papierstreifen verdrehen sich.
12. Durch Befeuchten lassen sich diese Quellungsbewegungen wieder rückgängig machen.
13. Die Fasern in der Fruchtwand der Hülse sind etwa im Winkel von 45° zueinander angeordnet.

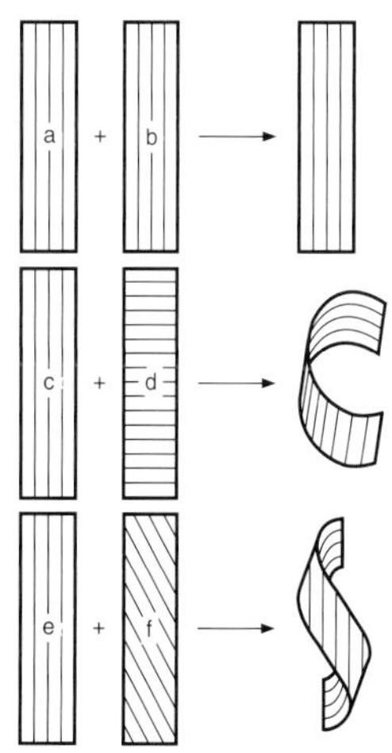

Literatur:
Kronfelder, M.: Verbreitung von Samen und Früchten – Karpobiologie. Aulis Verlag, Köln 1982.
Tendel, J.: Versuche zur Bewegungsphysiologie der Pflanzen. Aulis Verlag, Köln 1975.

Fichtenzapfen als Hygrometer

Ein möglichst großer, frisch vom Baum gefallener Fichten- oder Kiefernzapfen wird gesammelt und der Länge nach durchgesägt. Man befestigt eine Zapfenhälfte an einer senkrechten Platte. In eine der Lamellen des Zapfens wird seitlich eine lange Nadel gesteckt. Das Gerät wird regengeschützt draußen aufgestellt.

Aufgaben:

1. Beobachte die Bewegung der Nadel. Markiere die Stellung der Nadel

   a) bei Sonnenschein ....

   b) bei Regenwetter. ....

2. Male den Hintergrund auf der senkrechten Platte wie eine Skala aus.
3. Begründe die Aussage: Der Fichtenzapfen kann als Hygrometer (Feuchtigkeitsmesser) benutzt werden.

   ....

Methodisch-didaktische Hinweise:

Die Bewegung der Zapfenschuppen von Coniferen als Reaktion auf das Ausmaß der Luftfeuchtigkeit kommt zu Stande durch die gegeneinander verschobene Lagerung von Zellulose-Mikrofibrillenschichten: Da die Mikrofibrillen der Zellwände sich bei der Quellung zwar relativ leicht voneinander entfernen, aber kaum in ihrer Längenausdehnung verändern lassen, kommt es bei paralleler Anordnung der Mikrofibrillen bei der Quellung zu einer Dehnung fast ausschließlich senkrecht zur Richtung der Mikrofibrillen. Besteht ein Gewebeverbund aus zwei Lagen von Zellen, deren Längenausrichtung der Mikrofibrillen verschieden ist, so erfolgt die Quellungsausdehnung in zwei verschiedene Richtungen. Wenn die Ausdehnung in eine dieser Richtungen bevorzugt stattfindet, so erfolgt eine Krümmung. Ein Modellversuch dazu wird in IV. 4.3 beschrieben.
Die Zapfenschuppen von Coniferen bewegen sich bei Trockenheit so, dass die Samen herausfallen können. Bei feuchter Witterung schließen sich die Schuppen. Der biologische Sinn liegt darin, dass bei Trockenheit eine größere Wahrscheinlichkeit dafür besteht, dass der Samen in eine größere Entfernung vom Mutterbaum verbreitet werden kann.
Die Materialie kann in verschiedenen Zusammenhängen eingesetzt werden: Man kann verdeutlichen, dass Naturmaterialien und ihre Leistungen für sinnvolle Zwecke genutzt werden können. Von einem Spaziergang oder einer Exkursion mitgebrachte Dinge können so sinnvoll genutzt werden. Man kann jedoch diese Materialie auch in einer Unterrichtsreihe „Wetter und Klima" zur Beobachtung von Wetterphänomenen einsetzen. Andere Gerätschaften zur Temperatur- und Niederschlagsmengenmessung müssten dazu noch erstellt werden. Die Materialie ist voraussetzungslos einsetzbar.

Lösungen:

1. Die Endpunkte der Nadelstellungen sollten nach mehreren Tagen mit „Regenwetter" bzw. „Sonnenschein" markiert werden.
2. Die Skala kann mit einem Lineal oder Zirkel von den beiden Endpunkten aus gestaltet werden.
3. Die Schuppen des Zapfens reagieren auf die verschiedenen Feuchtigkeitsgehalte der Luft durch verschiedene Grade der Krümmung. Sie „messen" den Feuchtigkeitsgehalt der Luft.

Literatur:

Roer, W. (Hrsg.): Materialien für einen fächerübergreifenden Unterricht – Naturerscheinungen: Wetter und Klima. Dortmund o. J., S. 65 (verändert).

Wie das Wasser in die Pflanze gelangt

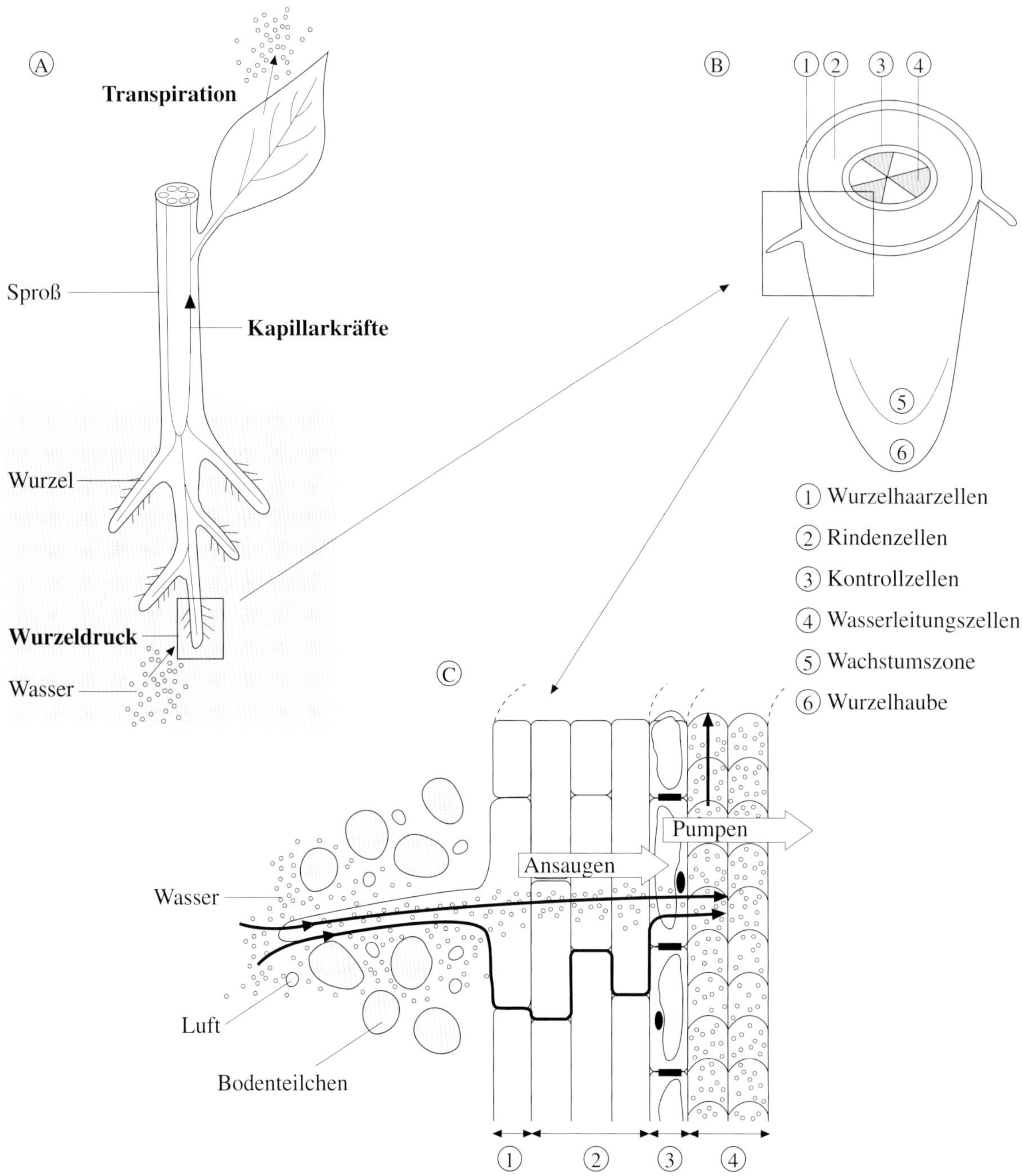

Aufgaben:

1. Nenne drei Aufgaben der Wurzel.
2. Nenne die Kräfte, die das Wasser aus dem Boden bis zu den Blättern heben.
3. Vergleiche die Anordnung der Leitbündel von Wurzel und Spross. Welcher statische Vorteil ergibt sich?
4. Nenne die Aufgaben der einzelnen Gewebe (mit Ziffern 1 – 6 in der Abb. bezeichnet).
5. Das Wasser kann auf zwei Wegen bis zu den Kontrollzellen transportiert werden. Vergleiche mit der Saugwirkung von Löschpapier und mit Bewässerungsanlagen. Begründe die Namensgebung „Kontrollzellen“ durch Erklärung ihrer Funktion.

Methodisch-didaktische Hinweise:

Zunächst erläutert der Lehrer den Bau einer Pflanze und die Gliederung in Spross und Wurzel, die Pflanze wird in ihrem Umriss skizziert (A). Die Funktionen der Wurzel werden erläutert. Nun wird der Feinbau der Wurzel besprochen, die Zeichnung B wird entwickelt. Im zweiten Teil wird der Schwerpunkt auf den Wassertransport gelegt. Das Wasser muss entgegen der Schwerkraft in die Blätter transportiert werden (z.B. beim Mammutbaum bis in eine Höhe von 120 Metern). Dies geschieht in Wasserleitungsbahnen. Diese werden in die Zeichnung A und B eingetragen, es sollte darauf verwiesen werden, dass die Gefäße in der Wurzel im Zentralzylinder liegen, im Spross dagegen in der Peripherie. Es folgt eine Diskussion, welche physikalischen Probleme sich ergeben. Die Transpiration sollte kurz angesprochen werden, ebenso die Kapillarkräfte, der Schwerpunkt liegt auf dem Wurzeldruck. Die Tatsache, dass blätterlose Birken Wasser (Blutungssaft) durch den Wurzeldruck etwa 10 Meter heben können, kann als Beweis gelten. Die etwas vereinfachte Zeichnung C des Längsschnittes wird entwickelt. Die Funktion der Kontrollzellen wird herausgestellt und der Wasserweg durch die Zellen eingezeichnet. Die Saugwirkung ist vom osmotischen Wert der Zellen abhängig, d.h. die Salzkonzentration in den Zellen nimmt von außen nach innen zu und ist in den Kontrollzellen am größten. Da die Zellen über Plasmodesmen verbunden sind, ist dieser **symplastische Transport** (unter Symplasma wird der funktionale Zusammenschluss der Protoplasten eines Gewebes über Plasmodesmen verstanden) ohne weiteres möglich.
Auch durch Diffusion innerhalb der Zellwände (Vergleich mit einem Löschpapier) kann das Wasser bis zu den Kontrollzellen gelangen **(apoplastischer Transport)**. Die Einlagerung von Wasser abweisenden Substanzen in die tangentialen Zellwände der Kontrollzellen (Caspary-Streifen) stoppt jedoch diesen Transportweg.
Der Transport des Wassers in die toten Zellen des Wasserleitungssystems ist wahrscheinlich ein aktiver Vorgang. Da in der 7. Jahrgangsstufe die Begriffe Diffusion und Osmose noch nicht bekannt sind, sollte der Quertransport nur phänomenologisch betrachtet werden. In der 9. Jahrgangsstufe wird der Vorgang der Osmose erläutert, sodass die Phänomene des Wassertransports in der Wurzel als Anwendungsbeispiel dienen können (vgl. IV, 4.2).

Lösungen:

1. Verankerung im Boden, Aufnahme von Wasser und Mineralsalzen, Nährstoffspeicher.
2. Wurzeldruck, Kapillarkräfte, Transpiration.
3. Die Wurzel ist in erster Linie Zugkräften ausgesetzt. Die Verlagerung der Leitbündelstränge nach innen bewirkt eine hohe Zug- und Reißfestigkeit.
4. 1. Wurzelhaarzellen: Aufnahme von Bodenwasser mit gelösten Mineralsalzen
   2. Rindenzellen: Speicherung von Reservestoffen, Quertransport des Wassers.
   3. Kontrollzellen: Ansaugen des Wassers, Regulation der Wasserabgabe in die Wasserleitungsbahnen.
   4. Wasserleitungsbahnen: Wassertransport.
   5. Wachstumszone: Teilungsfähige Zellen, die für das Wachstum sorgen.
   6. Wurzelhaube: Schutz der Wachstumszone der Zellen durch Verschleimung.
5. a) Das Wasser kann in die Zellen eindringen und im Zellplasma weitergeleitet werden.
   b) Das Wasser kann innerhalb der Zellwände bis zu den Kontrollzellen weitergeleitet werden. Die Querwände der Kontrollzellen sind fetthaltig und damit wasserundurchlässig, sodass das Wasser in die Kontrollzellen eingeleitet wird.
   c) Die Kontrollzellen saugen das Wasser an und pumpen es in die Gefäßzellen des Leitbündels.
   d) Das Wasser muss immer die Kontrollzellen passieren. Sie regeln auch die Wasseabgabe an das Leitbündel.

Literatur:

Heß, D.: Pflanzenphysiologie. 9. Aufl. Eugen Ulmer, Stutgart 1991.
Richter, G.: Stoffwechselphysiologie der Pflanzen. 5. Aufl. Georg Thieme Verlag, Stuttgart, New York 1988.

Die Aufgaben des Sprosses

I Schneide von einer Pflanze mit weißen Blüten (z. B. Tulpe, Veilchen) einige Stängel von etwa 10 cm Länge ab. Stelle einige Blüten in ein Glas mit Leitungswasser, einige in ein Glas, dessen Wasser mit Tinte rot oder blau gefärbt ist. Die Blüten müssen einige Zeit stehen bleiben.

Beobachtung: ....

....

....

Schneide nach Beendigung des Versuches von jedem Spross ein Stück ab und betrachte die Schnittstelle mit der Lupe.

Beobachtung: ....

....

....

II Schneide von einigen Holzpflanzen (Eiche, Flieder, Kiefer, Linde, Buche) und von einigen Kletterpflanzen (Efeu, Wein, Waldrebe) etwa 10 cm lange Sprossstücke ab. Fülle ein Glas mit Seifenlauge und versuche, durch die Sprossstücke Luft in die Seifenlauge zu blasen.

Beobachtung: ....

....

....

III Sammle Blätter des Löwenzahns oder des Spitzwegerichs. Fasse ein Blatt an beiden Enden fest an und versuche es auseinander zu reißen.

Beobachtung: ....

....

....

Aufgaben:

1. Beschreibe die Versuche I, II und III und notiere deine Beobachtungen.
2. Deute deine Beobachtungen. Beantworte dabei auch die Frage: Welche Aufgaben hat der Spross einer Pflanze?
3. Der untere Teil des Stiels einer weißen Blüte wird der Länge nach gespalten. Der eine Stielteil wird in rot gefärbtes Wasser, der andere in blau gefärbtes Wasser gestellt (beide Gefäße müssen eng nebeneinander stehen, damit der Blütenstiel nicht ganz aufreißt).
   a) Sage voraus, welche Farbe die Blüte nach Abschluss des Versuches aufweisen wird. Begründe deine Ansicht.

   ....

   ....

   b) Führe den Versuch durch, um deine Vermutung zu überprüfen.
   c) Welche Schlussfolgerungen lassen sich aus dem Ergebnis zum Verlauf der Leitungsbahnen in der Pflanze ziehen?

   ....

Methodisch-didaktische Hinweise:

Die Materialie kann eingesetzt werden, um im Rahmen einer Unterrichtsreihe über Blütenpflanzen Schülern die Möglichkeit zu geben, Aufgaben des Sprosses sehr selbständig zu erarbeiten. Dabei ist es ihnen meist klar, dass der Spross letztendlich die Blätter trägt und damit für die Steigerung des Lichtgenusses der gesamten Pflanze verantwortlich ist, und dass der Spross zur Erfüllung dieser Aufgabe Festigungsfunktionen zu erfüllen hat. Der Transport und die Weiterleitung von Wasser und darin gelösten Stoffen sind Schülern dieser Jahrgangsstufen jedoch meist unbekannt.
Um besonders deutliche Effekte zu erzielen, empfiehlt es sich, die Pflanzen des Versuches I in einer Unterrichtsstunde in die Farblösung zu setzen und den Versuch erst in der nächsten Stunde auszuwerten. Der Farbstoff zeigt sich dann besonders konzentriert an den Blütenblatträndern. Meist sind dann auch die Leitungsbahnen in den Blütenblättern sichtbar gefärbt und der Weg des Wassers (und des Farbstoffs) durch die Pflanze kann detailliert besprochen werden.
Beim Versuch II muss manchmal mit großer Anstrengung gepustet werden. Prinzipiell können jedoch alle genannten Sprossstücke mit positivem Effekt verwendet werden.
Beim Versuch III kann als zusätzliche Aufgabe verlangt werden, die herausstehenden Blattadern weiter zu verfolgen bzw. aus der Blattspreite herauszuziehen. Die Erkenntnis, dass die Leitungsbahnen nicht kreuzen, sondern auf „ihrer“ Seite bleiben, ist eine gute Vorbereitung für die Lösung der Aufgabe 3. Im Zusammenhang mit der Deutung der Versuche sollte darauf hingewiesen werden, dass im Spross nicht nur der Transport von Wasser und Mineralstoffen (aufwärts) erfolgt, sondern auch der Transport der Assimilate zu Speicherorganen (abwärts).

Lösungen:

1. I Blüten wurden für einige Zeit in gefärbtes Wasser und in ungefärbtes Wasser gestellt. Nach Ablauf des Versuches ergeben sich folgende Beobachtungen:
   - Die Blüten aus beiden Gefäßen stehen aufrecht (sind nicht verwelkt).
   - Die Blüten aus dem Gefäß mit gefärbtem Wasser zeigen eine entsprechende Färbung der Blütenblätter.
   - Besonders intensiv ist die Färbung an den Blütenblatträndern und an den Leitungsbahnen zu erkennen.
   - Die Färbung ist auch an den Schnittstellen des Blütenblattstiels erkennbar.

   II Durch alle Sprossteile konnte Luft in die Seifenlösung geblasen werden.

   III Beim Auseinanderreißen der Blätter entstanden keine glatten Risskanten, sondern Blattadern standen heraus. (Die Blattadern können glatt aus der Blattspreite heraus gezogen werden.)
2. Farbstofflösung (Wasser und Farbstoff) wird durch den Spross in Blätter und Blütenblätter transportiert (Versuch I). Dafür werden bestimmte Leitungsbahnen benutzt (in den Blättern Blattadern; Versuch I, Versuch III), die aus durchgängigen Röhren bestehen (Versuch II, Versuch III). Der Spross hat also die Funktion, Wasser und gelöste Stoffe von den Wurzeln zu den Blättern zu transportieren.
3. Mögliche Antworten:
   a) Vermutung 1: In den Blütenblättern wird eine Mischfarbe auftreten, weil sich die Farbstoffe mischen.
   Vermutung 2: Die Seiten der Blüten werden verschiedenfarbig aussehen, weil die aus einer Farbstofflösung aufsteigenden Leitungsbahnen nur zu einer Seite der Blüte ziehen.
   b) Vermutung 2 wird sich bewahrheiten.
   c) Siehe Begründung zu Vermutung 2.

S IV. 4.7 Die Aufgaben der Wurzel

I

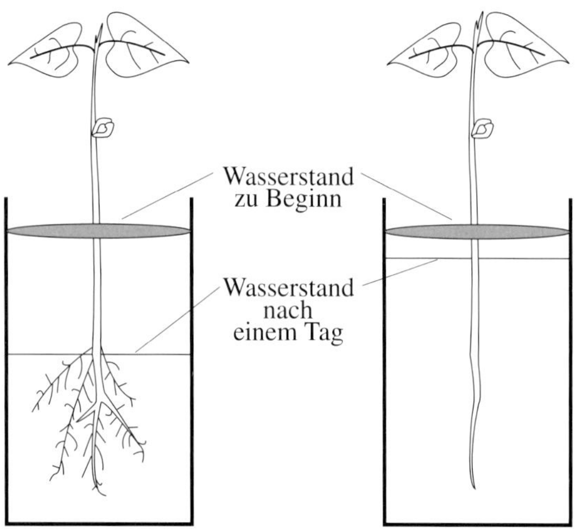

(A) Pflanze mit Seitenwurzeln

(B) Pflanze ohne Seitenwurzeln

II

(A) Pflanze in destilliertem Wasser

(B) Pflanze in Düngerlösung

Dauer des Versuchs: 3 Wochen

III Arbeitsanleitung

1. Streue wenige Kressesamen auf feuchte Watte in einer Petrischale.
2. Nach zwei bis vier Tagen werden die Kressewurzeln vorsichtig aus der Watte gezupft und mit der Lupe betrachtet.
3. Zeichne ein Bild der Wurzel:

Aufgaben:

1. a) Beschreibe den Versuch, der in Abb. I dargestellt ist.
   b) Nenne das Ergebnis des Versuchs.
   c) Welche Aufgabe der Wurzel lässt sich aus dem Ergebnis ableiten?
2. a) Beschreibe den Versuch, der in Abb. II dargestellt ist.
   b) Nenne das Ergebnis des Versuchs.
   c) Welche Aufgabe der Wurzel lässt sich aus dem Ergebnis ableiten?
3. a) Führe die Arbeitsanleitung III aus.
   b) Welche Vorteile bietet der Bau der Wurzel für ihre Aufgaben?

Methodisch-didaktische Hinweise:

Die Materialie kann voraussetzungslos eingesetzt werden, wenn es darum geht, im Rahmen einer Unterrichtsreihe über Blütenpflanzen wichtige Aufgaben der Wurzel zu erarbeiten. Schülern der genannten Jahrgangsstufen ist es meist klar, dass die Wurzel auch die Aufgabe der Verankerung der Pflanze im Boden hat. Wasser- und Mineralstoffaufnahme sind ihnen als Aufgaben jedoch vielfach unbekannt. Diese beiden Aspekte können von Schülern anhand dieser Materialie problemlos selbständig erarbeitet werden. Falls keine zuvor angesetzte Kresse zur Hand ist, kann auch ein Bild der Wurzel (mit Wurzelhaaren) eingesetzt werden. Zu feuchte Watte in der Petrischale verhindert die Ausbildung von Wurzelhaaren, zu trockene Watte lässt die Kresse vertrocknen. Es empfiehlt sich daher, mehrere Schalen mit Kresse mit unterschiedlichem Feuchtigkeitsgehalt anzusetzen. Auch die in den Abb. I und II dargestellten Versuche können mit Schülern praktisch durchgeführt und ausgewertet werden. Bei der Auswertung sollte an Stelle des Wortes „Dünger“ der Begriff Mineralstoffe eingeführt werden. Im Unterricht kann sich die Übertragung der Gegebenheiten des Versuches auf bodenlebende Pflanzen anschließen.
Die Vorgänge bei der Wasseraufnahme durch die Wurzeln werden in IV. 4.5 detailliert dargestellt.

Lösungen:

1. a) Eine Pflanze mit Wurzeln A und eine Pflanze ohne Wurzeln B wurden in ein Glas mit Wasser gestellt und einen Tag stehen gelassen.
   b) Der Wasserstand in dem Glas A ist stärker gesunken als im Glas B.
   c) Wurzeln haben die Aufgabe, Wasser aufzunehmen.
2. a) Zwei Pflanzen wurden in destilliertes Wasser A und in eine Düngerlösung B gestellt und drei Wochen beobachtet.
   b) Die Pflanze in der Düngerlösung ist stark in die Höhe gewachsen, hat viele Blätter und auch Wurzeln ausgebildet. Die Pflanze in destilliertem Wasser ist klein geblieben, hat viel weniger Blätter ausgebildet und auch die Wurzelmenge ist geringer als bei der Vergleichspflanze.
   c) Die Wurzel hat die Aufgabe, Dünger (Mineralstoffe) aufzunehmen.
3. a) Wichtiger Beobachtungspunkt sind die Wurzelhaare. Teilweise sind auch Wurzelhauben zu erkennen.
   b) Wurzelhaare: Die Wurzel hat durch die Ausbildung von Wurzelhaaren eine größere Oberfläche, um Wasser und Mineralstoffe aufzunehmen als ohne Wurzelhaare.
   Wurzelhaube: Die Wurzelhaube schützt die empfindliche Wurzelspitze beim Wachsen im Boden.

Verdunstungsschutz durch die Fruchtschale

Versuch 1: Wasserhaushalt
Geräte und Material: 2 Äpfel, Waage, Schälmesser.
Durchführung: Einer der beiden Äpfel wird geschält und anschließend werden beide gewogen. Nach Ablauf eines Tages werden beide Äpfel erneut gewogen.

Beobachtung: ....

....

Versuch 2: Verdunstungsschutz durch Kork
Geräte und Material: Apfel, Schälmesser, Mikroskop und Zubehör, Sudan-III-Lösung.
Durchführung: Ein Apfel wird geschält, und von den Schalen werden Querschnitte angefertigt. Ein geeignetes Präparat wird mit Sudan-III-Lösung gefärbt und gezeichnet.

Beobachtung: ....

....

....

Versuch 3: Verdunstungsschutz durch Wachs
Geräte und Material: Apfel, Benzin, Becherglas, Abdampfschale.
Durchführung: In einem genügend großen Becherglas wird ein Apfel mit wenig Benzin übergossen (Achtung: Feuergefährlich!) und mehrfach in der Lösung gewälzt. Anschließend gießt man das Benzin in eine Abdampfschale und lässt es unter dem Abzug verdunsten.

Beobachtung: ....

....

....

Versuch 4: Ursache der Bräunung
Geräte und Material: Apfel, Schälmesser, 3 Bechergläser (250 ml), Heizplatte.
Durchführung: Ein Apfel wird geschält und in Scheiben geschnitten. Ein Teil der Scheiben wird in einem Becherglas an der Luft liegen gelassen, ein zweiter Teil der Scheiben wird in einem Becherglas mit Wasser bedeckt und ein dritter Teil der Scheiben wird mit Wasser auf der Heizplatte gekocht. Ein Teil dieser Scheiben kann im Wasser verbleiben, ein anderer Teil an der Luft getrocknet werden. Nach Ablauf eines Tages wird die Färbung der Apfelscheiben notiert.

Beobachtung: ....

....

....

Aufgaben:
1. Führe die Versuche 1 – 4 durch und notiere deine Beobachtungen.
2. Deute deine Beobachtungen, indem du folgende Fragen beantwortest:
   Wie ist der Gewichtsverlust des geschälten Apfels in Versuch 1 zu erklären?
   Aus welchen Gründen lassen sich ungeschälte Äpfel oft Monate lang aufbewahren, ohne dass sie eintrocknen?
3. Durch welche Stoffe im Apfel wird die Bräunung hervorgerufen? Begründe deine Ansicht.

Methodisch-didaktische Hinweise:

Der Apfel ist die in Deutschland am häufigsten kommerziell genutzte Obstsorte und heute das gesamte Jahr über käuflich zu erwerben. Geerntete Äpfel können in Kühlhäusern monatelang aufbewahrt werden, ohne dass Reifeprozesse in nennenswertem Maße auftreten. Auch in früheren Zeiten und in heutigen Haushalten werden Äpfel lange gelagert, ohne dass sie, bedingt durch starken Wasserverlust, ungenießbar werden. Die Ursache hierfür liegt in dem Verdunstungsschutz, der durch die Schale geboten wird. Die Schale eines Apfels enthält mehrere Lagen verkorkter Zellen, die die Wasserabgabe herabsetzen. Auch die Wachsschicht auf der Außenschale bewirkt eine verringerte Wasserabgabe, obwohl ihre größere Bedeutung wohl in der Abweisung von Regenwasser liegt. Die Bräunungsreaktion wirkt hemmend auf herbivore Organismen und hat nichts mit dem Wasserhaushalt zu tun. Sie wurde in die Materialie aufgenommen, weil die hervorstechende Beobachtung an geschälten Äpfeln die braune Verfärbung und nicht der Wasserverlust ist.
Schüler, die diese Materialie bearbeiten, sollten mit der Handhabung von Experimentiergerät vertraut sein. Besondere Vorkenntnisse sind nicht erforderlich. In Versuch 4 kann statt der Heizplatte auch ein Gasbrenner mit Dreifuß verwendet werden, dies beschleunigt den Versuchsablauf.

Lösungen:

1. Versuch 1: Bei dem geschälten Apfel ist eine deutliche Massenabnahme zu verzeichnen. Außerdem ist er bräunlich verfärbt.
   Versuch 2: In der Apfelschale sind am äußeren Rand verdickte Zellen zu erkennen, deren Wand durch Sudan-III-Lösung rot gefärbt wird (Suberin-Auflagerung, Verkorkung).
   Versuch 3: In der Abdampfschale bleibt eine geringe Menge einer weißlichen Masse zurück: Wachs.
   Versuch 4: Apfelscheiben an Luft: starke Braunfärbung,
   Apfelscheiben in Wasser: geringe Braunfärbung,
   gekochte Apfelscheiben an Luft: keine Braunfärbung,
   gekochte Apfelscheiben in Wasser: keine Braunfärbung.
2. Versuch 1: Der Massenverlust ist durch Wasserabgabe zu erklären. (Äpfel bestehen zu 85 % aus Wasser.)
   Versuch 2/3: Die verkorkten Zellen der Schale und die Wachsauflagerungen setzen die Wasserabgabe herab.
3. Der Bräunungsprozess an geschälten oder verletzten Äpfeln ist vom Sauerstoffzutritt abhängig und hitzeempfindlich, er beruht auf einem enzymatischen Vorgang (Polyphenoloxidasen oxidieren pflanzliche Phenole zu Chinonen, die zu braunen Farbstoffen weiter reagieren können). Durch den Kochvorgang wird das verantwortliche Enzym zerstört.

Literatur:

Steiner, D., Goppelt, A.: Propädeutische Lebensmitteluntersuchungen an Äpfeln. In: Unterricht Chemie, Heft 23 / 1994, S. 31 ff.

5
Stoff- und Energiewechsel

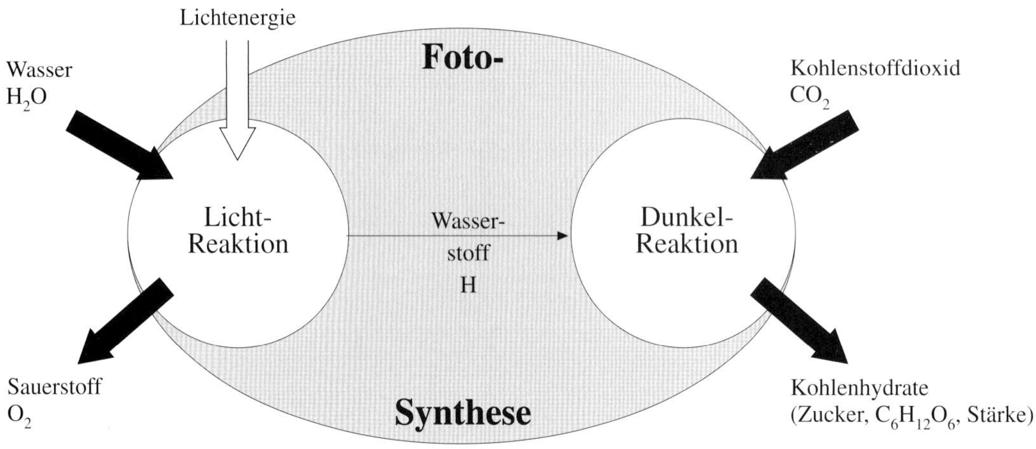

Aufgaben:

1. Versuche anhand des Schaubilds den Prozess der Fotosynthese so kurz wie möglich zu definieren:

   Die Fotosynthese ist ein Vorgang, ...

   ....

   ....

2. Überlege, warum durch die Fotosynthese ein Nahrungs- und Atmungsgleichgewicht in der Organismenwelt unserer Erde über Jahrtausende aufrecht erhalten werden kann.

   ....

   ....

   ....

3. Trage in die Tabelle ein, welche Produkte in den angegebenen Gewerbezweigen aufgrund der Fotosynthese hergestellt werden und welchen Nutzen diese Produkte für den Menschen haben können.

Gewerbezweig	**Produkt**	**Nutzen**
Ackerbau Gärtnerei	Getreide Hackfrüchte Gemüse	Nahrungsmittel, z. B.: Viehfutter
Forstwirtschaft		
Bergbau		

Methodisch-didaktische Hinweise:
Die Bedeutung der Fotosynthese für die dauerhafte Existenz einer Biosphäre ist kaum zu unterschätzen. Daher ist es auch für den Unterricht auf der Sekundarstufe unerlässlich, diesen Prozess wenigstens in groben Zügen verständlich zu machen.
Dass dieser Prozess im Verlauf der vergangenen Jahrzehnte immer besser verstanden und zu einer Fülle von Einzelreaktionen aufgelöst worden ist, ist für das grundsätzliche Verständnis der Reaktion unerheblich. Es wäre sogar (im Sinne einer didaktischen Reduktion) möglich, ganz ohne chemische Formeln auszukommen. Doch können wenige Formeln, die der anzusprechenden Jahrgangsstufe ohnehin meistens bekannt sind, dazu beitragen, den Komplex transparenter zu machen.
Entscheidend für das Verständnis sind die stofflichen Zusammenhänge, die zur Fotosynthese führen:
Wasser + Kohlenstoffdioxid + Lichtenergie → Sauerstoff + Kohlenhydrate
$6\ H_2O + 6\ CO_2 + 2875\ KJ \rightarrow 6\ O_2 + C_6H_{12}O_6$
sowie der Übergang von Licht-Energie in die chemische Energie der Produkte.

Diesen Zusammenhang klar heraus zu arbeiten, verlangt die erste Aufgabe.
Die Beantwortung der zweiten Aufgabe ist möglich, wenn die chemischen Vorgänge bei der Atmung mit einbezogen werden können.
Die dritte Aufgabe differenziert das Bild, indem sie den Blick auf Gewerbezweige richtet, deren Produkte sie der Fotosynthese verdanken, wobei in der 3. Spalte auch technische Produkte durchaus erwünscht sind (Papier, Zucker ...). Hierdurch wird die umfassende Bedeutung der Fotosynthese greifbarer.
Einige Zahlenwerte, die in diesem Zusammenhang interessieren:
Landpflanzen entnehmen jährlich rd. 20 Md t Kohlenstoff dem CO_2-Vorrat der Luft, das sind ca. 3 %, Land- und Wasserpflanzen (Tang der Meere) zusammen etwa 150 Md t, was 600 Md t Kohlenstoffdioxid entspricht.
Weltweit entstehen daraus 450 Md t Sauerstoff im Jahr.
Die Sonne strahlt durchschnittlich im Jahr auf jeden cm^2 Erdoberfläche ca. 420 kJ an Energie, davon werden 0,03 % für die Fotosynthese genutzt.
(Aus Libbert, E.: Lehrbuch der Pflanzenphysiologie. G. Fischer, Stuttgart 1973, S. 112.)

Lösungen:
1. Die Fotosynthese ist ein Vorgang, bei dem aus Wasser und Kohlenstoffdioxid unter Aufnahme von Lichtenergie Kohlenhydrate gebildet werden.
2. Pflanzen: Aufnahme von Energie, Wasser und CO_2, Bildung von Kohlenhydraten und Sauerstoff. Binden Lichtenergie als chem. Energie in den Nährstoffen.
   Tiere: Aufnahme von Sauerstoff und Kohlenhydraten, Bildung von CO_2 und Wasser. Nutzen die chem. Energie der Nährstoffe.
3.

Gewerbezweig	Produkt	Nutzen
Ackerbau Gärtnerei	Getreide Hackfrüchte Gemüse, Obst	Nahrungsmittel, z. B. Stärke, Zucker, Früchte Zellulose (Stroh) Viehfutter
Forstwirtschaft	Holz, Beeren	Bau- und Brennholz, Zellstoff, Papier Nahrungsmittel (Marmelade)
Bergbau	Kohle, Erdöl (fossil)	Energiequelle, Rohstoffe, (Teer)
Fischereiwesen	Fische, Muscheln Krebse	Nahrunsmittel, Chitin Futtermittel (Fischmehl)

Blattgrün – die Sauerstoff-Fabrik

Der Sauerstoffbedarf auf unserer Erde ist ungeheuer – alles tierische Leben ist auf dieses Gas in unserer Atemluft ebenso angewiesen, wie alle Verbrennungsvorgänge auf unserem Planeten, vom Waldbrand bis zum kleinsten Feuerchen, vom Heizkraftwerk bis zum Moped. Obwohl auf den Sauerstoff nur rund 21 % der Luft entfallen, scheint der Vorrat unerschöpflich zu sein – dank der regelmäßigen Nachlieferung durch die grünen Pflanzen. Der Farbstoff in ihren Zellen, das Chlorophyll (= Blattgrün) ist es, mit dessen Hilfe die Pflanzenzellen aus dem Kohlenstoffdioxid (CO_2) der Luft, aus Wasser und unter Aufnahme von Lichtenergie Kohlenhydrate (z. B. Traubenzucker $C_6H_{12}O_6$) und Sauerstoff (O_2) herstellen. Die Chemiker beschreiben diesen Vorgang mit folgender Gleichung:

$$6\,CO_2 + 6\,H_2O + \text{Energie} \rightarrow C_6H_{12}O_6 + 6\,O_2$$

Wir können diesen für uns so wichtigen Vorgang mit einer einfachen Apparatur nachvollziehen:

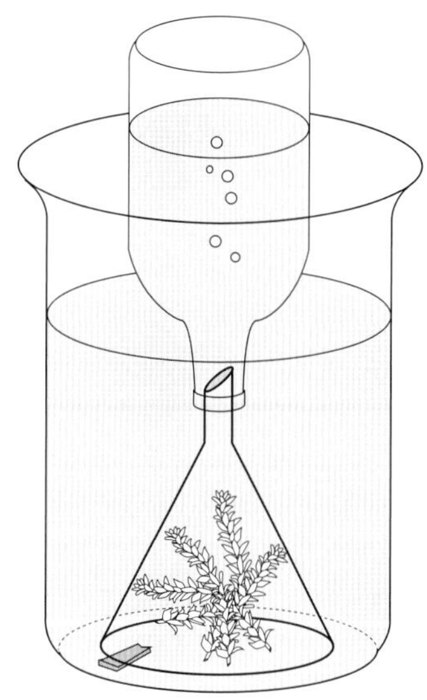

Wir benötigen dazu ein großes Becher- oder Einweckglas, einen hineinpassenden, möglichst großen Trichter und eine kleine Flasche, in deren Öffnung das Trichterrohr passt. Damit der Trichter etwas Spiel hat, schieben wir ein Stückchen Holz oder Kunststoff unter.
Nun binden wir einen Bausch der hellgrünen Wasserpflanze *Elodea* (Wasserpest) locker zusammen und praktizieren ihn unter den Trichter. Das Glas wird nun so weit mit Wasser gefüllt, dass sich die Trichteröffnung etwa 2 cm unter der Wasseroberfläche befindet.
Nun füllen wir das Fläschchen vollständig (!) mit Wasser, verschließen die Öffnung mit dem Finger und stülpen es (unter Wasser) so über das Trichterrohr, dass keine Luft eindringen kann. Aber keinen Stopfen aufsetzen! (Warum?)
Das Ganze wird nun auf eine möglichst helle Fensterbank gestellt und für längere Zeit beobachtet.

Beobachtung: ....

....

....

Man kann zeigen, dass sich Sauerstoff gebildet hat, indem man das Fläschchen vorsichtig abhebt, wieder mit dem Finger verschließt und umdreht. Ein hinein gehaltener, glimmender Holzspan (anzünden und dann auspusten) flammt hell auf, wenn sich Sauerstoff darin befindet.

Schlussfolgerung: ....

....

Aufgabe:
Was wären die Folgen, wenn die Sonneneinstrahlung nachließe oder gar ganz ausbliebe? Was könnten wir Menschen dagegen tun?

Methodisch-didaktische Hinweise:

Wenn es einen elementaren biochemischen Vorgang gibt, der zudem noch leicht einzusehen ist, dann ist es die Sauerstoffproduktion durch Chlorophyll. Die Notwendigkeit des Vorhandenseins von Sauerstoff ist selbst für jüngere Schüler evident, dessen Produktion durch die grünen Pflanzen in diesem einfachen Versuch augenfällig. Tiefergehende chemische Kenntnisse oder besonderes Experimentiergeschick sind zum Verständnis nicht erforderlich. Der Versuch kann sogar mit den Mitteln des Haushalts daheim durchgeführt werden. Auf die außerordentlich komplizierten biochemischen Vorgänge der Fotosynthese muss man auf dieser Stufe ohnehin verzichten – für das Verständnis der globalen Zusammenhänge ist deren detaillierte Kenntnis eher hinderlich.

Der Versuch gehört durch seine Einfachheit und die überzeugende Wirkung zu den klassischen biologischen Experimenten überhaupt. Für einen forschend-entwickelnden Unterricht lässt er genügend Fragen offen, die auch mit geringen Mitteln experimentell angegangen werden können. Zum Beispiel:

- Wie kann man zeigen, dass es der grüne Farbstoff ist...?
  Pflanzen/Blätter ohne Chlorophyll parallel ansetzen (Pilze, panaschierte, farbige (Blüten-)Blätter).
- Könnte man mit dem Chlorophyll allein Sauerstoff herstellen?
  Ein Benzin-Extrakt aus grünen Blättern zeigt keine Wirkung.
- Ist Licht notwendig?
  Ein Parallel-Ansatz bleibt im Dunkeln stehen.
- Usw.

Die Experimentierliteratur (s. u.) gibt gerade dafür reichlich Anregungen, die in einer interessierten Gruppe – auch in einem Projekt – aufgegriffen werden können. Hier soll es nur darum gehen, das Problem anzureißen und den Ursache-Wirkungs-Zusammenhang auf elementare Weise darzustellen. Darauf zielt auch die Aufgabe. (Etwas weiter führt die Materialie IV. 5.1).

Lösung:

Nachlassende Sonneneinstrahlung lässt den Sauerstoffvorrat der Atmosphäre schwinden, alle Tiere müssen sterben, an CO_2-Mangel würden schließlich auch die Pflanzen eingehen. Alles Leben auf der Erde würde vergehen.

Die Sonnenstrahlen haben natürlich auch wärmende Wirkung, ihr Ausbleiben würde die Erde der Weltraumkälte aussetzen, was ebenfalls das Leben unmöglich machte. Was könnten wir Menschen dagegen tun? – NICHTS! Eine Erkenntnis, die zum Nachdenken über das angeschnittene Problem hinaus auf die Folgen von Luftverschmutzung, Ressourcenvernichtung (z. B. Urwaldrodung) usw. anregt.

Literatur (Auswahl):

Bukatsch, F.: Aufbauender und abbauender Stoffwechsel. In Handbuch der praktischen und experimentellen Schulbiologie, Bd. IV/I. Aulis, Köln 1973, S. 76 ff.

Große, E.: Biologie im Experiment. Aulis, Köln 1990, S. 114.

Molisch, H., Horwath, R.: Botanische Versuche und Beobachtungen mit einfachen Mitteln. 5. Aufl. Gustav Fischer-Verlag, Stuttgart 1979, S. 96 ff.

Müller, H. W.: Pflanzenbiologisches Experimentierbuch. 3. Aufl. Franckh-Verlag, Stuttgart 1961.

Die Aufgabe der Blätter

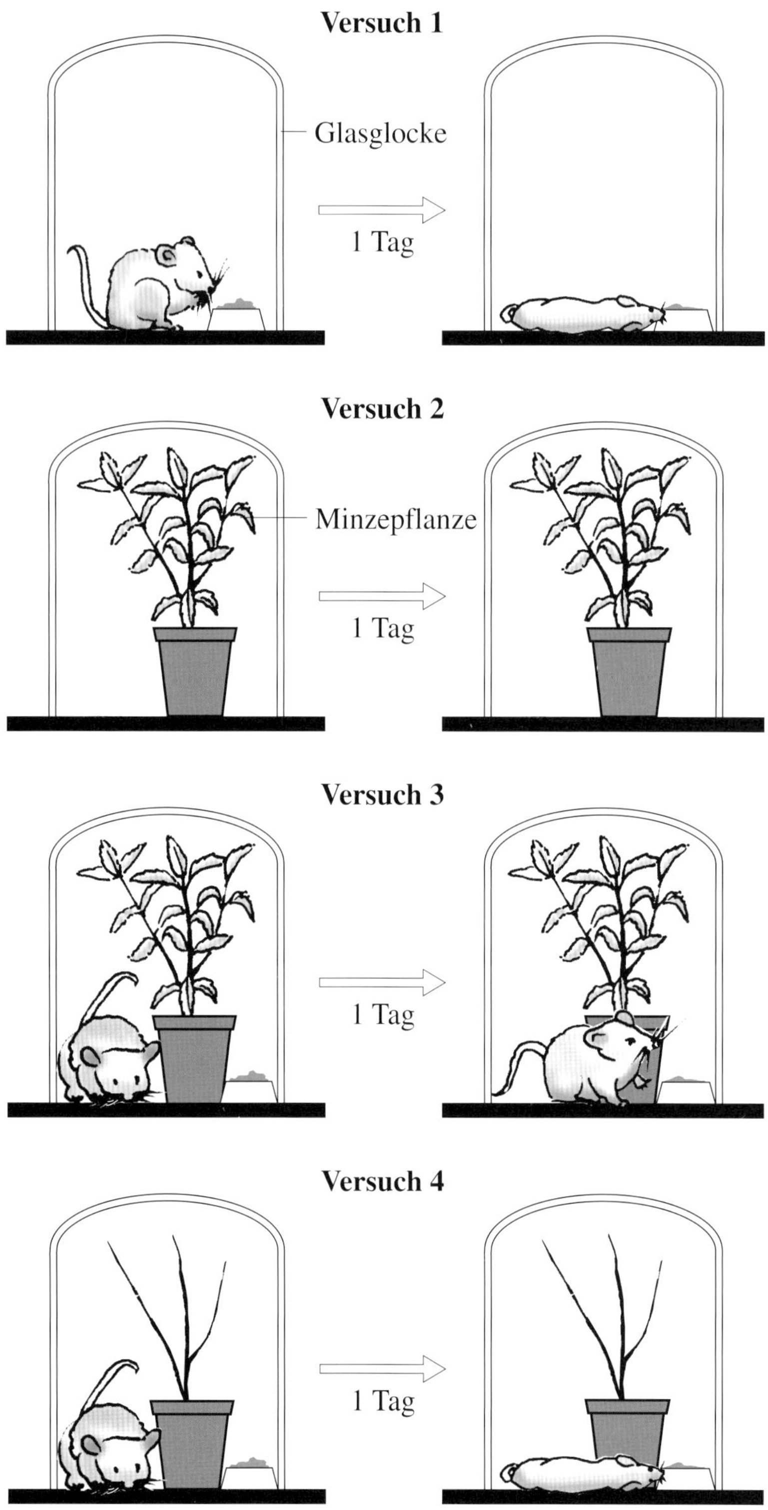

Zusatzinformation 1
Die Bilder stellen Versuche dar, die der Priester und Naturforscher *Joseph Priestley* etwa 1775 durchführte und die zur Entdeckung des Sauerstoffs in der Luft führten.

Zusatzinformation 2
Eine Maus atmet genau so wie der Mensch Sauerstoff ein und Kohlenstoffdioxid aus. Ohne Sauerstoff kann die Maus nicht überleben. Grüne Pflanzen nehmen im Licht Kohlenstoffdioxid aus der Luft auf und geben Sauerstoff ab. Dieser Vorgang heißt Fotosynthese. Das aufgenommene Kohlenstoffdioxid kann die Pflanze benutzen, um alle körpereigenen Stoffe aufzubauen (z. B. Traubenzucker, Blütenfarbstoffe, Duftstoffe, Speicherstoffe, Holz usw.). Ohne Kohlenstoffdioxid kann eine solche Pflanze nicht wachsen.

Aufgaben:
1. Beschreibe den Verlauf und die Ergebnisse der Versuche 1 bis 4.
2. Deute die Ergebnisse der Versuche 1 bis 4 mit Hilfe der Zusatzinformation 2.
3. Welche Aufgabe haben demnach die Blätter einer Pflanze? Begründe deine Ansicht.

Methodisch-didaktische Hinweise:

Die Materialie stellt hohe Ansprüche an die Leistungsfähigkeit von Schülern, wenn die in den Zusatzinformationen genannten Sachverhalte völlig unbekannt sind. Bei schwächeren Gruppen empfiehlt es sich daher, die Vorgänge der Atmung und der Fotosynthese sowie den Zusammenhang zwischen beiden vorab summarisch (z. B. als Reaktionsschemata) zu besprechen und die Materialie erst im Anschluss einzusetzen:

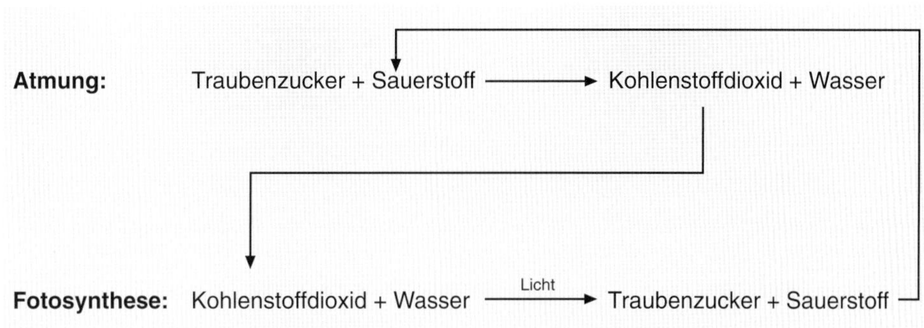

Die Materialie ist einsetzbar in verschiedenen unterrichtlichen Zusammenhängen. Angestrebt ist hier die Verdeutlichung der Aufgabe der Blätter. Es lassen sich jedoch auch ökologische Zusammenhänge (Kreislauf des Sauerstoffs, des Kohlenstoffs, biologisches Gleichgewicht zwischen Atmungs- und Fotosynthesevorgängen) oder historische Aspekte (vgl. Zusatzinformation 1 der Schülerseite) thematisieren. Emotionalen Problemen, die sich durch die Verwendung der Maus als Versuchstier ergeben könnten, lässt sich durch den Verweis auf die historische Authentizität der Versuche (1 – 3) begegnen. Didaktisch ist das Ziel ebenso erreichbar, wenn statt der Maus eine brennende Kerze verwendet wird. Ökologische Zusammenhänge sind dann jedoch nicht zu verdeutlichen. (Vgl. dazu auch IV. 5.1, 5.2 und 5.7!)

Lösungen:

1. Versuch 1: Eine Maus unter einer luftdichten Glasglocke stirbt im Verlauf eines Tages.
   Versuch 2: Eine Minzepflanze unter einer luftdichten Glasglocke verändert sich nicht im Verlauf eines Tages.
   Versuch 3: Eine Maus zusammen mit einer Minzepflanze unter einer luftdichten Glasglocke kann einen Tag überleben.
   Versuch 4: Eine Maus zusammen mit einer blattlosen Minzepflanze unter einer luftdichten Glasglocke stirbt im Verlauf eines Tages.
2. Versuch 1: Der Sauerstoff unter der Glasglocke wird verbraucht, daher kann die Maus nicht überleben.
   Versuch 2: Das Kohlenstoffdioxid unter der Glasglocke wird von der Pflanze verbraucht, daher wird die Pflanze nicht wachsen.
   Versuch 3: Die Maus kann unter der Glasglocke überleben, weil die Pflanze Fotosynthese betreibt und daher Sauerstoff abgibt. Die Maus atmet den Sauerstoff ein und Kohlenstoffdioxid aus. Die Pflanze kann das Kohlenstoffdioxid aufnehmen und wächst.
   Versuch 4: Die Maus stirbt im Verlauf eines Tages, weil die Pflanze ohne Blätter keine Fotosynthese betreiben kann.
3. Die Blätter haben die Aufgabe, Fotosynthese zu betreiben. Nur durch die Fotosynthese kann die Pflanze den Sauerstoff bilden, den die Maus zum Überleben braucht. Ohne Blätter fehlt der Sauerstoff. Mit Hilfe der Fotosynthese kann die Pflanze alle körpereigenen Stoffe aufbauen.

Literatur:

Keil, M. (Hrsg.): BIOS 5 – 7. Diesterweg, Frankfurt 1998, S. 65 (verändert).

Atmung bei Pflanzen

Baue die beiden Versuche A und B den Abbildungen entsprechend zusammen. Du benötigst für die Versuche ungefähr 200 trockene Erbsen, die für 1 – 2 Tage in warmem Wasser eingeweicht werden, sodass sie aufquellen und keimen können.
In Versuch A darfst du das Thermometer nur so weit in die Flasche hineinschieben, dass du die Skala (ab ca. 15 °C) oben noch ablesen kannst. In Versuch B ist Kalkwasser eine klare Flüssigkeit, die sich bei Kontakt mit Kohlenstoffdioxid trübt (Kalk-Bildung).
Nach einem Tag wird in Versuch A die Temperatur abgelesen, in Versuch B die Farbe der Flüssigkeit ermittelt.

A

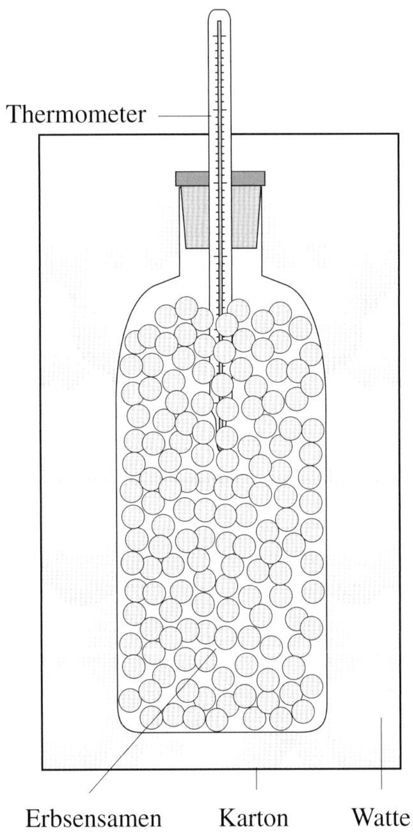

B

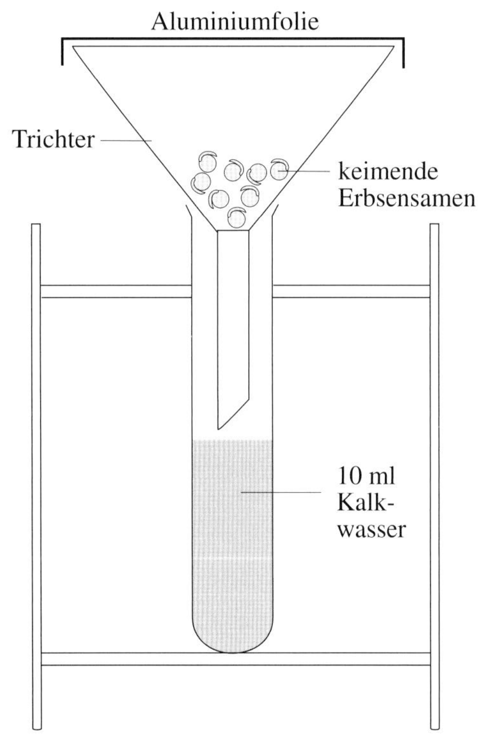

Versuchsbeginn: .... (Datum) Temp.: ...... Kalkwasser: ....

Ergebnisse: .... (Datum) Temp.: ...... Kalkwasser: ....

.... (Datum) Temp.: ...... Kalkwasser: ....

.... (Datum) Temp.: ...... Kalkwasser: ....

Aufgaben:
1. Welche Bedeutung hat eine „Erbse" für eine gesamte Erbsenpflanze?
2. Welche Vorgänge finden in einer Erbse statt, wenn sie keimt?
3. Wie ist das Versuchsergebnis von Versuch A zu erklären?
4. Welche Aufgabe hat die Watte, die sich im Karton befindet?
5. Erläutere das Versuchsergebnis von Versuch B.

Methodisch-didaktische Hinweise:

Beide Versuche gehören nicht nur in den Themenbereich „Atmung“, sondern beleuchten auch entwicklungsphysiologische Aspekte.
Die Nachweismethode „Kalkwassertrübung durch Kohlenstoffdioxid“ ist den Schüler/innen meist schon bekannt (Atmung beim Menschen); dennoch soll sie an dieser Stelle in der Anleitung genannt sein.
Die Mobilisierung von Reservestoffen betrifft alle drei Nährstoffgruppen: Fette, Kohlenhydrate, Proteine. Im Allgemeinen kommen alle drei Gruppen in jedem Samen nebeneinander vor, aber in unterschiedlichen Anteilen. Gräser (bzw. Körner) speichern vor allem Stärke, viele Fabaceen (Schmetterlingsblütengewächse) wie die Erbse speichern in hohem Maße Proteine, und zahlreiche Vertreter der Brassicaceen (Kreuzblütler) wie der Kohl bilden fetthaltige Samen aus.
Nährwerttabellen geben für Erbsen (grün, roh) folgende Inhaltswerte (pro 100 g Erbsen) an: 6,3 g Proteine, 0,5 g Fett, 12,4 g Kohlenhydrate sowie 78 g Wasser. Bei getrockneten Erbsen ist dann natürlich der Wasseranteil reduziert (kann bestimmt werden, vgl. Bd. IV, 4.8). In Versuch B kann auch mit Blütenblättern gearbeitet werden.

Lösungen:

1. Die „Erbse“ ist die Verbreitungseinheit bei der Erbsenpflanze, d.h. in den Früchten der Erbse, den Hülsen, reifen die Samen heran, die aus dem Keimling (Embryo) und dem Nährgewebe (Endosperm) bestehen.
2. In der Erbse sind bei der Samenreifung Reservestoffe gespeichert worden, die dem Keimling einen ersten Vorrat an Nährstoffen bieten, bevor er selber durch Fotosynthese Nährstoffe herstellen kann. Handelt es sich bei dem Speicherstoff um ein Kohlenhydrat, so kann sein Einzelbaustein Traubenzucker (Glucose) abgebaut (veratmet) werden:
   Glucose + Sauerstoff $\Rightarrow$ Wasser + Kohlenstoffdioxid + Energie
3. Die Temperaturerhöhung (von ca. 20 °C auf 30 – 40 °C) beruht auf der Wärmeabgabe bei der Atmung.
4. Die Watte isoliert die Glasflasche, sodass eine Temperaturerhöhung nur aus dem Inneren der Flasche kommen kann, also von den keimenden Erbsen.
5. Die Trübung des Kalkwassers muss auf eine Abgabe von Kohlenstoffdioxid durch die keimenden (und atmenden) Erbsen zurückzuführen sein; Kohlenstoffdioxid besitzt eine größere Dichte als Luft, es „fällt“ nach unten.

Stoffwechselreaktionen in einer Pflanzenzelle

In dem Arbeitsblatt sind zusammenfassend wichtige Stoffwechselreaktionen in einer Pflanzenzelle zusammengestellt. Dabei ist eine typische Pflanzenzelle, z. B. eines grünen Blattes, schematisch als dickumrahmtes Rechteck dargestellt. *Stoffwechselvorgänge* sind durch schmale Doppelpfeile, der *Fluss der Energie* durch getönte Doppelpfeile angegeben. (Die Symbole sollen das Finden der Begriffe etwas erleichtern!)

Aufgaben:

A) Fotosynthese

- Beschrifte die Ziffern 1–6.
- Welche Funktion hat 4?
- Wie gelangt der Stoff 1 in die Pflanzenzelle?
- Warum verläuft der Energiepfeil von 3 zu 5?
- Das Produkt 5 wird meist sofort in 8 umgewandelt. Um welche energiereiche Verbindung handelt es sich?

B) Atmung bzw. Betriebsstoffwechsel

- Beschrifte die Kästchen der Atmungsgleichung und Ziffer 7.
- Vergleiche die Reaktionsgleichungen der Fotosynthese und der Atmung miteinander.
- Welche Reaktion überwiegt am Tag, welche in der Nacht?
- Überlege, wozu die Pflanze die bei der Atmung freiwerdende Energie benötigt. Vergleiche auch mit Tieren!

C) Baustoffwechsel

- Die Pflanzenzelle benötigt wichtige Baustoffe. Um welche wird es sich bei 9 und 11 handeln?
- Welche weiteren Stoffe (10) werden zur Synthese der Baustoffe von außen aufgenommen? In welcher Form nimmt sie die Pflanze auf, und wie gelangen diese Stoffe in die Zellen des Blattes?
- Warum verläuft der Energiepfeil zu 8 und 9? Nenne Pflanzenbeispiele und Pflanzenorgane, in welchen diese Stoffe als Energiereserven abgelagert werden.
- Warum ist der Energiepfeil zu 8 und 9 dicker gezeichnet als zu 11?

D) Sekundärstoffwechsel

- Produkte der Fotosynthese, des Betriebsstoffwechsels und des Baustoffwechsels können zu weiteren, nicht unmittelbar lebensnotwendigen Substanzen umgebaut werden. Diese Stoffe dienen z. B. als Blütenfarben oder Geruchsstoffe der Anlockung von Insekten, andere giftige Stoffe sollen Fressfeinde abwehren. Viele Pflanzen mit Sekundärstoffen werden auch als Heilpflanzen genutzt. Gib solche Stoffe bei 12–18 an. Die Symbole geben dir Hinweise, um welche Stoffe es sich handeln könnte.
- Nenne jeweils eine Pflanze oder eine Pflanzenfamilie, in der diese Stoffe vorkommen.

Stoffwechselreaktionen in einer Pflanzenzelle

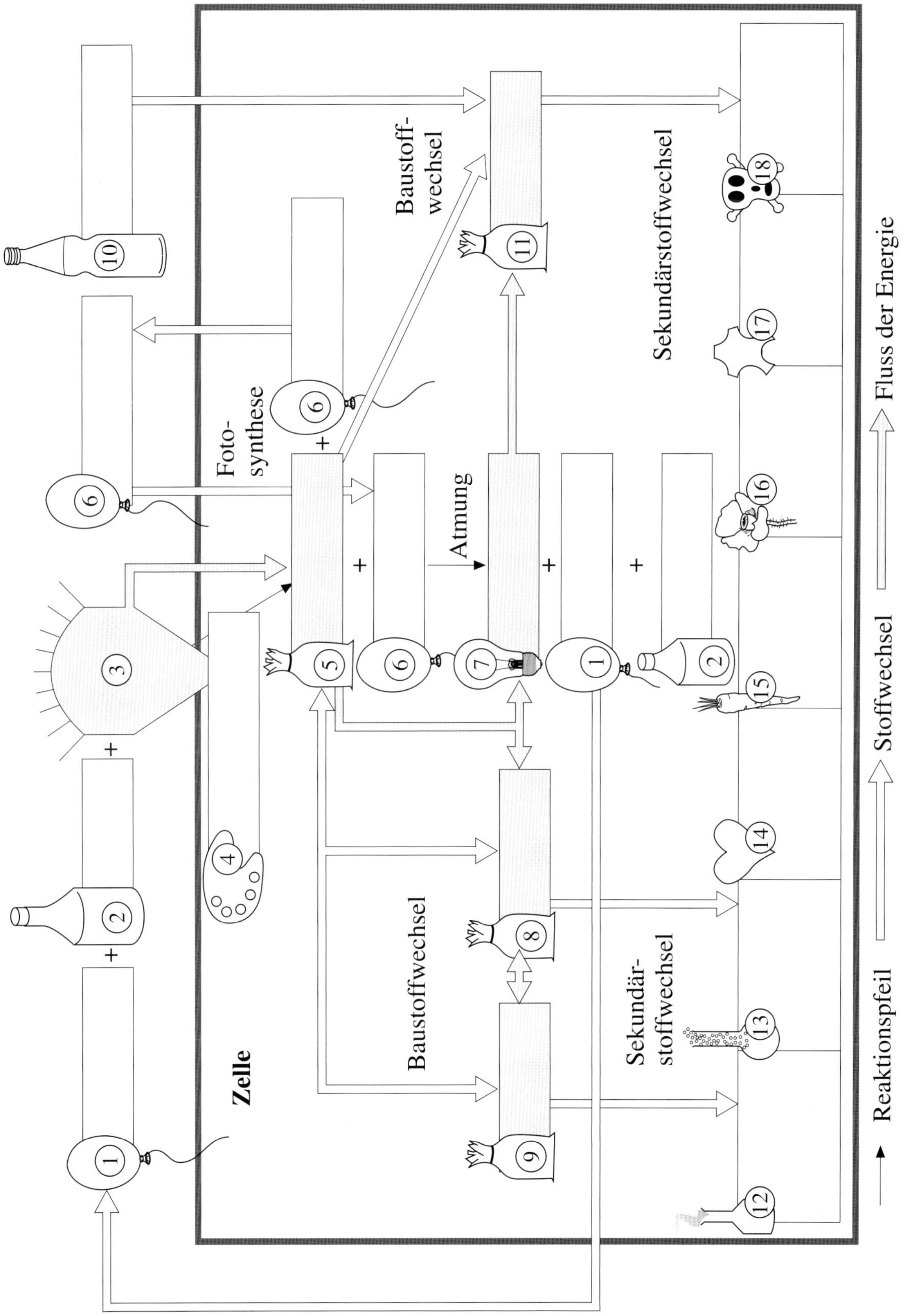

Methodisch-didaktische Hinweise:
Nach Besprechung der Fotosynthese schließen sich in den Schulbüchern an dieses Kapitel noch die Themen „Traubenzucker wird weiter verarbeitet“ und „Heil- und Gewürzpflanzen“ sowie „Drogen- und Giftpflanzen“ an. Es empfiehlt sich, das Arbeitsblatt nach der Behandlung dieser Themen im Unterricht einzusetzen.
Falls eine Lehrerfolie erstellt wird, kann parallel mit dem Schülerarbeitsblatt gearbeitet werden.
Eine weitere Möglichkeit des unterrichtlichen Einsatzes wäre die selbständige Einzelarbeit oder Gruppenarbeit, sodass eine Erfolgskontrolle nach Beendigung der Unterrichtsreihe „Stoffwechsel von Pflanzen“ gegeben ist.
Evtl. könnte die Aufgabe auch als Teil einer Klassenarbeit oder als Hausaufgabe gestellt werden.

Anmerkungen zum Arbeitsblatt
Die Symbole sollen die Zuordnung der einzelnen Stoffe erleichtern. Luftballon: Gas; Flasche: Flüssigkeit; Flasche mit gepunktetem Inhalt: Lösung; Sack: Feststoff; Palette: Farbstoff; Glühbirne: Energie.
Die Schüler/-innen sollten mit Wortgleichungen, wie sie in den meisten Schulbüchern verwendet werden, vertraut sein.
Beim Sekundärstoffwechsel werden typische Gruppen dieser Pflanzenstoffe aufgeführt. Obwohl dieser Fachbegriff für die angesprochene Altersgruppe etwas schwierig ist, empfiehlt es sich, ihn dennoch zu verwenden, ihn jedoch näher zu charakterisieren (s. u.).

Stoffwechsel: Darunter versteht man allgemein alle Umwandlungen von Verbindungen, die ein Organismus, bzw. dessen Zellen, zur Gewinnung chemischer Energie und zum Aufbau eigener Substanzen nutzt.
Primär- bzw. Grundstoffwechsel: Die für Pflanzen lebensnotwendigen Reaktionen, Fotosynthese, Atmung sowie die Bildung von Kohlenhydraten, Fetten und Eiweiß.
Sekundärstoffwechsel: In bestimmten Entwicklungsphasen laufen Stoffwechselvorgänge in bestimmten Zellen ab, die nicht unbedingt lebensnotwendig sind.

Primär- und Sekundärstoffwechsel sind eng miteinander verzahnt. Die Anzahl der Sekundärstoffe ist überaus groß, man schätzt sie auf etwa 40 000. Auch die Bedeutung dieser Pflanzeninhaltsstoffe sollte nicht unterschätzt werden. Die wichtigsten dieser Stoffe dienen z. B. dem Schutz sowie der Anlockung von Insekten im Dienste der Bestäubung. Beispiele für Schutzfunktionen: Wachse als Wasser abweisende Schichten (Kutikula), Cellulose und Lignin als Gerüststoffe, Stoffe mit antibiotischen Eigenschaften (z.B. ätherische Öle) gegen Pilze und Bakterien, die Abwehr von Fressfeinden (Saponine = Seifenstoffe, Gerbstoffe, Herzglycoside = Herzmittel, Alkaloide = Gifte). Signalfunktionen: Duftstoffe (ätherische Öle) und Farbstoffe (Carotinoide = Karottenfarbstoffe, Anthocyane = Blütenfarbstoffe) zur Anlockung von Insekten.

Lösungen:
A) Fotosynthese
- 1 Kohlenstoffdioxid, 2 Wasser, 3 Sonnenlicht, 4 Chlorophyll, 5 Traubenzucker, 6 Sauerstoff.

- Das Chlorophyll dient als „Lichtempfänger“ und ist in den Chloroplasten lokalisiert.
- Kohlenstoffdioxid gelangt über die Spaltöffnungen in das Innere des Blattes, in den Zwischenzellräumen (Interzellularen) strömt das Gas zu den Schwamm- und Palisadenzellen des Blattes.
- Die Lichtenergie der Sonne ist nun als chemische Energie im Traubenzucker gespeichert.
- 8 Stärke.

B) Atmung bzw. Betriebsstoffwechsel
- Traubenzucker + Sauerstoff ⇒ Energie + Kohlenstoffdioxid + Wasser.
- Die Atmungsgleichung ist (formal) die Umkehrung der Fotosynthesegleichung.
- Am Tag überwiegt die Fotosynthese, nachts ohne Licht kann keine Fotosynthese stattfinden, sodass die Pflanze einen Teil des gebildeten Traubenzuckers wieder veratmet.
- Pflanzen brauchen diese Energie für weitere Stoffwechselreaktionen, z.B. für den Baustoffwechsel und für den Sekundärstoffwechsel, aber auch zum Wachsen, für Bewegungen (z.B. bei Fleisch fressenden Pflanzen) und für Transportvorgänge zwischen den Zellen.

C) Baustoffwechsel
- 9 Fette, 11 Eiweiße.
- 10 Mineralsalze (insbesondere Stickstoffverbindungen werden zum Aufbau der Eiweiße benötigt). Sie werden in Wasser gelöst in der Regel von den Wurzelhaaren aufgenommen. Nach dem Quertransport durch die Wurzel werden sie in den Gefäßen der Wasserleitungsbahnen zu den Blättern transportiert.
- Fette und Stärke (bzw. Kohlenhydrate) sind Energiespeicher. Besonders fettreich sind häufig Samen, z.B. Sonnenblumenkerne oder Erdnüsse. Stärkereich sind oft unterirdische Organe wie die Kartoffelknolle oder die Wurzel der Möhre.
- Fette sind etwa doppelt so energiereich wie Eiweiß und Kohlenhydrate.

D) Sekundärstoffwechsel
- 12 Ätherische Öle, 13 Seifenähnliche Stoffe, 14 Herzmittel, 15 Karottenfarbstoffe, 16 Blütenfarbstoffe, 17 Gerbstoffe, 18 Gifte.

Vorkommen: 12 besonders in den Familien der a) Lippenblütler, der b) Doldengewächse und der c) Korbblütler. Beispiele: a) Pfefferminze, Melisse, Thymian, b) Fenchel, Anis, Kümmel, c) Kamille, Schafgarbe.
- 13 z. B. im Efeublatt, in der Schlüsselblumenwurzel, im Seifenkraut.
- 14 im Roten Fingerhut, im Maiglöckchen.
- 15 fettlösliche Blütenfarbstoffe beim Löwenzahn und Hahnenfuß, in den Blättern, in Früchten, z. B. der Tomate.
- 16 wasserlösliche meist rote oder blaue Blütenfarbstoffe: Klatschmohn, Kornblume.
- 17 in der Rinde von Holzgewächsen, z. B. in der Eichenrinde.
- 18 in vielen giftigen Pflanzen, z. B. in Eisenhut, Tollkirsche und Goldregen.

Literatur:

Mossner, H.: Arzneipflanzen im Unterricht. Aulis Verlag, Köln 1995.

Mossner, H.: Behandlung des Sekundärstoffwechsels der Pflanzen im Unterricht der gymnasialen Oberstufe. Biologie in der Schule 46 (1997) 3, S. 170–176.

Funktionsschema eines Baumes

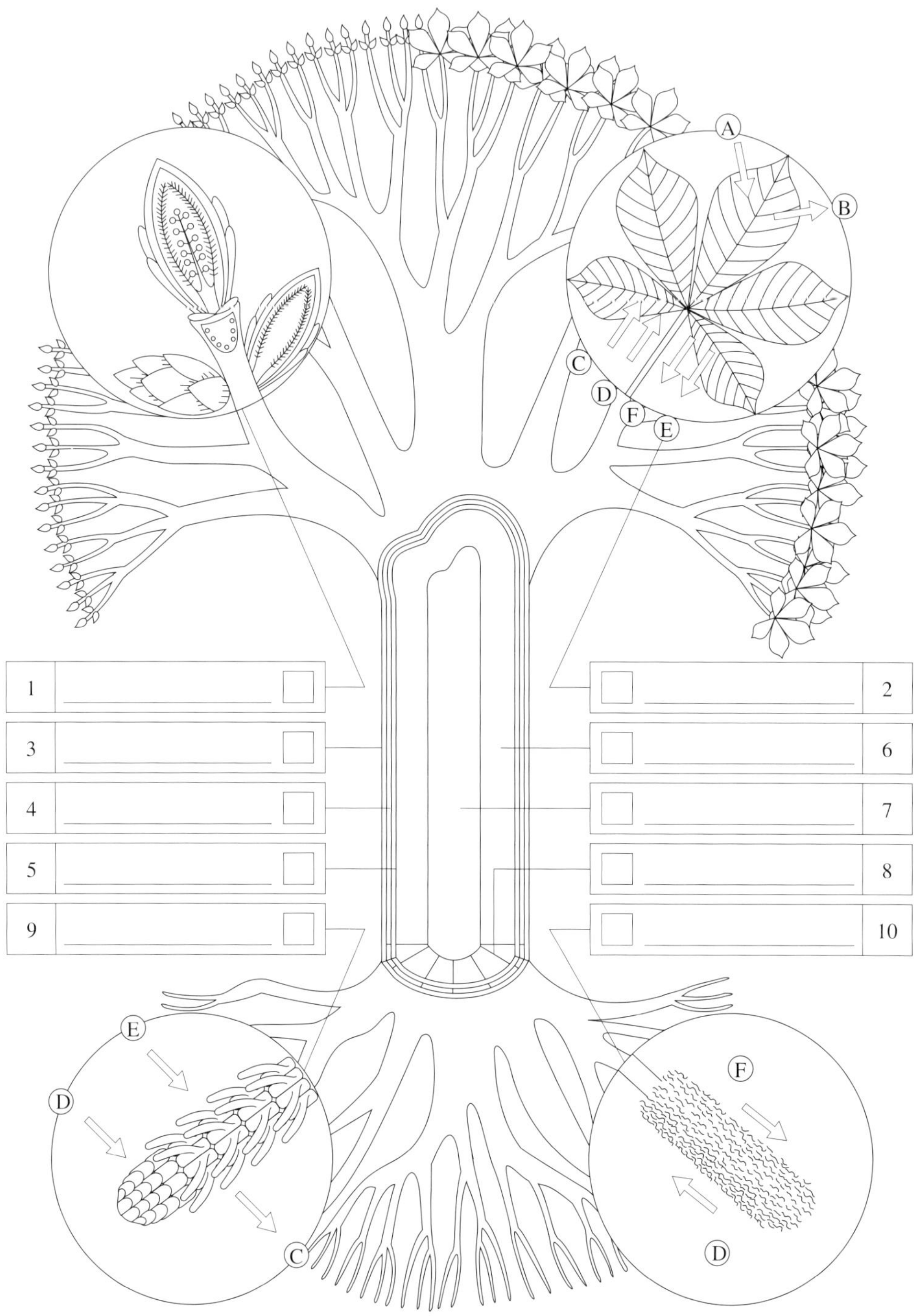

Aufgaben:

1. Beschrifte und male aus: Knospen dunkelbraun, Blätter grün, Borke schwarz, Bast rot, Kambium violett, Splintholz gelb, Kernholz orange, Markstrahlen hellbraun, Wurzelspitzen grau (Bleistift), Mykorrhiza weiß.
2. Die Pfeile symbolisieren die Aufnahme, Abgabe und den Transport von Stoffen im Blatt, in der Wurzel und in der Mykorrhiza. Male die Pfeile mit folgenden Farben aus: Licht gelb, Wasserabgabe über Spaltöffnungen (Transpiration) hellblau, Wasser + gelöste Mineralsalze dunkelblau, gelösten Traubenzucker (Assimilate) rot, Kohlenstoffdioxid schwarz, Sauerstoff violett.
   Welche Stoffwechselvorgänge im Blatt und in der Wurzel liegen zugrunde? Beschreibe diese mit Hilfe jeweils einer Wortgleichung.
3. Wie heißt der allgemeine Fachausdruck für das Zusammenleben zwischen Pilz und Baum. Welchen Vorteil hat der Pilz, welchen der Baum?

Methodisch-didaktische Hinweise:

Mit Hilfe der Abbildung können folgende Aspekte angesprochen werden:
- Aufbau eines Stammes,
- Gliederung des Baumes in Krone, Stamm und Wurzeln,
- Aufnahme von Wasser und den darin gelösten Mineralsalzen durch die Wurzeln,
- Transport von Wasser und Assimilaten,
- Transpiration,
- Funktion der Mykorrhiza,
- Aufbau einer Knospe und Überwinterung,
- Fotosynthese, Zellatmung.

Es sollte darauf hingewiesen werden, dass auch in den Blättern und den übrigen lebenden Pflanzenteilen die Zellatmung abläuft, in den Blättern tagsüber aber von der Fotosynthese überdeckt wird.

Lösungen:

1. 1 Knospen, 2 Blätter, 3 Borke, 4 Bast, 5 Kambium, 6 Splintholz, 7 Kernholz, 8 Markstrahlen, 9 Wurzelspitzen, 10 Mykorrhiza.

2. Pfeile: Ⓐ Licht, Ⓑ Wasser (Transpiration), Ⓒ Kohlenstoffdioxid, Ⓓ Wasser + gelöste Mineralsalze, Ⓔ Sauerstoff, Ⓕ Traubenzucker (Assimilate).

   Blatt: **Fotosynthese** (im Licht)

   Wasser + Kohlenstoffdioxid + Lichtenergie → Traubenzucker + Sauerstoff

   Wurzel: **Zellatmung**

   Traubenzucker + Sauerstoff → Kohlenstoffdioxid + Wasser + Energie

3. Mykorhizza (Symbiose zwischen Pilz und Baum). Pilze verbessern die Wasser- und Mineralsalzversorgung des Baumes, der Baum versorgt den Pilz mit Kohlenhydraten (Traubenzucker).

Literatur:

Hintermeier, H.: Der Baum als Unterrichtsthema. Naturwissenschaften im Unterricht Biologie, 31/12 (1983), S. 429–443.

Wir bauen einen Flaschengarten

Was du benötigst

- Eine möglichst große Flasche aus durchsichtigem Kunststoff oder Weißglas mit weiter Öffnung, die mit einem Deckel gut verschlossen werden kann (z.B. Gurken- oder Apfelmus-Glas).
- So viel Kies, dass der Boden der liegenden Flasche etwa 2 cm hoch damit bedeckt werden kann (Baustoffhandlung, Aquariengeschäft), dazu einzelne größere Steine zur Dekoration.
- So viel Blumenerde, dass eine etwa 2 cm hohe Erdschicht über dem Kies in der liegenden Flasche entsteht.
- Eine lange Pinzette (oder 2 Stöckchen) als Hilfe zum Einsetzen der Pflanzen.
- Bewurzelte Stecklinge einiger Pflanzen (z. B. Efeuranken, niedriger Phlox, Gänseblümchen).

Und so gehst du vor

- Reinige Flasche und Deckel gut, fülle den Kies in die liegende Flasche und verteile vorsichtig die Blumenerde darüber. Sie soll angefeuchtet, aber nicht nass sein.
- Setze jetzt die Pflanzen ein (achte darauf, dass sie nicht zu groß für den Behälter werden), lege die größeren Steine zur Befestigung der Wurzeln und zur Dekoration dazu und verschließe die Flasche dicht.
- Lege sie hell, aber nicht ins Sonnenlicht. Die Kiesschicht sorgt dafür, dass sie nicht wegrollt.
- Beobachte einige Wochen lang, ohne das Behältnis zu öffnen.

Aufgaben:

- Könnte man unsere Erde auch als einen solchen „Flaschengarten" bezeichnen? Vervollständige dazu das Schema „Wasserkreislauf auf der Erde" mit Pfeilen.
- Wieso wird die Luft in der Flasche durch die darin lebenden Pflanzen nicht „verbraucht"? Trage in das rechte Schema den Namen des Gases ein, das im Licht aufgenommen, im Dunkeln aber wieder ausgeatmet wird. Wie heißen die Prozesse?

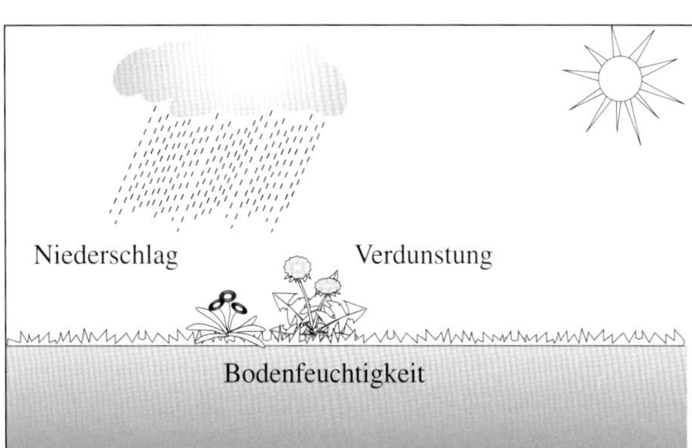

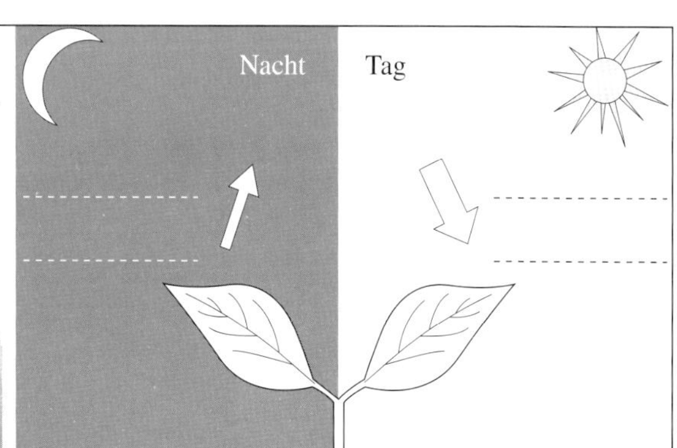

Methodisch-didaktische Hinweise:

Die Anlage eines „Flaschengartens“ ist eine ebenso einfache wie verblüffende Tätigkeit: Zeigt sie doch eindringlich, dass der Kreislauf von Wasser und Kohlenstoffdioxid im Licht über einen längeren Zeitraum hin sichtbar funktioniert!
Die Anlage eines Flaschengartens kann gut zu Hause durchgeführt werden; alle dazu notwendigen Materialien sind aus dem eigenen Garten oder dem Fachhandel preiswert zu erhalten. Bei der Wahl der Pflanzen wird darauf geachtet, dass sie später nicht zu groß werden. Allerlei Polsterpflanzen aus dem Gartenmarkt sind sicher richtig.
Das Glas sollte eine große Öffnung besitzen, damit den Schüler/-innen das Einpflanzen auch gelingt.
Es ist gut, wenn im Unterricht ein solcher Flaschengarten gemeinsam angelegt und langfristig beobachtet wird. Es ist aber auch motivierend, wenn zu Hause angelegte und besonders gut gelungene Gärten nach geraumer Zeit in den Unterricht mitgebracht und vorgeführt werden.
Das Arbeitsblatt enthält Zusatzaufgaben, um dem Vorhaben eine kognitive Note zu geben. Die Antworten sind nicht schwer, machen die Zusammenhänge aber noch einmal bewusst.
Ergänzend dazu können die Materialien IV. 5.1 bis 5.5 eingesetzt werden.

Lösungen:

Die beiden Schemata werden folgendermaßen vervollständigt:

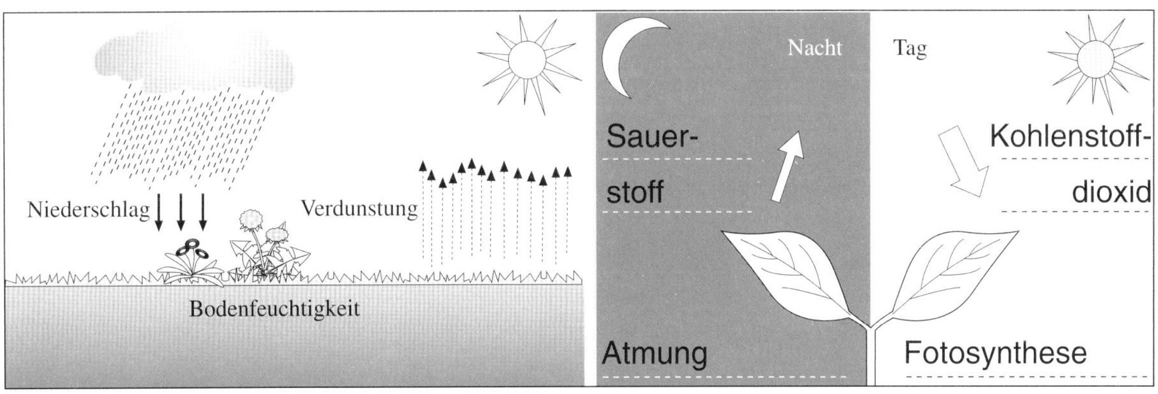

Mögliche Zusatzfragen:

1. Warum ist der Pfeil im linken Teil „Nacht“ des rechten Schemas schmaler gezeichnet als der im rechten?
2. Zeichne mit einem Farbstift Pfeile ein für die Aufnahme und Abgabe eines weiteren Gases, das bei den angeführten Prozessen eine Rolle spielt.
3. Wozu verwendet die Pflanze das aufgenommene Kohlenstoffdioxid?

6
Pflanzen-Inhaltsstoffe

1. Gewinnung von Kartoffelstärke

- Schäle eine mittelgroße Kartoffel, zerreibe sie über einer Schüssel mit der Kartoffelreibe (Vorsicht, Finger!).
- Gieße den Brei in ein Haushaltssieb, lasse die Flüssigkeit in ein daruntergestelltes Becherglas fließen. Drücke mit einem Löffel die Masse noch etwas aus.
- Bringe die ausgedrückte Masse auf ein sauberes Leinentuch, falte dieses zu einem Beutel und knete es in einer Schale mit etwas Wasser gut durch. Presse dann den Beutelinhalt über dem Becherglas kräftig aus.
- Lasse das Becherglas etwa eine halbe Stunde ruhig stehen.

Beobachtung?

. . . .

- Gieße jetzt die überstehende Flüssigkeit vorsichtig ab (Ausguss).
- Füge reines Wasser auf den weißen Bodensatz, rühre diesen gründlich auf und lasse erneut etwa eine halbe Stunde absitzen. Den jetzt klaren Überstand gieße in den Ausguss.
- Lasse die Stärke auf einem Teller an der Luft trocknen.

2. Eigenschaften der Stärke

Versuch 1: Betrachte eine winzige Probe der getrockneten Stärke in einem Tropfen Wasser unter einer starken Lupe oder dem Mikroskop.

Beobachtung?

. . . .

Versuch 2: Gib eine Messerspitze Stärkepulver in ein Reagenzglas. Untersuche seine Löslichkeit in kaltem Wasser und Spiritus (feuergefährlich!).

Ergebnis:

. . . .

Versuch 3: Schlämme eine Messerspitze Stärke in wenigen ml Wasser unter Schütteln auf und gieße diese in 100 ml kochendes Wasser.

Beobachtung?

. . . .

Versuch 4: Verstreiche mit einem steifen Pinsel etwas von dem Stärkekleister auf ein Stück Papier und klebe dieses dann auf ein anderes, größeres Blatt. Lasse eintrocknen.

Feststellung?

. . . .

Versuch 5: Verdünne einen Tropfen Stärkekleister im Reagenzglas mit etwa 5 ml Wasser. Schüttle gut um und füge drei Tropfen Iodkaliumiodid-Lösung hinzu.

Beobachtung?

. . . .

Versuch 6: Verdünne den Stärkekleister noch einmal mit 100 ml Wasser und tauche einen kleinen Lappen hinein. Drücke ihn aus und lasse ihn an der Luft (über der Heizung) fast trocken werden. Bügle ihn auf einem Handtuch als Unterlage trocken.

Beobachtung?

. . . .

Methodisch-didaktische Hinweise:

Das vorgeschlagene Verfahren der Gewinnung von Kartoffelstärke wurde früher im Haushalt häufig angewandt: Die dabei gewonnene Stärke benutzte man zum Eindicken von Soßen und Suppen, zur Herstellung von Pudding oder als Mittel zum Versteifen von Textilien (Krägen und Manschetten), das man „stärken" nannte. Allein schon dieser Zusammenhang macht das Thema für Schüler/-innen eigentlich aller Altersstufen interessant.
Die Experimente sind einfach, mit haushaltsüblichen Gerätschaften durchzuführen, und sie bringen sichere Ergebnisse. Man könnte das Stärkepulver als Hausaufgabe herstellen und in die Schule mitbringen lassen und hier die weiteren Versuche anschließen. Ein Vergleich mit Stärke „aus der Tüte" (z. B. Mondamin, Bügelstärke) wäre eine interessante Ergänzung.

Jede Arbeitsgruppe benötigt:
1. Haushaltssieb, Kartoffelreibe, 2 große Bechergläser, sauberes Leinentuch (z.B. Geschirrtuch), Teller oder größere Schale.
2. Mikroskop mit Objektträger und Deckglas, 2 kleine Bechergläser mit Wasser, Glasstab, Spatel, 2 Reagenzgläser, kleiner, steifer Pinsel, Lösung von Iod in Kaliumiodid-Lösung (Lugolsche Lösung oder stark verdünnte Iodtinktur), Brenner, Bügeleisen, Spiritus.

Auf die Verwendung eines Mikroskops kann man verzichten, wenn man auf die Struktur der Stärkekörner nicht eingehen möchte. Mit einer starken Lupe (etwa 10-fach) kann man die winzigen Stärkekörner erkennen, wenn man etwas Stärkepulver in sehr dünner Schicht auf eine Glasplatte (Objektträger) streut.

Die **Entsorgung** macht keine Probleme: Die Lösungen können unbedenklich in den Ausguss gegossen werden, der geringe Iodanteil ist bedeutungslos. Der ausgedrückte Kartoffelbrei kann über den Hausmüll entsorgt werden.
Als **Ergänzung** kann man durch Auftropfen von Iodkaliumiodid-Lösung Stärke in verschiedenen Nahrungsmitteln nachweisen, z.B. in Nudeln, Reispuder, Apfelstückchen, in zerstoßenen Bohnen oder Erbsen, in käuflicher Wäschesteife u. a. m. – Auch die Herstellung eines Puddings ist möglich (Rezept dazu auf den Packungen).

Lösungen:

1. Das Stärkepulver setzt sich ab, die darüber stehende, braune Flüssigkeit klärt sich allmählich.
2. Versuch 1: Unter der Lupe sind winzige Körnchen zu erkennen, unter dem Mikroskop nimmt man (bei etwas zugezogener Blende) deren Schichtung wahr.
   Versuch 2: Stärke löst sich weder in kaltem Wasser noch in Spiritus (Alkohol).
   Versuch 3: Die Stärke löst sich und bildet eine gallertige Masse, ein Gel.
   Versuch 4: Mithilfe des Stärkekleisters kann man Papier kleben (Buchbinder-, Tapetenkleister).
   Versuch 5: Die braune Iodkaliumiodid-Lösung färbt Stärke blau bis blauschwarz.
   Versuch 6: Mit Hilfe von Stärke(kleister) kann man Textilgewebe „stärken".

Lignin in der Zellwand und im Holz

Die Zellwände vieler Pflanzen enthalten neben Cellulose noch ein weiteres stützendes Material, den *Holzstoff* oder *Lignin* (von lat. lignum, Holz). Lignin stellt eine Art Kitt dar, der die Zwischenräume zwischen den Cellulosefasern ausfüllt und die Zellwände somit starr macht: Die (vorher krautigen) Pflanzenteile *verholzen*. Junge Pflanzen enthalten nur wenig Lignin, bei älteren Zweigen und Stämmen von Nadelhölzern (im trockenen Zustand) kann der Anteil von Lignin bis zu 30 % erreichen, bei Laubholz ist er geringer (Birke etwa 20 %).
Aus Holz hergestellte Produkte behalten ihren natürlichen Ligningehalt bei. Bei der Herstellung von Papier werden die Holzfasern durch (nasses) Schleifen zu einem Brei aufgeschlämmt, aus dem mit Hilfe von engmaschigen Sieben die Papierbahnen „geschöpft" und dann getrocknet werden. Solcherart gewonnenes Papier enthält natürlich noch das Lignin des Holzes. Es wird daher im Laufe der Zeit und vor allem unter Lichteinfluss gelb und brüchig. Besseres, d. h. feineres und haltbareres Papier (z. B. für Schreibpapier) bekommt man, wenn man durch einen komplizierten chemischen Prozess (z. B. Kochen mit Sulfitlösungen) das Lignin aus der Holzmasse entfernt, es ist dann „holz (stoff)frei".
„Zur Herstellung von einer Tonne Papier mittlerer Qualität werden das Holz von 2 Bäumen und 240 000 Liter Wasser benötigt, für die gleiche Menge Papier erster Güte drei Bäume und 440 000 Liter Wasser" (*H. Molisch*).

Lignin ergibt mit Phloroglucin-Salzsäure eine tiefrote Farbe.

Versuche:
Lege mehrere Streifen unterschiedlicher Papiere bereit, dazu Proben verschiedener Hölzer. Geeignet sind Pack-, Zeitungs-, Schreib-, Toilettenpapier, Papiertaschentuch, kleine Stücke (Späne, Brettchen; längs gespaltene Stückchen von ganz jungen und älteren Zweigen) von Laub- und Nadelholz, Streichholz.
Tupfe nun mit einem Glasstab 1 bis 2 Tropfen des Phloroglucin-Salzsäure-Reagenz auf die Proben und beobachte einige Minuten. Vorsicht – konzentrierte Salzsäure ätzt!

Trage die Ergebnisse in die Tabelle ein.

Material	**Ausfall der Reaktion**	**Folgerung**
Zeitungspapier	....	....
Schreibpapier	....	....
....	....	....
....	....	....
....	....	....

Aufgaben:
1. Stelle zusammen, welche Vorteile du im Altpapier-Recycling erkennen kannst.
2. Kannst du Möglichkeiten erkennen, wie du durch dein eigenes Verhalten zur Schonung natürlicher Ressourcen beizutragen vermagst?

Methodisch-didaktische Hinweise:
Lignin (Holzstoff) gehört zu den sog. sekundären Inhaltsstoffen der pflanzlichen Zellen, es wird erst nach der Ausdifferenzierung in die Zellwände von Faserzellen, Tracheiden, Steinzellen u.a. zwischen die Cellulosefasern eingelagert und verstärkt deren mechanische Widerstandsfähigkeit gegen Druck und Verbiegung.
Im Gegensatz zur Cellulose ist Lignin kein Kohlenhydrat sondern ein kompliziert gebautes dreidimensionales, amorphes Polymer, bei dessen Aufbau u. a. der Coniferylalkohol eine Rolle spielt. Eine formelmäßige Darstellung findet sich bei *Nuhn* (S. 534 f.). – Die chemischen Details sind für die Sekundarstufe I ohne Bedeutung, es kann hier nur darauf ankommen zu zeigen, dass man den Ligningehalt von Materialproben pflanzlicher Herkunft mit dem Reagenz Phloroglucin-Salzsäure leicht nachweisen kann.

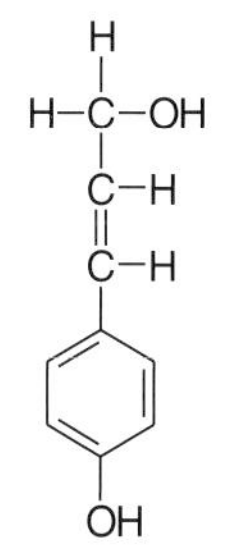
Coniferylalkohol

Herstellen des Reagenz: Eine kleine Spatelspitze Phloroglucin (Xi – reizend, R 36/37/38) wird in etwa 4 ml Spiritus gelöst und mit etwa 1 ml konzentrierter Salzsäure (w = 25 %; Xi – reizend; R 36/37/38; S 28) versetzt.
Das Reagenz wird (wegen der Salzsäure) zweckmäßig in kleinen Blockschälchen ausgegeben (die nicht umgestoßen werden können). Die kurzen Glasstäbchen zum Auftupfen nicht auf die Tischplatte, sondern in kleinen Bechergläschen ablegen. – Zur Entsorgung mit reichlich Wasser verdünnen und zum Abwasser geben. – Reinigen der Tischplatten nicht vergessen!
Es besteht hier die Möglichkeit, botanische Sachverhalte (Bau der Zellwand) fachübergreifend zu verknüpfen mit technischen Prozessen (Herstellung von Papier). Schon einfache Kenntnisse reichen aus, um die Folgen des unmäßigen Papierverbrauchs abschätzen zu können und das eigene Verhalten entsprechend einzurichten.

Lösungen:
Der Versuch ergibt i. A. eindeutige Ergebnisse: Dunkle Rotfärbung zeigt das Vorhandensein von Lignin in den mitgebrachten Proben an.
Alle Hölzer reagieren positiv, von den Papieren zeigen die „billigeren“ Sorten (Pack- und v.a. Zeitungspapier, gelegentlich auch einfaches Recyclingpapier) deutlichen Ligningehalt an, „feines“, „holzfreies“ (Schreib)papier (Schulhefte!) ist ligninfrei.

1. Altpapier-Recycling schont die Wälder (nördl. Waldgürtel, Tropen), spart Energie und Wasser bei der Aufbereitung. Geringere Belastung der Abwässer durch Chemikalien. (Problematik: Nachwachsendes „Schwachholz“ muss verwertet werden, Fasern von mehrfach wieder verwendetem Papier werden kürzer, das daraus gefertigte Papier wird brüchiger, wegen anhaftender Druckerschwärze graues Recyclingpapier lässt keinen hochwertigen Druck mehr zu. Daher muss immer wieder „frische“ Cellulose zugemischt werden).
2. Möglichkeiten, selbst initiativ zu werden: Altpapiersammeln im Haushalt und in der Schule, holzstofffreies Papier nur dort verwenden, wo es sinnvoll ist (Notiz-, Verpackungs-, Toilettenpapier muss nicht holzstofffrei oder gar gebleicht sein).

Literatur:
Molisch, H., Dobat, K.: Botanische Versuche und Beobachtungen mit einfachen Mitteln. 5. Aufl. Gustav Fischer-Verlag, Stuttgart 1979.
Nuhn, P.: Naturstoffchemie. 2. Aufl. Akademie-Verlag, Berlin 1990.

S IV. 6.3 Duftstoffe in den Pflanzen

Jeder weiß, dass Pflanzen duften, manche stärker, andere schwächer. Als besonders intensiv haben wir den Geruch von Heu, Eukalyptus-Öl, das Öl aus den Nadeln von Fichten und Kiefern, aus Orangenschalen, von Kümmelsamen, Pfefferminz-, Thymian- oder Salbeiblättern u.v.a. erlebt. Diese Stoffe werden von den Pflanzen über ihren Stoffwechsel erzeugt und meist von besonderen Drüsen(haaren) ausgeschieden. Ihre Funktion ist nicht in jedem Fall geklärt.

Versuch 1:

a) Biege ein Stück einer Orangen- oder Zitronenschale fest mit den Fingern zusammen und halte es dabei pressend seitlich gegen eine Kerzen- oder Brennerflamme.

Beobachtung?

. . . .

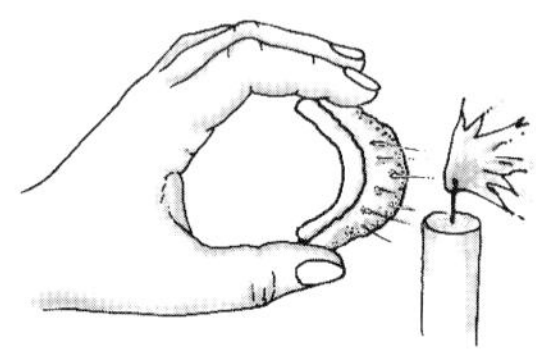

b) Halte eine Fichten- oder Kiefernnadel von der Seite her in eine Kerzen- oder Brennerflamme.

Beobachtung?

. . . .

Versuch 2:

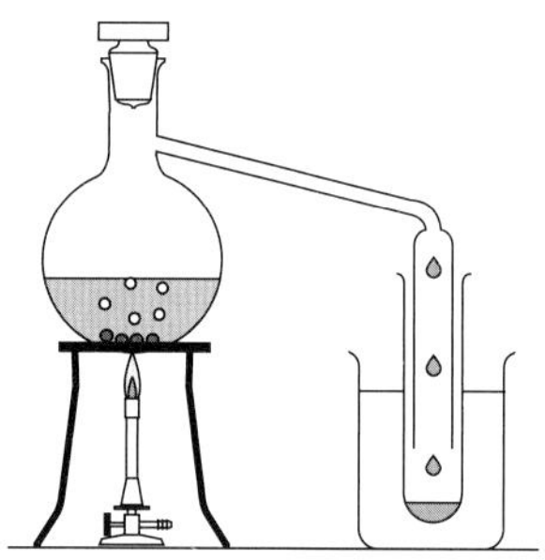

Das duftende Öl kannst du aus den Pflanzenteilen gewinnen, indem du z. B. einen Esslöffel voll Kümmelsamen (enthalten das Kümmelöl *Carvon*), oder die gleiche Menge zerschnittener Fichten- oder Kiefernnadeln (enthalten *Terpineol*) bzw. Blätter des Thymian (enthalten *Thymol*) in einem Mörser zerstampfst, dann in einem Destillierkolben mit 500 ml Wasser so lange erhitzt, bis sich in der Vorlage neben dem sich niederschlagendem Wasser ölige Tröpfchen abscheiden. Dies ist das leicht flüchtige „etherische Öl", das die oben angeführten Duftstoffe enthält. Gieße den Inhalt der Vorlage in ein flaches Schälchen und rieche daran, tupfe mit einem Glasstab etwas von dem etherischen Öl auf ein Papiertaschentuch.

Aufgaben:

1. Überlege, welche stark duftenden Pflanzen(teile) dir noch bekannt sind und wofür man sie verwendet.

Pflanzenname	**duftender Teil**	**evtl. Verwendung**
. . . .	. . . .	. . . .
. . . .	. . . .	. . . .
. . . .	. . . .	. . . .

2. Nenne Beispiele, aus denen hervorgeht, welche Bedeutung der Duft für die betreffende Pflanzenart besitzen könnte.
3. Überprüfe im Supermarkt, ob bei sog. Backaromen angegeben ist, welche Duftstoffe sie enthalten.
4. Viele Aromen werden heutzutage auch synthetisch erzeugt. Auf den Verkaufsverpackungen stehen oft die Bezeichnungen „natürlich" oder auch „naturidentisch". Was könnte damit gemeint sein?

Methodisch-didaktische Hinweise:

Die wegen ihrer leichten Flüchtigkeit als „etherische Öle" bezeichneten pflanzlichen Ausscheidungen sind „Gemische verschiedener Isoprenoide (überwiegend Mono- und Sesquiterpenoide) mit Phenylpropan- und Benzoesäurederivaten als Begleitstoffe. Sie können, je nach Pflanzenart, ... ausgeschieden werden in die Vakuole, in lysigene Hohlräume, die durch Auflösung der Drüsenzellen entstehen, in schizogene Hohlräume, die durch Auseinanderweichen der Zellen entstehen, unter die Cuticula, die sich blasig von der Zellwand abhebt, und in die Luft." (Libbert, S. 274).
Chemisch sind die etherischen Öle sehr eng miteinander verwandt und lassen sich z. T. ineinander umwandeln (siehe dazu *Nuhn*, S. 475 ff.). Sie werden heutzutage vielfach schon synthetisch gewonnen.
Drüsenhaare mit abgehobener Cuticula kann man schon mit schwacher mikroskopischer Vergrößerung erkennen: An Blatt- und Blütenstielen der Primel, der Pelargonie (Balkon „geranie"), von Salbei, Minze, Tomate u.v.a. – Schizogene Ölbehälter finden sich in den Blättern von *Hypericum*, mit freiem Auge sichtbar als helle Punkte, lysigene in der *Citrus*-Schale (ebenfalls leicht erkennbar).
Hier geht es darum zu erleben, dass die Duftstoffe in (brennbaren) Ölen enthalten sind, die sich in besonderen Öldrüsen (Sekretbehältern) befinden (V. 1).
Für den *2. Versuch* genügt ein einfaches Destilliergerät mit fester (Abb.) oder aufsetzbarer Destillierbrücke. Das Erhitzen dauert wegen der Wassermenge einige Zeit, die zur Lösung der Aufgaben genutzt werden kann. Die aufgefangenen Öltröpfchen besitzen einen intensiven Geruch, der sich auch auf einem Tuch noch längere Zeit hält.
Die **Bedeutung** der Duftstoffe für die Pflanzen kann durchaus verschieden sein, es sind vielfach Lockstoffe für blütenbestäubende Insekten oder für Tiere, die durch Verzehr der Früchte für die Verbreitung der Samen sorgen. Stark reizende Düfte könnten aber auch abschreckende Wirkung besitzen. Der in mittel- und süddeutschen Kalkgebieten zerstreut vorkommende Diptam produziert so viel etherisches Öl, dass man an heißen, windstillen Tagen die Dampfhülle der Pflanze entzünden kann (vgl. *Düll* und *Kutzelnigg*).

Lösungen:

1. Siehe oben.
2. Siehe oben.
3. –
4. Naturstoffe, natürliche Stoffe, die Lebensmitteln hinzugesetzt werden, müssen aus dem Stoffwechsel von Organismen stammen, während „naturidentische Stoffe" synthetisch hergestellt sind, chemisch aber mit dem Naturprodukt übereinstimmen. Als „künstlich" werden Zusatzstoffe bezeichnet, die zwar den Naturstoffen in Geschmack bzw. Geruch ähnlich sind, aber chemisch nicht mit ihnen übereinstimmen müssen.

Literatur:

Düll, R., Kutzelnigg, H.: Botanisch-ökologisches Exkursionstaschenbuch. 4. Aufl. Quelle & Meyer, Heidelberg 1992.
Libbert, E.: Lehrbuch der Pflanzenphysiologie. Gustav Fischer-Verlag, Stuttgart 1973.
Nuhn, P.: Naturstoffchemie. 2. Aufl., Akademie-Verlag, Berlin 1990.

Einheimische und tropische Gewürze gibt es in großer Zahl, sie werden aus den **unterschiedlichsten Pflanzenteilen** gewonnen – aus Knospen und Blüten, Früchten und Samen, Blättern, Wurzeln, Rinde. Sie dienen der geschmacklichen Verfeinerung der Lebensmittel, wirken appetitanregend und teilweise auch verdauungsfördernd. Die **Steckbriefe** der 15 hier genannten Beispiele sind leider völlig **durcheinander geraten**. Schneide die Beschreibungen aus und klebe sie an den richtigen Stellen neu ein; die nachgestellten Buchstaben benennen dann, von oben nach unten gelesen, ein **weiteres Gewürz**.

1	**Vanille**	gefiederte **Blätter** eines heimischen Küchengewürzes; gehackt oder gepulvert auf Gemüse, Kartoffeln, für Soßen	**T**
2	**Zimt**	getrocknete **Blütenknospen** eines tropischen Baums, heißen auch Näglein; für Back- und Fleischwaren, Kompotte	**E**
3	**Anis**	blaue, bereifte, kugelige **Scheinbeeren** eines spitznadeligen heimischen Strauchs; für Sauerkraut, Wildgerichte	**L**
4	**Ingwer**	kleine braune, sichelförmig gekrümmte **Früchte** eines einheimischen Krauts; in manchen Brot- und Käsesorten	**A**
5	**Gewürz-nelken**	**unterirdisches Speicherorgan** eines verbreiteten Lauchgewächses, beißt in den Augen beim Zerkleinern; für Soßen	**R**
6	**Muskatnuss**	getrocknete **schotenförmige Früchte** einer tropischen Schlingpflanze; gepulvert für Backwaren, Süßspeisen	**L**
7	**Pfeffer**	winzige dunkle **Früchte** eines verbreiteten Doldengewächses; für Brot, (Weihnachts)gebäck, Hustenbonbons	**R**
8	**Gewürz-paprika**	harter nussartiger **Samenkern** einer pfirsichähnlichen tropischen Frucht; gemahlen für Fleischsoßen, Gemüse	**E**
9	**Wacholder-beeren**	heimische Lauchart mit röhrenförmigen, ständig nachwachsenden **Blättern**; gehackt zu Salaten, Quark, auf Suppen	**T**
10	**Kümmel**	getrocknete **Wurzelstöcke** einer tropischen Staude, als Stücke oder gemahlen; für Speisen, Bier, Likör, Gebäck	**B**
11	**Senf**	bereits im zeitigen Frühjahr und häufig in Kästchen angebotene junge **Keimblätter**; für Salate, zum Garnieren	**E**
12	**Schnittlauch**	**Früchte** einer tropischen Kletterpflanze; schwarze oder weiße Körner oder gemahlen; für Fleisch- und Wurstwaren	**R**
13	**Petersilie**	**Rinde** eines tropischen Baums; in gepulverter Form z.B. für Backwaren (Weihnachtsgebäck), auch für Glühwein	**O**
14	**Gartenkresse**	kleine gelbliche **Samen** eines heimischen Krauts; zum Einlegen von Gurken, in Wurstwaren, zur Mostrichherstellung	**E**
15	**Küchen-zwiebel**	schlanke kegelförmige, meist rote **"Schoten"**; getrocknet und zermahlen für Fleischgerichte, Käse, Kartoffelchips	**B**

Methodisch-didaktische Hinweise:

Der Bastelbogen eignet sich zur inhaltlichen Ergänzung einer Unterrichtsreihe über einheimische und tropische **Nutzpflanzen**, er kann aber auch beim Thema **Ernährung** eingesetzt werden. Die Schüler haben die Aufgabe, 15 falsch sortierte Steckbriefe in die richtige Reihenfolge zu bringen. Soll dies in der Unterrichtsstunde geschehen, muss für eine ausreichende Anzahl von **Scheren** und **Klebstiften** gesorgt werden. **Anschauungsmaterial** ist problemlos zu beschaffen (Früchte, Blätter, Riechproben), es kann den Schülern beim Auffinden der richtigen Kombinationen helfen. – Der Bastelbogen lässt sich auch für eine vom Üblichen abweichende Hausaufgabenstellung verwenden. Die Bearbeitungszeit beträgt **15 – 20 Minuten**.

Da fast alle Buchstaben des **Lösungsworts** LORBEERBLAETTER mehrfach in dem Namen auftreten (L, R, B, E, T), bedeutet ein von oben nach unten fehlerfrei ablesbares Lösungswort nicht unbedingt auch die richtige Verteilung aller Beschreibungen; eine Endkontrolle ist erforderlich. – Die bis 10 cm langen getrockneten Blätter des mediterranen Hartlaubgewächses sind (wie auch seine blauvioletten Früchte) ein beliebtes Gewürz für Sülzen, Fleisch- und Fischgerichte.

Richtige Zuordnungen und Lösungswort (Ä = AE):

1	Vanille	getrocknete **schotenförmige Früchte** einer tropischen Schlingpflanze; gepulvert für Backwaren, Süßspeisen	L
2	Zimt	**Rinde** eines tropischen Baums; in gepulverter Form z.B. für Backwaren (Weihnachtsgebäck), auch für Glühwein	O
3	Anis	winzige dunkle **Früchte** eines verbreiteten Doldengewächses; für Brot, (Weihnachts)gebäck, Hustenbonbons	R
4	Ingwer	getrocknete **Wurzelstöcke** einer tropischen Staude, als Stücke oder gemahlen; für Speisen, Bier, Likör, Gebäck	B
5	Gewürz-nelken	getrocknete **Blütenknospen** eines tropischen Baums, heißen auch Näglein; für Back- und Fleischwaren, Kompotte	E
6	Muskatnuss	harter nussartiger **Samenkern** einer pfirsichähnlichen tropischen Frucht; gemahlen für Fleischsoßen, Gemüse	E
7	Pfeffer	**Früchte** einer tropischen Kletterpflanze; schwarze oder weiße Körner oder gemahlen; für Fleisch- und Wurstwaren	R
8	Gewürz-paprika	schlanke kegelförmige, meist rote **"Schoten"**; getrocknet und zermahlen für Fleischgerichte, Käse, Kartoffelchips	B
9	Wacholder-beeren	blaue, bereifte, kugelige **Scheinbeeren** eines spitznadeligen heimischen Strauchs; für Sauerkraut, Wildgerichte	L
10	Kümmel	kleine braune, sichelförmig gekrümmte **Früchte** eines einheimischen Krauts; in manchen Brot- und Käsesorten	A
11	Senf	kleine gelbliche **Samen** eines heimischen Krauts; zum Einlegen von Gurken, in Wurstwaren, zur Mostrichherstellung	E
12	Schnittlauch	heimische Lauchart mit röhrenförmigen, ständig nachwachsenden **Blättern**; gehackt zu Salaten, Quark, auf Suppen	T
13	Petersilie	gefiederte **Blätter** eines heimischen Küchengewürzes; gehackt oder gepulvert auf Gemüse, Kartoffeln, für Soßen	T
14	Gartenkresse	bereits im zeitigen Frühjahr und häufig in Kästchen angebotene junge **Keimblätter**; für Salate, zum Garnieren	E
15	Küchen-zwiebel	**unterirdisches Speicherorgan** eines verbreiteten Lauchgewächses, beißt in den Augen beim Zerkleinern; für Soßen	R

1. Blattfärbung verschiedener Bäume und Sträucher
Das alljährliche Schauspiel der Herbstfärbung der Blätter fasziniert immer wieder aufs Neue. Während im Sommer das Grün der Blätter dominiert, erscheinen nun gelbe, braune, braunrote und rote Farbtöne. Die Versuche sollen Aufschluss darüber geben, wie die Färbung der Blätter zustande kommt.
Notiere in Form einer Tabelle, welche Herbstfarben die Blätter verschiedener Baum- und Straucharten im Schulbereich annehmen. Schreibe auch auf, ob der Baum in der Sonne oder mehr im Schatten wächst. Sammle jeweils mehrere grüne, gelbe und rote Blätter.

2. Extraktion von Blattfarbstoffen
Material: 2–3 mittelgroße Blätter, Schere, Reibschale mit Pistill, Quarzsand, Becherglas, 20 ml, Glastrichter, Löffel, Faltenfilter, Rundfilter 7 cm Ø, 12,5 cm Ø, Porzellanschale oder Kristallisierschale 10 cm Ø, Pasteur-Pipette, Messzylinder 10 ml, Aceton, Petrolbenzin, Isopropanol. (Alle drei Flüssigkeiten sind feuergefährlich, sie reizen Augen und Haut!)
Zerkleinere die grünen Blätter mit der Schere und gib sie in die Reibschale. Füge einen Löffel voll Quarzsand zu und zerreibe die Blätter. Gieße dann 10 ml Aceton darauf und zerreibe zu einem Brei. Filtriere durch das Filter in ein kleines Becherglas. Welche Farbe zeigt die Lösung?

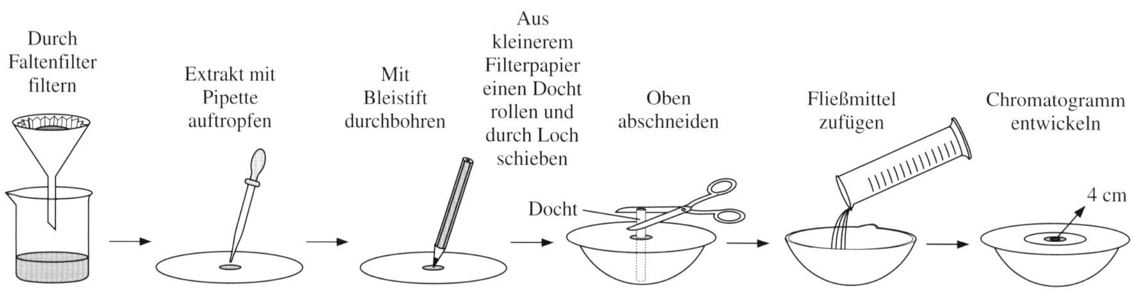

3. Trennung der Blattfarbstoffe durch Papierchromatographie
Tropfe mit der Pipette etwas von dem Acetonextrakt auf die Mitte des größeren Filterpapiers, sodass ein kreisrunder, etwa pfenniggroßer Fleck entsteht. Wiederhole den Vorgang mehrmals nachdem das Lösungsmittel verdunstet ist. Bohre in die Mitte des Flecks mit einem spitzen Bleistift ein Loch von etwa 2 mm Durchmesser. Forme aus dem kleineren Filterpapier einen Docht, indem du das Papier möglichst eng zusammenrollst. Stecke ihn durch das Loch, lege das Papier auf die Porzellanschale und schiebe den Docht nach unten, bis er den Boden berührt. Schneide den herausstehenden Teil des Dochtes ab. Fülle nun das Laufmittel (10 ml Benzin, 1 ml Isopropanol) in die Porzellanschale. Lege das Filterpapier wieder auf die Porzellanschale, sodass der Docht in die Lösung eintaucht. Nimm das Filterpapier von der Porzellanschale, wenn das Fließmittel eine Strecke von 4 cm vom Mittelpunkt des Filterpapiers zurückgelegt hat.
Notiere in Form einer Tabelle welche Farbstoffzonen von außen nach innen sichtbar sind, indem du die Entfernung der Farbstoffzone von der Mitte des Filterpapiers ausmisst.
Fertige dann in der gleichen Weise Chromatogramme von den herbstlich gelb und den rot gefärbten Blättern. Trage das Ergebnis in die Tabelle ein.

Aufgaben:
a) Welche Rückschlüsse auf die in den Chloroplasten vorkommenden Farbstoffe lassen sich ziehen?
b) Welcher Farbstoff wurde in den gelb gefärbten Herbstblättern zersetzt, welcher nicht?
c) Notiere eine Gleichung für die Fotosynthese.
d) Begründe, warum gelb gefärbte Herbstblätter hauptsächlich bei Lichtholzarten zu finden sind, indem du folgende Hinweise beachtest: Chlorophyll enthält den für Pflanzen wichtigen Stickstoff, Carotinoide bestehen hauptsächlich aus Kohlenstoff.
e) Gib eine Erklärung für die Rotfärbung; bedenke dass immergrüne Pflanzen, wie z. B. der Efeu, unter Stressbedingungen in der Winterkälte in ihren Blättern ebenfalls rote Farbstoffe bilden.

Methodisch-didaktische Hinweise:

In den meisten Schulbüchern wird die Fotosynthese ausgiebig behandelt, der im Herbst sichtbare Abbau des Chlorophylls jedoch nicht beachtet. Das Interesse der Schüler/-innen am bunten Schauspiel der Herbstfärbung könnte jedoch noch einmal dazu dienen, sich mit der Fotosynthese und mit dem Chlorophyll, als dem wichtigsten Farbstoff der Natur, zu beschäftigen. Das angegebene Verfahren der Trennung der Blattfarbstoffe eignet sich jedoch auch für grüne Blätter und könnte bereits bei der Behandlung der Fotosynthese oder bei der Frage „Ist in den Blättern der Blutbuche Chlorophyll enthalten?" eingesetzt werden. Die in 3 für den Abstand der einzelnen Farbzonen von der Mitte angegebenen Werte können je nach Größe des Startflecks etwas variieren. Die in der Tabelle für rot gefärbte Blätter angegebenen Farbstoffzonen gelten für die beginnende Verfärbung, im weiteren Alterungsprozess wird auch dort das Chlorophyll abgebaut.

Lösungen:

1. Gelb: Lichtarten: Ahornarten, Buche, Birke, Pappel,
   Rot: Buche, Roteiche, Hartriegel,
   Braun: Eiche,
   Keine Verfärbung: Eher im Schatten: Esche, Erle, Holunder.

3. Es ergeben sich ringförmige gelb und grün gefärbte Farbzonen von Carotinoiden und von Chlorophyllen.

Abstand in cm	Grüne Blätter	Gelbe Blätter	Rote Blätter
4	Gelb	Gelb	Gelb
3,5 – 3,7	Dunkelgrün	–	Dunkelgrün
3,0 – 3,2	Olivgrün	–	Olivgrün
2,5	Gelb		Gelb
– 1,1			Rot

a) Die Blattfarbstoffe grüner Blätter bestehen aus grünem Chlorophyll und aus gelben Carotinoiden, wobei der grüne Farbstoff in intakten Blättern den gelben überdeckt.
b) Chlorophyll wurde abgebaut, die Carotinoide jedoch nicht.
c) Kohlenstoffdioxid + Wasser + Sonnenlicht $\xrightarrow{\text{Chlorophyll}}$ Traubenzucker + Sauerstoff
d) Die Gelbfärbung kommt dadurch zustande, dass das stickstoffhaltige Chlorophyll der Chloroplasten abgebaut und in den Stamm zurücktransportiert wird. Die stickstofffreien Carotinoide verbleiben in den Plastiden. Eine ausgesprochene Gelbfärbung findet man nur bei Lichtpflanzen, während Schattenpflanzen, z. B. der Holunder, bleich werden. Bei diesen Pflanzen ist aufgrund der eingeschränkten Fotosyntheserate auch der Kohlenstoff Mangelware, sodass auch die Carotinoide abgebaut und gespeichert werden.
e) Die Rotfärbung vieler Blätter geht auf die Neusynthese von Anthocyanen zurück, die in der Vakuole gespeichert werden. Ein biologischer Sinn ist nicht erkennbar. Man betrachtet sie als Nebenprodukt des auf Hochtouren laufenden katabolischen Stoffwechsels.

Literatur:

Graf, E.: Hospitiert und kommentiert – herbstliche Laubverfärbung. Biologie in der Schule 46 / 5 (1997), S. 276 – 280.
Molisch, H., Dobat, K.: Botanische Versuche und Beobachtungen mit einfachen Mitteln. Gustav Fischer-Verlag, Stuttgart 1979.
Pröhl, S.: Fächerübergreifende Behandlung biologischer, chemischer und physikalischer Aspekte der herbstlichen Laubfärbung. Biologie in der Schule 46 (1997) Sonderheft, S. 42 – 47.

7
Reizaufnahme und Reaktionen

Sprosse wachsen dem Licht zu

I Die Ausrichtung von Sprossachsen (und anderen Pflanzenorganen) an der Lichtquelle durch Krümmungswachstum wird Fototropismus genannt.

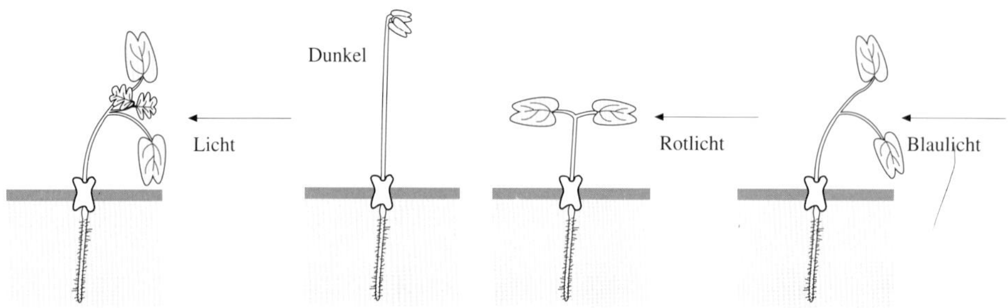

II

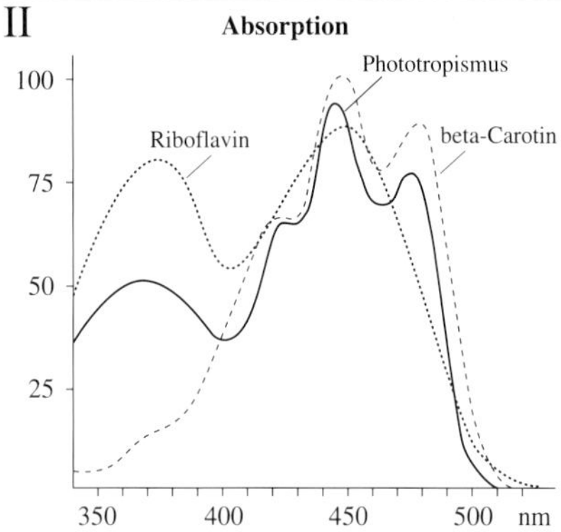

Um herauszufinden, welcher Farbstoff an der Aufnahme des Blaulichtes beteiligt ist, werden Pflanzen mit Licht verschiedener Wellenlängen bestrahlt und die fototropische Reaktion wird gemessen. Anschließend wird die Absorption verschiedener Farbstoffe gemessen, und die Werte werden verglichen.
Riboflavin und β-Carotin sind gelbe Farbstoffe, die in Pflanzen nachweisbar sind.

III

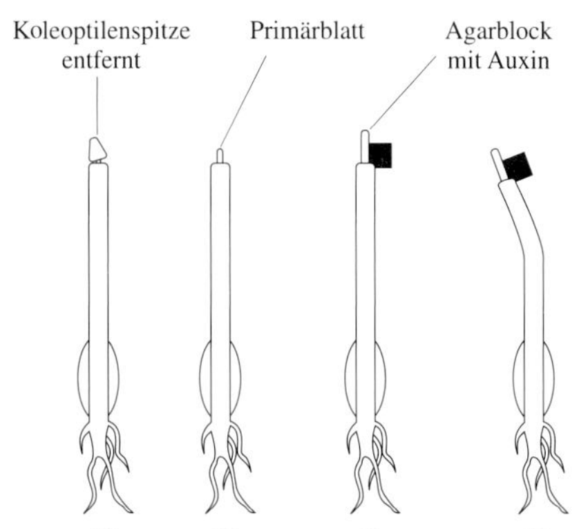

Koleoptilen sind Hüllen um die Sprossspitzen und die Blättchen von Getreidekeimlingen. Auch Koleoptilen zeigen eine fototrope Reaktion. Auxin ist ein pflanzliches Hormon, das Streckungswachstum auslöst.

IV

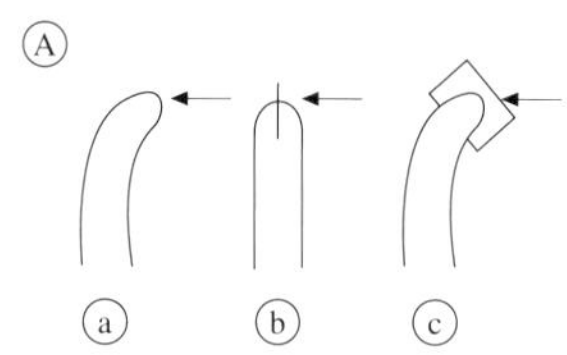

A Die Krümmungsreaktion von Koleoptilen nach seitlicher Belichtung: a) ohne Glasplättchen, b) quer, c) längs zum Lichteinfall eingebrachtes Glasplättchen.

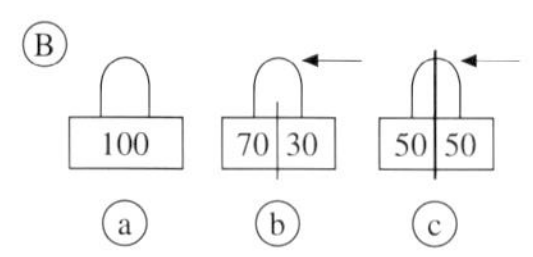

B Menge des durch ein Agarblöckchen abgefangenen Auxins in Prozent: a) ohne Glasplättchen, b) teilweise, c) ganz die Koleoptilen durchteilendes Glasplättchen.

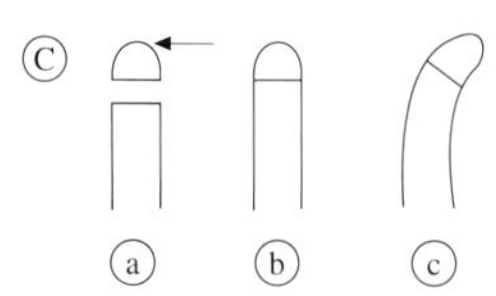

C Einer durch seitlichen Lichteinfall gereizte Koleoptilenspitze (a) wird eine ungereizten Koleoptile aufgesetzt (b). c) Ergebnis.

← Richtung des Lichteinfalls

Aufgaben:

1. Beschreibe die in den Abbildungen I bis IV dargestellten Experimente und nenne die Ergebnisse der Experimente.
2. Erstelle ein Fließschema, das alle Schritte der fototropischen Reaktion vom auslösenden Licht bis zur beobachtbaren Krümmung des Pflanzenorgans umfasst. Begründe die Abfolge des Fließschemas.
3. Einige Pflanzenwurzeln krümmen sich bei Belichtung zu der dem Licht abgewandten Seite. Stelle eine Hypothese auf, wie dieses Krümmungswachstum ausgelöst werden könnte.

Methodisch-didaktische Hinweise:

Die fototropische Reaktion von Sprossen ist wahrscheinlich jedem Menschen bewusst, auch wenn der Fachbegriff dafür nicht allgemein bekannt sein dürfte. Im Gegensatz zu dieser offensichtlichen Leistung von Pflanzen stehen die wissenschaftlichen Erkenntnisse über die der Krümmungsbewegung zu Grunde liegenden Mechanismen. Die meisten Erkenntnisse sind bereits seit mehr als 20 Jahren (bruchstückhaft) bekannt, lediglich die chemische Natur des Blaulichtrezeptors (Flavoprotein) und die Gensequenz des zugehörigen Proteinanteils wurden in letzter Zeit (1995) aufgeklärt. Positiv fototrop reagieren bei höheren Pflanzen die meisten Sprossachsen und viele Blattstiele, negativ fototrop die meisten Luftwurzeln und wenige Keimwurzeln. Die meisten Wurzeln werden in ihrer Wachstumsrichtung durch Licht nicht beeinflusst. Plagiotropismus zeigen viele Seitenzweige. Als Auxine werden alle Streckungswachstum auslösenden Substanzen bezeichnet. Nativ besitzt in Pflanzen die Indol-3-essigsäure (IES oder IAA) diese Funktion.
In den Bearbeitungsaufgaben wird von den Schülern verlangt, die grafisch dargestellten Experimente zu beschreiben, zu deuten und die Ergebnisse miteinander zu verbinden. Sie benötigen hierzu eine Reihe von Vorkenntnissen und Fähigkeiten:

- Es sollte bekannt sein, dass weißes Licht in Spektralfarben aufgespalten werden kann.
- Das Prinzip der Komplementärfarben und der Farbentstehung sollte zumindest in Grundzügen bekannt sein (hier: ein gelber Farbstoff absorbiert blaues Licht).
- Der Umgang mit Grafiken und schematisiert dargestellten Versuchsergebnissen sollte nicht völlig neu sein.
- Der Hormonbegriff sollte bekannt sein.

Diese Voraussetzungen bringen es mit sich, dass diese Materialie für leistungsstarke Gruppen der höheren Jahrgänge in der Sekundarstufe I geeigneter ist als für andere Schülergruppen. Mit diesen Schülergruppen lässt sich jedoch bei gegebenen Voraussetzungen die Kausalkette der fototropischen Krümmungsreaktion im Sinne eines wissenschaftspropädeutischen Arbeitens sehr selbständig erarbeiten.

Lösungen:

1. I: Durch Licht wird eine Krümmungsreaktion ausgelöst. Sie unterbleibt im Dunkeln (Kontrolle); der wirksame Spektralbereich des Lichtes ist das Blaulicht.
   II: Riboflavin und β-Carotin kommen als gelbe Farbstoffe beide als Blaulichtrezeptor in Frage. Vergleicht man die Absorptionsspektren mit dem Wirkungsspektrum des Fototropismus, so stellt man fest, dass die Kurve des Riboflavins dem Wirkungsspektrum am nächsten kommt.
   III: Von einer Koleoptile wird die Spitze entfernt (a, b). Auf eine Seite des Koleoptilenrestes wird ein Agarblöckchen mit Auxin aufgesetzt (c). Krümmungswachstum ist die Folge (d). Krümmungswachstum kann durch das Pflanzenhormon Auxin (zumeist IES) ausgelöst werden. Auxin wird streng polar transportiert und löst in tiefer liegenden Pflanzenteilen Streckungswachstum aus. Wenn die Auxinmenge im Sprossquerschnitt nicht gleichmäßig verteilt wird, resultiert eine Krümmung.
   IV: A Seitlicher Lichteinfall löst Krümmungswachstum der Koleoptile aus. Wenn ein quer zum Lichteinfall stehendes Glasplättchen die Koleoptile teilt, unterbleibt das Krümmungswachstum (b). Ein längs zum Lichteinfall stehendes Glasplättchen in der Koleoptile beeinträchtigt die Reaktion nicht (c).
   B In ungereizten Koleoptilen ergibt sich im Koleoptilenquerschnitt eine gleichmäßige Verteilung des Auxin (a). Auch bei Lichtreizung und vollständiger Durchteilung der Koleoptilenspitzen ist die Auxinverteilung im Querschnitt homogen (c); eine Ungleichverteilung ergibt sich nur bei unvollständig durchteilter Koleoptile (b).
   C Transplantiert man durch Lichteinfall gereizte Koleoptilenspitzen auf ungereizte Koleoptilen, so ergibt sich eine Krümmungsreaktion.
2. – Blaulicht wird von einem Blaulichtrezeptor (gelber Farbstoff, Riboflavin) aufgenommen.
   – In den Zellen der Sprossspitze (Koleoptilenspitze) findet ein Quertransport von Auxin zur lichtabgewandten Seite statt. Die Koleoptilenspitze ist aufgrund der Reizaufnahme und der ersten Schritte der Reizverarbeitung das für die Auslösung der fototropen Reaktion entscheidende Organ.
   – Anschließend wird Auxin polar transportiert und löst in tiefer liegenden Pflanzenteilen Streckungswachstum aus, dessen Ausmaß von der Auxinkonzentration abhängt.
   – Aufgrund der höheren Auxinkonzentration ist das Streckungswachstum auf der lichtabgewandten Seite des Sprosses (der Koleoptile) stärker, und es erfolgt eine Wachstumskrümmung zum Licht.
3. In negativ fototrop reagierenden Wurzeln wurde ein Auxinquertransport in den Zellen der Wurzelspitze zur lichtzugewandten Seite beobachtet. Alle weiteren Reaktionen erfolgen analog.

S IV. 7.2 Wurzeln wachsen nach der Schwerkraft

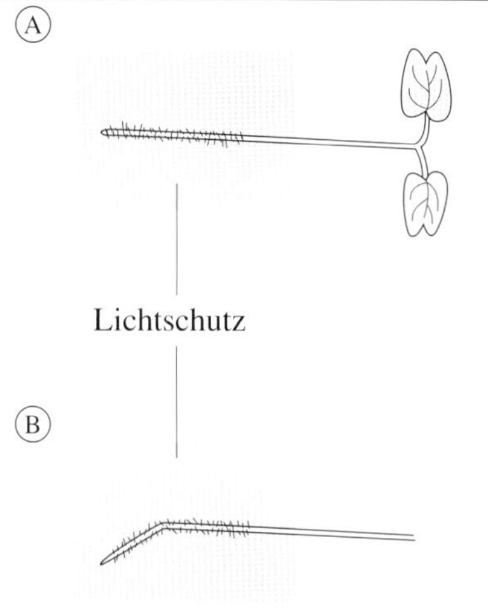

Abb. 1: Ein Keimling einer Senfpflanze: A um 90° gedreht, B einen Tag später

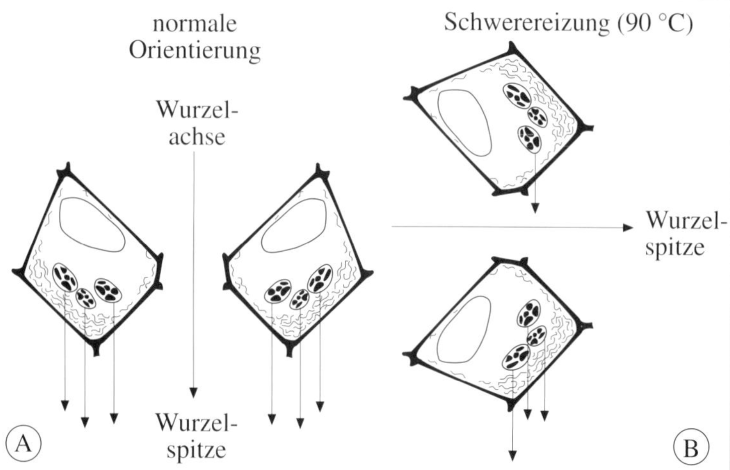

Abb. 3: Vergrößerter Ausschnitt aus Abb. 2. Schweresinneszellen bei normaler (A) und bei 90°-Lage (B).

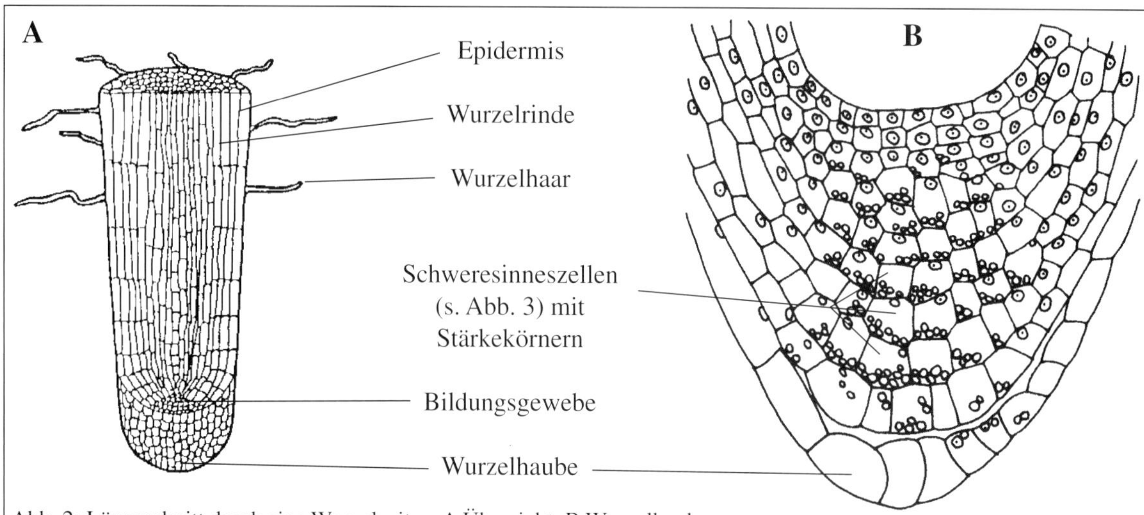

Abb. 2: Längsschnitt durch eine Wurzelspitze. A Übersicht, B Wurzelhaube

Abb. 4: Pflanze in 90°-Lage auf einem Klinostaten. Ein Klinostat ist eine rotierende Scheibe, auf der Pflanzen befestigt werden können

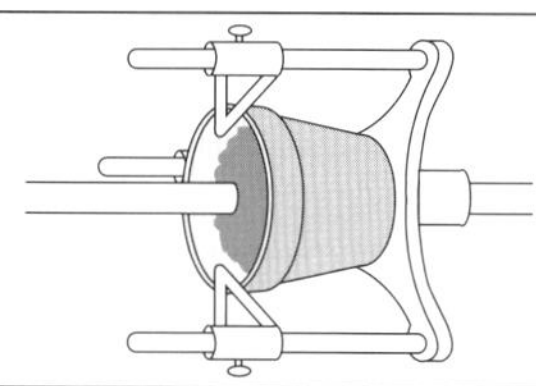

Aufgaben:

1. Beschreibe, was auf den Abbildungen 1 bis 4 dargestellt ist.
2. Erkläre, wie es zu Stande kommt, dass die Wurzel einer horizontal gelagerten Pflanze sich nach unten krümmt.
3. In welche Richtung wird die Wurzel einer Pflanze wachsen, die auf dem Klinostaten folgendermaßen behandelt wird:
   a) senkrechte Stellung, langsame Drehung,
   b) senkrechte Stellung, schnelle Drehung,
   c) horizontale Stellung, langsame Drehung,
   d) horizontale Stellung, schnelle Drehung.
4. Wie wird die Wurzel einer Pflanze im Weltraum wachsen?

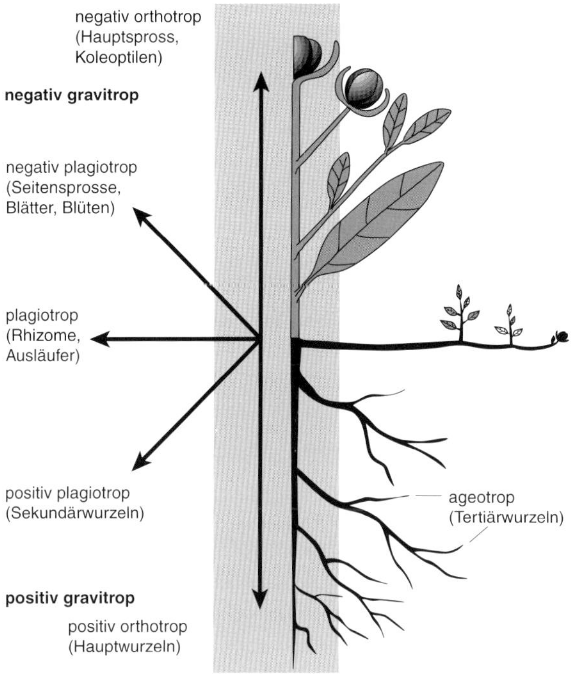

Abb. 5: Gravitrope Reaktionen verschiedener Pflanzenorgane

Methodisch-didaktische Hinweise:

Die Materialie kann voraussetzungslos im Unterricht eingesetzt werden. Schüler, die sie bearbeiten, sollten Grundkenntnisse zum zellulären Aufbau von Organismen und zum inneren Bau des Pflanzenkörpers besitzen. Kenntnisse zum Bau der Primärwurzel sind wünschenswert, aber nicht notwendig. Sie können anhand der Abb. 2 gewonnen werden. Für die Bearbeitung wurde der Schwerpunkt auf die Perzeption des Schwerereizes gelegt, die weitere Verarbeitung des Reizes und der Verlauf der Wachstumskrümmung wurden nicht thematisiert, können aber im Unterricht ergänzt werden. Des Weiteren legt Abb. 3 noch nahe, dass die Perzeption des Schwerereizes am Endoplasmatischen Reticulum erfolgt, inzwischen ist jedoch nachgewiesen worden, dass eine Reaktion auch stattfindet, wenn das ER durch Zentrifugation an den oberen Zellenrand befördert wurde. Als Perzeptionsort wird jetzt das Plasmalemma angenommen.
Ebenfalls nicht thematisiert wurden weitere gravitrope Reaktionen von Pflanzenorganen (vgl. Abb. 5). Der Begriff Gravitropismus sollte im Unterricht, wenn das Phänomen und seine Hintergründe geklärt sind, eingeführt werden. Falls ein Klinostat in der Schule vorhanden ist, können die Versuche auch praktisch innerhalb eines längerfristigen Unterrichtsvorhabens durchgeführt werden.

Lösungen:

1. Abb. 1: Die Wurzel einer horizontal gelagerten Pflanze (Senfkeimling) krümmt sich im Verlauf eines Tages im Dunkeln nach unten.
   Abb. 2: Längsschnitt einer Wurzelspitze mit Epidermis, Wurzelrinde, Wurzelhaar, Bildungsgewebe, Wurzelhaube, Schweresinneszellen mit Stärkekörnern (Statolithen).
   Abb. 3: Bei einer Verlagerung der Wurzel in die Horizontallage verändern auch die Stärkekörner ihre Lage entsprechend der Schwerkraft.
   Abb. 4: Eine Pflanze ist in horizontaler Lage auf einem Klinostaten befestigt. Der Klinostat ist drehbar.
2. Wenn eine Pflanze horizontal gelagert wird, so verlagern sich die Stärkekörner entsprechend der Schwerkraft innerhalb der Zelle nach unten. Sie „drücken" nun auf eine andere Stelle in der Zelle als zuvor und reagieren damit auf das veränderte Schwerkraft-Signal. Die Wurzel reagiert dann auf das veränderte Signal mit einer Wachstumskrümmung (vgl. auch Statolithen im Innenohr!).
3. a) Die Wurzel wird in Richtung einer Resultierenden aus Zentrifugalkraft und Schwerkraft wachsen; wenn die Drehung langsam genug erfolgt, dann wird sich die Zentrifugalkraft nicht auswirken, und die Wurzel wächst senkrecht nach unten (in Richtung der Längsachse).
   b) Die Schwerkraft wird überwunden, die Wurzel wird waagerecht nach außen wachsen (rechtwinklig zum Verlauf der Sprossachse).
   c) Die Wurzel wächst in Richtung der Längsachse weiter, da die Schwerkraft auf Grund der Drehung allseitig auf die Pflanze einwirkt.
   d) Die Wurzel wächst rechtwinklig zum Verlauf der Sprossachse weiter, da die Zentrifugalkraft die Stärkekörner an die nach außen weisenden Zellwände befördert und stärker ist als die Schwerkraft.
4. Bei fehlendem Schwerereiz werden die Statolithen zufällig verteilt sein, sodass sich auch verschiedene Wachstumsrichtungen der Wurzeln beobachten lassen. [Experimente im Spacelab haben außerdem ergeben, dass bereits Bruchteile der Erdbeschleunigung ausreichen, um eine gravitrope Reaktion auszulösen.]

Jasmonsäure – ein Pflanzenhormon

Beobachtung:
Bei der Untersuchung der Abwehrmechanismen der Tomatenpflanze gegen Fraßinsekten wie z. B. Raupen fand man einen Stoff, der erst nach der Verletzung der Blätter durch die Raupen in den Blattzellen hergestellt wurde. Dieser Stoff behindert die Proteinverdauung der Raupen so sehr, dass sie an Unterernährung leiden und schließlich sterben. Der Hemmstoff für die Proteinverdauung konnte bei der Tomatenpflanze jedoch nicht nur in den verletzten Blättern, sondern auch in darüber liegenden, unverletzten Blättern nachgewiesen werden.

A

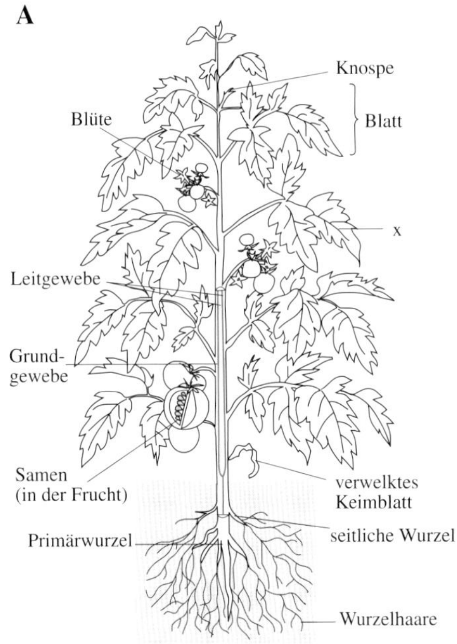

B In den unverletzten Blättern der Tomatenpflanze, die über einem verletzten Blatt wachsen, konnte Jasmonsäure nachgewiesen werden. Im Phloem des Sprossteiles, der über einem verletzten Blatt liegt, konnte Systemin nachgewiesen werden.

C Jasmonsäure kann bald nach der Verletzung von Blättern in den Zellen der Umgebung nachgewiesen werden. Sie bewirkt, dass in allen Zellen, in denen sie enthalten ist, ein Hemmstoff für die Proteinverdauung gebildet wird. Außerdem sorgt sie dafür, dass Systemin aus einer Vorstufe freigesetzt wird.

D Direkt nach der Verletzung eines Blattes wird in den unmittelbar benachbarten Zellen aus einer Vorstufe ein Botenstoff, das Systemin, freigesetzt. Der Botenstoff wandert zu den Zellen der weiteren Umgebung und bewirkt dort die Bildung von Jasmonsäure.

Verlauf der Leitbündel in der Pflanze

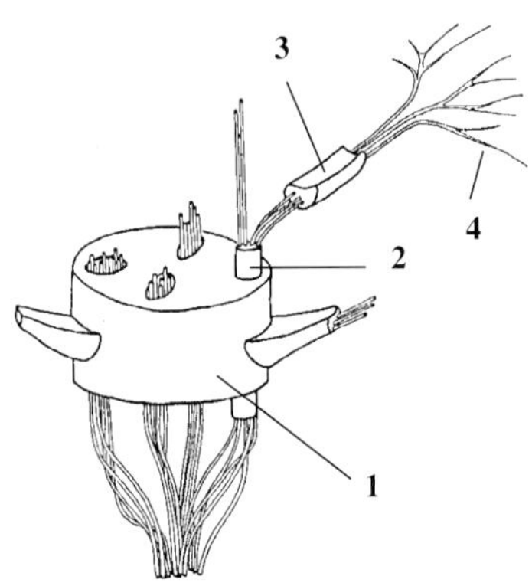

Querschnitt durch ein Leitbündel

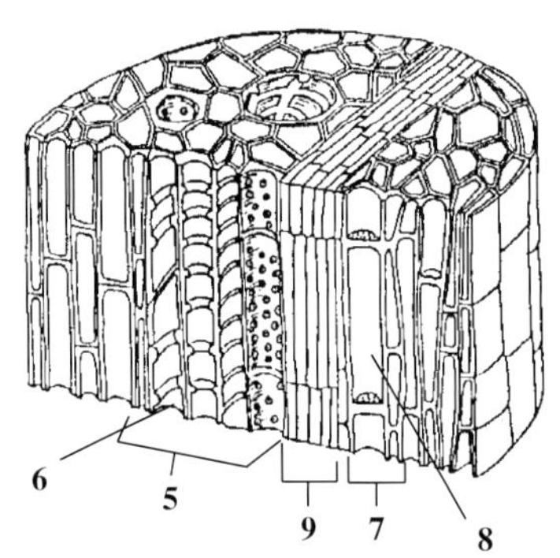

E Der Stofftransport in höheren Pflanzen über längere Strecken erfolgt in getrennten Bahnen für Wasser und Mineralstoffe sowie für organische Stoffe. Beide Leitungsbahnen sind in der Pflanze zumeist zu Leitbündeln zusammengefasst. Die Leitbündel durchziehen alle Pflanzenorgane und sind an vielen Blättern als Blattadern erkennbar. Die Leitungsbahnen für Wasser und Mineralstoffe werden als Xylem bezeichnet, sie bestehen aus großlumigen toten Zellen mit dicker Zellwand, den Tracheen. Die Leitungsbahnen für Zucker und andere organische Stoffe werden als Phloem bezeichnet. Sie bestehen aus lebenden Zellen, den Siebröhren, die ebenfalls ein Röhrensystem bilden. Die Zellwände der Siebröhrenzellen sind siebartig durchbrochen. Phloem und Xylem werden in einem Leitbündel durch das Kambium getrennt. Das Kambium besteht aus teilungsaktiven Zellen, die jeweils neue Phloem- und Xylem-Elemente aus sich hervorgehen lassen. Während Wasser und Mineralstoffe im Xylem immer nur vom Wurzelsystem zu den oberirdischen Pflanzenteilen transportiert werden können, kann der Transport von Stoffen im Phloem in beide Richtungen stattfinden.

Aufgaben:

1. Gib an, in welchen Blättern der Tomatenpflanze der Hemmstoff der Proteinverdauung nachgewiesen werden kann, wenn an der mit x bezeichneten Stelle ein Fraßfeind eine Verletzung hervorruft.
2. Beschrifte die Zeichnungen im Materialteil E anhand der Angaben im Text und schreibe die Zahlen 1 – 8 mit den richtigen Bezeichnungen in dein Heft.
3. Erstelle ein Fließschema, das beim Fraßschaden durch eine Raupe beginnt und mit der Bildung des Hemmstoffes für die Proteinverdauung in einem unverletzten Pflanzenteil endet.
4. Welcher Vorteil ergibt sich für die Pflanze aus der Signalübertragung in andere Organe?

Methodisch-didaktische Hinweise:

Im Gegensatz zu den „klassischen“ Pflanzenhormonen wie den Auxinen, Gibberellinen, Cytokininen, Abscisinsäure und Ethen ist die Bedeutung der Jasmonsäure erst in den letzten zehn Jahren aufgeklärt worden. Sie ist ubiquitär bei höheren Pflanzen verbreitet und inzwischen auch bei einigen Algen nachgewiesen worden. In einigen Fällen wurden Derivate der Jasmonsäure als wirksame Substanzen identifiziert, weshalb auch von der Gruppe der Jasmonate gesprochen wird. Ähnlich wie bei den anderen Pflanzenhormonen ist ihr Wirkungsspektrum sehr vielfältig (Jasmonsäure ist beteiligt an Wachstums- und Entwicklungsprozessen wie Blütenbildung, Blattalterung oder Frucht- und Samenbildung, sie wird aber auch auf Stressfaktoren wie z. B. Hitze, Frost, Trockenheit oder den Befall durch Pathogene oder Fraßfeinde hin gebildet). Durch diese Vielfalt an Wirkungen unterscheiden sich Pflanzenhormone deutlich von den Hormonen im Tierreich, weshalb manche Autoren lieber von Modulatoren sprechen.

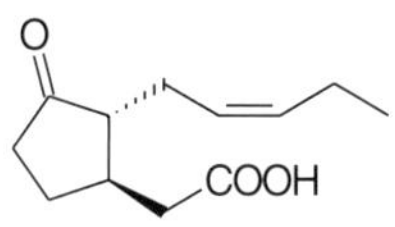

Strukturformel der Jasmonsäure (mit Darstellung der Raumstruktur der Seitenketten)

Die Biosynthese der Jasmonsäure nimmt ihren Ausgangspunkt bei der Linolensäure, die in den verschiedenen Membransystemen der Zelle vorkommt. Als Antwort auf verschiedene Stressoren beispielsweise wird die Linolensäure aus der Membran freigesetzt und durch die Aktivität verschiedener Enzyme in Jasmonsäure umgewandelt. Die Jasmonsäure selbst kann nun die Bildung verschiedener Stoffe bewirken, indem die Genexpression verändert wird (Bildung von Anthocyan als Schutz gegen Lichtstress, Bildung von Flavonoiden, Phytoalexin und von Proteinase-Inhibitoren zur Abwehr von Herbivoren, Bildung von Duftstoffen zur Anlockung von Parasiten-Feinden usw.). Die Signalkette, die als Antwort auf eine Verwundung in Gang gesetzt wird und die zur Genaktivierung führt, ist mittlerweile lückenlos aufgeklärt worden.

Die Materialie kann in verschiedenen Zusammenhängen eingesetzt werden:

- Ökologisch kann die Wirkungsweise der pflanzlichen Abwehr und damit die Beziehung zwischen Fraßfeind und Pflanze verdeutlicht werden.
- Physiologisch lässt sich die Bedeutung des Phloems als Transportweg für organische Stoffe (nicht nur für Zucker) vertiefen bzw. die Wirkungsweise von Pflanzenhormonen verdeutlichen.
- Genetisch lässt sich die Wirkungsweise eines Induktors zumindest phänomenologisch thematisieren.

Schüler, die diese Materialie bearbeiten, sollten einige Vorkenntnisse besitzen, sodass sich der Einsatz in leistungsstarken Gruppen der höheren Jahrgänge in der Sekundarstufe I anbietet:

- Es sollten die biochemischen Stoffklassen bekannt sein sowie die Bedeutung von Proteinen für die Ernährung von Organismen.
- Grundzüge der Verdauung und der Beteiligung von Enzymen sollten bekannt sein.
- Die Bedeutung von Botenstoffen sowie die grundsätzliche Wirkungsweise von Hormonen sollte bekannt sein.
- Grundlagen der Morphologie höherer Pflanzen sollten bekannt sein.

Lösungen:

1. In allen über der Verwundungsstelle wachsenden Blättern (inkl. eines verwundeten Blattes selbst) kann der Hemmstoff nachgewiesen werden.
2. 1 Spross 6 Trachee im Xylem
   2 Leitbündel 7 Phloem
   3 Blattstiel 8 Siebzelle im Phloem
   4 Blattader 9 Kambium
   5 Xylem

3.

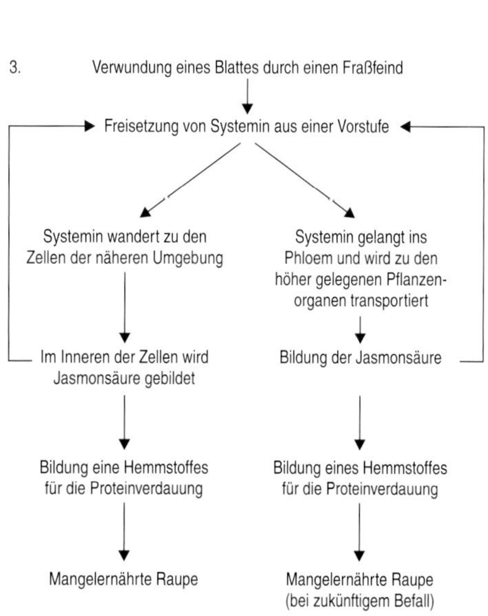

4. Falls andere Organe ebenfalls befallen werden, müssen sie den Hemmstoff nicht erst neu bilden, sondern sie besitzen ihn bereits und können deshalb schnell den Fraßfeind bekämpfen.

Der Wald-Sauerklee – Mimose des Waldes

In krautreichen Buchen- und Fichtenwäldern begegnen wir häufig einer anmutigen Pflanze, dem Sauerklee. Mit den typischen Kleearten aus der Familie der Schmetterlingsblütler ist der Sauerklee allerdings nicht verwandt, nur die dreizählig gefiederten, sauer schmeckenden Blätter erinnern an die des Klees. Die weißen Blüten erscheinen im April und Mai, sitzen einzeln an langen Stielen und weisen violette Strich- und gelbe Fleckensaftmale auf. Obwohl die Blüten in ihrem Grund Nektar abgeben, sieht man Besucher wie Zweiflügler und Käfer nur selten.

Beobachtungsaufgabe
Suche im Wald nach Sauerkleepflanzen. Beschreibe, an welchen Stellen des Waldes der Sauerklee am häufigsten zu finden ist.

....

Suche Pflänzchen im Licht und im Schatten. Wie ist die Stellung der Fiederblättchen?

		Im Licht	Im Schatten
Sind die Fiederblättchen	offen	○	○
	zusammengeklappt	○	○

Überlege, warum die Pflanze die Blattstellungen verändert.

....

....

Mit den Pflanzen kannst du die folgenden Versuche durchführen:
1. Klappbewegung der Fiedern nach Berührung
Schnipse ein geöffnetes Blatt mit dem Finger mehrmals an. Wie lange dauert es, bis die Fiederblättchen nach unten klappen?

....

Überlege, welchen Sinn diese Bewegung für den Sauerklee haben könnte.

....

2. Reaktion des Zellsaftes
Tropfe etwas Essig oder Zitronensaft auf einen blauen Lackmusstreifen. Beobachtung?

....

Zerquetsche ein Sauerkleeblatt und presse etwas Zellflüssigkeit auf einen blauen Lackmuspapierstreifen. Beobachtung?

....

Methodisch-didaktische Hinweise:

Der Sauerklee (*Oxalis acetosella*) ist eine sehr häufig anzutreffende Pflanze krautreicher Wälder, sodass die beschriebenen Beobachtungsaufgaben und Versuche fast in jedem Wald vom Frühjahr bis zum Herbst durchgeführt werden können. Falls keine Exkursion in einen nahe gelegenen Wald möglich ist, können die Versuche zu den Klappbewegungen der Blätter auch mit dem aus Mexiko stammenden „Glücksklee" (*Oxalis deppei*) durchgeführt werden, der besonders zu Neujahr in Gärtnereien angeboten wird, da er ähnlich wie der, nur nach mühevollem Suchen, in Wiesen anzutreffende Glücksklee (*Trifolium*) vier Fiederblättchen aufweist. Die physiologische Erklärung für die Turgoränderungen kann höheren Klassen vorbehalten sein. Es wäre auch möglich, die Klappbewegung des Sauerklees als interessanten Einstieg in das Stundenthema „Osmose" zu verwenden. Sauerkleepflänzchen können leicht längere Zeit in Blumentöpfen kultiviert werden.

Lösungen:

Beobachtungsaufgabe: Der Sauerklee ist die schattenverträglichste heimische Blütenpflanze, die noch mit 1/160 des Tageslichtes auskommen kann. Man findet sie aus Konkurrenzgründen daher an sehr dunklen, besonders schattigen Stellen.
Wenn das Sonnenlicht ungedämpft auf die zarten Fiederblättchen trifft, klappen sie nach unten. Da der Sauerklee eine Schattenpflanze ist, erreicht er bereits bei geringer Sonneneinstrahlung seine maximale Fotosyntheserate. Im Schatten werden die Fiederblättchen schirmartig nach oben geöffnet und senkrecht zum einfallenden Licht ausgerichtet, der Botaniker bezeichnet diese Blattstellung als diaphototrop. Bei zu starker Sonneneinstrahlung besteht die Gefahr einer Schädigung des Fotosyntheseapparates, die Sonnenkollektoren werden dann einfach zusammengeklappt. Durch das Zusammenlegen der spaltöffnungstragenden Blattunterseiten wird außerdem der Wasserverlust durch die Transpiration erheblich herabgesetzt.

Auswertung der Versuche:

1. – Das zarte Sauerkleepflänzchen ist recht empfindsam gegen unsanfte Berührungen. Schnippst man das Blättchen mehrere Male an, so klappt es mimosenhaft sein Sonnenschirmchen nach 1 – 3 Minuten zusammen und macht sich möglichst klein.
   – Möglicherweise ist dies ein Schutzmechanismus der zarten Blättchen bei Regen.

Zusatzinformation: Die Klappbewegungen (Photonastien, Seismonastien) werden durch Blattgelenke möglich, die als Pulvinus bezeichnet werden. Der Clou ist die spezielle Anordnung eines Leitbündels, das so ins Innere des Blattstiels verlagert ist, dass die verholzten Zellen der Wasserleitungsbahnen als Scharnier dienen. Die unterhalb des Scharniers liegenden Zellen, können nach Belieben Wasser aufnehmen oder abgeben. Beim Senken der Fiederblättchen nach unten nimmt der Gewebedruck, der auch als Turgor bezeichnet wird, durch Wasserabgabe der dünnwandigen Zellen unterhalb des Leitbündels ab. Das Gewebe wird infolge des höheren Drucks der Zellen oberhalb des Leitbündels zusammengedrückt, das Blatt klappt um das Drehgelenk Leitbündel nach unten.
Die physiologischen Hintergründe für diesen Ausstrom von Wasser aus den Protoplasten sind inzwischen bei anderen Pflanzen, z.B. der Mimose, recht gut erforscht. Aus den Zellen unterhalb des Blattgelenks werden durch die Arbeit von Ionenpumpen Kalium- und Chloridionen aus der Zelle nach außen transportiert. Dies führt infolge der höheren Salzkonzentration im Außenraum zu einem Übertritt von Wasser aus den Protoplasten dieser Zellen in die Umgebung und damit zu einer Abnahme des Zelldrucks (Turgors) [*Hensel, W.:* Pflanzen in Aktion].

2. – Lackmuspapier dient als Indikator für eine saure Reaktion, es färbt sich rot.
   – Das Lackmuspapier färbt sich ebenfalls rot. Der Sauerklee hat seinen Namen nach dem sauren Geschmack der Blätter. In ihnen sind die Oxalsäure und deren Salze enthalten, vor allem Calciumoxalat (giftig!).

Literatur:

Hensel, W.: Pflanzen in Aktion. Spektrum Akademischer Verlag, Heidelberg, Berlin, Oxford 1993.

Fleisch fressende Pflanzen

Im Notfall Fleisch

Charles Darwin 1853: "Die Natur wird auf den Kopf gestellt".

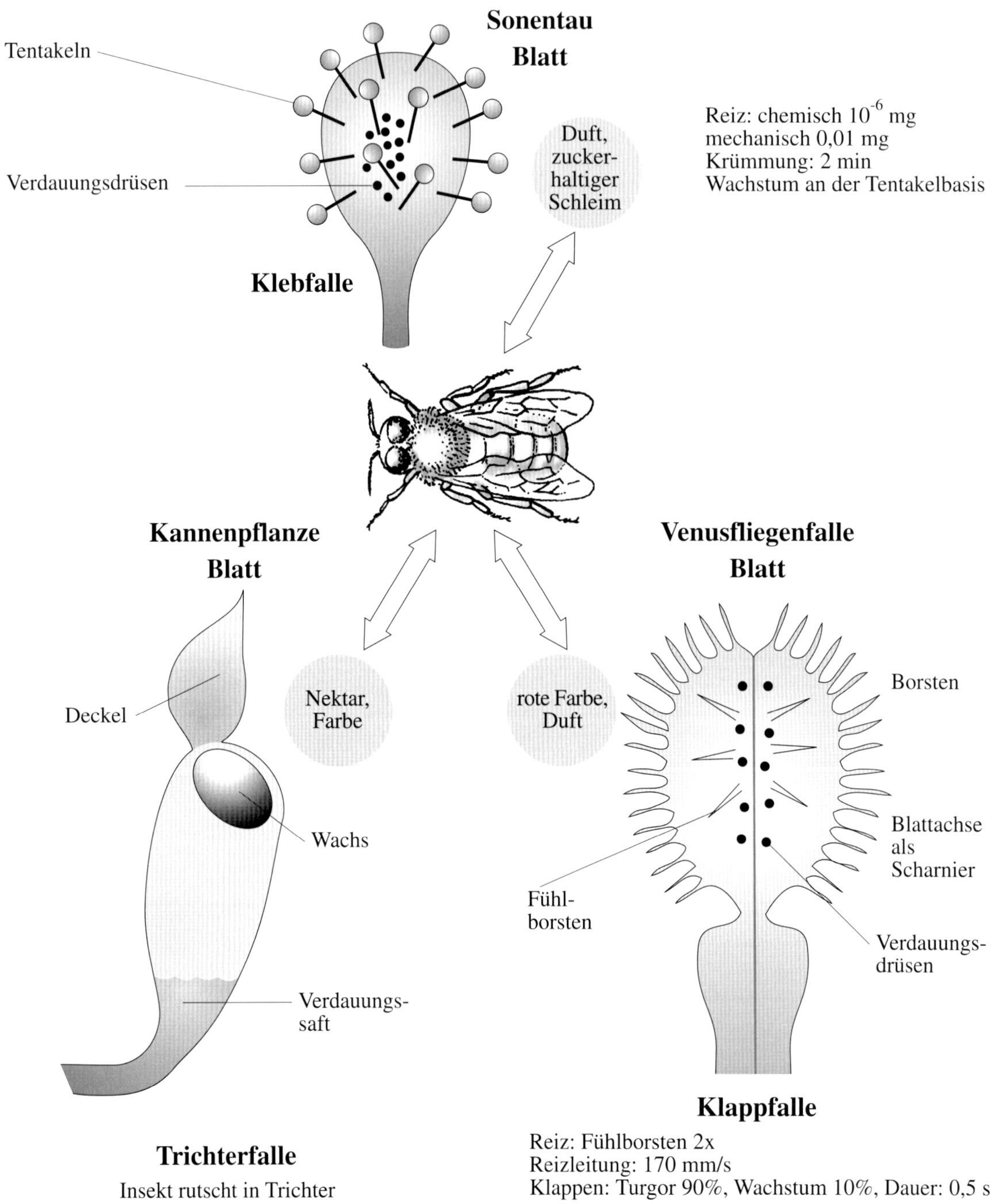

Aufgaben:

1. Was meint Darwin mit dem Satz „Die Natur wird auf den Kopf gestellt"?
2. Begründe die Überschrift: „Im Notfall Fleisch".
3. In welchen Lebensräumen wachsen Sonnentau, Venusfliegenfalle und Kannenpflanze?
4. Informiere dich über weitere, in Deutschland vorkommende Insekten fressende Pflanzen und ihren Fangmechanismus.

Methodisch-didaktische Hinweise:

Das Thema „Fleisch fressende Pflanzen“ stößt erfahrungsgemäß bei Schüler/-innen auf großes Interesse. Als Einstieg in das Stundenthema eignet sich der Satz Darwins „die Natur wird auf den Kopf gestellt“. Obwohl viele Naturforscher vor ihm die Beobachtung machten, dass Pflanzen Tiere fangen können, war es dem scharfsinnigen Charles Darwin vorbehalten, die physiologischen und ökologischen Zusammenhänge richtig zu deuten.
Das Tafelbild wird schrittweise entwickelt. Nach der Besprechung wird jede der Pflanze in das Heft gezeichnet und beschriftet. Als erste Tier fangende Pflanze wird der **Sonnentau** vorgestellt. Der nährstoffarme Lebensraum Hochmoor wird charakterisiert. Die Fangeinrichtungen sind Tentakeln, die das Insekt mit dem zähen Schleim festkleben (Klebfalle). Zusätzlich wachsen die Fangarme an ihrer Basis und krümmen sich über das Insekt. Die Latenzzeit, bis die Krümmung beginnt, beträgt 20 Sekunden, das Wachstum dauert etwa 2 Minuten. Überaus schwache Reize, z.B. ein Millionstel Milligramm Ammoniumphosphat und ein Hundertstel Milligramm Gewicht, die in den Tentakelköpfchen registriert werden, lösen die Krümmung aus. Insekten werden durch den Duft und die Nektar vortäuschenden „Tautröpfchen“ angelockt.
Die Blätter der **Venusfliegenfalle** strömen einen angenehmen Duft aus und erhalten durch die strahlenartigen Borsten und die Rotfärbung der Blattfläche das Aussehen einer Blüte (der Name „Venus“ spielt darauf an). Wird eine Fühlborste berührt, werden die Zellen auf der Innenseite der Blattrippe mit der höchsten im Pflanzenreich bekannten Leitungsgeschwindigkeit informiert. Doch erst wenn eine zweite Sinnesborste oder die gleiche Borste noch einmal berührt werden, schnappt die Falle zu, aus den Zellen oberhalb der Blattrippe strömt schlagartig Wasser aus, der Turgor sinkt.
Zu den passiven Fallenstellern gehört die **Kannenpflanze**. Während des Heranwachsens verschließt ein Deckel die Falle, später verhindert dieser das Eindringen von zu viel Regenwasser. Insekten werden auf den bunten, nektarhaltigen Rand gelockt, der nach innen durch Wachs und nach unten gerichtete Härchen immer rutschiger wird. Der Verdauungssaft im Inneren der Kanne löst das Insekt auf. Exemplare der Venusfliegenfalle bekommt man gelegentlich in Blumengeschäften.

Lösungen:

1. Als Charles Darwin 1853 eine Arbeit über „Insektenverzehrende Pflanzen“ („Insektivorous plants“) veröffentlichte, stieß er auf ungläubiges Staunen. Die Natur schien auf den Kopf gestellt, die normale Pflanze-Tier-Beziehung in ihr Gegenteil verkehrt, die Pflanze also Jäger und das Tier die Beute.
2. Tierfangende Pflanzen besitzen Chlorophyll und können das Sonnenlicht zur Erzeugung organischer Substanzen nutzen. Einen Vorteil bietet die Carnivorie jedoch an nährstoffarmen Standorten, Fleisch fressende Pflanzen können sich so mit den Mangelelementen Stickstoff und Phosphor versorgen.
3. Der heimische Sonnentau und die nordamerikanische Venusfliegenfalle leben in mineralstoffarmen Hochmooren. Da Hochmoore keine Verbindung zum mineralischen Untergrund haben, sind dort nur etwa 5 % des Stickstoffs anderer Standorte verfügbar. Kannenpflanzen leben als Kletterpflanzen oder Epiphyten in tropischen Regenwäldern mit dem Schwerpunkt Südostasien. Auch diese Lebensräume sind relativ mineralsalzarm. Epiphyten sind vollkommen vom Boden abgeschnitten.
4. Der *Wasserschlauch* ist eine in nährstoffarmen Gewässern unter Wasser lebende Pflanze. Nur im Sommer ragen die gelben Blüten aus dem Wasser heraus. Die Blätter sind stark verzweigt und tragen etwa 2 mm große Fangblasen. Sobald ein kleines Wassertier, z.B. ein Wasserfloh, die Fühlborsten am Rand der Blase berührt, öffnet sich die Klappe der Blase und das Tier wird infolge des Unterdrucks in der Blase „verschluckt“.
   Das in nährstoffarmen Flachmoorwiesen wachsende *Fettkraut* besitzt fleischige, mit Fang- und Verdauungsdrüsen besetzte Blätter, die dadurch fettglänzend erscheinen (Name!). Kleine Gliedertiere werden bei Berührung durch die Klebdrüsen fest gehalten, das Blatt rollt sich dabei etwas ein.

Literatur:

Probst, W.: Pflanzen stellen sich vor. Metzler Schulbuch Verlag, Hannover 1992.

8

Wachstum, Fortpflanzung, Entwicklung

Eine Bohne keimt

Die Blütenpflanzen wachsen aus einem Samen, der ein Ruhestadium bei der Entwicklung einer Pflanze darstellt. Ein Same enthält – gewöhnlich dicht verschlossen – ein kleines, aber vollständiges Keimpflänzchen, das mit einem Nährstoffvorrat für die erste Zeit des Keimens versehen ist. Die Keimung eines Samens setzt ein, wenn unter geeigneten Bedingungen (Temperatur, Sauerstoff) genügend Feuchtigkeit aufgenommen werden kann.

Aufgaben:

1. Wäge eine abgezählte Menge (10–20) Bohnen auf einer genauen Waage ab und lege sie dann in ein Becherglas, dessen Boden mit mehreren Lagen saugfähigem Papier bedeckt worden ist. Durchfeuchte das Papier gut mit Wasser (Pipette benutzen), lege die Bohnensamen darauf (sie dürfen aber nicht im Wasser liegen!), decke das Gefäß ab und stelle es 1–2 Tage beiseite. Wäge dann die Bohnen erneut und stelle fest, wie viel Wasser die Samen aufgenommen haben.

Datum	Anzahl Bohnen	Masse in g	Beschreibung der Beobachtungen	Massenzunahme
			trocken	–

2. Lege die Bohnen in das Glas zurück, gib (falls notwendig) noch einmal etwas Wasser hinzu und beobachte weiter. Wäge nach 3 und 5 Tagen erneut und trage die Ergebnisse in die obere Tabelle ein.
3. Skizziere die Stadien des Auskeimens der Bohnenpflanze und bezeichne ihre Teile mit den Begriffen Samenschale, Keimwurzel, Keimblätter, Stängel und Laubblätter.

Methodisch-didaktische Hinweise:

Das Auskeimen eines Samens zu beobachten ist für viele Schüler/-innen immer wieder ein Erlebnis. Bohnensamen sind daher ein beliebtes Objekt für den Biologieunterricht. Die Beobachtung des Keimens von Bohnen ist zudem problemlos auch im häuslichen Bereich durchzuführen. Die rasche Entwicklungszeit (innerhalb einer Woche kann sich im Wohnzimmer eine 20 – 25 cm hohe Pflanze entwickeln!) kommt der jugendlichen Ungeduld entgegen, die augenfällige Volum- und Massenvermehrung ohne das sonst gewohnte Substrat Erde regt zum Nachdenken über physiologische Leistungen einer (grünen) Pflanze mehr an als manche nur gedankliche Problematisierung.

Das Arbeitsblatt ist daraufhin angelegt

- die Wasseraufnahme der Samen quantitativ festzustellen,
- die Massenzunahme der ergrünenden Pflanzen zu verfolgen,
- die Entwicklung einer Pflanze aus dem Keimling zeichnerisch festzuhalten,
- die gegebenen Fachbegriffe einer Skizze zuzuordnen.

Der **apparative Aufwand** für die Versuche ist denkbar gering:

Ein Glas mit Abdeckung, etwas saugfähiges Papier (Filter-, Löschpapier, Papiertaschentücher, notfalls Zeitungspapier), Wasser, Pipette (notfalls Löffel), (Brief-)Waage. Die Gewichtsunterschiede vor und nach der Keimung sind so groß, dass zum Wägen eine Briefwaage ausreicht.

Wichtig ist, die feuchten Bohnensamen nach der Quellung (z.B. auf einer Zeitung) abzutrocknen, bevor sie gewogen werden.

Wie die unten aufgeführten Versuchsergebnisse zeigen, sind Saatbohnen aus dem Samentütchen für den Versuch besser geeignet als die Speisebohnen aus dem Supermarkt.

Versuchsergebnisse:

Da die Ergebnisse je nach der Bohnensorte und den Versuchsbedingungen voneinander abweichen, können die folgenden Zahlen nur als Beispiele angesehen werden; doch vermitteln sie eine Vorstellung von den zu erhaltenden Werten.

Datum	Anzahl Bohnen	Masse in g	Massenzunahme in g	in Prozent
2.6.	20 Saatbohnen	8,0		
3.6.		15,0	7	87,5
2.6.	53 weiße Speisebohnen	20		
3.6.		27	7	35

Am 8.6. konnte man bei den Speisebohnen bereits Wurzeln erkennen, ein 4 – 5 cm langes Hypocotyl, die Keimblätter waren runzelig geworden (!), die ersten Laubblätter etwa 1 cm lang.

Am 12.6. waren die Pflanzen 20 – 25 cm hoch, die Laubblätter entfaltet und ca. 2,5 cm lang. Die jetzt schon gut entwickelten Pflanzen wogen einzeln 2 – 3 g.

Erweiterung:

Wenn im Schullabor gearbeitet wird, kann man die Pflanzen im Trockenschrank trocknen um der Frage nachzugehen, ob die Massenzunahme auf den Wassergehalt zurückzuführen ist. Dies führt zwanglos zu dem Gedanken einer „Stoffaufnahme aus der Luft“, also zur Fotosynthese.

Hormonwirkung bei der Gerstenkeimung

I.

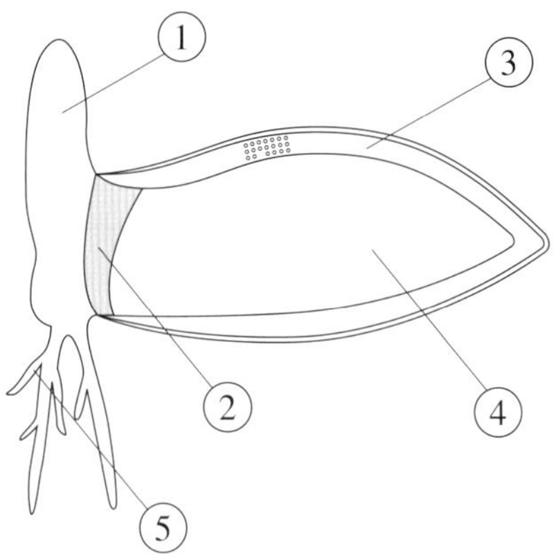

Abb. 1: Gerstenkaryopse

Das Gerstenkorn

Das Gerstenkorn ist kein Same, sondern eine Frucht, deren Schale sehr eng mit der Schale des einzigen Samens verwachsen ist. Die Getreidefrucht wird deshalb auch Karyopse genannt. Der Pflanzenembryo nimmt in der *Karyopse* eine seitliche Lage ein. Er besitzt ein stark entwickeltes Keimblatt, das dem Nährgewebe seitlich aufliegt und das bei der Keimung die mobilisierten Reservestoffe aufnimmt. Getreidekaryopsen enthalten im Nährgewebe als Reservestoff Stärke, bei der Mobilisierung entstehen u.a. durch die Aktivität des Enzyms α-Amylase kurzkettige Zucker. Das Nährgewebe nimmt den größten Raum in der Karyopse ein, es wird von der Aleuronschicht, einer proteinreichen Zellschicht umgeben. Der Sprossvegetationspunkt des Pflanzenembryos ist schon von einigen Blättchen umhüllt, die in einer gemeinsamen Hülle, der Koleoptile, stecken. Auch die Keimwurzel ist von einer Hülle, der Koleorhiza umgeben.

II. Versuche zur Lokalisierung des Hormons Gibberellinsäure

A

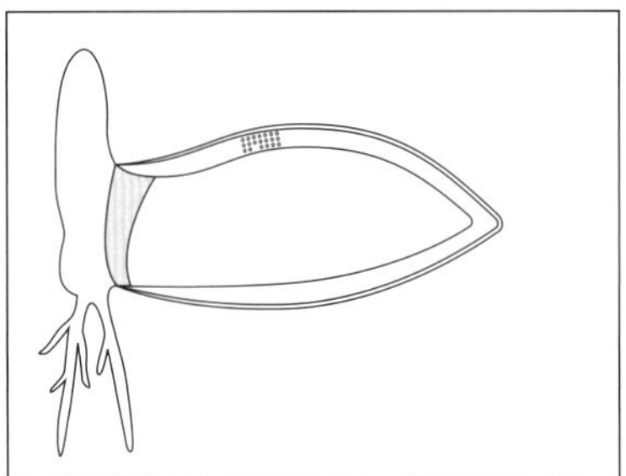

Chemische Analyse des Nährgewebes:

α-Amylase nachweisbar, kurzkettige Zucker nachweisbar

B

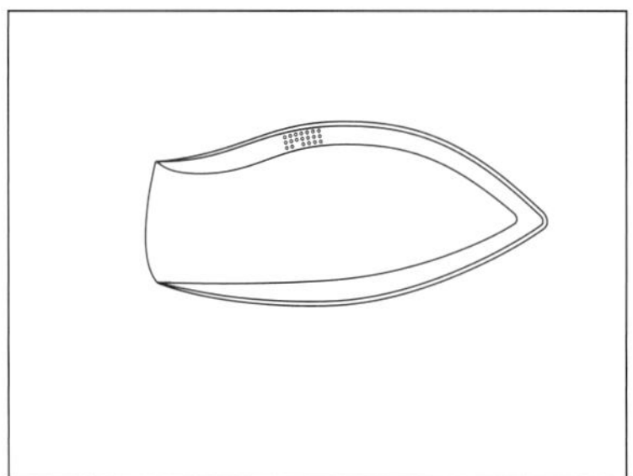

Chemische Analyse des Nährgewebes:

keine α-Amylase oder kurzkettige Zucker nachweisbar

C

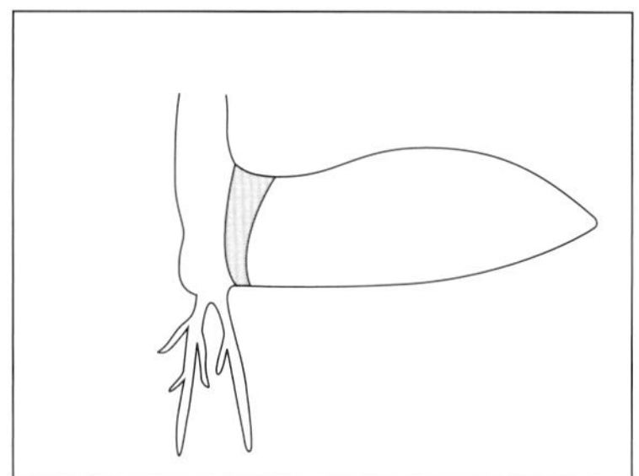

Chemische Analyse des Nährgewebes:

keine α-Amylase oder kurzkettige Zucker nachweisbar

D

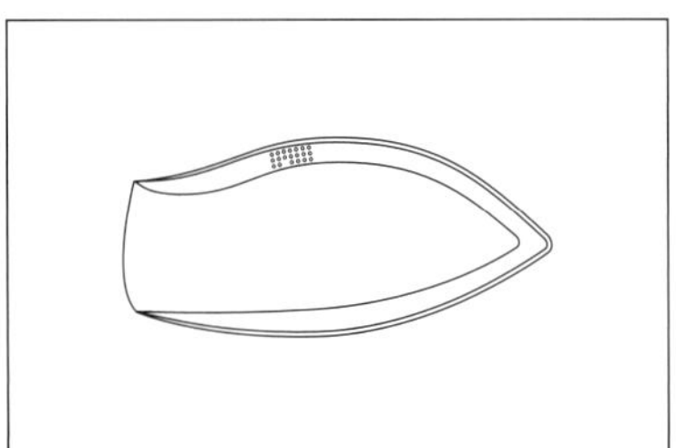

+ GA
Chemische Analyse des Nährgewebes:

α-Amylase nachweisbar, kurzkettige Zucker nachweisbar

E

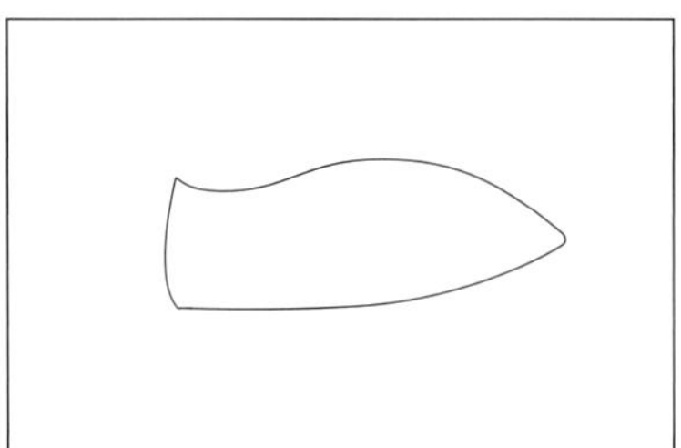

+ GA
Chemische Analyse des Nährgewebes:

keine α-Amylase oder kurzkettige Zucker nachweisbar

GA:
Gibberellinsäure, ein Stoff, der in Pflanzen Hormonwirkungen besitzt.

Aufgaben:

1. Beschrifte die einzelnen Bestandteile 1 – 5 der Gerstenkaryopse anhand der Angaben im Text. Schreibe die richtigen Bezeichnungen mit den Zahlen in dein Heft.
2. Beschreibe die Durchführung der Teilversuche A bis E und nenne die Ergebnisse.
3. Deute die Ergebnisse indem du die Teilschritte, die bei der Keimung der Gerstenkaryopse zur Mobilisierung der Reservestoffe führt, ausführlich erklärst.

Methodisch-didaktische Hinweise:

Obwohl bereits seit langem bekannt und ausführlich beschrieben, ist die Kenntnis über die Wirkung von Pflanzenhormonen kein Allgemeingut. Gibberelline wurden zunächst aus einem Pilzorganismus isoliert (*Gibberella* spec.), der zu abnorm großen Keimpflanzen bei befallenen Exemplaren führte. Gibberelline sind jedoch heute in allen höheren Pflanzen als native Wirkstoffe nachgewiesen und an vielen Entwicklungsvorgängen beteiligt (Samenkeimung, Blütenbildung, Längenwachstum u. a.). Ein besonders häufig vorkommendes und auch in Versuchen oft angewendetes Gibberellin ist die Gibberellinsäure (siehe Abb. 2). Wohl am besten untersucht ist die Enzym-Induktion von α-Amylase im Aleurongewebe von keimenden Gerstenkaryopsen. Der Embryo bildet dabei das Hormon, das in den Aleuronzellen, die de novo-Synthese der α-Amylase hervorruft. α-Amylase schließlich bewirkt im Nährgewebe den Abbau des Reservestoffes Stärke und damit die Bildung der kurzkettigen Zucker wie z. B. Maltose.

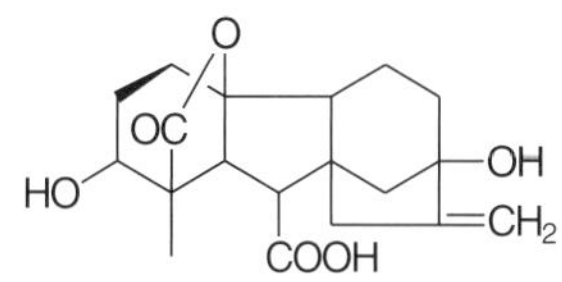

Abb. 2: Strukturformel der Gibberellinsäure.

Schüler, die diese Materialie bearbeiten, können z. B. in einer Unterrichtsreihe über Nutzpflanzen die beschriebenen Vorgänge um die Hormonwirkung selbständig erarbeiten. Gleichzeitig besteht die Möglichkeit, Kenntnisse über eine wichtige Nutzpflanze zu vertiefen. Für eine effektive Bearbeitung sind jedoch einige systematische, entwicklungsbiologische und biochemische Vorkenntnisse nötig (Aufbau einer Frucht und eines Samens, Keimungsvorgang, biochemische Stoffklassen, Enzymbegriff). Aus diesem Grund ist die Materialie für den Einsatz in leistungsstarken Gruppen gedacht.

Lösungen:

1. 1 Koleoptile 4 Nährgewebe mit Stärke
   2 Keimblatt 5 Wurzeln mit Koleorhiza
   3 Aleuronschicht
2. A: Die Keimung wird bei der intakten Karyopse ausgelöst; Zucker und α-Amylase sind im Nährgewebe nachweisbar.
   B: Der Pflanzenembryo wurde entfernt; im Nährgewebe ist weder α-Amylase noch Zucker nachweisbar.
   C: Die Aleuronschicht wurde entfernt; im Nährgewebe ist weder α-Amylase noch Zucker nachweisbar.
   D: Der Pflanzenembryo wurde entfernt, und es wurde Gibberellinsäure hinzugegeben; α-Amylase und Zucker sind im Nährgewebe nachweisbar.
   E: Der Pflanzenembryo und die Aleuronschicht wurden entfernt, anschließend wurde Gibberellinsäure zugegeben; weder α-Amylase noch Zucker sind im Nährgewebe nachweisbar.
3. – Der Pflanzenembryo bildet Gibberellinsäure. Begründung: Beim Vergleich von Teilversuch A (intakte Karyopse) und D (entfernter Embryo, Zugabe von GA) ergibt sich kein Unterschied im Ergebnis.
   – Die Aleuronschicht bildet auf das Signal der Gibberellinsäure hin α-Amylase. Begründung: Beim Vergleich von Teilversuch C und E ergibt sich jeweils ein Fehlen der α-Amylase, sie kann nur bei intakter Aleuronschicht (A, D) nachgewiesen werden.
   – Die α-Amylase baut im Nährgewebe die Stärke ab. Begründung: Kurzkettige Zucker finden sich nur gleichzeitig mit der α-Amylase (A, D).

S IV. 8.3 | Bestäubung und Befruchtung bei der Kirsche

Die Abbildung zeigt einen männlichen und einen weiblichen Blütenteil zweier verschiedener Kirschblüten. Bei der Kirschblüte ist die Narbe bei Entfaltung der Blüte bestäubungsfähig, die Pollenkörner dagegen werden erst einige Tage später reif.

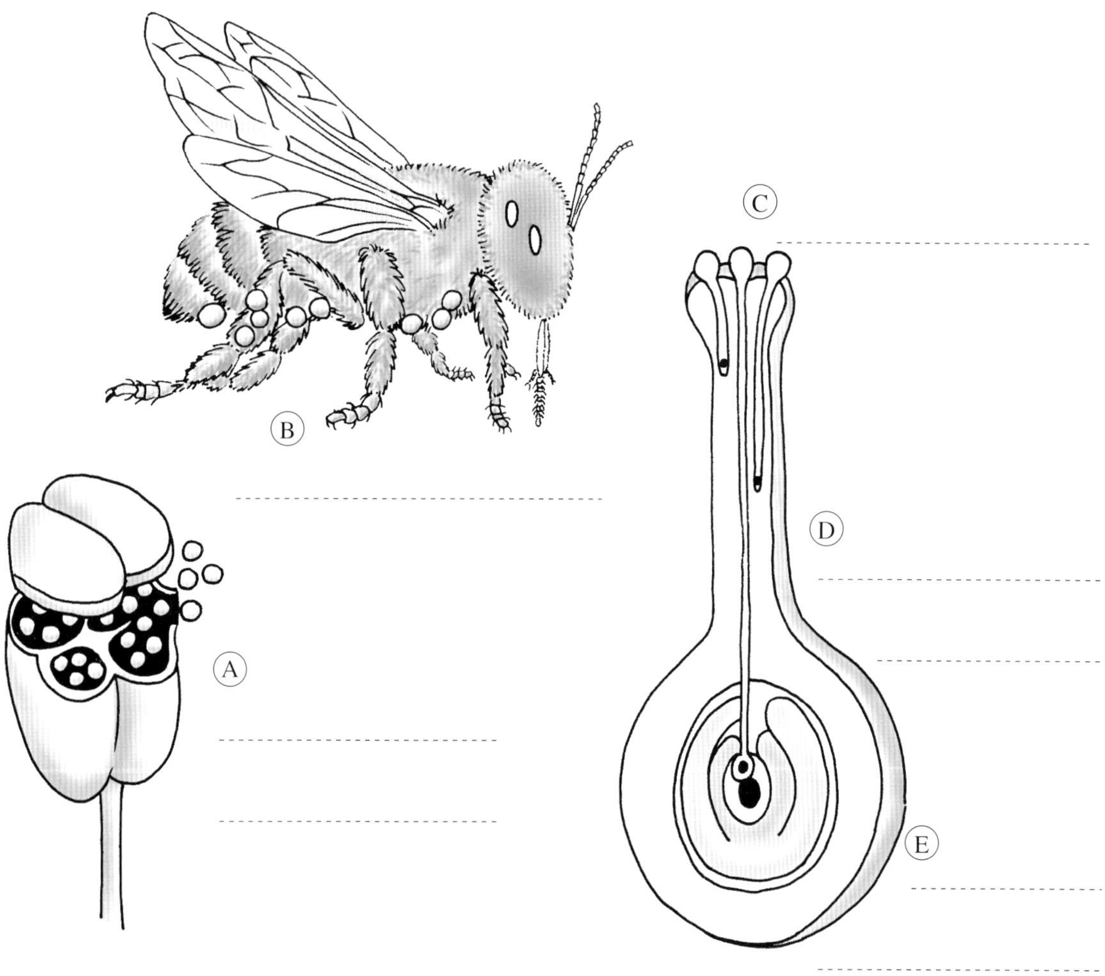

Aufgaben:

1. Benenne die männlichen und die weiblichen Blütenteile mit anderen Fachbegriffen.
2. Wodurch wird eine Selbstbestäubung der Kirsche verhindert? Wie wird eine Blüte bezeichnet, in der sich zuerst die weiblichen Blütenteile entwickeln?
3. Welcher Vorteil ergibt sich für die Kirschblüte durch eine Fremdbestäubung?
4. Bezeichne die Vorgänge der Abbildung, die durch die Buchstaben A–E angegeben sind.
5. Beschreibe das Verhalten der Biene beim Blütenbesuch.

Methodisch-didaktische Hinweise:

Die Abbildung zeigt in vereinfachter Darstellung einen männlichen und einen weiblichen Blütenteil zweier verschiedener Kirschblüten. Der exakte Bau der Samenanlage mit Integumenten, Nucellus und Embryosack ist hier nur angedeutet. Dass bei den Bedecktsamern außer der Eizelle auch noch der Kern des Embryosacks befruchtet wird, und aus dem dann triploiden Kern das Nährgewebe gebildet wird, kann in den Jahrgangsstufen 5 und 6 noch nicht Thema des Unterrichts sein.
Die Materialie kann zur Ermittlung von Vorwissen, oder auch zur Zusammenfassung und Festigung der Unterrichtsinhalte eingesetzt werden. Sie eignet sich auch als Hausaufgabe.

Lösungen:

1. Männlicher Blütenteil: Staubblatt mit Staubfaden und Staubbeutel. Dieser besteht aus vier Pollensäcken. Diese platzen an bestimmten Stellen infolge von Kohäsionsbewegungen auf und geben den Pollen frei.
   Weiblicher Blütenteil: Fruchtblatt mit (hier einem) Fruchtknoten, Griffel und Narbe. Im Inneren des Fruchtknotens befindet sich die Samenanlage mit der Eizelle.
2. Bevor sich die Pollensäcke einer Blüte öffnen, wurde die Narbe bereits mit Pollen von anderen Blüten bestäubt. Die Blüte ist also vorweiblich.
3. Dadurch wird für eine Durchmischung des Erbgutes gesorgt.
4. (A) Öffnen der Pollensäcke.
   (B) Biene nimmt Pollen zur nächsten Blüte mit.
   (C) Bestäubung: Die Biene streift Pollen an der klebrigen Narbe ab.
   (D) Der Pollenschlauch durchwächst den Griffel.
   (E) Befruchtung: Spermakern aus dem Pollenschlauch und Kern der Eizelle verschmelzen miteinander.
5. Die Biene wird durch die Blüten angelockt. Um den Nektar am Grund der Blüte mit ihrem Rüssel erreichen zu können, kriecht sie tief in das Blüteninnere. Dabei streift sie an den geöffneten Pollensäcken Pollen ab, der an ihrem pelzigen Bauch haften bleibt.

S IV. 8.4 Pollenkeimung

Der Blütenstaub (Pollen) wird in den Staubblättern (Staubgefäßen) gebildet und enthält die männlichen Keimzellen der Pflanze.
In den Samenanlagen, die bei den Bedecktsamern im Fruchtknoten eingeschlossen sind, befinden sich die Eizellen der Pflanze.
Bei der Bestäubung wird der Pollen durch den Wind oder durch Insekten von einer Blüte zu einer anderen getragen und dort von der (etwas feuchten) Narbe aufgefangen. Die Pollenkörner keimen auf der Narbe aus und wachsen durch den Griffel bis zu den Samenanlagen, wo sie mit den Eizellen verschmelzen. Dies ist dann der Beginn der Samenentwicklung (vgl. Abb. 1).

1

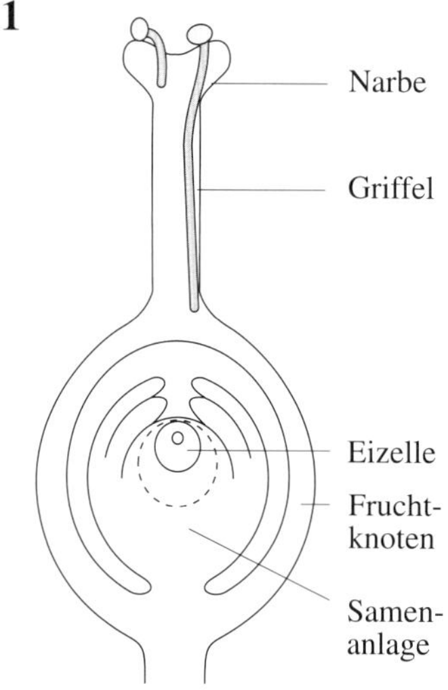

Die Keimung der Pollenkörner (Bildung eines Pollenschlauches) kann man unter dem Mikroskop beobachten. Dazu benötigen wir:
Einen Objektträger mit Hohlschliff, Deckgläser, eine Pinzette, einen Glasstab, ein Mikroskop;
Pollen vom „Fleißigen Lieschen“ (*Impatiens*), Löwenzahn oder Tulpen;
eine Rohrzuckerlösung, der man etwas Gelatine zugesetzt hat.

Versuch
Setze einen Tropfen der zuckerhaltigen Lösung mit Hilfe des Glasstabs auf das Deckglas, stäube eine Spur Pollenstaub darüber und lege das (umgedrehte) Deckglas vorsichtig so auf die Höhlung des Objektträgers, dass der Tropfen frei in der Höhlung hängt („feuchte Kammer, Abb. 2).

2

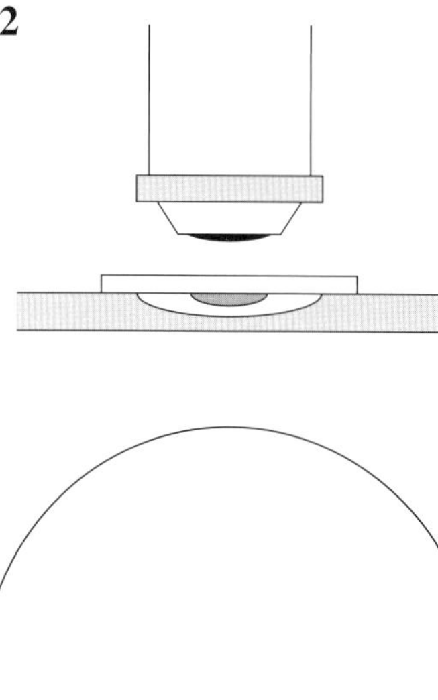

Mikroskopiere nun bei enggestellter Blende zunächst bei mittlerer (ca. 100facher) Vergrößerung bis du die Pollenkörner scharf erkennen kannst. Die Pollenkeimung beginnt nach etwa 15 – 20 Minuten. Stelle ein ausgekeimtes Pollenkorn bei starker Vergrößerung scharf und skizziere Korn und ausgekeimten Pollenschlauch (in den Kreis).

Wenn du an den Rand des Tropfens ein Stückchen Narbe gelegt hast, kannst du vielleicht erkennen, dass der Pollenschlauch in Richtung auf die Narbe hin wächst (Chemotropismus).

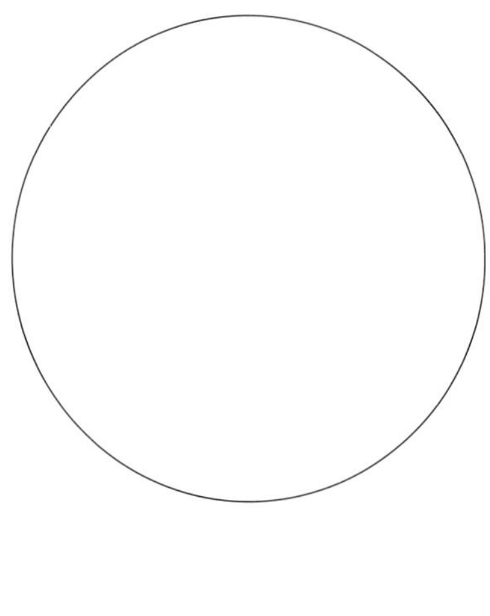

Objekt:

Vergrößerung:

Zusatzfragen:
1. Was ist der Unterschied zwischen Bestäubung und Befruchtung?
2. Was könnte die Ursache dafür sein, dass artfremder Pollen auf der Narbe in vielen Fällen nicht auskeimt?

Methodisch-didaktische Hinweise:

Das Arbeitsblatt ist als Hilfe bei der Durchführung des entsprechenden Schülerpraktikums gedacht und setzt Übung im Mikroskopieren bei stärkeren Vergrößerungen voraus. Die dabei angewandte Technik ist nicht schwer, das Auskeimen der Pollen benötigt aber erfahrungsgemäß etwas Zeit, 20 bis 30 Minuten dauert es gewöhnlich, bis die ersten Pollenschläuche sichtbar werden. Diese Zeit des Abwartens kann dazu genutzt werden, etwa anhand der Zusatzfragen und der Abbildung 1 die biologischen Grundbegriffe zum Problem zu klären. Es ist sicher auf dieser Stufe nicht notwendig und verwirrt oft nur, wenn man zu viele Details anbietet (vegetative, generative Kerne, Embryosack).
Mit der Zusatzfrage 2 hängt zusammen, dass die Pollenkörner je nach Art ein unterschiedliches Substrat zum sicheren Keimen benötigen. Um je nach der Jahreszeit passendes Material zur Verfügung zu haben, seien hier einige geeignete und leicht zugängliche Objekte zusammengestellt:

Pflanzenart	Glucose	Rohrzucker	Gelatine	Autor
Tulpe	10 %		Ja	Müller, S. 117
Fleißiges Lieschen		3 – 5 %		Molisch/Dobat, S. 226
(*Balsamina sultani*)	10 %			Dietle, S. 204
		5 %	2,5%	Braune, S. 326
Platterbse	10 %		Ja	Müller, S. 117
		15 %	1,5 %	Schlüter, S. 328
Kleinblütiges		3 – 5 %		Molisch/Dobat, S. 226
Springkraut		30 %	1,5 %	Schlüter, S. 328
Löwenzahn		3 – 5 %		Molisch/Dobat, S. 226
Küchenzwiebel		10 %	2,5 %	Braune, S. 326
Lupine		25 %	2,5 %	Braune, S. 326

Lösungen:

1. Bestäubung: Übertragung von Pollen auf die Narbe (der gleichen oder – meist –) einer anderen Pflanze.
   Befruchtung: Verschmelzen des Zellkerns des Pollenschlauchs mit dem Kern der Eizelle in der Samenanlage. Entstehung eines neuen Lebewesens.
2. Die Versuche legen nahe, dass die chemische Zusammensetzung der Narbensekrete je nach Pflanzenart unterschiedlich sind, sodass der Pollen nicht auskeimt. Hinzu kommt eine Reihe von weiteren Einrichtungen, z.B. Blütenstetigkeit der Insekten, besonderer Blütenbau, u.a.m.

Literatur:

Braune, W., Lemann, A., Taubert, H.: Pflanzenanatomisches Praktikum II. Gustav Fischer-Verlag, Stuttgart 1982.
Dietle, H.: Das Mikroskop in der Schule. Franckh, Stuttgart 1974.
Molisch, H., Dobat, K.: Botanische Versuche und Beobachtungen mit einfachen Mitteln. Gustav Fischer-Verlag, Stuttgart 1979.
Müller, H. W.: Pflanzenbiologisches Experimentierbuch. 3. Aufl. Franckh, Stuttgart 1961.
Schlüter, W.: Mikroskopie. Aulis-Verlag Deubner, Köln 1976.

Die Abbildung zeigt, wie man Ordnung in die Vielzahl möglicher Fruchttypen bringen kann. Manche Früchte bleiben von der Fruchtschale umschlossen, es handelt sich um *Schließfrüchte*, andere werden trockenhäutig und springen nach der Reife auf, man bezeichnet sie als *Öffnungsfrüchte*. Von *Einzelfrüchten* spricht man, wenn nur ein Fruchtknoten vorhanden ist oder mehrere Fruchtblätter zu einem Fruchtknoten verwachsen sind. *Sammelfrüchte* entstehen aus vielen Fruchtblättern, die nicht miteinander verwachsen sind oder von Achsengewebe umhüllt bleiben.

Aufgaben:

1. Ordne jeder Abbildung den richtigen Fruchttyp zu und nenne jeweils ein Beispiel.
2. Im Schema fehlen Beerenfrüchte. Wie kann man Beeren definieren und in welche Spalte müsste man sie einordnen? Nenne Beispiele.

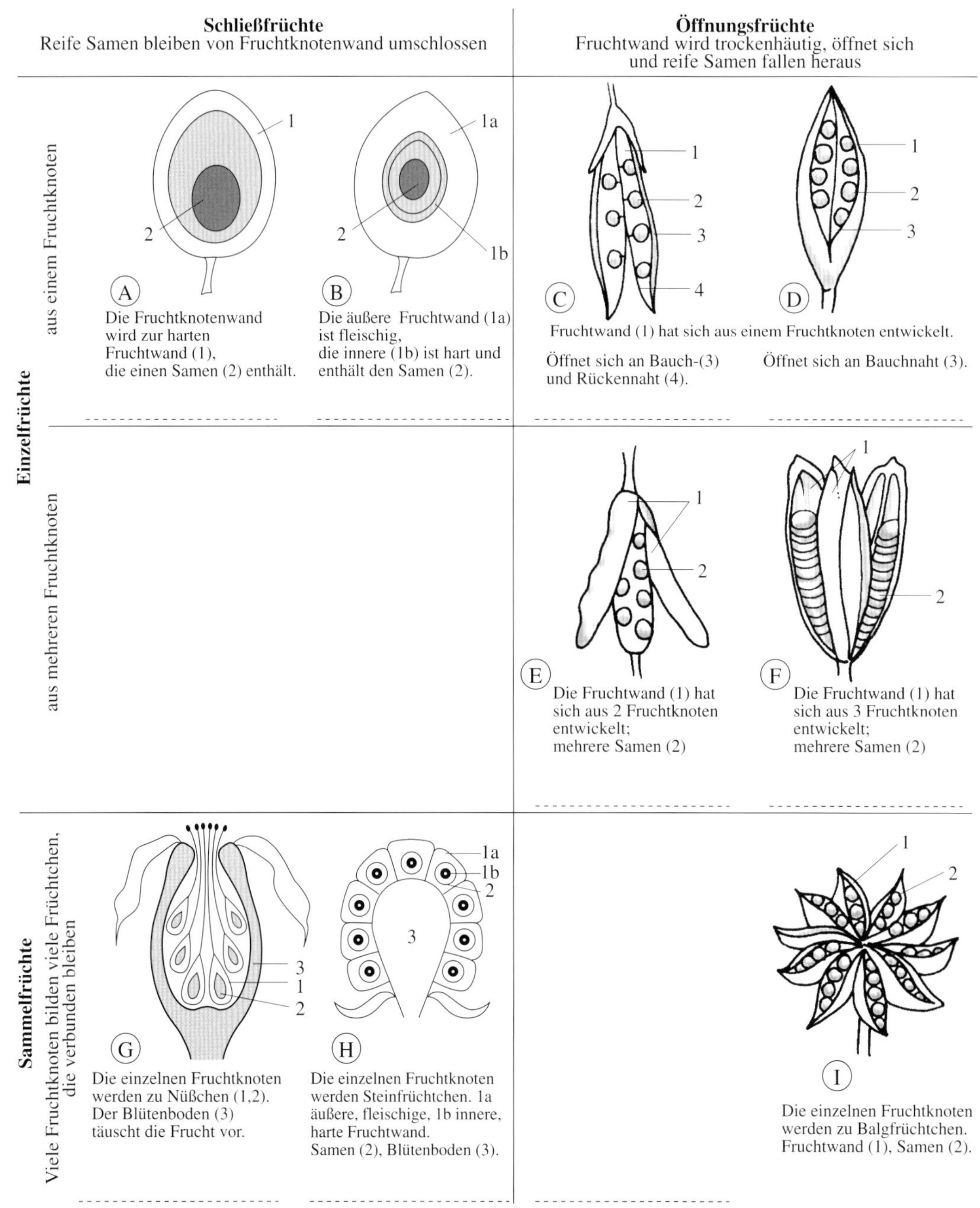

Methodisch-didaktische Hinweise:

Obwohl bei der Besprechung einzelner Familien auch die Fruchttypen behandelt werden, ist es für die Lernenden immer wieder schwierig, einzelne Fruchttypen, z.B. Hülse und Schote, voneinander zu unterscheiden. Das angegebene Schema erleichtert eine Klassifikation und zeigt übersichtlich die Einteilung nach Schließ- und Öffnungsfrüchten sowie nach Einzel- und nach Sammelfrüchten.
Behandelt werden die gängigsten und bekanntesten Fruchtformen. Nicht in das Schema aufgenommen sind Zerfallfrüchte (z.B. Gliederhülsen, Klausenfrüchte der Lippenblütler) und Fruchtstände als Verbreitungseinheit (Beispiel Klette).
Die Aufgabe könnte als zusammenfassende Lernzielkontrolle am Ende der Pflanzenkunde, z.B. in der 6. oder 7. Jahrgangsstufe, stehen.

Lösungen:

1. A Nuss. Beispiele: Haselnuss, Ulme und Birke (Flügelnuss), Eiche, Buche, aber auch Früchte der Gräser (Karyopse) und der Korbblütler (Achäne).
   B Steinfrucht. Beispiele: Kirsche, Pflaume (typisch für Pflaumen-Unterfamilie der Rosengewächse), Wal„nuss“, Holunder, Hartriegel.
   C Hülse. Beispiele: Bohne, Erbse, Zaunwicke, Goldregen und andere Schmetterlingsblütler.
   D Balg. Beispiele: Rittersporn, Christrose, Akelei.
   E Schote. Beispiele: Raps, Hirtentäschel (Schötchen) (typisch für Kreuzblütler).
   F Kapsel. Beispiele: Tulpe, Sumpfiris, Schneeglöckchen, Johanniskraut. Braunwurzgewächse, wie z.B. Fingerhut, Königskerze. Andere Kapselformen: Porenkapsel (Mohn), Deckelkapsel (Acker-Gauchheil).
   G Sammelnussfrucht. Beispiele: Hagebutte, Erdbeere, Buschwindröschen, Hahnenfußarten.
   H Sammelsteinfrucht. Beispiele: Brombeere, Himbeere.
   I Sammelbalgfrucht: Beispiele: Sumpfdotterblume, Nieswurz.

2. Bei der Beere wird die gesamte Fruchtwand fleischig. Sie gehören zu den Schließfrüchten und zu den Einzelfrüchten. Beispiele: Wein, Johannisbeere, Stachelbeere, Liguster, Berberitze, aber auch Nachtschattengewächse, z.B. Tomate, Kartoffel. Auch Gurkengewächse bilden Beeren, die bei stärkerer Verhärtung der äußeren Fruchtwand, wie z.B. bei Melonen und Kürbissen auch als Panzerbeeren bezeichnet werden. Bei Zitrusfrüchten wird das saftige Fruchtfleisch von Auswüchsen (Emergenzen) der inneren Fruchtwand gebildet, die bei der Fruchtreife die Fruchtfächer vollständig ausfüllen und die an der Plazenta befestigten Samen einschließen.

Literatur:

Haller, B., Probst, W.: Botanische Exkursionen, Exkursionen im Sommerhalbjahr. 2. Aufl. Gustav Fischer-Verlag, Stuttgart, New York 1989.
Wagener, A., Strey, G.: Einführung in das Bestimmen von Pflanzen. Biologische Arbeitsbücher Bd. 31. Quelle & Meyer Verlag, Heidelberg 1981.

So entstehen Apfel und Pflaume

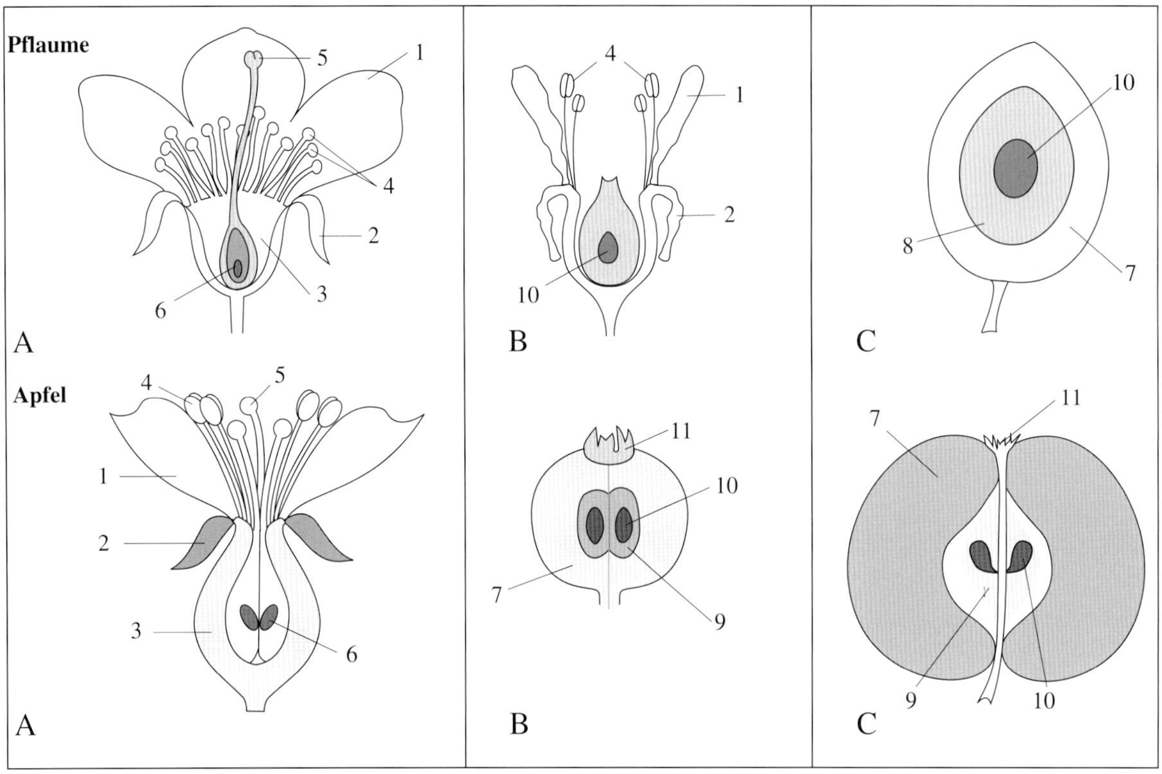

Nach der Befruchtung verändern sich die Blüten. Bei der Entwicklung der *Steinfrüchte* welken die Kronblätter der Blüte, sie vertrocknen und fallen ab. Auch Staubblätter, Griffel und Narbe vertrocknen. Aus der Wand des Fruchtknotens jedoch entsteht das Fruchtfleisch, das außen von einer glatten Haut umgeben ist. Die Wand des Fruchtknotens bildet außerdem innen eine steinharte Schale aus. Im Inneren der Schale befindet sich der Samen. Er hat sich aus der befruchteten Eizelle entwickelt.

Bei der Entwicklung der *Scheinfrucht* vertrocknen die Kronblätter, Staubblätter und der Griffel des Fruchtknotens ebenfalls. Sie fallen jedoch nicht ganz ab und sind an der späteren Frucht noch als Reste erkennbar. Aus der Wand des Fruchtknotens entsteht ein Kerngehäuse, das den Samen mit der Samenanlage enthält. Das Fruchtfleisch entsteht dagegen aus dem Blütenboden – nicht aus dem Fruchtknoten – und ist daher nur scheinbar ein Teil der Frucht.

Aufgaben:

1. Beschrifte die einzelnen Bestandteile der Pflaumen- und der Apfelblüte anhand der Angaben im Text. Schreibe die richtigen Bezeichnungen mit den Zahlen in dein Heft.
2. Entscheide, zu welchem Fruchttyp der Apfel und die Pflaume gehört.
3. Zerschneide einen Apfel und eine Pflaume der Länge nach und benenne die Bestandteile, die in der Schemazeichnung beschriftet sind.
   Welche Form hat das Kerngehäuse?
   Zerschneide einen Apfelkern längs und untersuche das Innere mit einer Lupe.
   Knacke den Pflaumenkern mit einem Nussknacker. Was findest du jeweils im Inneren?

Methodisch-didaktische Hinweise:

Mit Evas Apfel könnte man heute keinen Adam mehr verführen, denn der Urapfel der Menschheitsgeschichte war wahrscheinlich holzig, sauer und klein. Durch Züchtung sind heute mehr als 20 000 Apfelsorten in der Welt entstanden, 80 Prozent der gesamten Obsternte sind Äpfel. Aber auch den Wildapfel gibt es noch. Er stammt ursprünglich aus Kleinasien, und man findet ihn heute als dornigen Zierbaum an Straßenrändern oder wild in Mischwäldern.
Zur Pflaume werden auch Mirabellen, Zwetschgen und Renekloden gezählt. Die Herkunft dieser Pflanzengruppe wird ebenfalls in Vorderasien vermutet, ihre Entstehung ist jedoch unklar. Möglicherweise entstand die Pflaume durch Bastardisierung aus der Schlehe und der Kirschpflaume.
Mit dieser Materialie kann die Blüten- und Fruchtbiologie zwei der wichtigsten Obstsorten thematisiert werden. Üblicherweise werden Kirschen als Steinfrüchte den anderen Fruchtformen gegenübergestellt, die Wahl der Pflaume hat den Vorteil, dass Äpfel und Pflaumen etwa zur gleichen Zeit fruchten und daher für die Ausführung der Arbeit am lebenden Objekt (Aufgabe 3) von den Schülern selbst besorgt werden können.

Lösungen:

1. 1 Blütenblätter
   2 Kelchblätter
   3 Blütenboden
   4 Staubblätter
   5 Stempel mit Fruchtknoten
   6 Samenanlage mit befruchteter Eizelle
   7 Fruchtfleisch
   8 Steinkern
   9 Kerngehäuse
   10 Samen mit Samenanlage
   11 Blütenreste
2. Pflaume: Steinfrucht. Apfel: Scheinfrucht
3. Das Kerngehäuse des Apfels ist fünfteilig. Mit etwas Glück kann man im Apfelkern den Embryo erkennen. Im Inneren des Pflaumensteins befindet sich der Pflaumensamen.

Das Buschwindröschen – Frühblüher im Buchenwald

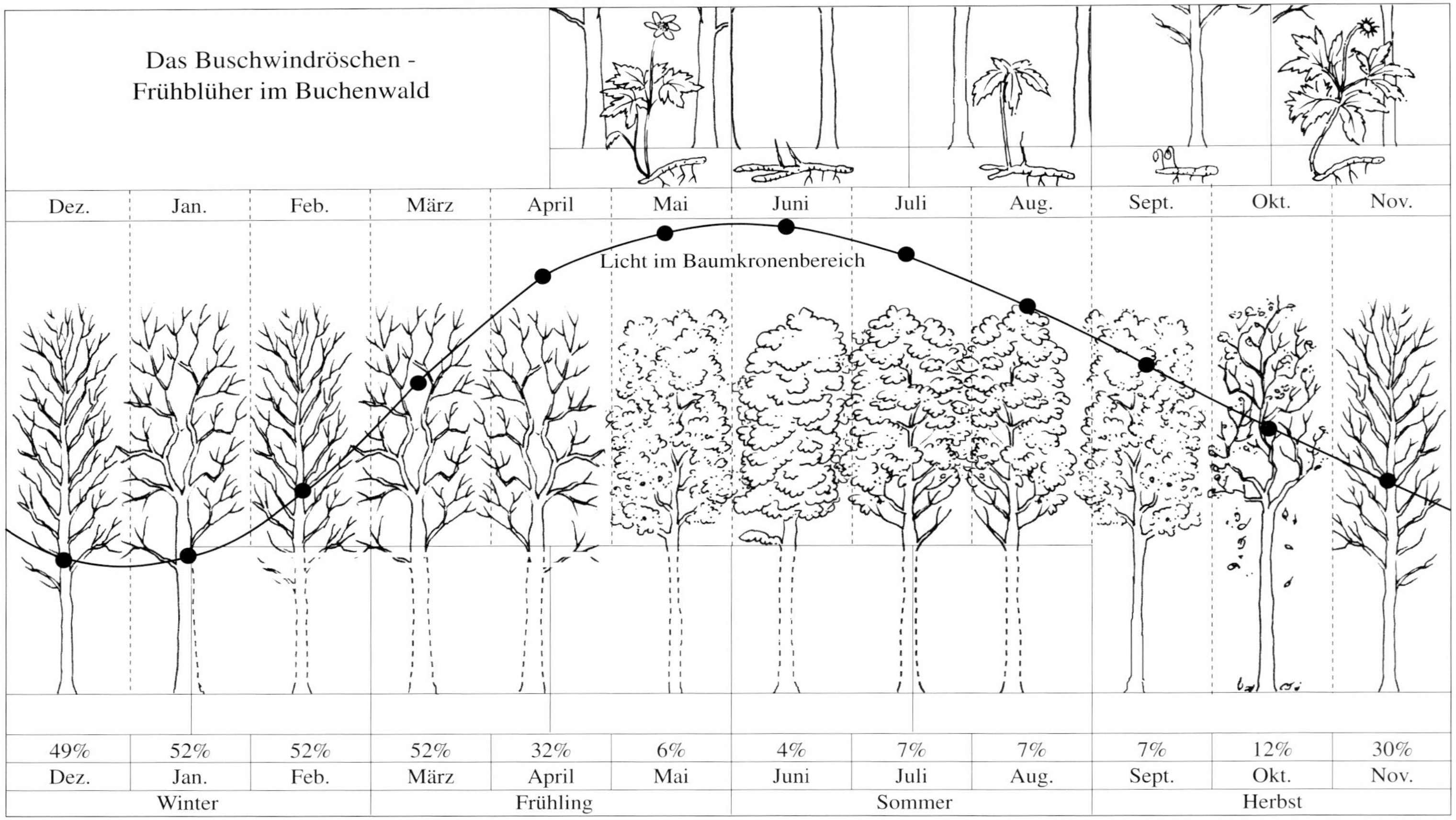

Aufgaben:

1. Schneide die einzelnen Entwicklungsstadien des Buschwindröschen aus und klebe sie in der richtigen Reihenfolge ein. Beschreibe die einzelnen Entwicklungsphasen des Buschwindröschens.
2. Die Kurve zeigt die Sonneneinstrahlung über dem Kronendach der Bäume im Verlauf eines Jahres. Über dem Monatsnamen ist angegeben, wie viel Prozent des Sonnenlichtes auf dem Waldboden auftreffen. Konstruiere eine entsprechende Kurve für die Lichtwerte am Waldboden, indem du die Prozentzahlen berechnest, die oberhalb der jeweiligen Monate angegeben sind. Dazu misst du mit einem Lineal in Zentimetern die Länge vom Boden bis zu dem angegebenen Punkt der Kurve, dies sind 100 %. Diese Strecke teilst du durch 100 und nimmst mit der Prozentzahl des jeweiligen Monats mal. Konstruiere nun die Kurve.
3. Begründe, warum das Buschwindröschen den Frühling für seine Entwicklung nutzt.

Methodisch-didaktische Hinweise:

Das Buschwindröschen (*Anemone nemorosa*) eignet sich besonders, um die Anpassung eines Frühblühers an die Lichtverhältnisse in einem Buchenwald aufzuzeigen.

- Das Buschwindröschen ist ein typischer **Rhizomgeophyt**, dessen Erdstängel gleichzeitig Überdauerungs-, Speicher- und Wachstumsorgan ist.
- Es hat eine **breite ökologische Amplitude** und ist daher auf allen nicht zu sauren Böden anzutreffen. Es kommt in Buchen-, Eichenmisch-, Edellaub- und Nadelmischwäldern vor [*Hofmeister, H.*].
- Während andere Frühblüher, wie z. B. der Waldmeister, das Maiglöckchen und Sauerklee durch geschickte Blattstellungen oder die Ausbildung typischer Schattenblätter auch noch nach der Belaubung der Bäume eine positive Fotosynthesebilanz erreichen, wird das Buschwindröschen nach dem Kronenschluss jedoch bald welk, sodass der Zusammenhang zwischen dem Licht im Bodenbereich und der Vegetationsperiode an diesem Beispiel besonders augenfällig wird.
- Nach Erarbeitung der Einpassung des Buschwindröschens an die Lichtverhältnisse im Buchenwald kann auch noch auf andere Frühblüher (**Zwiebelgeophyten**, z. B. Märzenbecher, Bärlauch, Wald-Goldstern und **Knollengeophyten**, z. B. Scharbockskraut, Hohler Lerchensporn) eingegangen werden [*Brogmus,H./Gerhardt, A.*].

Lösungen:

1. Das Buschwindröschen blüht im Vorfrühling. Es hat die zum Wachsen benötigten Nährstoffe bereits im Vorjahr in seinem Erdspross gespeichert. Damit Schaft und Blattstiel beim Durchbrechen des Erdbodens unverletzt bleiben, sind sie hakenförmig gekrümmt. Im März und April hebt der schlanke Blütenstiel die zarten, weißen Blüten empor, beim leisesten Windhauch schwanken sie hin und her (Name!). Unter der Blüte entspringen drei mehrfach geteilte Hochblätter. Das einzige Laubblatt erscheint nach dem Blütenaustrieb häufig erst im Mai, wenn das Buschwindröschen bereits Früchte angesetzt hat. Im Juni findet man nur noch verwelkte Blätter. Die im April und im Mai gebildeten Nährstoffe sind nun im Erdspross gespeichert. Dieser wächst am Vorderende weiter, während er am Hinterende abstirbt. Aus Knospen entstehen Seitenzweige, an denen im nächsten Frühjahr wieder neue Pflänzchen austreiben.
2.

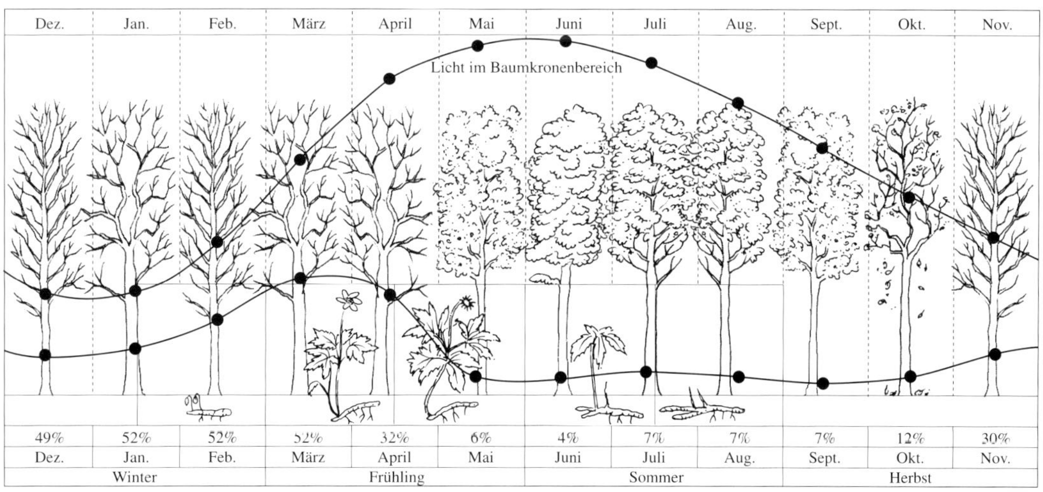

3. Aufgrund der Belaubung der Buchen im Mai fällt zu wenig Licht auf den Waldboden, die Energiebilanz (Energiegewinn über Fotosynthese – Energieverbrauch über Zellatmung) wird negativ.

Literatur:

Brogmus, H., Gerhardt, A.: Arbeitsblätter zum Thema: Wechsel der Jahreszeiten (1). Naturwissenschaften im Unterricht Biologie, 31/4, 1983, S. 137 – 143.

Hofmeister, H.: Lebensraum Wald. Verlag Paul Parey, Hamburg, Berlin 1990.

Venzl, E.: Pflanzenkunde 1. 6. Aufl. Bayerischer Schulbuch Verlag, München 1976.

S IV. 8.8 Löwenzahn und Herbstzeitlose im Mahdrhythmus

Wiesen sind landwirtschaftliche Nutzflächen, die ein- oder mehrmals im Jahr gemäht werden. Besonders häufig sind Fettwiesen, die regelmäßig gedüngt werden. Typische, in den Mährhythmus einer Fettwiese eingepasste Pflanzen sind der Löwenzahn und die Herbstzeitlose.

Die Abbildung zeigt die drei Hochstände einer Fettwiese im Jahreslauf, der in zehn Phasen (1 – 10) aufgeteilt wurde sowie eine Löwenzahnpflanze (A – F) und eine Herbstzeitlose (a – f) in verschiedenen Erscheinungsbildern.

- Der Löwenzahn blüht schon im April. Wenn der erste Hochstand der Gräser erreicht ist, sind die Pusteblumenfrüchte reif und werden durch den Wind verbreitet. Nun wird die Wiese zum ersten Mal gemäht. Nach dem ersten Schnitt werden neue Blätter gebildet, die Pflanze kommt jedoch bis zum 2. Schnitt nicht mehr zur Blüte, sie bildet jedoch Blätter, die Fotosynthese betreiben. Die gebildeten Nährstoffe werden zunächst in den Pfahlwurzeln gespeichert, sodass im Oktober, während des 3. Hochstandes, nochmals einzelne Blütenköpfe ausgebildet werden. Die winterliche Kälte überstehen die als Rosette angeordneten Löwenzahnblätter eng an den Boden angeschmiegt.
- Die Herbstzeitlose blüht im Oktober noch vor dem dritten Schnitt. Sie treibt ihre langen Blüten aus Sprossknollen, die unter der Erde liegen, dort liegt auch der Fruchtknoten, der nach der Bestäubung erst im Winter befruchtet wird. Bis zum ersten Hochstand der Wiesengräser bildet die Pflanze ihre Blätter und hebt dabei den Fruchtknoten aus dem Boden. Die Samen reifen in Kapseln heran und werden noch vor dem 1. Schnitt ausgestreut.

Aufgaben:

1. Welches Erscheinungsbild von Löwenzahn und Herbstzeitlose gehört in welche Wiesenphase? Ordne richtig zu, indem du den entsprechenden Buchstaben unter den Ziffern einträgst.
2. Im Volksmund gab man der Herbstzeitlosen auch den Beinamen „filius ante patrem“ („der Sohn vor dem Vater“). Auf welcher Beobachtung und auf welchem Irrtum beruht diese Aussage?
3. Nenne weitere Wiesenpflanzen und beschreibe deren Einpassungen in den Mahdrhythmus.

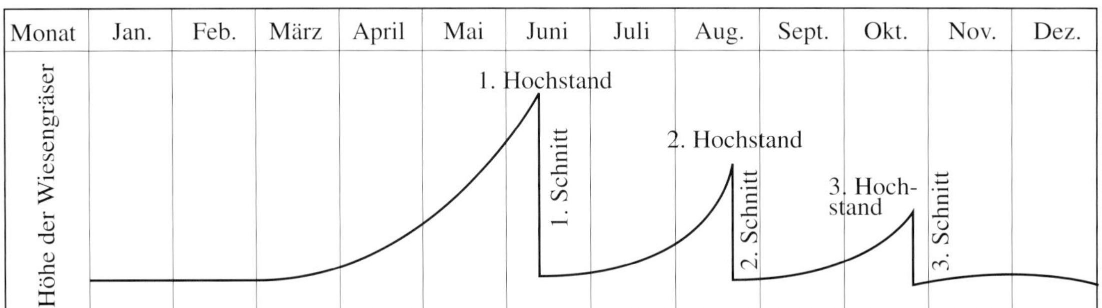

Phase	1	2	3	4	5	6	7	8	9	10
Löwen-zahn										
Herbst-zeitlose										

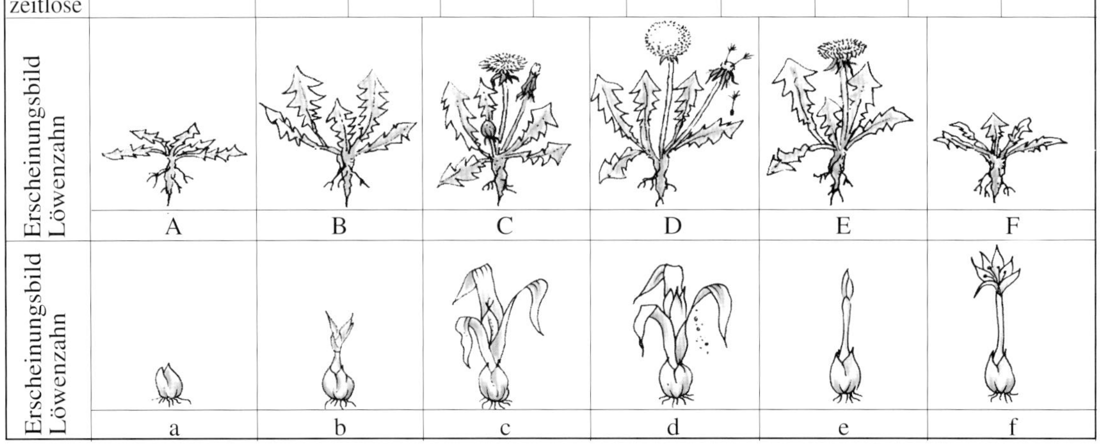

Die Hochstände einer Fettwiese im Jahresverlauf und verschiedene Entwicklungsstadien des Löwenzahns und der Herbstzeitlose.

Methodisch-didaktische Hinweise:

Wiesenpflanzen sind durch den regelmäßigen Schnitt einem hohen Selektionsdruck ausgesetzt. Nur Pflanzenarten, die entsprechend angepasst sind, können längerfristig diesen extremen Selektionsbedingungen standhalten.
Bei der Einpassung in den Mahdrhythmus lassen sich zwei Gruppen unterscheiden:

1. Arten, deren Entwicklungszyklus zufällig in den Mahdrhythmus passt. Ein Beispiel dafür ist die Herbstzeitlose. Sie stammt ursprünglich aus Steppengebieten, ihr Entwicklungszyklus ist wohl eine Anpassung an das wintertrockene Steppenklima. Weitere Beispiele sind der Frühlingskrokus und die Hohe Schlüsselblume.
2. Die Pflanzen der zweiten Gruppe sind schnellwüchsig, können schnell regenerieren bzw. bilden Ersatzsprosse aus. Hierzu gehören Löwenzahn, Scharfer Hahnenfuß, Wiesenglockenblume, Gräser und Bärenklau.

In den Materialien wurde aus jeder Gruppe ein typisches, den Schüler/-innen wohl geläufiges Beispiel ausgewählt. Nach der exemplarischen Behandlung ist es möglich, weitere typische Wiesenpflanzen benennen zu lassen und ihre Anpassungen zu diskutieren.

Lösungen:

1. Löwenzahn: 1 A, 2 B, 3 C, 4 D, 5 F, 6 B, 7 F, 8 E, 9 F, 10 A
   Herbstzeitlose: 1 a, 2 b, 3 c, 4 d, 5 a, 6 a, 7 e, 8 f, 9 a, 10 a
2. Während normalerweise im Verlauf der Jahreszeit zuerst die Blüte und dann die Frucht gebildet wird, sieht es bei der Herbstzeitlosen so aus, als ob zuerst die Frucht und dann die Blüte erscheinen würde. Es ist ungewöhnlich, dass die Befruchtung im tief in der Knolle gelegenen Fruchtknoten im Winter stattfindet und die Fruchtentwicklung erst im Frühjahr abgeschlossen wird.
3. – Gruppe 1: **Frühlingskrokus:** Auf Bergwiesen, Abschluss der Entwicklung noch vor der Mahd.
   Hohe Schlüsselblume: Samenbildung ist ebenfalls vor dem ersten Schnitt abgeschlossen, die Blattrosette kann weiter assimilieren.
   – Gruppe 2: **Scharfer Hahnenfuß** und **Wiesenglockenblume** bilden nach der Mahd Ersatzsprosse aus Knospen an der Stängelbasis.
   Gräser: Treiben nach dem Mähen Seitensprosse und bilden zusätzliche Wurzeln (Bestockung). **Bärenklau:** Er wächst bis zum ersten Schnitt wenig, sodass die Grundblätter den Schnitt gut überstehen. Nun entwickelt sich die Pflanze rasch und bildet bis zum zweiten Hochstand seine Blütendolden. Noch bevor gemäht wird, reifen die Früchte. Wiederum wächst der Bärenklau sehr rasch, sodass noch eine zweite Blüte gebildet werden kann, bevor zum 3. Mal gemäht wird.

Literatur:

Schmidt, H.: Die Wiese als Ökosystem. Aulis Verlag, Köln 1979.
Seidel, D.: Anpassungen der Wiesenpflanzen an den Mahdrhythmus. Unterricht Biologie 93/8, 1984, S. 16–19.

Rosskastanien im Herbst

In unseren Städten begegnen wir sehr häufig einem stattlichen, breitkronigen Straßen- und Alleebaum: der Rosskastanie. Der bis zu dreißig Meter hohe Baum war in Mitteleuropa nicht immer heimisch, er stammt wahrscheinlich aus südosteuropäischen oder asiatischen Schluchtwäldern. 1576 wurde die Rosskastanie von Hans Ungnad, dem Gesandten des österreichischen Kaisers Maximilians II. am türkischen Hof, in Form einiger Samen von Konstantinopel nach Wien importiert.

Rosskur mit Rosskastanien
Der Name „Ross“ bezieht sich wohl auf die Verwendung der Kastanie als Pferdefutter, kann aber auch als im Vergleich zur Esskastanie so viel wie „minderwertig“ bedeuten. Eine andere Interpretation bezieht sich auf die Anwendung der Kastanienfrüchte bei Pferden, die an Husten und Dämpfigkeit leiden. Die gehackten Früchte ins Futter gemischt bewirkten, dass ein altersschwaches Ross wieder frei atmen konnte. Auf diese „Rosskur“ bezieht sich auch der wissenschaftliche Name *Aesculus hippocástanum*: Das lateinische „aescus“ bedeutet „Speise“, „hippos“ kommt aus dem Griechischen und heißt Pferd.

Beobachtungsaufgabe:
Wenn der herbstliche Sturmwind an den Zweigen der Rosskastanie rüttelt, werden die Kastanienfrüchte heruntergeschüttelt. Sammle Fruchtschale und Samen. Überlege, um welche Fruchtform es sich handelt. Drücke die Fruchtschale, wie fühlt sie sich an? Welche Funktion haben wohl die stacheligen Auswüchse der Fruchtschale? Überlege, warum die Samen annähernd kugelförmig sind. Wie ist wohl der weißlich-graue Fleck auf der Samenschale entstanden?

Versuche:

Materialien: Taschenmesser oder auf einer Seite abgestumpfte Rasierklinge, Münze, Tiegelzange oder Pinzette, Bunsenbrenner oder Spiritusbrenner, Reagenzglas mit Stopfen, Iodkaliumiodidlösung, Pipette, Eisennagel oder Eisen(III)-chlorid (Vorsicht, reizt Augen und Haut!), UV-Lampe.

Versuch 1: Braunfärbung der Fruchtschale
Schneide mit dem Taschenmesser oder einer Rasierklinge die Fruchtwand durch. Beobachte einige Minuten.

. . . .

Versuch 2: Verhinderung der Braunfärbung durch heiße Münze
Erhitze einen Pfennig mit Hilfe eines Spiritusbrenners (Tiegelzange bzw. Pinzette). Schneide eine Fruchtwand der Kastanienschale mit dem Taschenmesser oder der Rasierklinge in Längsrichtung, sodass eine größere Schnittfläche entsteht. Drücke nun den erhitzten Pfennig auf die Schnittfläche. Beobachtung?

. . . .

Versuch 3: Schaumwirkung der Saponine in Rosskastaniensamen
Übergieße in einem Reagenzglas einen zerkleinerten Rosskastaniensamen mit 10 ml heißem Wasser, lasse abkühlen und schüttle dann kräftig durch. Beobachtung?

. . . .

Versuch 4: Stärkenachweis in den Samen
Tropfe etwas Iod-Kaliumiodidlösung auf die Schnittfläche eines Samens. Beobachtung?

. . . .

Versuch 5: Gerbstoffe in der braunen Samenschale
Löse die braune Samenschale ab und gib diese in eine Petrischale mit Wasser. Gib einen Eisennagel hinein. Stattdessen kannst du auch Eisen(III)-chloridlösung zutropfen. Beobachtung?

. . . .

Versuch 6: Fluoreszenz bei einem abgeschnittenen Zweig der Rosskastanie
Schneide einen etwa fingerdicken Rosskastanienzweig ab. Stelle ein mit Leitungswasser gefülltes Becherglas auf schwarzes Papier. Schabe mehrere Rindenstücke ab und gib diese in das Becherglas. Beobachte bei Sonnenlicht oder künstlichem Licht. Eindrucksvoller gelingt der Versuch, wenn du unter dem Licht einer UV-Lampe beobachtest.

. . . .

Methodisch-didaktische Hinweise:

Gerne sammeln Kinder im Herbst die glänzenden Samen der Rosskastanie, die als Allee- und Parkbaum überall anzutreffen ist. Mit den Kastanien lassen sich eine Reihe von einfachen Versuchen durchführen. Grundlage ist die Beobachtung, dass die meisten Kastanienfrüchte erst wenn sie zu Boden fallen aufplatzen. Anhand dieses Beispiels kann der Begriff der Kapsel als eine mögliche Fruchtform wiederholt werden. Weiter kann die Samenbildung angesprochen werden. Das Verhindern der Braunfärbung durch Zerstörung der Enzyme kann wohl erst in der 9. Jahrgangsstufe erklärt werden.

Lösungen:

Beobachtungsaufgabe:
Die Früchte bezeichnet der Botaniker als Kapseln, die beim Herunterfallen aufspringen und die braunglänzenden Samen freigeben. Damit diese nicht zu Schaden kommt, dämpft die Kapselwand mit ihren stacheligen Auswüchsen wie ein Kissen den Aufschlag. Die Samen rollen dann aufgrund der glatten Oberfläche und der kugeligen Form ein Stück weiter (Rollsamen). Bei dem weißlichen Fleck auf der Kastanie handelt es sich um den Nabel (Hilum). An dieser Stelle war der Samen über den Funikulus mit der Plazenta der Frucht verbunden, über die Samenanlage und Samen mit Nährstoffen versorgt werden. Diese Anheftungsstelle bricht beim Herausfallen der Samen ab. Die Rosskastaniensamen besitzen einen überaus großen Nabel.

Versuch 1: Die weißliche Wundfläche färbt sich innerhalb von etwa 2 Minuten rötlich braun.
In den Zellen der Fruchtschale sind Diphenole und Enzyme enthalten, die zusammenfassend als Phenoloxidasen bezeichnet werden. Durch die Zerstörung der Zellen kommen diese miteinander in Kontakt und eine durch Luftsauerstoff beschleunigte Reaktion kann ablaufen, in der die Phenole zu Chinonen oxidiert werden. Durch Polymerisation der Chinone entstehen Polyphenole: braun gefärbte Verbindungen (vgl. auch unreife Äpfel oder Bananenschalen).

Versuch 2: Die Auflagefläche der Münze bleibt als weißer Ring sichtbar, während sich die übrigen Bereiche rotbraun verfärben.
Die heiße Münze zerstört die Enzyme (Denaturierung), sodass die Bildung dunkler Polyphenole unterbleibt.

Versuch 3: Die Samen der Rosskastanie enthalten Aescin, ein Saponingemisch, das seifenähnliche Eigenschaften hat und beim Schütteln stark schäumt.

Versuch 4: Die typische Stärkereaktion, Bildung einer blauschwarzen Verbindung, läuft ab.

Versuch 5: In der Samenschale sind Gerbstoffe enthalten. Diese lösen sich z. T. in Wasser. Mit Eisen(III)-Ionen bilden sie schwarz gefärbte Verbindungen. Aufgrund der sauren Eigenschaften der Gerbstoffe lösen sich aus dem Nagel Eisen-Ionen, dort bilden sich schwarze Schlieren.

Versuch 6: Aus der Rinde lösen sich intensiv blaugrün fluoreszierende Schlieren des im Bast vorhandenen Cumaringlycosids Aesculin. Aufgrund der lichtabsorbierenden Eigenschaften werden Extrakte aus der Rinde auch in der Kosmetik als Sonnenschutzmittel eingesetzt.

Literatur:

Mossner, H.: Arzneipflanzen im Unterricht. Aulis Verlag Deubner, Köln 1995.

Wie Pflanzen überwintern

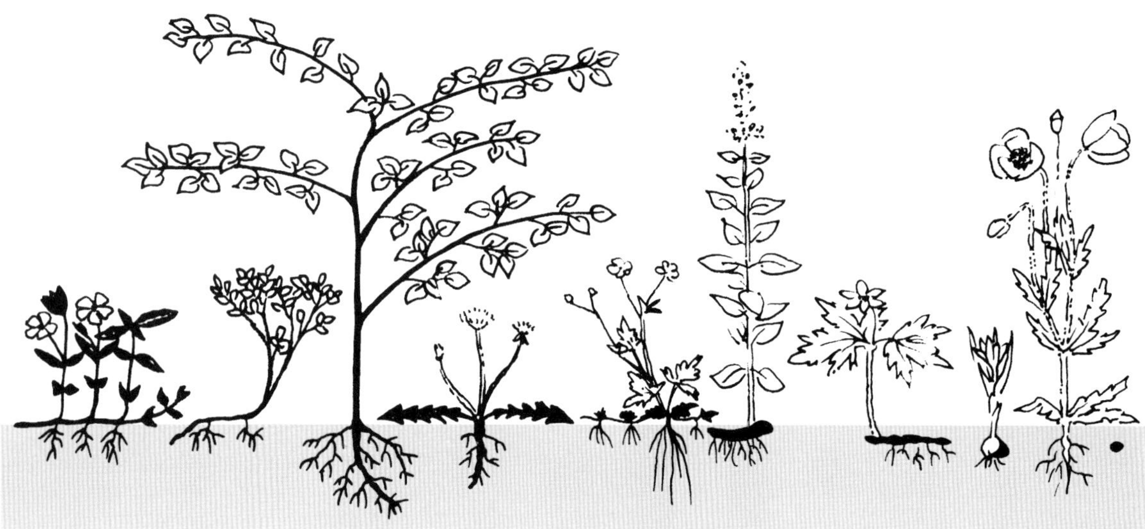

Die schwarz gezeichneten Pflanzenteile überwintern, alle anderen Pflanzenteile sterben im Herbst ab.

Überwinterungsformen

A) **Luftpflanzen** tragen ihre Erneuerungsknospen höher als 50 cm über dem Erdboden. Zu ihnen gehören alle Gehölze (Bäume und Sträucher).

Abb.: ....

B) Bei **Oberflächenpflanzen** liegen die Erneuerungsknospen dicht an der Erdoberfläche. Manche Pflanzen überwintern mit einer Blattrosette (wie z. B. der Wegerich oder die Primel), manche mit oberirdischen Ausläufern (wie z. B. der Hahnenfuß), manche tragen die Erneuerungsknospen am Stängel, der nur wenig aus der Erde herausschaut (wie z. B. die Brennnessel).

Abb.: ....

C) **Einjährige Pflanzen** sterben im Winter vollständig ab. Nur ihre Samen bleiben in der Erde liegen und keimen im Frühjahr zu einer neuen Pflanze aus. So leben fast alle Getreidepflanzen und viele andere Pflanzen.

Abb.: ....

D) **Wurzelpflanzen** überwintern unter der Erde. Ihre Erneuerungsknospen finden sich in Zwiebeln (wie bei der Tulpe oder beim Krokus) oder in unterirdisch verlaufenden Erdsprossen (Maiglöckchen).

Abb.: ....

E) **Zwergsträucher** tragen ihre Erneuerungsknospen zwischen 10 cm und 50 cm über dem Erdboden. Sie kommen vor allem in schneereichen Gegenden vor. Eine typische Pflanze ist bei uns das Heidekraut.

Abb.: ....

Aufgaben:

1. Ordne den Überwinterungsformen der Pflanze die richtige Abbildung zu (siehe Text).
2. Ordne folgende Pflanzen den verschiedenen Überwinterungsformen zu: Weizen, Besenheide, Tulpe, Birke, Knoblauch, Klatschmohn, Gerste, Blaubeere, Löwenzahn, Brennnessel, Flieder, Eiche, Kartoffel.
   Begründe deine Ansicht.
3. Findest du weitere Beispiele für die verschiedenen Überwinterungsformen von Pflanzen?

Methodisch-didaktische Hinweise:

Die Materialie ist voraussetzungslos in den genannten Jahrgängen einsetzbar, sobald Grundkenntnisse über die Pflanzenorgane vorhanden sind. Sinnvoll ist ein Einsatz am Ende einer Unterrichtsreihe über Blütenpflanzen, um ökologische Aspekte zu thematisieren. Anpassungsformen von Pflanzen an gemäßigt kühle Winter können für die verschiedenen Lebensformtypen detaillierter besprochen werden:
- Welche Nachteile brächte die Überwinterung als Samen (z.B. für Bäume und Sträucher) mit sich?
- Welche Vorteile ergeben sich aus der Überwinterung unter der Erdoberfläche?
- Welcher Vorteil ergibt sich in schneereichen Gegenden aus der Überwinterung knapp über der Erdoberfläche?
- …

Solche Fragen mögen trivial erscheinen, angesichts der Naturferne der meisten heutigen Kinder sollte man den Erkenntnisfortschritt jedoch nicht unterschätzen.

Lösungen:

1. A 2, B 3, C 5, D 4, E 1
2. Einjährige Pflanzen: Weizen, Klatschmohn, Gerste
   Wurzelpflanzen: Tulpe, Knoblauch, Kartoffel
   Oberflächenpflanzen: Löwenzahn, Brennnessel
   Zwergsträucher: Besenheide, Blaubeere
   Luftpflanzen: Birke, Flieder, Eiche
3. Um weitere Beispiele zu finden, lässt sich auch ein Unterrichtsgang in die Schulumgebung durchführen.

Literatur:

Strasburger, E. (Hrsg.): Lehrbuch für Botanik für Hochschulen, Stuttgart u. a. 1978, S. 197.

Überwinterung der Rosskastanie

Im Winter steht die Rosskastanie kahl und sparrig da, erst Mitte April wird sie wieder ergrünen, sie ist damit ein Bote des Erstfrühlings. Besorge dir nach dem Laubfall im Herbst oder im Winter einen Kastanienzweig mit einer großen Endknospe.

Materialien: Präparierbesteck, evtl. Lupe, Bechergläschen 50 ml, Spiritus (feuergefährlich!)

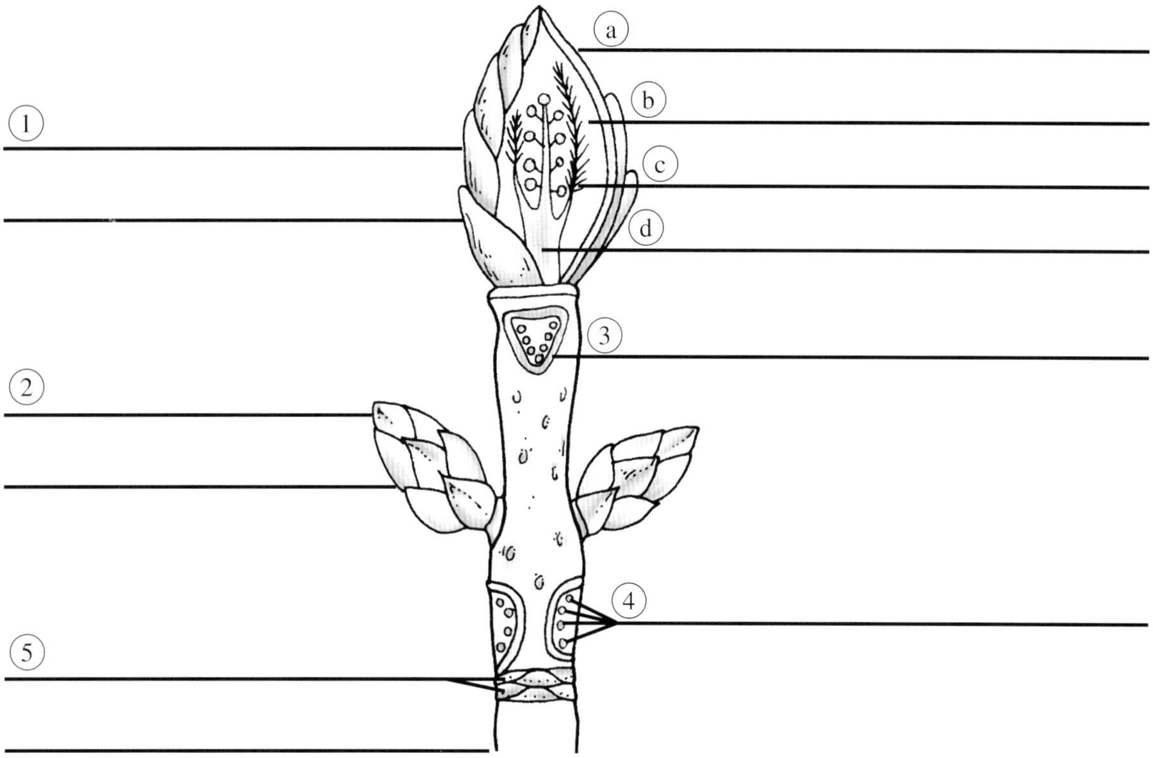

Aufgaben:

1. Betrachte den Kastanienzweig, welche Teile kannst du erkennen?
2. Präpariere mit Hilfe eines Präparierbestecks die Schuppen einer Endknospe von außen nach innen ab. Falls die Knospe zu klebrig ist, gibst du sie in ein kleines Becherglas, das mit Spiritus gefüllt ist. Nach etwa 20 Minuten hat sich der klebrige Überzug weitgehend im Spiritus gelöst. Trockne mit einem Papiertuch ab.
3. Beschrifte die Abbildung!
4. Welche Funktion haben die Schuppen und warum sind sie wohl klebrig?
5. In den Blattnarben sind 5 oder 7 Blattspuren vorhanden. Siehst du einen Zusammenhang mit dem Bau des Blattes?
6. Warum wirft die Rosskastanie ihre Blätter im Herbst ab?
7. Warum färben sich die Blätter im Herbst gelb, bevor sie abgeworfen werden?

Methodisch-didaktische Hinweise:

Die Untersuchung eines Rosskastanienzweiges macht Schüler/-innen großen Spaß. Fast zwangsläufig stellt sich die Frage nach dem Zweck einer Knospe und daraus ergibt sich das Thema Überwinterung eines Laubbaumes. Die Knospen der Rosskastanie sind besonders groß und daher auch gut zu präparieren. Überraschend ist, dass in den Endknospen bereits die Blütenstände angelegt sind.

Lösungen:

1. Am Zweigende steht eine besonders große Knospe, die Endknospe. Sie ist klebrig. Es handelt sich um eine gemischte Knospe mit Blütenstand und Blattanlagen. Die folgenden etwas kleineren Blattknospen sind gegenständig angeordnet, sie enthalten keine Anlagen für die Blütenstände, sondern nur kleine grüne Blättchen. Unter jeder Knospe liegen jeweils zwei hellere hufeisenförmige Abdrücke, die Blattnarben. Am Rand der Blattnarben fallen dunklere, punktförmige Erhebungen auf. Es sind die Abrissstellen der Leitbahnen, die vom Zweig in den Blattstiel und in die Blätter führten. Bevor das Blatt endgültig abgeworfen wurde, wurden sie mit Kork verschlossen, man bezeichnet sie auch als Blattspuren. Unterhalb der Blattnarben fallen dicht gedrängte, schmale Narben auf, sie stammen von den Schuppen der letztjährigen Endknospe (Narben der Knospenschuppen).

3. 1 Endknospe (gemischte Knospe)
   a) Knospenschuppe
   b) Behaarung
   c) Blattanlage
   d) Blütenstand

   2 Seitenknospe (Blattknospe
   3 Blattnarbe
   4 Blattspuren
   5 Narben der Knospenschuppen

4. Die Schuppen dienen dem Schutz der jungen Blätter und Blütenstände, in geringerem Maße vor Strahlung und Kälte, insbesondere aber vor Wasserverlust. Die klebrige Schicht besteht aus harzähnlichem Pflanzenbalsam und erhöht den Verdunstungsschutz, denn während der Frostperiode ist der Wassernachschub aus den Wurzeln weitgehend unterbunden.

5. Die Anzahl der Blattspuren entspricht der Anzahl der Fiederblättchen des gefingerten Rosskastanienblattes.

6. Der Laubfall ist eine Anpassung der Laubbäume an den Winter. Wenn der Boden gefroren ist, können die Bäume über die Wurzeln kein Wasser aufnehmen. Wenn noch Blätter vorhanden wären, würde ständig Wasser verdunsten, der Baum würde austrocknen.

7. Die herbstliche Blattfärbung ist das erste Anzeichen des bevorstehenden Blattwurfs. Chlorophyll wird in seine Bestandteile zerlegt und über die Leitbündel zurück in die Zweige transportiert. Gelbe Carotinoide, die vorher durch das Chlorophyll verdeckt waren, werden sichtbar. Doch auch sie und andere Stoffe in der Zelle werden abgebaut, bis das Blatt nur noch aus toten Zellen besteht (vgl. IV. 6.5). Am Grunde des Blattstiels bildet sich ein Trenngewebe, das aus Kork besteht. Es dient als Wundverschluss und ist nach Abwurf des Blattes als Blattnarbe sichtbar.

Literatur:

Engel, A.: Zweige mit Knospen. In: Umweltaktivitäten bei Klassenfahrten. Schwerpunkt Herbst – Winter – Frühling. Akademiebericht Nr. 192. Akademie für Lehrerfortbildung Dillingen (1991).
Haller, B., Probst, W.: Botanische Exkursionen. Band 1: Exkursionen im Winterhalbjahr. 2. Aufl. Gustav Fischer-Verlag, Stuttgart, New York 1988.

9
Ökologie
(Verbreitung, Pflanzengesellschaften, Lebensgemeinschaften)

S IV. 9.1

Verbreitung von Samen und Früchten

Für Pflanzen, die zeitlebens fest an ihren Standort gebunden sind, ist es von großer Wichtigkeit, für die möglichst weite Verbreitung ihrer Früchte und Samen zu sorgen. Dies geschieht entweder durch den Wind, durch Tiere oder Menschen oder auch durch besondere Einrichtungen der betreffenden Pflanze.
Oftmals kann man aus dem Bau oder der Gestalt der Früchte auf die Art ihrer Verbreitung schließen.

Aufgaben:

1. Schreibe in das freie Feld unter den Abbildungen, auf welche Weise die dargestellten Früchte bzw. Samen verbreitet werden. Suche weitere Beispiele!

Linde	Kirsche	Schöllkraut	Mohn	Kokos
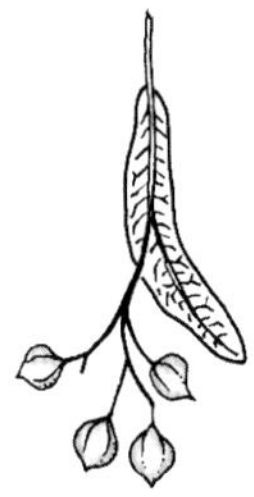		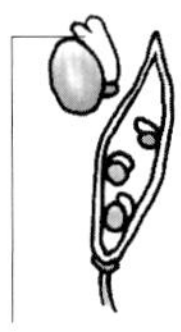 eiweißreiches Anhängsel	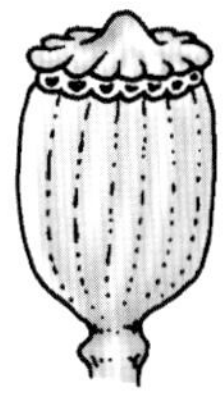	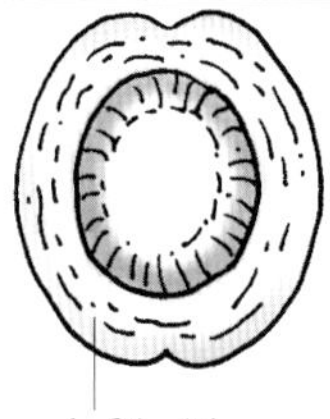 lufthaltige Schicht

Löwenzahn	Spritzgurke	Johannisbeere	Haselnuss	Klettenlabkraut
	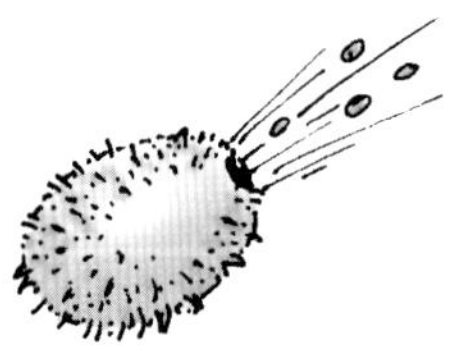	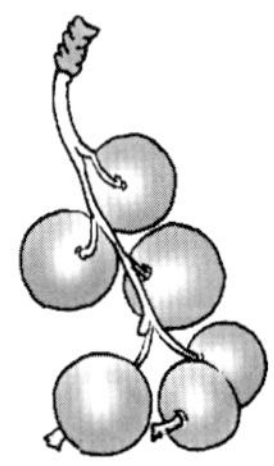	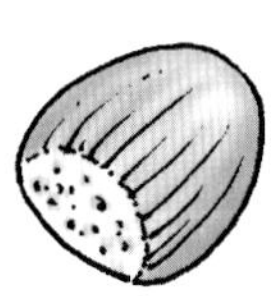	

2. Was ist der Unterschied zwischen einer Frucht und einem Samen?

....

....

3. Welcher Vorteil mag sich für eine Pflanze ergeben, wenn sie auffallend gefärbte Früchte mit einem Fruchtfleisch bildet, das erst bei der Reife süß schmeckt?

....

....

4. Warum enthalten die fleischigen Beeren oft auffällig harte Samen?

....

Methodisch-didaktische Hinweise:
Das Arbeitsblatt kann vielseitig eingesetzt werden, als Ergebnissicherung im Unterricht oder als Hausaufgabe, als Arbeitsblatt zur Ermittlung von Vorwissen, ganz oder teilweise auch als Teil einer Lernzielkontrolle.
Natürlich kann man von den Abbildungsleisten eine Folie ziehen, die als Grundlage für die Besprechung des Themas in der Stunde dienen kann. Selbstverständlich sollte man möglichst viele Früchte/Samen in natura vorzeigen können, evtl. als Trockenpräparat (Kokos, Linde).
Dargestellt sind allgemein bekannte Pflanzenarten (Ausnahme die mediterrane Spritzgurke), deren Verbreitung sich aus den Darstellungen relativ leicht erschließen lässt. Unbekannt dürfte die Verbreitung durch Ameisen (sog. Myrmecochorie) sein (Beispiel Schöllkraut). Die Kokosfrucht kennen sicher nicht alle Schüler – um den Samen (die „Nuss") schließt sich eine starke Schicht, die zwischen den Fasern (Kokosläufer!) viel Luft enthält. Die Früchte werden dadurch schwimmfähig, was zur Verbreitung der oft an Inselstränden wachsenden Kokospalmen beiträgt (vgl. dazu ergänzend IV. 9.2).

Lösungen:
1. Linde: Wind (durch Verzögerung des Herabfallens)
   Kirsche: Vögel, Mensch (Kerne werden unverdaut ausgeschieden, ausgespuckt)
   Schöllkraut: Ameisen fressen das Anhängsel (Elaiosom) oder verschleppen es in Ritzen (!)
   Mohn: Kapsel wirkt wie ein Salzstreuer (Ausstreuen bei trockenem Wetter und Bewegung des Stängels)
   Kokos: Lufthaltiges Gewebe (Mesokarp) macht Früchte schwimmfähig
   Löwenzahn: Wind (Fallschirm)
   Spritzgurke: Innendruck der Frucht lässt beim Abreißen die Samen bis 10 m weit fliegen (Explosionsfrucht)
   Johannisbeere: Vögel, Menschen (Samenschalen unverdaulich)
   Haselnuss: Eichelhäher, Mäuse, Eichhörnchen
   Klettenlabkraut: Tiere, Menschen (hakige Früchte verfangen sich im Fell oder in Kleidung)
2. Die Frucht ist der reife Fruchtknoten einer Blüte, sie enthält die Samen. Der Same entsteht aus der Samenanlage (im Fruchtknoten), er enthält eine kleine Pflanze mit Blatt- und Wurzelanlagen, dazu einen mehr oder weniger großen Nährstoffvorrat („Reiseproviant").
3. Auffällig gefärbte Früchte locken Tiere (und Menschen) an. Süßes Fruchtfleisch verlockt zum Probieren. Samen werden ausgespuckt, mit dem Kerngehäuse weggeworfen, als unverdauliche Reste ausgeschieden. – Der bittere oder saure Geschmack unreifer Früchte verhindert die Verbreitung, bevor die Samen ausgereift sind.
4. Die harte Samenschale soll das Zerbeißen verhindern und dem Angriff der Verdauungssäfte widerstehen.

Literatur:
Alle gängigen Lehrbücher der Botanik sowie allgemeine Lexika berichten über dieses Thema (Stichwort Früchte(verbreitung), Samen(verbreitung)).

Versuche mit der Pusteblume

Versuch 1: Wie schnell wächst der Köpfchenstiel?
Markiere eine bestimmte Pflanze. Miss im Abstand von 3 Tagen die Länge des Köpfchenstiels möglichst zur gleichen Uhrzeit. Führe ein Versuchsprotokoll wie unten angegeben. Fertige eine graphische Darstellung des Wachstums, indem du auf der Abszisse die Tage, auf der Ordinate die Länge aufträgst. Ist das Wachstum immer gleich? Interpretiere und begründe das Ergebnis.

Tag								
Länge								

Versuch 2: Blätter trockener und feuchter Standorte
Vergleiche die Blattformen und die Wuchsformen von Löwenzahnpflanzen, die an trockenen, sonnenbeschienenen und an feuchten, schattigen Stellen wachsen. Zeichne jeweils ein typisches Blatt. Begründe deine Beobachtungen!

Versuch 3: Öffnen und Schließen der Blütenköpfe
Beobachte unter welchen Bedingungen sich die Blütenköpfe des Löwenzahns öffnen und schließen. Kreuze in der Tabelle an:

	volle Sonne	Regen	am Abend …… Uhr	Mittags …… Uhr
Blütenkörbchen offen				
Blütenkörbchen geschlossen				

Versuch 4: Fallversuche mit der Pusteblume
Pflücke nach dem Verblühen eine Pusteblume und nimm sie mit nach Hause. Führe nun Fallversuche mit den Fallschirmfrüchten durch, indem du die Früchte aus einer Höhe von 2,5 Metern fallen lässt. Wie verändert sich die Fallgeschwindigkeit im Freien wenn Wind weht? Imitiere den Wind durch Pusten oder durch einen Haarföhn. Schneide nun mit einer Schere den Fallschirmkranz ab und wiederhole den Versuch.

Versuch 5: Ungeschlechtliche Vermehrung
Obwohl es an Sonnentagen um den Löwenzahn summt und brummt, ist der Löwenzahn nicht auf bestäubende Insekten angewiesen, er kann ohne Bestäubung und Befruchtung Früchte und Samen bilden. Dies kannst du beweisen, wenn du mit einer Rasierklinge oder einer Schere einen noch nicht geöffneten Blütenstand durchschneidest, sodass die Narben und die Staubbeutel, jedoch nicht die Fruchtknoten entfernt werden. Mit einem kleinen Plastikbeutel wird die Pflanze vor einem Insektenbesuch geschützt (siehe Abbildung).
Beobachte!

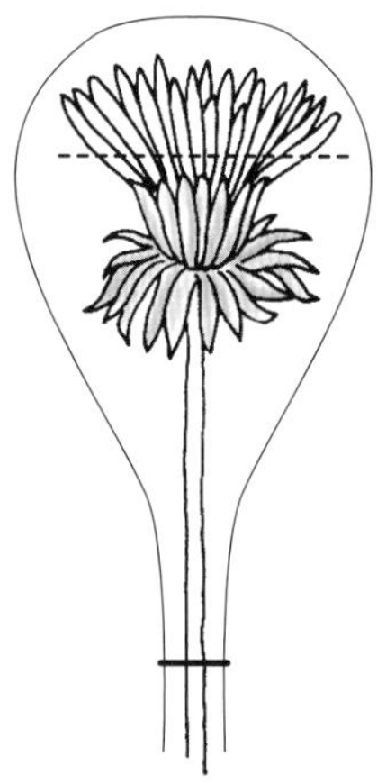

Versuch 6: Anzahl der Löwenzahnsamen einer Wiese
Stecke einen Quadratmeter Wiesenfläche ab. Zähle die Löwenzahnpflanzen auf dieser Fläche. Wie viele Blütenkörbchen besitzt eine Pflanze im Durchschnitt? Nimm mit dieser Zahl mal. Ein Blütenkörbchen besteht aus etwa 200 Blüten. Berechne nun die Anzahl der Samen pro Quadratmeter Wiesenfläche. Vergleiche mit einer Pusteblume, die bereits Fallschirmfrüchte besitzt. Wird aus jeder Zungenblüte eine Frucht gebildet? Schätze nun die Länge und die Breite der Wiese und multipliziere mit dem vorher ermittelten Wert.

Methodisch-didaktische Hinweise:

Der Löwenzahn ist eine typische Pflanze der Fettwiesen, er ist aber auch an Wegrändern und in Gärten anzutreffen. Die Hauptblütezeit liegt in den Monaten April und Mai, doch können auch noch im September blühende Exemplare gefunden werden.
Die angegebenen Versuchsanleitungen können daher auch als Hausaufgabe gestellt werden.

Versuchsauswertungen:

Versuch 1: Das Wachstum des Blütenstiels von der ersten sichtbaren Anlage bis zur Fruchtreife dauert 3 – 4 Wochen. Die Stiele erreichen etwa eine Länge von 35 cm, doch auch Längen bis zu 60 cm sind möglich. Bis zur Blütezeit wächst die Pflanze schnell, während der ersten Phase der Fruchtbildung verlangsamt sich das Wachstum, während der Fruchtreife erfolgt nochmals ein Wachstumsschub, sodass die Schirmfrüchte vom Wind leicht verweht werden können.

Versuch 2: Die Blütenköpfe schließen sich am Abend und bei schlechtem Wetter. Diese Bewegungen beruhen auf dem unterschiedlichen Wachstum der Innen- und Außenseiten der Hüllblätter. Bei Erniedrigung der Lichtintensität beginnt ein stärkeres Wachstum an den Außenseiten der Hüllblätter, die Blüten des Köpfchens werden nach innen gedrückt. Bei Licht und höheren Temperaturen wachsen die Innenseiten, sodass sich die Blütenköpfe öffnen [1].

Versuch 3: An sonnigen Standorten liegen die Blätter der Blattrosette dicht am Boden. Sie sind scharf gezähnt und relativ klein. Die Bodenfeuchtigkeit unter den Blättern verdunstet nicht so schnell und kommt den wenigen Seitenwurzeln zugute. Das rinnige Blatt leitet den Regen zur Pflanzenmitte. An feuchten und bewachsenen Stellen muss der Löwenzahn mit anderen Pflanzen um den Lichtgenuss konkurrieren. Die Blätter sind dort nach oben gerichtet, sie sind außerdem viel weniger gezähnt und viel länger und breiter.

Versuch 4: Die Fallzeit beträgt etwa 7 – 8 Sekunden, ohne Schirm etwa 1 Sekunde [3]. Unter Windeinfluss erhöht sich die Falldauer erheblich. Löwenzahnfrüchte werden in der Natur durch den Wind sehr weit mitgenommen. Versuche ergaben, dass von 10 startenden Früchten ein Schirmchen weiter als 5 km flog, unter 100 Früchten eines sogar weiter als 10 km [1].

Versuch 5: Der Löwenzahn gehört zu den Pflanzenarten, die sich fast ausschließlich ungeschlechtlich vermehren. Trotzdem entwickeln sich diploide Samen. Hierfür gibt es grundsätzlich zwei Möglichkeiten:

1. Die Embryosackmutterzelle, die infolge des Ausbleibens der Meiose diploid ist, entwickelt sich zum Embryo.
2. Der Embryo entwickelt sich aus einer diploiden somatischen Zelle in der Nachbarschaft der Embryosackmutterzelle.
   Diese Art der Vermehrung wird als Agamospermie bezeichnet. Beim Löwenzahn ist wahrscheinlich Alternative 2 verwirklicht [4]. Vom Löwenzahn existieren viele Ökotypen, deren Chromosomenzahl erheblich schwankt: $2n = 16$ bis 37. Die sich an die Verschmelzung von Sperma- und Eizelle anschließenden mitotischen Teilungen würden durch die unterschiedliche Chromosomenzahl erheblich behindert. Die Agamospermie bewirkt daher eine Stabilisierung des Formenreichtums [1], [2].

Versuch 6: Die Anzahl der Blüten und der Früchte stimmt weitgehend überein, d.h. fast jede Blüte bildet auch eine Frucht. Beispiel: Anzahl der Löwenzahnpflanzen 12, Blütenstände pro Pflanze im Schnitt 8, Zahl der Samen pro Blütenstand 200: 12x8x200 = 19 200 pro Quadratmeter.

Literatur:

[1] *Düll, R., Kutzelnigg, H.:* Botanisch-ökologisches Exkursionstaschenbuch. 5. Aufl. Quelle & Meyer, Heidelberg, Wiesbaden 1994.
[2] *Hess, D.:* Die Blüte. 2. Aufl. Verlag Eugen Ulmer, Stuttgart 1990.
[3] *Kronfeldner, M.:* Verbreitung von Samen und Früchten – Karpologie. Unterrichtshilfen Naturwissenschaften. Aulis Verlag, Köln 1982.
[4] *Krug, H., Krug, D.:* Der Löwenzahn – (k)ein gewöhnliches Wildkraut. UB 165, 43 – 47, 1991.

S IV. 9.3 Frühblüher im Buchenmischwald

Die Abbildungen zeigen typische Frühblüher des Buchenmischwaldes. Sie sind in den jeweiligen Texten beschrieben. Ordne jeweils die richtige Ziffer des Textes der entsprechenden Pflanze zu.

1. Die Blüten des .... sind anfangs rosa, dann blau. Der Nektar ist nur Hummeln zugänglich. Die Blätter sind häufig gefleckt. Da sie an eine menschliche, kranke Lunge erinnern, wurden sie früher häufig gegen Lungenkrankheiten verwendet. Die Blätter sind stark behaart.

2. Der .... hat kleine weiße vierzählige Blüten. Beim Zerreiben der Blätter entwickelt sich ein feines Aroma. Die Pflanze wird daher gern für eine Bowle verwendet. Die Früchte besitzen Fortsätze mit Widerhaken und erinnern an eine Klette.

3. Das .... hat violette, zweiseitig symmetrische Blüten. Das untere Kronblatt ist zu einem Sporn ausgezogen, in ihm sammelt sich der Nektar. Die Kapselfrucht öffnet sich mit drei Klappen, und die Samen werden ausgestreut. Diese besitzen kleine fett- und eiweißreiche Anhängsel und werden daher gerne von Ameisen verschleppt, die so für die Verbreitung sorgen.

4. Der .... hat kleeähnliche Blätter. Bei kühlen Temperaturen, Dunkelheit und bei zu starkem Licht klappen die Blättchen wie ein Regenschirm nach unten. Die Pflanze benötigt nur 1/100 des normalen Tageslichtes, um überleben zu können.

5. Das .... ist in allen Teilen giftig. Die Blüten durften stark. Die Blütenhülle ist einfach und glockenförmig verwachsen. Blütenbesuchende Bienen klammern sich am Rand fest und werden mit Pollen eingestäubt. Die roten Früchte reifen erst im September.

6. Das .... hat einen knotig verdickten Erdspross. Auf seiner Oberseite erkennt man scheibenförmige Vertiefungen, bei denen es sich um Blattnarben handelt. Sie erinnern an ein Siegel. Es existieren etwas größere männliche, etwas kleinere weibliche und auch zwittrige Blüten. Die Früchte sind bläuliche Beeren.

7. Das .... liebt nährstoff- und kalkarme Böden und kommt mit wenig Sonnenlicht aus. Die weißen Blüten werden von Fliegen bestäubt. Die Beeren sind rot.

8. Die Blüten der .... sind unscheinbar bräunlich gefärbt und befinden sich dicht über dem Boden. Die Pflanze ist in allen Teilen giftig. Die Samen werden von Ameisen verbreitet.

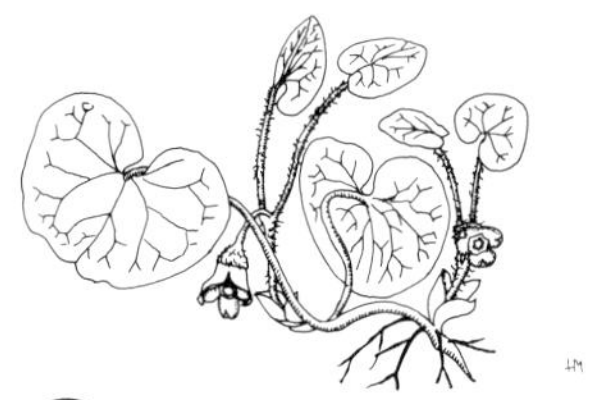

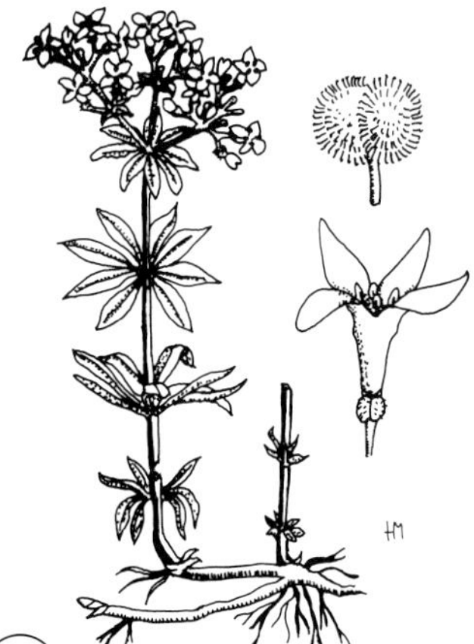

Methodisch-didaktische Hinweise:

Frühblüher sind ein klassisches Thema des Biologieunterrichts, denn mit der erwachenden Natur ist das Interesse der Schüler an Pflanzen besonders groß.

Neben dem Kennenlernen von Arten können weitere Themen angesprochen werden:
- Überwinterung von Pflanzen (Knollen, Zwiebeln, Wurzelstöcke, Samen) (vgl. 8.10).
- Einrichtung der Frühblüher, um möglichst früh auszutreiben,
- Anpassung an die Lichtverhältnisse im Wald (vgl. 9.3),
- Blütenmorphologie,
- Verbreitung der Samen und Früchte (vgl. 9.1).

Im Text sind die Farben der Blüten und der Früchte angegeben, sodass die Pflanzen auch ohne Zuhilfenahme eines Bestimmungsbuches ausgemalt werden können. Trotzdem empfiehlt es sich, ein gängiges Pflanzenbestimmungsbuch hinzuzuziehen, die Schüler-/innen können dann selbständig die ihnen unbekannten Pflanzen suchen und die Namen in das Arbeitsmaterial eintragen.

Lösungen:

1 Lungenkraut
2 Waldmeister
3 Waldveilchen
4 Sauerklee
5 Maiglöckchen
6 Salomonsiegel
7 Schattenblümchen
8 Haselwurz.

Literatur:

Düll, R., Kutzelnigg, H.: Botanisch-ökologisches Exkursionstaschenbuch. 5. Aufl. Quelle & Meyer, Heidelberg, Wiesbaden 1994.
Eschenhagen, D., Kattmann, U., Rodi, D. (Hrsg.): Handbuch des Biologieunterrichts, Sekundarbereich I, Band 1. Phänomen Vielfalt. Aulis Verlag, Köln 1989.

Kopfweidewirtschaft

Jahrhundertelang wurden Weiden an Feldrainen, Gräben und Gewässern von den Bauern gepflanzt. In regelmäßigen Abständen von 2 – 6 Jahren schnitt man die Zweige ab, um sie für viele Zwecke zu nutzen. Neben der Korbflechterei wurden Weiden insbesondere für den Bau von Flechtzäunen um die Gehöfte und Viehweiden gebraucht. Da diese Zäune nach 5 – 10 Jahren erneuert werden mussten, kamen die Weiden zu dem regelmäßigen „Haarschnitt" ihrer sich mehr und mehr ausbildenden Weidenköpfe. In die Schnittwunden der gescheitelten Bäume konnten Pilzsporen leicht eindringen, sodass das Holz durch die Pilzhyphen langsam zersetzt wurde. Es entstanden die hohlen Weiden, wichtige Lebensräume für viele Tierarten.

Weiden als Lebensraum

Da die Weide zu den im Frühjahr sehr zeitig blühenden Pflanzen gehört, ist sie eine hervorragende und wichtige **Bienenweide**. Von den Blättern leben die Raupen einer Vielzahl heimischer Schmetterlinge, insgesamt 172 Arten sollen es sein. Dazu gehört der **Große Schillerfalter**, der seine Eier nur auf am Boden liegende Blätter der Salweide ablegt. Die **Raupe des Großen Schillerfalters** frisst die Salweidenblätter an den Ästen. Über 100 Käferarten, wie z. B. der **Moschusbock** leben im Holz oder auf den Blättern. Die **Weidenjungfer**, eine Kleinlibelle, legt ihre Eier in die Rinde von Weidenzweigen, die über das Wasser hängen. Nach dem Schlüpfen lassen sich die Larven einfach ins Wasser plumpsen. Viele Höhenbrüter, wie z. B. der **Steinkauz**, sind auf hohle Weiden angewiesen. Wie Untersuchungen belegen, erreicht der auf der Roten Liste stehende Steinkauz seine höchste Siedlungsdichte in kopfbaumreichen Landstrichen. Der **Fischotter** lebt in Höhlen unter den Wurzeln.

Aufgaben:

1. Handelt es sich bei der hier abgebildeten Weide um eine männliche oder eine weibliche Weide?
2. Beschrifte die Teile der Weide und die auf der Weide lebenden Tierarten.
3. Informiere dich über die Lebensweise und die Gefährdung der aufgeführten Tierarten.
4. Erkundige dich bei Naturschutzverbänden, ob in deiner Stadt Kopfweiden regelmäßig gepflegt werden. Vielleicht kannst du einmal mithelfen.

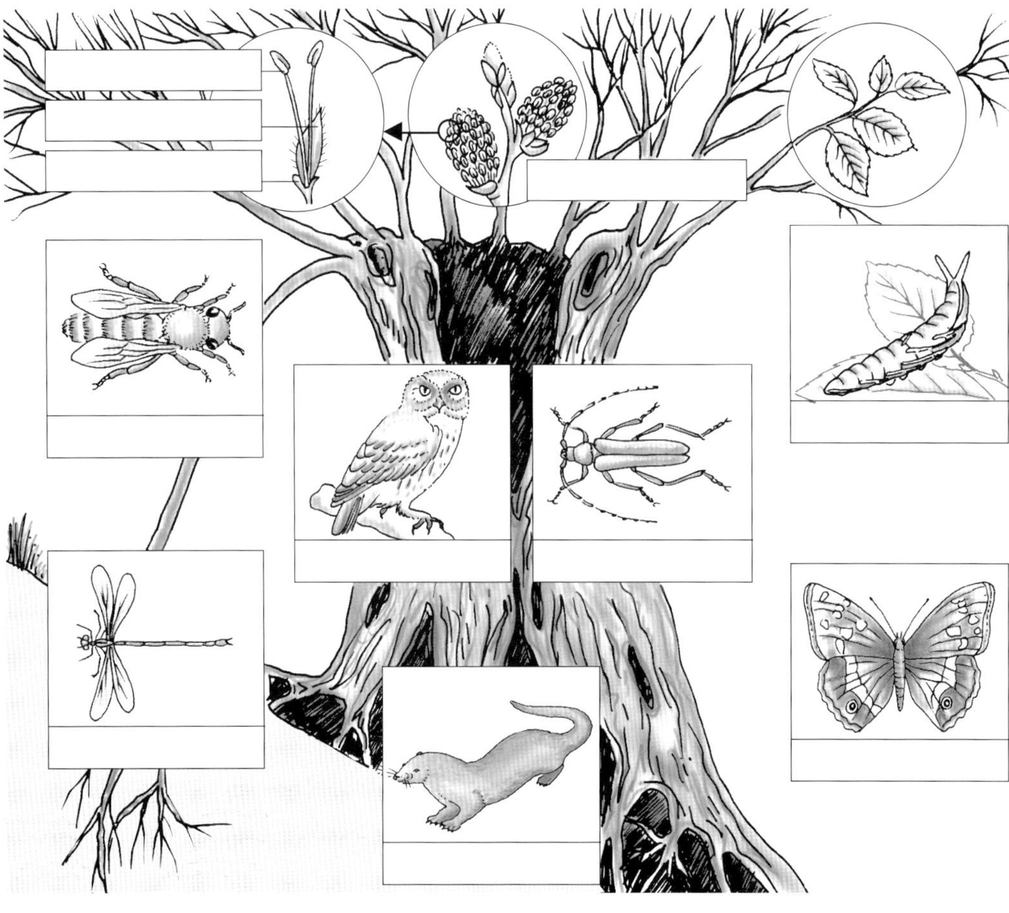

Methodisch-didaktische Hinweise:
In der Regel wird die Salweide als Frühblüher und als zweihäusige Pflanze im Unterricht behandelt. Dieser Inhalt kann ebenfalls herausgearbeitet werden. Mit Hilfe der Arbeitsunterlagen können jedoch auch Aspekte des Natur- und Landschafts- und des Artenschutzes angesprochen werden.

Lösungen:

1. Männliche Weide. Auf einem schuppenförmigen Blättchen sitzen zwei Staubblätter. Eine goldgelbe Nektardrüse produziert reichlich Nektar.
2. Runde Felder: Oben links: Staubblätter, Schuppenblatt, Nektardrüse
   Oben Mitte: Männliches Kätzchen
   Tiere: Oben links: Honigbiene, rechts: Raupe Großer Schillerfalter
   Mitte links: Steinkauz, rechts: Moschusbock
   Unten links: Weidenjungfer, Mitte: Fischotter, rechts Großer Schillerfalter
3. **Großer Schillerfalter** (*Apatura iris*): Er bevorzugt den Wald als Lebensraum. Beim Öffnen der Flügel schillern diese aufgrund der Strukturschuppen in einem intensiven Blauviolett. Beide lateinische Namen weisen auf diese Eigenschaften hin. Apatura ist vom griechischen Wort für Täuschen abgeleitet, iris verweist auf die Göttin des Regenbogens der griechischen Mythologie. Die Flugzeit ist vom Juni bis zum August. Die Eier des Schillerfaltes haben die Form eines Topfkuchens und messen etwa 1 mm. Sie werden immer einzeln an die Oberseite von Blättern möglichst beschatteter Salweiden geklebt. Die Raupe überwintert völlig ungeschützt den Winter auf einem selbstgesponnenen Polster in der Nähe einer Knospe. Erst mit dem Blattaustrieb werden Raupen wieder aktiv. Die Falter bevorzugen Baumsäfte aus Rindenwunden, Exkremente und Aas als Nahrung. Sie sind in der Roten Liste als **gefährdet** eingestuft.
   Der Steinkauz (*Athene noctua*): Er misst etwa 22 cm. Er trägt im Gesicht einen weißlichen Gesichtsschleier. Er bevorzugt abwechslungsreiche Kulturlandschaft und lebt vor allem in Kopfweiden. Die Nahrung sind Insekten, Würmer, Mäuse und Lurche. Ende April bis Mitte Mai legt er 3–5 Eier. Die Brutdauer ist 28 Tage. Er lebt in Dauerehe und ist seinem Brutort zeitlebends treu. **Stark gefährdet!**
   Weidenjungfer (*Lestes viridis*): Der Körper der Weidenjungfer ist grünmetallisch bis kupfern gefärbt. Die Flugzeit beginnt Anfang Juli. Sie lebt vorzugsweise an Fischteichen und Baggerseen, die von Weiden oder Erlen gesäumt werden. Wenn die Weibchen von der Übernachtungsstelle zum Gewässer fliegen, werden sie von Männchen abgefangen und es kommt zum „Paarungsrad". Da für die Eiablage übers Wasser ragende Zweige benötigt werden, findet man dort häufig Ansammlungen dutzender Paare. Die Eier werden ins Holz abgelegt. Die Art ist häufig und derzeit **nicht gefährdet**.
   Fischotter (*Lutra lutra*): Otter wurden in der Vergangenheit erbarmungslos gejagt, da man zum einen das Fell teuer verkaufen konnte und zum anderen der Otter als besonders schädlich für den Fischbesatz der Gewässer galt. Eine Meinung, die sich noch immer hartnäckig bei vielen Fischern gehalten hat. Neuere Untersuchungen und Erkenntnisse zeigen jedoch, dass der Otter zwar in guten Fischgewässern sich zu etwa 60 % von Fischen ernährt, dass er aber auch Krebse, Mäuse, Wasservögel, Frösche, Schnecken und Insekten frisst. Untersuchungen aus Schweden und Nordamerika belegen, dass der Otter die Fische in intakten Gewässern nicht spürbar dezimieren kann. Der typische Lebensraum sind Burgen in bestimmten Bachabschnitten, in der die Jungen groß gezogen werden. Typisch für den Otter sind auch Wanderungen über Entfernungen von 20 – 30 km. Der Otter ist **vom Aussterben bedroht!**
   Moschusbock (*Aromia moschata*): Er gehört zu den Bockkäfern, die durch besonders lange Fühler gekennzeichnet sind. Er wird bis zu 4 cm lang und glänzt metallischgrün bis bronzefarben. Er riecht stark nach Moschus (Name!). Die Larven fressen jahrelang in alten Weiden. Er ist nicht in der Roten Liste aufgeführt, gehört aber zu den geschützten Insektenarten, die nicht gefangen werden dürfen (Bundesartenschutzverordnung vom 12.3.1987, § 20).

Literatur:
Bellmann, H.: Libellen, beobachten – bestimmen. Neumann-Neudamm, 1987.
Blab, J., Ruckstuhl, T., Esche, T., Holzberger, R.: Aktion Schmetterling. Otto Maier, Ravensburg 1987.
Blab, J., Nowak, E., Trautmann, W., Sukopp, H.: Rote Liste der gefährdeten Tiere und Pflanzen in der Bundesrepublik Deutschland. Reihe Naturschutz aktuell (Hrsg. Erz, W.), 1984.
Naturschutzjugend im DBV/LBV: Erlebter Frühling, Weide. Ohne Jahresangabe.

S IV. 9.5 | **Kleinlebewesen in einem Wassertropfen**

Nicht im Leitungswasser, aber in einer Wasserprobe aus der Blumenvase, aus einem Aquarium oder aus einem Tümpel oder Bach findest du eine Vielzahl von Kleinlebewesen, die nur im Mikroskop sichtbar sind. Abgeschabtes Material von einem Stein, einem Zweig oder Blatt, die längere Zeit im Wasser gelegen haben, auch kleine Algenbüschel, sind eine Fundgrube für das Studium des Lebens im Wassertropfen.

Als Orientierung für deine Beobachtungen sind in der linken Spalte einige häufig anzutreffende Vertreter der Kleinlebewesen aufgezeichnet. Suche aber selbst und skizziere die Lebewesen, die du in deinem Präparat angetroffen hast.

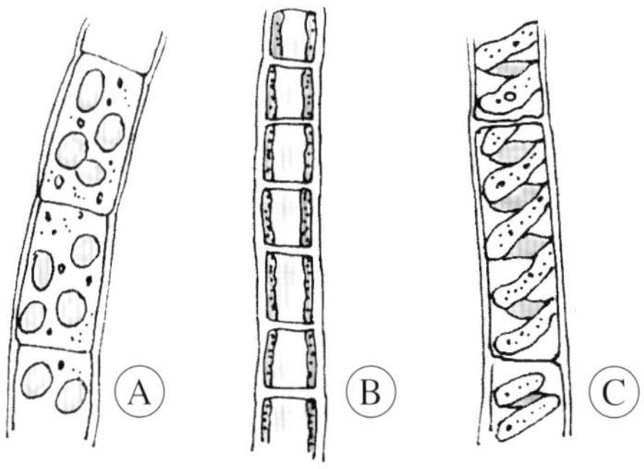

Fadenalgen :
A Wasserfaden
B Kraushaaralge
C Schraubenalge
D Schwingalge

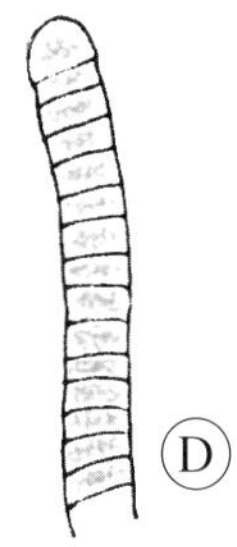

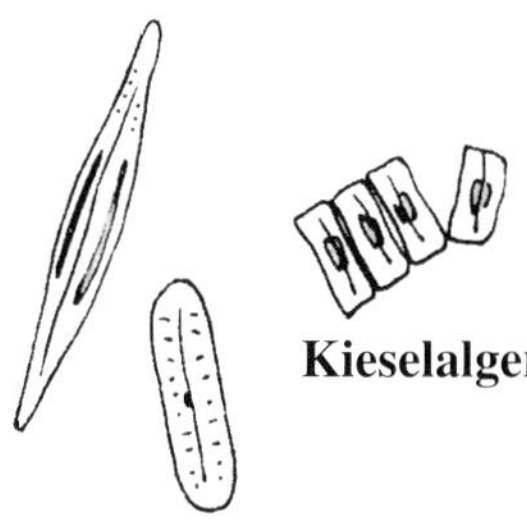

Kieselalgen

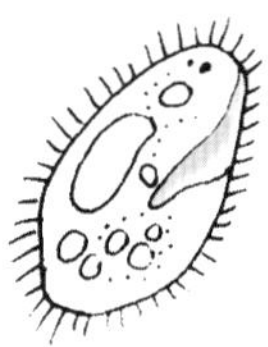

Wimpertierchen

einzellige Grünalge

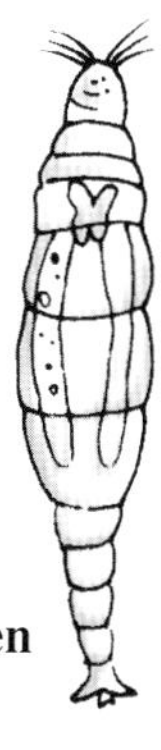

Rädertierchen

Die Leistung meines Mikroskops:

Vergrößerung des Objektivs: x, des Okulars: x

Gesamtvergrößerung also: x

Herkunft des Materials:

Ich habe gefunden:

(Skizze) (vermutlicher Name)

Methodisch-didaktische Hinweise:

Für Schüler/-innen jeder Altersstufe ist es ein Erlebnis, die vielfältigen Lebensformen in einem „Tropfen Wasser“ zu beobachten. Eine solche Stunde kann im Rahmen der Behandlung von Lebensräumen, bei der Besprechung der Reinerhaltung der Gewässer, aber auch – wenn es sich um kleinere Gruppen handelt – in Vertretungsstunden oder im Schullandheim bei schlechtem Wetter (Geräteausstattung natürlich vorausgesetzt) vorgesehen werden.

Einfachere Schülermikroskope reichen zumeist, an Geräten sind Objektträger, Deckgläser, kleine Bechergläser oder Blockschälchen und kleine Pipetten in ausreichender Anzahl bereitzuhalten.

Entscheidend ist die zu untersuchende Wasserprobe. Sie muss aus einem Gewässer stammen, in dem die gesuchte Vielfalt an Lebensformen noch vorhanden ist. Am sichersten sind die Algenwatten, die in stehenden Gewässern oder kleinen Tümpeln sich am Licht gebildet haben. Sie kann man in einem offenen Glasgefäß am Licht einige Zeit am Leben erhalten. Abgeschabtes von Blättern oder Steinen aus einem (gesunden) Aquarium zeigt ebenfalls gute Ergebnisse.

Der Schülergruppe wird zunächst mitgeteilt, wie sie die Vergrößerungsleistung „ihres“ Mikroskops ermitteln, damit sie bei der Beobachtung eine Vorstellung davon haben, in welchem Maßstabsbereich sie sich befinden.

Sie durchmustern dann ihr Präparat, skizzieren die von ihnen entdeckten Organismen und versuchen, sie anhand der auf dem Arbeitsblatt wieder gegebenen Zeichnungen zu identifizieren.

Es kann nicht Ziel der Stunde sein, genauere Formenkenntnis zu entwickeln, schon gar nicht, die gefundenen Lebewesen zu bestimmen, dazu gehört viel Erfahrung und gute Bestimmungsliteratur. Es kommt darauf an, die Vielfalt und auch die Schönheit der Organismen kennen zu lernen, die ihnen in einem Wassertropfen begegnen kann, und sie grob einzuordnen. Dass man beim Skizzieren von bewegten Objekten rasch das Wesentliche erfassen muss, ist ein weiterer, durchaus beabsichtigter Lerneffekt.

Literatur:

Es gibt eine Reihe von Büchern, in denen man eine größere Anzahl von Organismen aus diesem Bereich abgebildet findet, sodass eine annähernde Bestimmung möglich ist. Aus der neueren Literatur seien hier nur drei Titel genannt:

Streble, H., Krauter, D.: Das Leben im Wassertropfen. Mikroflora und Mikrofaune des Süßwassers. Ein Bestimmungsbuch mit 1700 Abbildungen. Franckhsche Verlagshandlung, Stuttgart 1973.
Schubert, A.: Praxis der Süßwasserbiologie. Volk u. Wissen-Verlag, Berlin 1966.
Eulefeld, G., Bolscho, D.: IPN Einheitenbank Biologie, Unterrichtseinheit Probleme der Wasserverschmutzung, Schülerheft 1 „Leitorganismen und Gewässerbelastung“. Aulis Verlag, Köln.

Nahrungsbeziehungen im Wald

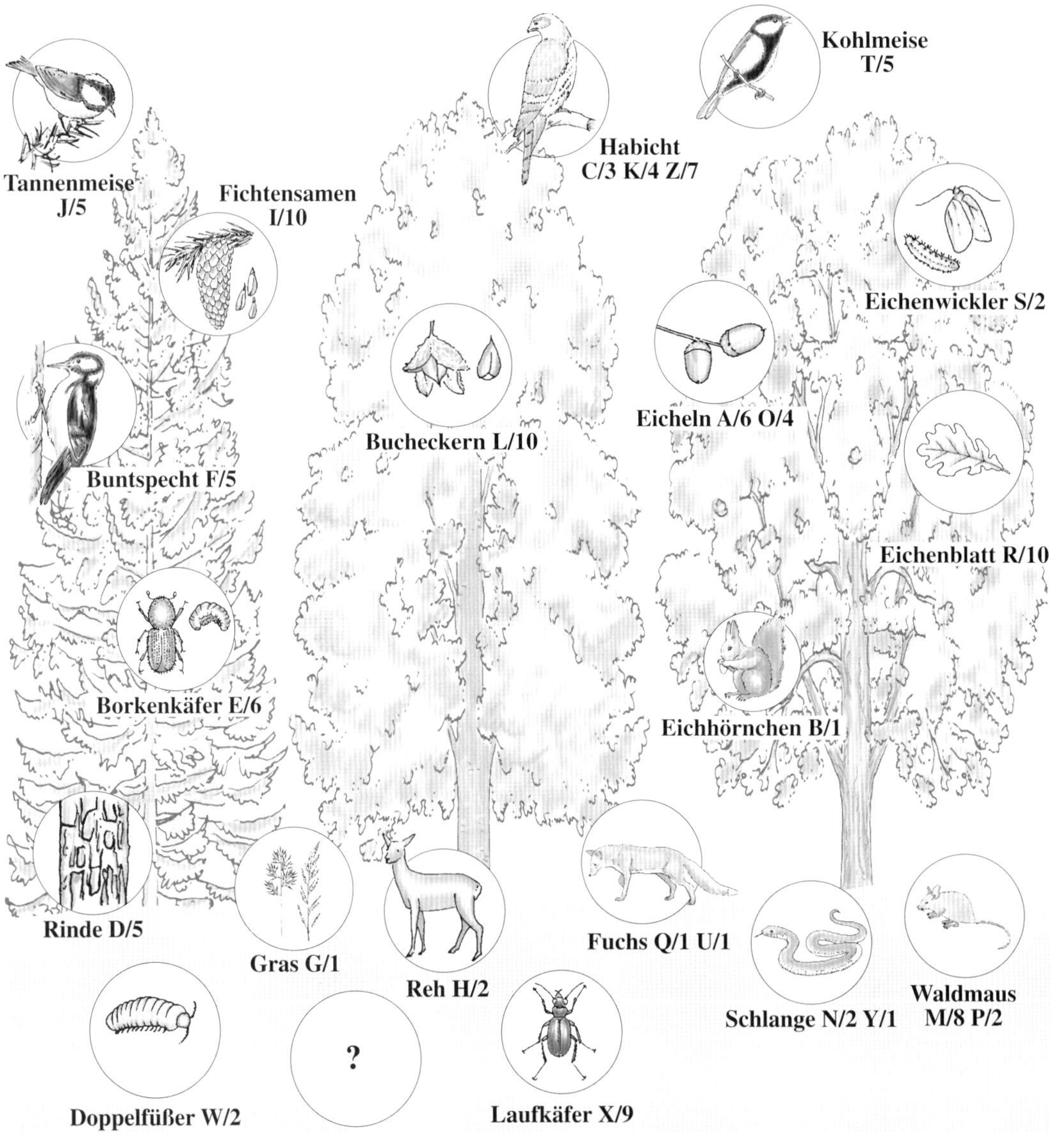

Aufgaben:

1. Verbinde in der Reihenfolge der Buchstaben von A – Z die Pflanzen und Tiere mit Pfeilen, die eine Nahrungskette bilden. Wie lautet der Lösungssatz? Die Zahl hinter den Buchstaben gibt jeweils den gesuchten Buchstaben des Lösungssatzes an.
2. Erstelle für die Nahrungsketten eine Tabelle nach folgendem Schema:

Produzenten	Konsumenten			
	1. Ordnung	2. Ordnung	3. Ordnung	4. Ordnung

Warum sind manche Tiere in verschiedenen Konsumentenordnungen zu finden?

3. Welches Problem ergibt sich für die Nahrungskette G → H?
4. Um welche besonderen Produzenten wird es sich bei dem Kreis mit Fragezeichen handeln?
5. Begründe mit Hilfe der ausgefüllten Zeichnung, warum es besser ist, von einem Nahrungsnetz zu sprechen. Ergänze mit Pfeilen weitere mögliche Nahrungsbeziehungen!

Methodisch-didaktische Hinweise:

In vorangegangenen Jahrgangsstufen haben die Schüler/-innen manche in dem Ökosystem Wald angesprochenen Wirbeltiere kennen gelernt, auch Nahrungsketten sollten ein Begriff sein, sodass hier der Schwerpunkt auf der Erarbeitung von Nahrungsnetzen gelegt werden kann. Eine monographische Erarbeitung einzelner Arten würde zu viel Zeit in Anspruch nehmen. Eventuell könnten die typischen Schadinsekten an Fichte und Eiche, Borkenkäfer und Eichenwickler näher charakterisiert werden. Didaktisch aufbereitete Materialien liegen in [1] und [2] vor.

Lösungen:

1. Lösungssatz: Lebensgemeinschaft im Forst.
2.

Produzenten	Konsumenten			
	1. Ordnung	2. Ordnung	3. Ordnung	4. Ordnung
Eiche**l**n	**E**ichhörnchen	Ha**b**icht		
Rind**e**	Borke**n**käfer	Bunt**s**pecht		
Gras	R**e**h			
Fichtensa**m**en	Tann**e**nmeise	Hab**i**cht		
Buchecker**n**	Waldmau**s**	S**c**hlange		
Eic**h**eln	W**a**ldmaus	**F**uchs		
Eichenbla**tt**	E**i**chenwickler	Kohl**m**eise	**F**uchs	
Laubstreu	D**o**ppelfüßer	Laufkäfe**r**	**S**chlange	Habich**t**

Da die Nahrungsketten unterschiedlich lang sind, können manche Tiere nicht eindeutig einer Trophieebene zugeordnet werden.

3. Rehe haben in unseren Wäldern keine natürlichen Feinde. Sie können sich deshalb ungestört vermehren. Da sie sich nicht nur von Gras ernähren, sondern auch die frischen Spitzen von jungen Bäumen fressen, werden diese stark geschädigt. Letzen Endes ist hier der Jäger der Konsument 2. Ordnung, der durch Bejagung für eine Reduzierung des Rehwildes sorgen muss.
4. Es handelt sich um abgestorbenes, zu Boden gefallenes Laub (Laubstreu).
5. Da die einzelnen Pflanzen und Tiere der Nahrungsketten wiederum Glieder anderer Nahrungsketten sind, ergibt sich ein Nahrungsnetz.
   Beispiele für weitere Nahrungsbeziehungen:
   Fichtensamen → Buntspecht → Habicht
   Fichtensamen → Waldmaus → Habicht

Literatur:

[1] *Eulefeld, G., Schaefer, G.:* Biologisches Gleichgewicht. IPN-Einheitenbank Curriculum Biologie. Aulis Verlag, Köln 1974.
[2] *Eschenhagen, D., Kattmann, U., Rodi, D.* (Hrsg.): Handbuch des Biologie-Unterrichts. Band 8, Umwelt, S. 106 – 109. Aulis Verlag, Köln 1991.

Gewässergütebestimmung mit Hilfe der Zeigerwerte der Vegetation

Unsere Fließgewässer zeigen verschiedene Grade von Verschmutzung. Im Quellbereich sind sie meistens unbelastet bis sehr gering belastet, sie bekommen die Güteklasse 1. Im weiteren Verlauf werden die Bäche und Flüsse nährstoffreicher. Man spricht dann von mäßiger Belastung bzw. Güteklasse 2. Bei weiterem Eintrag von Schmutzstoffen, z. B. durch Einleitung von Abwässern, wird das Gewässer stark verschmutzt (Güteklasse 3). Bei noch stärkerer übermäßiger Verschmutzung ist die Güteklasse 4 erreicht. Die Güteklasse eines Fließgewässers kann durch Messung chemischer Parameter, wie Sauerstoff-, Phosphat- und Nitratgehalt, bestimmt werden. Je höher z. B. der Nitratgehalt des Gewässer ist, umso stärker ist seine Verschmutzung. Pflanzen, die im Bach und am Ufer wachsen, können ebenfalls zur Gewässergütebestimmung herangezogen werden, da manche ausgesprochenen Stickstoff(Nitrat)zeiger sind, andere jedoch nur in stickstoffarmen Gewässern wachsen können. Heinz Ellenberg hat für alle Pflanzen eine Tabelle erarbeitet, in der auch der Stickstoffbedarf einer Pflanze mit Hilfe von Ziffern angegeben wird, die auch als Zeigerwerte bezeichnet werden. Diese Stickstoffzahl geht von 1 – 9, wobei die höchste Zahl auch den höchsten Bedarf der Pflanze für Stickstoff bedeutet. Die Tabelle zeigt die Zeigerwerte ausgewählter Wasserpflanzen. Um genauere Aussagen machen zu können, muss auch die Häufigkeit der Pflanzen berücksichtigt werden. Trage daher zunächst die Stickstoffzahl N der kartierten Wasserpflanzen in den Erhebungsbogen ein. Schätze die Menge (h) der Art und bilde das Produkt h · N. Die Produkte werden addiert und die Summe durch die Summe der Häufigkeiten dividiert. Du erhältst so die mittlere Stickstoffzahl. Werte dann nach Tabelle 2 aus und gib die Güteklasse des Gewässers an.

Tabelle 1: Stickstoffzahlen N ausgewählter Pflanzen an Bächen und Flüssen

Unterwasser-		**Röhrichtpflanzen Schwimmblattpflanzen**		**Uferpflanzen**	
Wasserpest	7	Aufrechte Berle	7	Sumpf-Mädesüß	4
Raues Hornblatt	8	Sumpf-Wasserstern	6	Kletten-Labkraut	8
Krauses Laichkraut	6	Flutender Schwaden	7	Gundermann	7
Kamm-Laichkraut	7	Wasserminze	4	Weiße Taubnessel	9
Flutender Hahnenfuß	8	Sumpf-Vergissmeinnicht	5	Gemeine Pestwurz	8
Weiße Seerose	7	Brunnenkresse	7	Stumpfblättriger Ampfer	9
Wasser-Knöterich	7	Rohrglanzgras	7	Große Brennnessel	8
		Wasser-Hahnenfuß	6	Kohldistel	5
		Wasserkresse	8	Giersch	8
		Wasser-Ehrenpreis	6	Sumpfstorchschnabel	8
		Bachbunge	6	Rauhaariges Weidenröschen	8
		Wasser-Schwertlilie	7	Gemeiner Beinwell	8
		Ufer-Wolfstrapp	7		

Tabelle 2: Mittlere Stickstoffzahlen und Gewässergüte

Güteklasse	1	1 – 2	2	2 – 3	3	3 – 4	4
Mittlere Stickstoffzahl	< 5,6	–6,0	–6,4	–6,8	–7,2	–7,6	>7,6

Erstelle einen Erhebungsbogen nach folgendem Muster:

Arten	**Häufigkeit**	**Zeigerwerte**	
	1 = einzeln 2 = kleine Gruppen 3 = kleine Trupps 4 = größere Trupps 5 = Massenwuchs	N	h · N
Beispiel: Wasserstern Große Brennnessel Vergissmeinnicht	 3 4 2	 6 8 5	 18 32 10
Mittlere Stickstoffzahl: 60 : 9 = 6,66 → Güteklasse 2 – 3	Summe 9	Summe h · N = 60	

Methodisch-didaktische Hinweise:

In den letzten Jahren sind zahlreiche Publikationen über Gewässergütebestimmungen mit Hilfe von Mikroorganismen, von tierischen Leitorganismen und von chemischen Parametern erschienen. Allerdings liegen bisher nur wenige Arbeiten, wie z.B. in [3] und [5] vor, in denen der Gewässerzustand mittels der im und am Gewässer vorkommenden Vegetation untersucht wird. Da die Eutrophierung und damit der Ammonium- und Nitratgehalt vom Quellbereich aus zunimmt, bietet ein Vergleich der mittleren Stickstoffwerte der Pflanzenverbände eine Möglichkeit, die Bach- und Flussabschnitte näher zu klassifizieren. In [3] werden mit zunehmender Eutrophierung die folgenden Pflanzengesellschaften beschrieben: Quellfluren, Fließwasserrasen, Klein-Röhrichte, Süßwasser-Röhrichte, Glanzgras-Röhrichte, Stauden-Uferfluren und Nitrophile Saumgesellschaften.

Für die Durchführung sollte ein Unterrichtsgang zu einem Bach oder Fluss geplant werden. Für die Untersuchung sollte ein etwa 25 m langer charakteristischer Abschnitt herangezogen werden. Neben Schreibzeug erhalten die Schüler/-innen Bestimmungsbücher, gut geeignet ist beispielsweise der BLV Pflanzenführer [4], da dort die Pflanzen nach Standorten geordnet sind und unter Gewässer – Moore – Sümpfe mit Hilfe der sehr guten Abbildungen leicht bestimmt werden können. Das Abschätzen der Häufigkeiten sollte anhand einiger Beispiele geübt werden.

Falls die Gruppe noch nicht mit der Bedeutung von Zeigerwerten vertraut ist, sollte eine kurze Einführung gegeben werden. Da in Tabelle 2 nicht alle Pflanzen aufgeführt sind, sollte zusätzlich ein Exemplar des Büchleins „Pflanzenzeigerwerte für den Schulgebrauch“ [1] oder [2] bereitgehalten werden, in der die Stickstoffzahlen nachgeschlagen werden können. Wasserpflanzen mit breiter ökologischer Valenz bezüglich des Stickstoffs, die in den Zeigerwerttabellen mit X gekennzeichnet sind, wie z.B. die Sumpfdotterblume, das Ährige Tausendblatt oder der Blutweiderich fehlen ebenfalls in Tabelle 1, da sie als Zeigerpflanzen nicht geeignet sind.

Das angegebene Verfahren dient allerdings nur zu einer ersten Abschätzung der Güteklasse des Gewässers, es sollte daher auch noch eine Gütebestimmung über chemische Parameter und über Gewässerorganismen vorgenommen werden.

Das Thema eignet sich besonders für eine Projektwoche, da Laborarbeiten (die Bestimmung der chemischen Parameter), Arbeiten in der Natur (Besuch der Gewässer) und die Präsentation (z.B. Erstellen einer Karte) gut zu kombinieren sind.

Literatur:

[1] *Dorn, A., Pohl, E.:* Pflanzenzeigerwerte für den Schulgebrauch. 2. Aufl. Verlag Erich Goltze, Göttingen.

[2] *Ellenberg, H.:* Zeigerwerte der Gefäßpflanzen Mitteleuropas. Scripta Geobotanica IX. 2. Aufl. Verlag Erich Goltze, Göttingen 1974.

[3] *Lienenbecker, H.:* Bestimmung der Gewässergüte von Fließgewässern mit Hilfe der Vegetation. Naturwissenschaften im Unterricht Biologie 32 (1984), S. 82 – 91.

[4] *Schauer, T., Caspari, C.:* BLV Pflanzenführer in Farbe. BLV Verlagsgesellschaft, München, Wien, Zürich, 1996.

[5] *Uth, M.:* Tiere und Pflanzen zeigen die Gewässergüte an. In: UB 131/12. Jahrg. (1988), S. 18 – 21.

10

Pflanzennutzung, Schädlinge, Biotechnik

Pflanzen(bestandteile) als Nahrungsmittel

Trage die gesuchten 22 Nahrungsmittel senkrecht ein (Ü = UE). Zu den 4 Pflanzen, die sich dann waagrecht ergeben, gehören noch 3 weitere aus den senkrechten Spalten; welche?
Nr. ___, Nr. ___ und Nr. ___.

1 2 3 4 5 6 7 8 9 10 11 12 13 14 15 16 17 18 19 20 21 22

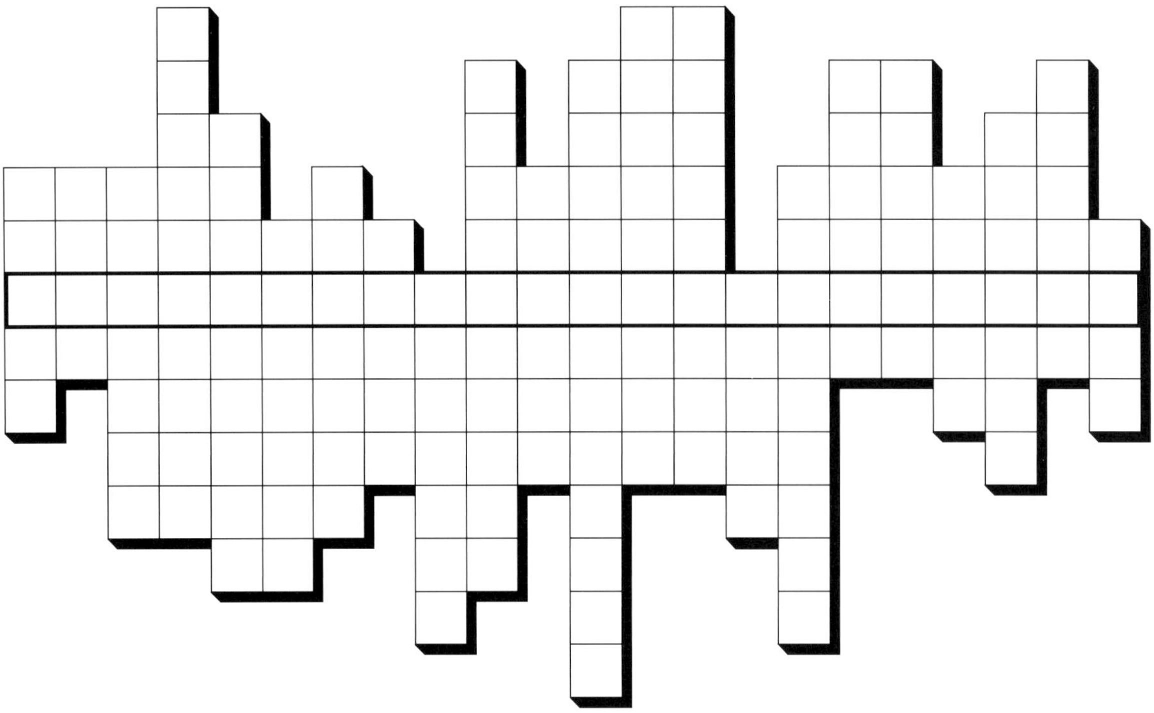

1 Hülsenfrucht; zum Emporwinden bestimmter Sorten werden Stangen benötigt

2 weltweit sehr wichtige Getreideart; du kennst ihre Samen als Popcorn

3 orangefarbige Wurzel, die als Gemüse gegessen wird; es gibt verschiedene Namen für sie

4 Gewürzkraut, wird oft auf Nr. 3 gestreut

5 Kohlgemüse mit vielen sehr kurzen, kleinen Trieben

6 sie wird besonders zum Würzen von Bratensoßen benutzt; von ihr hast du bestimmt schon dünne Häutchen abgezogen und unter dem Mikroskop betrachtet

7 große, im Allgemeinen gelbliche Frucht, die man süß oder sauer zubereiten kann; die Pflanze wird häufig auf Komposthaufen angepflanzt

8 Hülsenfrucht, bräunliches Aussehen

9 saure, gelbe, südländische Frucht, deren Saft zu Getränken verarbeitet wird; sie enthält viel Vitamin C

10 weitere Kohlsorte; die Blütenanlage wird als Gemüse verwertet

11 gelbes, südländisches Obst, sehr wichtiges Handelsobjekt

12 der Name dieses Obstes ist eigentlich falsch, denn die Pflanze hat Dornen

13 die Blätter der Pflanze werden roh gegessen; in südlichen Ländern soll man sie nicht genießen, da sie im Allgemeinen in ungekochtem Wasser gewaschen werden

14 hochwertiges Nahrungs- und Futtermittel; alte Kulturpflanze der Indianer, die um 1570 in Europa eingeführt wurde

15 Hülsenfrucht; man gibt ihr zum Hochranken üblicherweise 1 m hohe Reiser

16 gelbes Steinobst

17 gelbrotes, südländisches Obst, wird besonders im Winter gern verzehrt, schützt vor Skorbut

18 Brotgetreide mit mittellangen Grannen

19 lang gestreckte grüne Frucht, mit Nr. 7 verwandt; sie wird als Salat oder Gemüse zubereitet oder in Essig eingelegt

20 gekräuseltes Kohlgemüse

21 bis 1,5 m hohes rauhaariges Nachtschattengewächs mit roter, fleischiger Frucht; mit Nr. 14 verwandt

22 tropische und subtropische Getreideart, benötigt viel Wasser; sie wurde bereits vor 5000 Jahren in China angebaut

Methodisch-didaktische Hinweise:
Wie schon die Überschrift der Materialie andeutet, kann das Rätsel sowohl im Rahmen der Pflanzenkunde als auch bei der Besprechung der menschlichen Ernährung zum Einsatz kommen. Mit Schwierigkeiten beim Lösen ist nicht zu rechnen, da die Fragen weitgehend dem **Erfahrungshorizont 10- bis 12-jähriger Schüler** entsprechen; die Bearbeitungszeit beträgt **maximal 15 Minuten**. Die in den Fragen enthaltenen Informationen über die gesuchten Pflanzen bzw. Pflanzenbestandteile (Aussehen, Verwandtschaft, Vorkommen, Herkunft, Verwendung, Nährstoffgehalt, Zubereitung, ...) lassen in ihrer Gesamtheit ein abwechslungsreiches Rätsel entstehen, das man leicht zu einer vollen Biologiestunde ausbauen kann und das sich auch gut als Hausaufgabe eignet.

Nahe liegend ist es, im Anschluss an das Rätsel auf die **verschiedenen Getreidearten und ihre Bedeutung** näher einzugehen. Zur weiteren Auswertung des Rätsels bieten sich **zahlreiche zusätzliche Fragestellungen** an, die man ebenfalls in unterschiedlicher Ausführlichkeit behandeln kann, beispielsweise:
- Welche Beispiele zählen zu den Hülsenfrüchten und was zeichnet sie aus?
- Welche Kohlsorten kommen im Rätsel vor, welche kennst du außerdem, welche Teile dieser Gemüsepflanzen werden als Nahrungsmittel genutzt?
- Bei welchen Beispielen handelt es sich um Zitrusfrüchte?
- Welche Bedeutung haben Obst und Gemüse für unsere Ernährung?

Lösung:

1	2	3	4	5	6	7	8	9	10	11	12	13	14	15	16	17	18	19	20	21	22
			P									K	K								
			E						B		S	O	A			O	R			T	
			T	R					L		T	P	R			R	O		W	O	
B	M	K	E	O		K			U	B	A	F	T		M	A	G	G	I	M	
O	A	A	R	S	Z	U	L		M	A	C	S	O		I	N	G	U	R	A	R
H	I	R	S	E	W	E	I	Z	E	N	H	A	F	E	R	G	E	R	S	T	E
N	S	O	I	N	I	R	N	I	N	A	E	L	F	R	A	E	N	K	I	E	I
E		T	L	K	E	B	S	T	K	N	L	A	E	B	B			E	N		S
		T	I	O	B	I	E	R	O	E	B	T	L	S	E				G		
		E	E	H	E	S		O	H		E			E	L						
				L	L			N	L		E				L						
								E			R				E						
											E										

Lösungswörter (waagrecht): HIRSE – WEIZEN – HAFER – GERSTE
Beantwortung der **Zusatzfrage**: Nr. 2 (Mais), Nr. 18 (Roggen), Nr. 22 (Reis)

S IV. 10.2 Unsere Getreidearten und ihre Verwendung

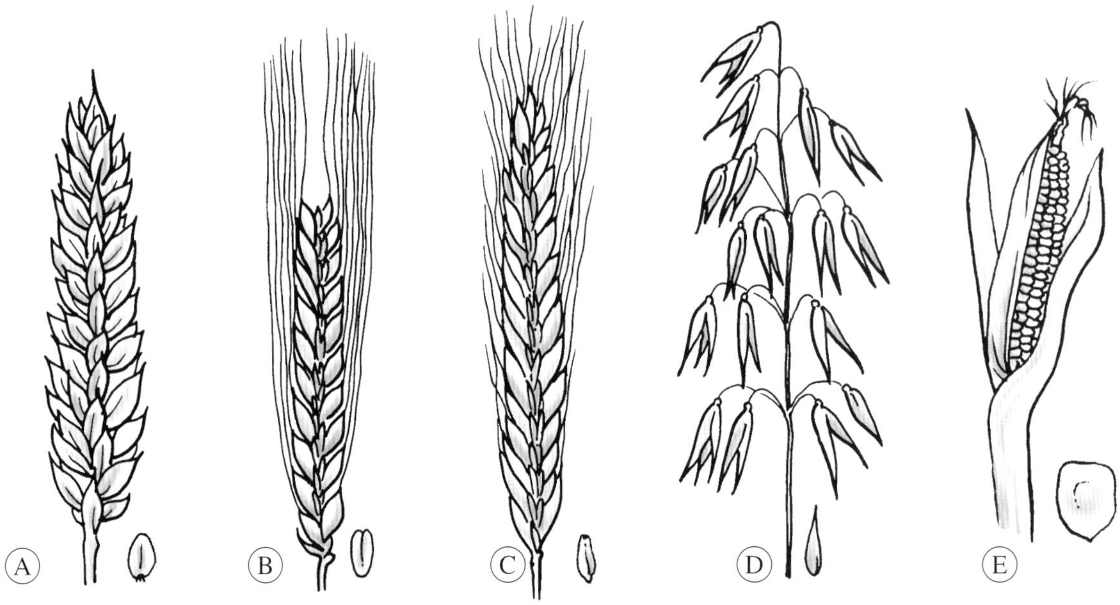

....

In der Abbildung sind die gereiften Fruchtstände und dazu je ein Korn der folgenden bei uns angebauten Getreidearten dargestellt: Gerste, Roggen, Hafer, Weizen (als so genannter Bartweizen manchmal auch mit Grannen), Mais.

Aufgaben:

1. Schreibe die Namen der Getreidearten unter die jeweilige Abbildung.
2. Charakterisiere die abgebildeten Arten mit eigenen Worten. An welchen Merkmalen würdest du sie wieder erkennen?

Name: Merkmale:

....

....

....

....

....

3. Hier sind einige wichtige Verwendungsmöglichkeiten angegeben. Trage in die freien Zeilen die dafür geeigneten Getreidearten ein.

Graubrot .... Graupen ....

Brötchen, Kuchen .... Müsliflocken ....

Bierbrauerei .... Tierfutter ....

Grieß .... Popkorn ....

Methodisch-didaktische Hinweise:
Die heimischen Getreidearten sind heutzutage vielen Schülern kaum noch bekannt. Auf dem Arbeitsblatt haben sie Gelegenheit, ihre Vorkenntnisse zu ermitteln. Die Vorlage kann natürlich auch benutzt werden, Ergebnisse der unterrichtlichen Arbeit festzustellen und zu festigen; sie kann also als Lernerfolgskontrolle oder Hausaufgabe eingesetzt werden. Es wurden für diesen Zweck nur die bekanntesten Getreidearten, die auf unseren Feldern anzutreffen sind, aufgeführt: (von links nach rechts) Weizen, Gerste, Roggen, Hafer, Mais. Von Sonderformen (2- und 4-zeilige Gerste, Emmer, Dinkel, begrannter/unbegrannter Weizen) wurde abgesehen. Die Abbildung stellt die Fruchtstände (Ähren, Rispe, Kolben) in reifer Form dar. Dazu ist jeweils ein Korn abgebildet. Die Schüler/-innen sollen die charakteristischen Merkmale selbst finden und in der Tabelle zusammenstellen. Die Ergebnisse dienen dann der Klärung im Unterrichtsgespräch. Die Aufgabe 1 ist Voraussetzung für die richtige Lösung der Aufgabe 2. Die Ergebnisse müssen also kontrolliert und gegebenenfalls richtig gestellt werden, bevor weiter gearbeitet wird. Bei Einzelarbeit oder Hausaufgabe können die Schüler auch anstelle der Artnamen mit den Buchstaben aus der Abbildung arbeiten.
In der Aufgabe 3 sind natürlich Mehrfachnennungen möglich bzw. noch weitere Verwendungsarten anzufügen.

Lösungen:
1. Weizen, Gerste, Roggen, Hafer, Mais.
2.

A Weizen	B Gerste	C Roggen	D Hafer	E Mais
dichte, schwere Ähren, die Körner sind nicht sichtbar, Grannen ziemlich kurz, Körner rundlich mit deutlicher Furche (rötlich gefärbt)	2- oder 4-zeilige Anordnung der Körner, die von Spelzen dicht umhüllt sind. Grannen meist länger als die Ähre. Körner breit, einseitig zugespitzt, mit deutlicher Furche.	Ähre weniger dicht, Körner bei der Reife sichtbar, Grannen relativ lang, aber meist kürzer als die Ähre. Körner grau, länglich, Furche nicht so deutlich.	Blütenstand Rispe, Ährchen von Hüllblättern eingeschlossen. Keine Grannen. Körner lang und spitz, von Spelzen eingeschlossen.	Kolben mit (gelben) Körnern von Deckblättern umhüllt, Reste der Narbe ragen pinselartig heraus. Körner groß, breit und abgeflacht.

3.

Graubrot:	Roggen, Weizen (Mischbrot!)
Brötchen, Kuchen:	Weizen
Bierbrauerei:	Gerste
Grieß:	Weizen, Mais
Graupen:	Gerste
Müsliflocken:	Hafer, Weizen
Tierfutter:	Hafer, Gerste, Mais
Teigwaren:	Weizen, Mais
Popcorn:	Mais

Literatur:
Belitz, H. D., Grosch, W.: Lehrbuch der Lebensmittelchemie. 3. Aufl. Springer, Berlin, Heidelberg 1987.

S IV. 10.3

Die Kornähre

Trage alle Namen ein! Wie heißen Lösungswort und Lösungsbuchstabe?

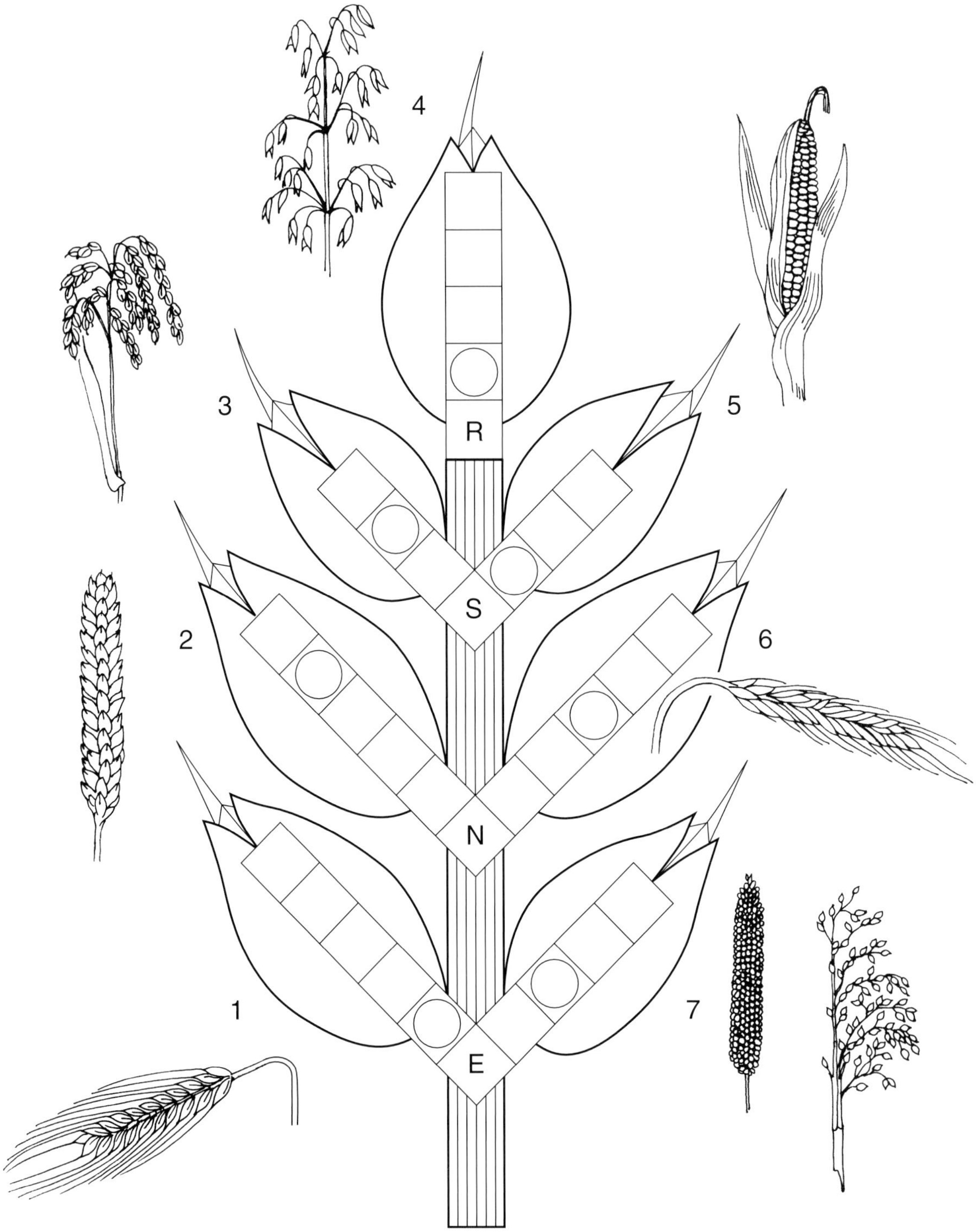

Lösungswort: ○ ○ ○ ○ ○ ○ ☐ ○ (?)

6 2 1 7 3 5 _ 4

Methodisch-didaktische Hinweise:

Das Rätsel eignet sich gleichermaßen für eine Unterrichtsreihe zum Thema **Nahrungsmittel und Ernährung** im Rahmen der Menschenkunde wie für die Besprechung der **Familie der Gräser** im Rahmen der Pflanzenkunde; es kann zudem Querverbindungen zwischen beiden Themenkreisen herstellen.
Anschauungsmaterial sollte unbedingt zur Verfügung stehen, da die Zeichnungen die typischen morphologischen Besonderheiten der Getreidearten nur andeutungsweise vermitteln können.
Da die Schüler die sieben Getreidearten dem Namen nach meist auch ohne unterrichtliche Voraussetzungen schon kennen (nur Hirse vielleicht nicht), kann das Rätsel **bereits als Einstieg** in die jeweilige Unterrichtsreihe genutzt werden und dort eine Fülle weiterführender Fragen initiieren; einige Beispiele dafür werden weiter unten vorgeschlagen. „Die Kornähre" kann in **etwa 5 Minuten** fertig ausgefüllt sein, das Rätsel ist als ausgesprochen **leicht** einzustufen.
Beim **Eintragen der Antworten** ist zu beachten, dass Reis und Mais sowie Weizen und Roggen aus formalen Gründen (gleiche Buchstabenanzahl, gleicher Endbuchstabe) jeweils an zwei Stellen „passen" und somit miteinander verwechselt werden können. Eine Verwechslung von Reis und Mais ist eher unwahrscheinlich, mit einer Verwechslung von Weizen und Roggen muss jedoch gerechnet werden; diese Zuordnungsfehler werden aber schnell bemerkt, weil eine falsche Verteilung der Namen später beim Lösungswort stört.

Beispiele für Fragen, die sich aus dem Rätsel ergeben können:

1. Welche Getreideart bezeichnet man bei uns als „Korn"?
2. Welche Getreideart spielt weltweit die größte Rolle, welche ist die wichtigste in Asien, in Afrika, in Amerika?
3. Wodurch unterscheiden sich die Ähren von Weizen, Gerste und Roggen?
4. Welches waren und sind wichtige Zuchtziele für das Erreichen höherer Ernteerträge?
5. Wie ist ein Getreidekorn aufgebaut?
6. Wozu wird Getreide außer zur menschlichen Ernährung noch verwendet?
7. Woraus wird Brot hergestellt?
8. Welche Getreidearten liefern backfähiges Mehl?
9. Welche Teiglockerungsmittel kennst du?
10. Welche Brotarten kennst du, und was weißt du über sie?

Lösung:

1 Gerste, 2 Weizen, 3 Reis, 4 Hafer, 5 Mais, 6 Roggen, 7 Hirse

Lösungswort: GETREIDE

Lösungsbuchstabe: D (aus GETREIDE)

Versuch 1:
Geräte und Material: Bechergläser (100 ml), Waage, Glasstäbe, Zucker-Hefe-Suspension (10 g Haushaltszucker, 10 g Hefe, 2 g Kochsalz, 100 ml Wasser), Weizenmehl, Stärke, Weizenkleber (Kleberprotein), Hafermehl.

Durchführung: Folgende Versuchsansätze werden hergestellt:

Ansatz	A	B	C	D	E
Zutaten	20 g Weizenmehl 20 ml Suspension	20 g Stärke 20 ml Suspension	20 g Weizenkleber 20 ml Suspension	20 g Hafermehl 20 ml Suspension	10 g Stärke 10 g Weizenkleber 20 ml Suspension
Beobachtung					

Die Gemische werden mit Hilfe der Glasstäbe gut verrührt und für etwa 15 min bei ca. 60 °C in einen Wärmeschrank gestellt.

Versuch 2:
Geräte und Material: Bechergläser (100 ml), Waage, Glasstäbe, Weizenkleber, Casein, Kochsalzlösung (w = 2 %).

Durchführung: In einem Becherglas werden je 15 g Weizenkleber und 15 g Casein mit 20 g der Kochsalzlösung gemischt und gut verrührt.

Beobachtung: ....

....

Versuch 3:
Geräte und Material: Glasrohr, gequollener Weizenkleber aus Versuch 2.
Durchführung: Die Weizenklebermasse aus Versuch 2 wird zu einer Kugel geformt (gegebenenfalls muss noch weitere Kochsalzlösung zugesetzt werden). Anschließend wird das Glasrohr eingeführt und Luft in die Kugel geblasen.

Beobachtung: ....

....

Aufgaben:
1. Führe die Versuche 1 bis 3 durch und notiere deine Beobachtungen. Aus welchem Grund wird bei Versuch 1 der Ansatz E untersucht?
2. Deute die Beobachtungen und beantworte dabei folgende Fragen:
   – Welcher Bestandteil des Weizenmehls ist verantwortlich für die Backfähigkeit (Versuch 1)? Begründe deine Ansicht.
   – Welche Eigenschaften des Weizenklebers sind für die Backfähigkeit besonders wichtig (Versuche 2 und 3)? Begründe deine Ansicht.
3. Vergleiche die Vorgänge bei den Versuchen 2 und 3 mit dem Backen eines Brotes aus Weizenmehl und anderen Zutaten.

Methodisch-didaktische Hinweise:

Mit Hilfe dieser Materialie können die Ursachen der Backfähigkeit des Weizenmehls sowie einige dafür verantwortliche Eigenschaften des Weizenkleberproteins näher untersucht werden. Durch den Versuch 1 wird deutlich, dass die Backfähigkeit eine besondere Eigenschaft des Weizenmehls ist und keinesfalls auf alle Getreidesorten zutrifft (lediglich Roggenmehl enthält eine geringe Menge an Kleberprotein), und dass der Eiweißanteil im Mehl für diese Fähigkeit verantwortlich ist. In den folgenden beiden Versuchen werden die besonderen Eigenschaften des Klebers näher untersucht: Er ist besonders gut quellfähig und kann durch Wasserzusatz zu einem Teig geknetet werden (im Unterschied zu anderen Proteinen); er ist elastisch und kehrt auch nach einem Aufblasvorgang wie ein Luftballon in seine Ursprungsform zurück. Falls die Schüler Grundkenntnisse der Proteinchemie besitzen sollten, kann darauf eingegangen werden, dass bei der Quellung und durch den Knetvorgang die Aminosäureketten in eine neue Position gelangen und neue zwischenmolekulare Kräfte ausbilden, die den Kleber zu einem einzigen „Riesenmolekül“ vernetzen. So ist die Elastizität und die Luftundurchlässigkeit zu erklären. Beim Backvorgang wird der Kleber durch das von der Hefe produzierte Kohlenstoffdioxid schaumig aufgetrieben; durch die Hitzeeinwirkung werden die Kleberproteine denaturiert und verbleiben in der einmal eingenommenen Position.
Diese Materialie kann zusammen mit anderen Materialien zum Thema Weizen in einer Unterrichtsreihe eingesetzt werden, um das Wissen über die wichtigste unserer Getreidearten zu komplettieren. Es bietet sich auch die Möglichkeit einer arbeitsteilig organisierten Gruppenarbeit oder, zusammen mit der Verwendung von Materialien über andere Nutzpflanzen, ein projektartiges Vorgehen an. In diesem Fall wird die Beschäftigung mit der Materialie deutlich den Zeitrahmen einer Unterrichtsstunde sprengen, denn der Aufgabenkatalog für die bearbeitenden Schüler erweitert sich um die der Präsentation.

Lösungen:

1. Ansatz E wird untersucht, um sicherzustellen, dass nur der Weizenkleber für die Backfähigkeit verantwortlich ist und nicht andere, nicht untersuchte Bestandteile des Klebers.
   Beobachtungen:
   Versuch 1:

A	B	C	D	E
aufgegangener Teig braun duftend	Stärke-suspension Gasblasen werden freigesetzt	aufgetriebener Teig braun duftend	Hafermehl-suspension Gasblasen werden freigesetzt	wie Ansatz A

   Versuch 2: Kleber lässt sich zu einem Teig kneten, Casein nicht.
   Versuch 3: Die Kleberkugel ist aufblasbar und kehrt elastisch in die Ausgangslage zurück.
2. – Verantwortlich für die Backfähigkeit ist der Weizenkleber. Begründung: Ohne Weizenkleber (Ansätze B, D) entsteht kein Teig, Ansatz E reagiert wie Ansatz A.
   – Weizenkleber nimmt große Mengen Feuchtigkeit auf und kann zu einem Teig geformt werden. Weizenkleber ist im gequollenen Zustand luftundurchlässig.
3. – Versuch 2 entspricht der Teigherstellung, bei der dem Mehl Flüssigkeit zugesetzt wird, sodass ein Teig entsteht.
   – Versuch 3 entspricht dem Backvorgang: Durch die Hefezellen wird CO_2 freigesetzt, das den Teig auftreibt. Unterschied: Die Hitzeeinwirkung fehlt.

Literatur:
Deifel, A.: Die funktionellen Eigenschaften wichtiger Inhaltsstoffe des Weizenmehls – (k)ein Thema für den Chemieunterricht? In: Unterricht Chemie, Heft 23/1994, S. 18 ff., Friedrich-Verlag, Velbert 1994.

Versuch 1: Gewinnung von Stärke aus Kartoffeln

Geräte und Material: 100 g Kartoffeln, Messer, Reibe, Teesieb, dest. Wasser, Becherglas.

Durchführung: Kartoffeln werden geschält und 100 g davon werden mit der Reibe zu einem Brei verarbeitet. 100 ml dest. Wasser werden zugesetzt, und der Brei wird durch ein Teesieb in ein Becherglas geschüttet. Der Brei im Teesieb wird ausgepresst, und es wird mit Wasser nachgespült. Die Stärke setzt sich im Becherglas auf dem Boden ab. Nach 5 Min. schüttet man das überstehende Wasser ab und rührt die Stärke noch einmal in 100 ml Wasser auf. Dieser Reinigungsvorgang (dekantieren, erneutes Aufrühren in Wasser) kann wiederholt werden.

Versuch 2: Herstellung einer Folie aus Kartoffelstärke

Geräte und Material: Rundkolben (50 ml), Rückflusskühler, Magnetrührer, Heizpilz, Stativmaterial, Glasplatte (ca. 20 cm x 20 cm), Trockenschrank, 4 g Kartoffelstärke (aus Versuch 1), Glycerinlösung (50 %ig), Salzsäure (c = 0,1 mol/l), Natronlauge (c = 0,1 mol/l), dest. Wasser.

Durchführung: Die Apparatur wird gemäß der Abbildung aufgebaut und mit Heizpilz und Magnetrührer versehen. 4 g der Kartoffelstärke aus Versuch 1 wird in den Rundkolben eingewogen und mit 25 ml dest. Wasser, 3 ml Salzsäure und 2 ml Glycerinlösung vermischt. Die Mischung wird 15 Min. unter Rückfluss gekocht. Dann wird die Reaktion durch die Zugabe von 3 ml Natronlauge gestoppt. Die Mischung wird in noch heißem Zustand auf die Glasplatte gegossen und dann für ca. 2 Stunden bei 100 °C im Trockenschrank getrocknet. Nach dieser Zeit kann die Folie von der Glasplatte abgezogen werden.

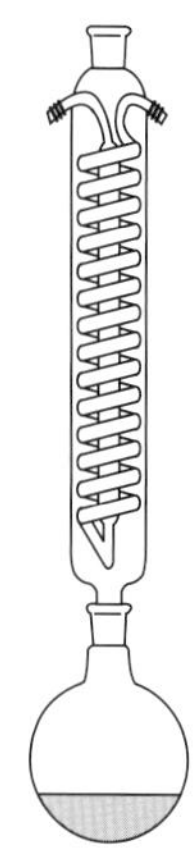

Rundkolben mit Rückflusskühler

Aufgaben:
1. Führe die Versuche entsprechend der Versuchsanleitung durch.
2. Vergleiche die entstandene Folie mit einer Kunststofffolie anhand der folgenden Kriterien:
   a) physikalische Eigenschaften (Biegsamkeit, Wasserlöslichkeit, Dehnbarkeit)
   b) Verwendungsmöglichkeiten
   c) Entsorgung (Verrottung)
3. Erkläre am Beispiel der Stärke-Folie den Begriff „Nachwachsender Rohstoff".

Methodisch-didaktische Hinweise:

Der Begriff „Nachwachsende Rohstoffe“ wird häufig im Zusammenhang mit so genanntem „Biodiesel“ diskutiert, Motorentreibstoff aus pflanzlichen Produkten, der dazu beitragen soll, die CO_2-Bilanz des motorisierten Verkehrs zu verbessern. Dabei wird übersehen, dass die CO_2-Bilanz des Biodiesel, bezieht man alle Produktionsschritte von der Aussaat bis zur Vermarktung ein, kaum besser ausfällt als die des herkömmlichen Treibstoffes. Darüber hinaus geraten andere Verwendungszwecke für Produkte aus natürlichen Ausgangsstoffen aus dem Blick. Abgesehen von historischen Verwendungszwecken (Gerbstoffe, Farbstoffe, Schmiermittel) lässt sich die Bedeutung nachwachsender Rohstoffe daran verdeutlichen, dass die Chemische Industrie etwa 10 % ihres Rohstoffbearfs auf diese Weise deckt (vgl. Tabelle 1).

Rohstoff	Verwendungszweck
Fette und Öle	Tenside, Kosmetika, Weichmacher, Kunststoff
Cellulose	Verpackungsfolie, Hartfasern, Lackrohstoffe
Kohlenhydrate	Fällungs- und Flockungsmittel, Kunststoffe, Tenside
Tallöl	Tenside, Lacke, Kunststoffe
Pflanzenharze	Lösungsmittel, Aromastoffe
Latex	Gummiprodukte

Im Zusammenhang mit dem Einsatz dieser Materialie im Unterricht lassen sich verschiedene Aspekte des Themas verdeutlichen. Zunächst einmal wird dem Schüler bewusst, dass aus Naturprodukten Gegenstände mit technischem Verwendungszweck herstellbar sind. Darüber hinaus können Vor- bzw. Nachteile dieser Produkte besprochen werden (hier: eingeschränkte Verwendungsmöglichkeiten aufgrund der Feuchtigkeitsempfindlichkeit der Folie). Eine detaillierte CO_2-Bilanz kann im Unterricht nicht erstellt werden; einen generellen diesbezüglichen Vorteil der Produkte aus nachwachsenden Rohstoffen kann man ohnehin nicht konstatieren (vgl. oben). Neben der Thematisierung nachwachsender Rohstoffe lässt sich am Beispiel der Stärkefolie auch ein Vergleich von Kunststoffen mit biologisch abbaubaren Werkstoffen durchführen. Für die intensive Betrachtung dieses Aspektes lässt sich auch ein Anschlussversuch durchführen, indem man die Stärke-Folie und die Vergleichskunststofffolie auf einen Komposthaufen (keine Blumenerde!) legt und ihr weiteres Schicksal langfristig beobachten lässt.
Als Zeitbedarf für den Versuch 1 sollte man mindestens 30 Min. einkalkulieren, für den Versuch 2 mindestens eine Unterrichtsstunde. Auch wenn der Versuchsaufbau eher nach einem chemischen Experiment aussieht – Schüler der 9. oder 10. Jahrgangsstufe sollten aufgrund ihrer Erfahrungen im Chemie-Unterricht in der Lage sein, den Versuch durchzuführen und können so realisieren, dass Biologie auch eine technologische Dimension hat. Alternativ zur Aufbewahrung des Reaktionsansatzes im Trockenschrank kann man auch 2 Tage bei Zimmertemperatur trocknen. Bei zu geringem Wassergehalt (zu langer Trocknungszeit) wird die Folie zu spröde; zu hoher Wassergehalt lässt die Folie leicht reißen.

Lösungen:

1. Versuch 1 sollte komplikationslos durchführbar sein. Bei Versuch 2 muss darauf geachtet werden, dass jedes Gerät des Versuchsaufbaus an einem Stativ befestigt wird, dass die Apparatur verwindungsfrei steht und dass die Schliffverbindung zwischen Rückflusskühler und Rundkolben gefettet und dicht ist.
2. a) Beide Folien sind durchsichtig, biegsam und dehnbar (bei der Stärke-Folie hängen die beiden letzten Eigenschaften vom Trocknungsgrad und damit vom Wassergehalt ab). Die Stärke-Folie ist wasserlöslich, die Kunststofffolie nicht.
   b) In die Kunststofffolie kann man auch feuchte Materialien einwickeln, in die Stärke-Folie aufgrund ihrer Feuchtigkeitsempfindlichkeit nicht.
   c) Während Kunststofffolien nur schwer verrotten und häufig biologisch nicht abbaubar sind, ist dies bei der Stärke-Folie kein Problem.
3. Die Kunststofffolie wird aus Kunststoffen hergestellt, deren Ausgangsstoffe letztlich aus Erdöl hergestellt werden. Erdölvorkommen aber sind endlich, während Kartoffeln immer neu angepflanzt werden können und nachwachsen.

Literatur:

Unterricht Chemie, Themenheft Nachwachsende Rohstoffe, Heft 45 (1998).

Alkohol aus Zucker und Hefe

Mit Hilfe von *Enzymen* sind lebendige Zellen im Stande, Stoffe umzuwandeln. So können Hefepilze in einer Reihe von Schritten aus Glucose-Molekülen (Traubenzucker, chem. $C_6H_{12}O_6$), Alkohol (Ethanol, C_2H_5OH) und das Gas Kohlenstoffdioxid (CO_2) bilden. Dabei werden aus einem Mol Glucose (= 180 g) 234 kJ an chemischer Energie frei, die den Hefepilzen zur Aufrechterhaltung ihres Lebens dient.

Zur Durchführung der alkoholischen Gärung setzen wir in einem großen Kolben ½ bis 1 Liter Gärlösung an. Sie enthält je Liter Wasser:

100 g (Trauben-)Zucker
2 g Kaliumdihydrogenphosphat
2 g Ammoniumsulfat
eine Spur Magnesiumsulfat
40 g in Wasser aufgeschlämmte, frische Hefe

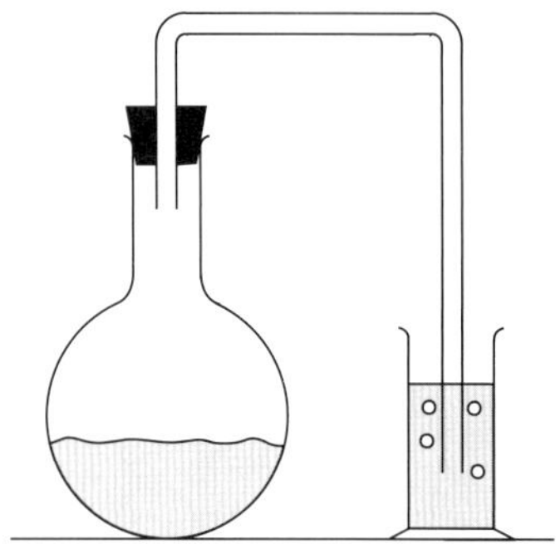

Der Kolben wird verschlossen, durch den Stopfen führt ein gebogenes Glasrohr, das in ein Reagenzglas mit Kalkwasser eintaucht. Die Versuchsapparatur bleibt für einige Tage an einem gleichmäßig warmen Ort stehen (nicht in der Sonne!).

Beobachtung: ....

....

Die Funktion des Kalkwassers wird uns klar, wenn wir in ein Reagenzglas mit Kalkwasser etwas Kohlenstoffdioxid (aus einer Sprudelflasche) leiten.

Beobachtung: ....

....

....

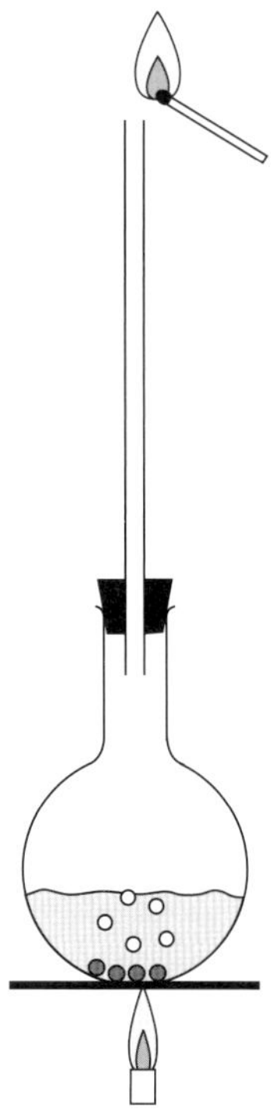

Nach einigen Tagen kann der gebildete Alkohol aus der Gärlösung abgedampft und entzündet werden. Dazu setzen wir einen Stopfen mit einem weiten (!), etwa 80 cm langen Glasrohr auf den Kolben, geben 1 – 2 Tropfen Rhizinus-Öl sowie einige Siedesteine in die Lösung, um Überschäumen zu verhindern, und erhitzen langsam bis zum Sieden. Sobald erste Tropfen im Rohr hochsteigen, halten wir eine Flamme an dessen Öffnung: Die aufsteigenden Alkoholdämpfe entzünden sich.

Ergebnis des Versuchs:

Folgende Stoffe sind entstanden:

1. ...., nachgewiesen durch ....
2. ...., nachgewiesen durch ....

Methodisch-didaktische Hinweise:

Die Herstellung von Alkohol aus Zucker und Hefe ist ein immer wieder faszinierendes Experiment, das ohne großen Aufwand sicher gelingt, wenn man bei der Vorbereitung und Durchführung des Versuchs die folgenden Ratschläge beherzigt:

- Die Konzentrationsangaben der Gärlösung sind auf einen Liter bezogen. Es ist für ein zügiges Arbeiten aber zweckmäßiger, die angesetzte Menge auf Kolben mit 500 ml Inhalt zu verteilen. Diese lassen sich später schneller erhitzen.
- Das Ableitungsrohr sollte nur wenige Millimeter in die vorgelegte Lauge tauchen, damit z. B. bei nächtlicher Abkühlung das Kalkwasser nicht in die Gärlösung zurück steigt. Evtl. muss man verdunstetes Wasser gelegentlich nachfüllen.
- Das der Destillation dienende Steigrohr sollte einen Durchmesser von etwa 1 cm haben und nicht kürzer als 80 cm sein. Wegen ihrer Höhe sollte die Apparatur mit einem Stativ gesichert werden.
- Die Alkoholflamme ist oft nur schwer zu erkennen, der Raum sollte daher beim Entzünden etwas abgedunkelt sein. Man kann die Flamme aber sichtbar machen, wenn man einen Papierfidibus davon entzünden lässt.

Man kann natürlich den gebildeten Alkohol aus der Gärlösung mit einer üblichen Destillationsapparatur gewinnen. Man erhält aber nur wenig Destillat, das zwar brennbar ist, dennoch einen nicht unerheblichen Anteil Wasser enthält.

Wichtig scheint es darauf zu achten, dass vor allem jüngere Schüler/-innen den Sinn des Versuchs hinter all den Manipulationen nicht aus den Augen verlieren: Es geht darum zu erkennen, dass die lebenden Hefepilze mit Hilfe ihrer Enzymausstattung Stoffe aus ihrer Umgebung auf eine ganz spezifische Weise umzuwandeln vermögen und dabei Energie für ihren Lebensprozess gewinnen.

Die seit dem Altertum bekannte Methode, alkoholhaltige und damit haltbare und zudem berauschende Getränke aus zuckerhaltigen Lösungen zu gewinnen, ist wohl eines der ersten biotechnischen Verfahren. Es hat zu dem weltweit verbreiteten Gewerbe der Brauer und Winzer geführt, dem eine erhebliche wirtschaftliche Bedeutung für zahlreiche Länder zukommt[1)]. Solche Zusammenhänge zu verfolgen (Wein-, Hopfenanbau, Alkoholzusatz zu Kraftstoffen, Gesundheitsschäden durch Alkoholmissbrauch usw.) kann ein ergiebiges Thema z. B. für eine Projektwoche sein!

[1)]Einnahmen der BRD: (1990)

Branntweinsteuer	4 525,4 Mio. DM
Biersteuer	1 412,9 Mio. DM
Schaumweinsteuer	974,7 Mio. DM
Gesamt	6 913,0 Mio. DM

Die Sojabohne als Nutzpflanze

I Ihre besondere Bedeutung als Nutzpflanze hat die Sojabohne durch ihren hohen Eiweißanteil (vgl. Tabelle). Sie wird deshalb häufig in warmen, eiweißarmen Gegenden der Welt sowie zum Export der Bohnen angebaut. Die reifen Bohnen können zu Mehl, Backwaren, Eiskrempulver, Teigwaren, Milch oder Quark verarbeitet werden. Auch der Fettanteil der reifen Bohnen kann vielfältig genutzt werden (Salatöl, Kakaopulver, Majonäse). In Gegenden der Erde, in denen die Bohnen aufgrund fehlender Wärme nicht reif werden, werden Sojapflanzen angebaut, um sie als Tierfutter, zur Gründüngung oder als Brennstoffersatz zu nutzen.
Nährstoffgehalte verschiedener Früchte bzw. Samen (fehlende Prozentangaben ergänzen sich aus Ballaststoffen, Mineralstoffen u. a.):

Frucht/Samen	Eiweißanteil	Fettanteil	Kohlenhydratanteil
Sojabohne	40 %	21 %	34 %
Gartenbohne	24 %	2 %	54 %
Haselnuss	14 %	62 %	13 %
Weizen	16 %	2 %	66 %

II Gewinnung von Sojaöl

Geräte und Material: Sojabohnen, Natriumsulfat, Aceton (feuergefährlich, reizt Haut und Augen!), Trockenmittel (z. B. Calciumchlorid), Kaffeemühle, Exsikkator, 2 Rundkolben (250 ml), Filtrationsapparatur, Kristallisierschale, Magnetrührer.

Durchführung:

1. 100 g Sojabohnen werden in einer Kaffeemühle gemahlen, in eine Kristallisierschale überführt und über Nacht im Exsikkator über einem Trockenmittel getrocknet.
2. 50 g des getrockneten Sojamehles, 3 g Natriumsulfat und 80 ml Aceton werden in einem Rundkolben 15 Min. lang gerührt.
3. Die entstandene Lösung wird filtriert, in einem Kolben aufgefangen, und anschließend wird das Lösungsmittel Aceton abgedampft, indem der Kolben unter dem Abzug leicht erwärmt wird.
4. Im Rundkolben bleibt ein gelbliches, leicht trübes Öl zurück.

III Herstellung von Sojaquark

Geräte und Material: Sojabohnen, Magnesiumsulfat, Kochtöpfe, Heizplatte, Becherglas, feinmaschiges Tuch, Elektromixer, Küchensieb, Kartoffelstampfer.

Durchführung:

1. 150 g Sojabohnen werden gewaschen und in 1 l Wasser für 12 Stunden gewässert.
2. Das Wasser wird abgeschüttet, und die Bohnen werden mit 1 Liter 80 °C heißem Wasser (gegebenenfalls portionsweise) püriert.
3. Die entstandene Masse wird in ein feinmaschiges Tuch gegeben, und die Flüssigkeit wird in einem Küchensieb ausgepresst. Anschließend kann der Rückstand im Tuch mit 0,2 l siedendem Wasser gewaschen und erneut ausgepresst werden.
4. Die ausgepresste Flüssigkeit (Sojamilch) wird in einem Topf etwa 10 Min. lang unter Umrühren gekocht.
5. In die noch heiße Sojamilch wird portionsweise Magnesiumsulfatlösung gegeben (12 g Magnesiumsulfat in 100 ml Wasser).
6. Nach dem Gerinnen der Milch wird die Suspension durch ein Leinentuch filtriert. Der Rückstand (Sojaquark, Tofu) wird mindestens 15 Min. lang gepresst.
7. Der Sojaquark kann in frischem Zustand mit Soßen (Sojasoße, Meerrettichsoße) gegessen werden.

Aufgaben:

1. Informiere dich über die Aufgaben von Eiweißstoffen im menschlichen Körper und begründe, aus welchem Grund Soja in eiweißarmen Gegenden der Welt besonders häufig angebaut wird.
2. Vergleiche das selbst hergestellte Sojaöl mit gekauftem Sojaöl (Farbe, Geruch, Dichte ...).
3. Vergleiche die Herstellung von Quark aus Milch mit der Herstellung von Quark aus Sojabohnen. Nenne Gemeinsamkeiten und Unterschiede.

Methodisch-didaktische Hinweise:

Die Materialie kann eingesetzt werden in einem projektorientierten Unterricht, der z.B. die Bedeutung von Nutzpflanzen für den Menschen thematisieren will. Gerade bezüglich der Sojabohne existiert hier erheblicher Nachholbedarf. In den Zeiten der BSE-Krise suchten viele Verbraucher nach einem Ersatz für tierisches, spez. Rindfleisch-Eiweiß, in der Nahrung – Sojabohne kann zu diesem Zweck verwendet werden. Methodisch bietet sich ein arbeitsteiliges Vorgehen an, wobei verschiedene Arbeitsgruppen jeweils unterschiedliche Nutzpflanzen in Steckbriefmanier präsentieren könnten. Zeitlich wird für die Bearbeitung der Rahmen einer Unterrichtsstunde dann überschritten werden. Auf einige Informationen wurde aus Umfangs- und Komplexitätsgründen verzichtet:

- Morphologische und anatomische Aspekte zur Sojabohnenpflanze werden nicht thematisiert.
- Sojapflanzen wurden als eine der ersten Pflanzen gentechnisch verändert, um dem Einsatz bestimmter Pflanzenschutzmittel gewachsen zu sein.
- Sojaeiweiß ist ernährungsphysiologisch besonders wertvoll, weil es eine Fülle von essenziellen Aminosäuren enthält.
- Der Begriff „Sojamilch“ darf im Handel zur Vermeidung von Verwechslungen nicht benutzt werden.

Um die Verwendungsmöglichkeiten des Ölanteils zu verdeutlichen, lassen sich einige Zusatzversuche anschließen (die auch unter den in Aufgabe 2 des Schülerblattes geforderten Vergleich subsummiert werden können):

(Lehrer-)Versuche:

Hydrolyse von Fetten und Vergleich einiger Eigenschaften

a) Gib 5 ml 30 %ige KOH (ätzend, C), 5 ml Ethanol (F), eine Spatelspitze des Fetts bzw. 1 ml Öl und 2 Siedesteinchen in ein Reagenzglas. Lege als Verdunstungshemmer eine Glaskugel auf das Reagenzglas. Koche die Lösung ca. 30 Min. bei 80 °C im Wasserbad.
b) Baeyer-Probe: 5 Tropfen des Hydroysats werden in einem Reagenzglas mit 3 ml verd. Na_2CO_3-Lösung vermischt. Anschließend wird tropfenweise unter ständigem Schütteln stark verdünnte $KMnO_4$-Lösung zugesetzt, bis die violette Färbung nicht mehr verschwindet. Zähle die Tropfen!
c) Der Rest des Hydrolysats wird in ein Becherglas überführt, mit der gleichen Menge Wasser versetzt und anschließend NaCl oder $CaCl_2$ zugesetzt, bis weiße Flocken entstehen. Die entstandene Lösung wird filtriert und der Rückstand wird in ein Reagenzglas gegeben, in dem sich 5 ml Wasser und einige Tropfen Öl befinden. Zum Vergleich wird ein Wasser-Öl-Gemisch ohne weiße Flocken geschüttelt. Beobachtung nach dem Schütteln?

Zu a): Das Öl wird durch Wasseranlagerung (Hydrolyse) gespalten in Glycerin und Fettsäuren. Die Fettsäuremoleküle liegen in der alkalischen Lösung als hydratisierte Carboxylat-Anionen vor.

Zu b): Die Permanganat-Ionen (violett) werden durch die Reaktionen mit Doppelbindungen reduziert zu Manganat (grün), Hypomanganat (selten, blau) und schließlich zu Braunstein.

Zu c): Die Natrium- bzw. Calciumsalze der Fettsäuren sind Seifen, die auf ein Öl-Wasser-Gemisch emulgierend wirken.

Lösungen:

1. Aufgaben von Eiweißstoffen im menschlichen Körper: Enzyme, Hauptbestandteil von Muskeln, Haare, Blut, Hormone u.v.m.
   In eiweißarmen (= nutztierarmen) Gebieten der Erde wird Soja angebaut, weil die Bohnen viel Eiweiß enthalten.
2. Das selbst hergestellte Sojaöl ist meist trüber als das gekaufte, und manchmal riecht es nach Aceton. Dann ist auch seine Dichte geringer als die des gekauften Öls.
3. Milcheiweiß wird in Molkereien durch die Zugabe von Lab zur Milch gewonnen (Unterschied), die weitere Verwendung des Quarks kann ähnlich erfolgen (vgl. II. 9.13.1).

Literatur:

Gräf, D.: Ein Vergleich von Milch und Sojaprodukten. In: Unterricht Chemie, Heft 33/1996, S. 33 – 39.
http:://www.genres.de\leguminosen

I Die Kartoffelpflanze

Kartoffeln werden angebaut, indem man Kartoffelknollen in die Erde legt. Aus Knospen, die auf der Oberfläche der Mutterknolle als „Augen" erkennbar sind, treiben Laubtriebe aus, die nach einiger Zeit die Erdoberfläche durchbrechen. Über der Erde bildet die Kartoffelpflanze nun Blätter aus, die zunächst ungeteilt, später gefiedert aussehen. Auch Blüten und, bei erfolgter Befruchtung, Früchte entwickeln sich, diese werden jedoch für den Anbau der Kartoffelpflanzen nicht verwendet. Am unterirdischen Teil des Laubsprosses bilden sich Ausläufersprosse, an deren Enden mit zunehmendem Alter der Kartoffelpflanze neue Kartoffelknollen entstehen. Alle unterirdischen Sprossteile bilden kurze, dünne Seitenwurzeln aus. Am Ende der Wachstumszeit gehen alle Teile der Mutterpflanze zu Grunde, sodass nur noch die neu gebildeten Tochterknollen unverbunden in der Erde verbleiben. Wenn sie nicht geerntet werden, können sie in der nächsten Wachstumsperiode erneut Laubtriebe ausbilden.

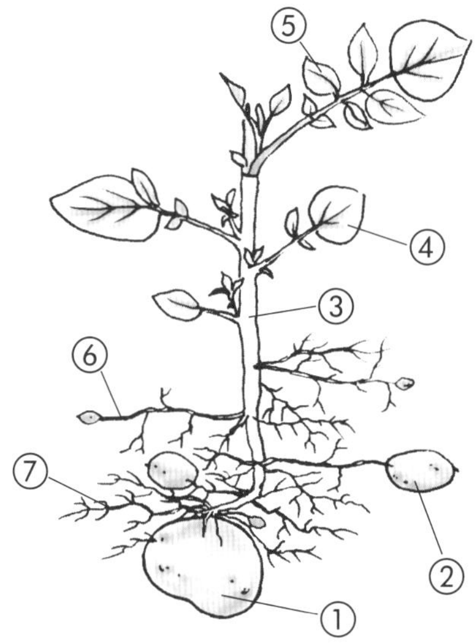

II Nutzung der Kartoffelpflanze

Versuch 1: Fettnachweis

Geräte und Material: Fein zerriebene Kartoffel, fein zerriebene Kartoffelchips, Salatöl, Stärkelösung (1 %), Sudan-III-Lösung, Reagenzgläser, Spatel, Pipetten.

Durchführung: Eine Spatelspitze der zerriebenen Kartoffeln und Kartoffelchips, 1 ml der Stärkelösung und des Salatöls werden in 4 Reagenzgläser gegeben und mit je 10 ml Wasser gut gemischt. Anschließend werden zu jeder Mischung einige Tropfen Sudan-III-Lösung gegeben.

Beobachtung: ....

....

Versuch 2: Vitamin C-Nachweis

Geräte und Material: Fein zerriebene Kartoffel, fein zerriebene Kartoffelchips, Stärkelösung (1 %), Vitamin C-Pulver, Reagenzgläser, Spatel, Pipetten, Vitamin C-Teststäbchen.

Durchführung: Eine Spatelspitze der zerriebenen Kartoffeln, Kartoffelchips und des Vitamin C-Pulvers sowie 1 ml der Stärkelösung werden in 4 Reagenzgläser gegeben und mit je 10 ml Wasser gut gemischt. Anschließend wird in jede Mischung kurz ein Teststäbchen gehalten.

Beobachtung: ....

....

Versuch 3: Eiweiß-Nachweis

Geräte und Material: Fein zerriebene Kartoffel, fein zerriebene Kartoffelchips, Albumin-Lösung (w = 1 %), Kupfersulfatlösung (w = 1 %), Natronlauge (w = 1 %), Reagenzgläser, Spatel, Pipetten.

Durchführung: Eine Spatelspitze der zerriebenen Kartoffeln und Kartoffelchips und 1 ml Albumin-Lösung werden in 3 Reagenzgläser gegeben und mit 5 ml Wasser gut gemischt. In ein viertes Reagenzglas werden 6 ml Wasser gegeben. Zu allen 4 Gläsern werden 5 ml Natronlauge (Vorsicht, ätzt!) pipettiert. Die Gläser müssen nun ruhig stehen bleiben, bis Feststoffe sich am Boden abgesetzt haben und der Überstand im Glas klar ist. Nun wird unter leichtem Schwenken der Gläser tropfenweise Kupfersulfat-Lösung zugesetzt.

Beobachtung: ....

....

Aufgaben:

1. Beschrifte die einzelnen Bestandteile der Kartoffelpflanze anhand der Angaben im Text. Schreibe die richtigen Bezeichnungen mit den Zahlen in dein Heft.
2. Führe die Versuche 1 – 3 durch und notiere deine Beobachtungen. Erkläre jeweils den Versuchsaufbau.
3. Deute die Beobachtungen. Wie sind die Unterschiede zwischen den rohen Kartoffeln und den Kartoffelchips zu erklären?

Methodisch-didaktische Hinweise:
Mit einer Welt-Gesamternte (1995) von 265 Mio. Tonnen gehört die Kartoffel neben Weizen, Mais und Soja zu den wichtigsten Nutzpflanzen der Menschheit. Etwa 60 % der Ernte wird als Futtermittel eingesetzt, weitere 20 % dienen als Rohstoff in verschiedenen Industriezweigen (Kunststoffe, Tenside, Treibstoffe u.a.) und nur 20 % werden direkt als Lebensmittel verzehrt. Dabei sinkt seit einiger Zeit der Verbrauch frischer Kartoffeln, während der von so genannten Kartoffelveredelungsprodukten (Pommes frites, Knödel, Chips, Kroketten u.a.) ansteigt. Dies ist im Sinne einer gesundheitsbewussten Ernährung nicht zu begrüßen, da durch die für die „Veredelung" notwendigen Bearbeitungsschritte wichtige Inhaltsstoffe zerstört und gesundheitlich bedenkliche eingelagert werden (vgl. Tabelle 1). Hervorzuheben ist hier besonders der Fettgehalt der frittierten Produkte, wobei anzumerken ist, dass durch unsachgemäße Frittiertechnik noch erheblich höhere Werte entstehen können.

Inhaltsstoffe und Energiegehalte in 100 g Kartoffeln und Kartoffelprodukten. An 100 % fehlende Mengen stellen überwiegend Wasser dar. (a = Spuren nachweisbar; b = ohne Befund) (aus: Lit [3]).

	Kartoffeln frisch	Kartoffeln gekocht	Pommes frites	Chips, in Öl geröstet	1 Kart.-Knödel essfertig	Tagesbedarf
Eiweiß (g)	2	2	4	5	2	55
Fett (g)	a	a	12	40	a	70
Kohlenhydrate (g)	18	18	34	50	21	390
Brennwert (kJ)	295	291	1 130	2 375	420	10 000
Brennwert (kcal)	71	70	270	568	100	2 400
Eisen (mg)	1,0	0,8	1,8	2,3	b	10/15
Kalium (mg)	440	400	b	1 000	b	2 000
Phosphor (mg)	50	45	85	147	b	1 400
Vitamin C (mg)	22	14	21	16	b	75

Die Materialie kann eingesetzt werden, um diesen Sachverhalt unterrichtlich zu verdeutlichen und um die biologisch-botanischen Kenntnisse über eine wie selbstverständlich genutzte Pflanze zu vertiefen. Einige Informationen wurden dabei aus Umfangs- und Komplexitätsgründen weggelassen:
- die Geschichte der Kartoffel als Kulturpflanze,
- der Solaningehalt der Pflanze,
- die Zucht aus Samen.

Der Einsatz im Unterricht erfordert auf Seiten der Schüler keine besonderen Vorkenntnisse. Grundwissen über Nahrungsmittelinhaltsstoffe und über den Aufbau von Pflanzen sollten vorhanden sein. Mit der beschriebenen experimentellen Methodik können auch weitere „Kartoffelveredelungsprodukte" untersucht werden.

Lösungen:
1. ① Mutterknolle, ② Tochterknolle, ③ Laubtrieb, ④ ungeteiltes Laubblatt, ⑤ gefiedertes Laubblatt, ⑥ Ausläuferspross mit Tochterknolle, ⑦ Seitenwurzeln.
2. Jeder Versuch enthält Kontrollansätze sowie den nachzuweisenden Stoff in Reinform.
   Versuch 1: Kartoffeln: keine Rotfärbung mit Sudan-III-Lösung; Chips: Rotfärbung; Salatöl: Reinstoff, Rotfärbung; Stärkelösung: Kontrolle, keine Rotfärbung.
   Versuch 2: Kartoffeln: positiver Nachweis; Chips: negativer Nachweis; Vitamin C: Reinstoff, positiver Nachweis; Stärkelösung: Kontrolle, negativer Nachweis.
   Versuch 3: Kartoffeln: positiver Nachweis; Chips: positiver Nachweis, Albumin-Lösung: positiver Nachweis, Natronlauge: negativer Nachweis.

[Hinweis: Die Biuret-Probe gelingt nur mit Proteinen, die in Lösung vorliegen. Es ergibt sich eine violette Färbung, die nur in klarer Lösung von der dunkelblauen Farbe des in alkalischer Lösung komplexierten Kupfer-Ions zu unterscheiden ist.]

Literatur:

[1] *Rauh, W.:* Morphologie der Nutzpflanzen. Heidelberg u.a. 1994.
[2] *Graf, E.:* Kartoffel contra Kartoffelchips. In: Unterricht Chemie, Nr. 49/1994, S. 17 ff.
[3] *Vollmer, G. u. a.:* Lebensmittelführer. Band 1. Stuttgart 1995.

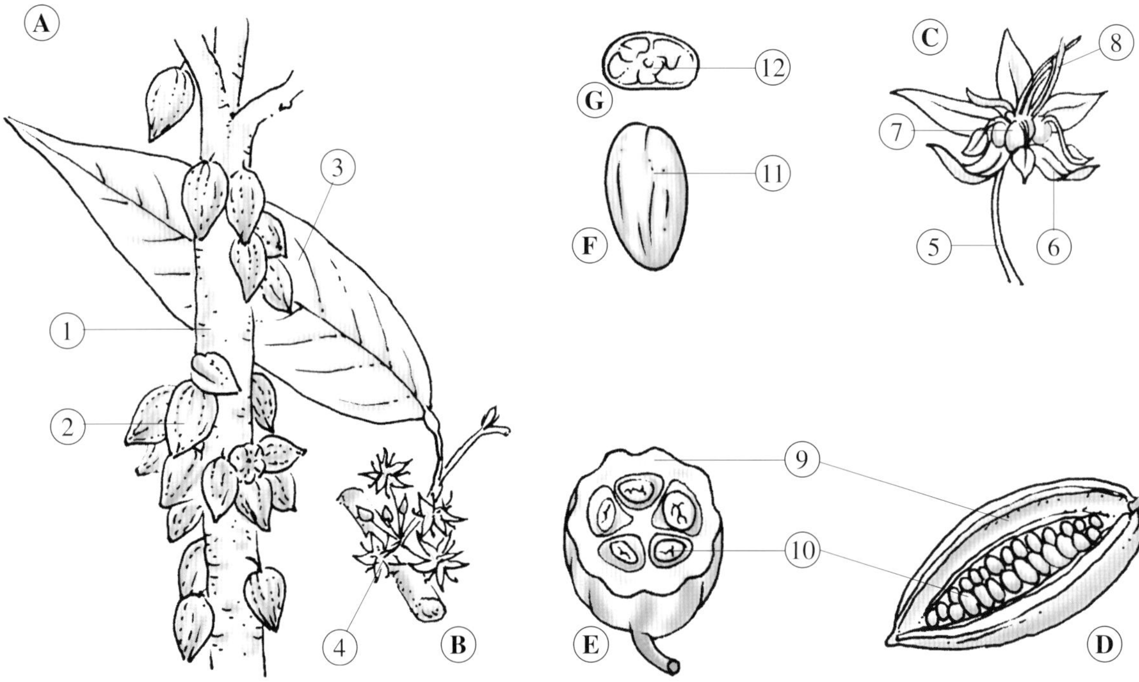

I Die Kakaopflanze

Der Kakaobaum ist ein knorriger Unterholzbaum, der im Schatten anderer Bäume wächst. Er wird 10 bis 15 Meter hoch und bildet ein breites Blätterdach aus. Er benötigt während des gesamten Jahres Temperaturen um 25 °C und einen hohen Feuchtigkeitsanteil in Boden und Luft, um gedeihen zu können. Die kleinen Blüten erscheinen gestielt büschelweise am älteren Stammholz und an den älteren Ästen. Der Kakaobaum bildet erst im Alter von 2 bis 3 Jahren Blüten, im Alter von 10 Jahren kann die Anzahl der Blüten bis zu 100 000 pro Jahr betragen. Die Kakaoblüten werden durch Läuse und Ameisen bestäubt. Die Kronblätter der Kakaoblüte bilden einen Hohlraum, in den die Staubblätter hineinragen und der für Läuse und Ameisen gut zugänglich ist. Aus dem mittig in der Blüte angeordneten Fruchtknoten entwickeln sich die etwa 25 bis 30 Früchte, die während des gesamten Jahres in allen Reifestadien am Baum zu finden sind. Eine Frucht wird 15 bis 25 cm lang und enthält in ihrem Inneren in 5 Reihen 25 bis 50 bohnenförmige Samen, die in ein helles Fruchtmus eingebettet sind. Die Samen („Kakaobohnen“) sind etwa 2 cm lang und 1 cm breit. Sie werden von einer Schale, der Samenschale, geschützt und sind von den knittrig gefalteten Keimblättern des Pflanzenembryos ausgefüllt. Die Keimblätter enthalten etwa 50 % Fett als Reservestoff.

II Fettgehalt von Schokolade und Kakaopulver

Geräte und Material: 250 ml Erlenmeyerkolben, Uhrglas, 100 ml Rundkolben, Heizrührer, Heizpilz, Destillationsapparatur, Waage, Heptan (feuergefährlich, Umweltgift), Filtrationsapparatur, Siedesteinchen, Schokolade, Kakaopulver.

Durchführung: Je 5 g einer geriebenen Schokoladenprobe sowie einer Probe Kakaopulver werden in einem Erlenmeyerkolben mit 100 ml Heptan vermischt. Beide Proben werden mit einem Uhrglas abgedeckt und mit einigen Siedesteinchen auf dem Heizrührer für 10 Min. bis zum Sieden erhitzt. Die noch heiße Lösung wird in den Rundkolben filtriert. Die Masse des Rundkolbens wird zuvor auf einer Waage bestimmt. Die Reste des Lösungsmittels Heptan werden anschließend in einer Destillationsapparatur abdestilliert. Die Masse des Rundkolbens wird erneut bestimmt.

Aufgaben:

1. Beschrifte die einzelnen Bestandteile A bis G und 1 bis 12 der Kakaopflanze anhand der Angaben im Text. Schreibe die richtigen Bezeichnungen mit den Buchstaben und Zahlen in dein Heft.
2. Zu welcher Fruchtform gehört die Kakaofrucht? Begründe deine Ansicht.
3. Zu den Hauptanbaugebieten der Kakaopflanze gehören Länder in Äquatornähe. Erkläre diesen Sachverhalt.
4. Führe den Versuch durch und errechne die Fettmasse in Kakaopulver und Schokolade in g/100 g Substanz.
5. Informiere dich über die Herstellungsweise von Kakaopulver und Schokolade und erkläre die Unterschiede im Fettgehalt.

Methodisch-didaktische Hinweise:

Die meiste Schokolade wird in Europa gegessen, und hier sind die Schweiz und Deutschland Spitzenreiter im Verbrauch (jeweils etwa 10 kg pro Person und Jahr). Die Kakaopflanze stammt aus Mittelamerika und wurde im Zuge der spanischen Eroberungen in Europa bekannt. Heutige Anbaugebiete liegen hauptsächlich in Afrika (ca. 60 % der Weltproduktion), wobei sich die Erzeugerländer auf die Gewinnung des Kakaosamens beschränken (müssen), die Verarbeitung zu Kakao und Schokolade findet in den Verbrauchsländern statt. Der Nährwert von Kakaobohnen ist sehr hoch (vgl. Tabelle). Die Wirkung des Theobromin, das in seiner chemischem Struktur Coffein ähnelt, ist gegenüber der Coffeinwirkung stark abgeschwächt, sodass Kakao auch von Kindern verzehrt werden kann.

Gegenüber der Bedeutung und dem Bekanntheitsgrad der Kakaoprodukte sind Kenntnisse zur Kakaopflanze und zum Herstellungsprozess der Produkte nur gering entwickelt. Die Materialie kann eingesetzt werden, um in einem fächerübergreifend angelegten Unterricht diesem Missverhältnis zu begegnen.

Für die Durchführung des Versuches sollten Schüler geübt im experimentellen Arbeiten sein. Auf keinen Fall darf zum Erhitzen der Lösungen ein Gasbrenner benutzt werden (Heptan-Dämpfe sind brennbar! – Reste nicht ins Abwasser gießen!).

Fett (Kakaobutter)	54,0 %
Eiweiß	11,5 %
Kohlenhydrate	8,5 %
Ballaststoffe	9,0 %
Theobromin	1,2 %
Rest: Wasser, Farbstoffe, Gerbstoffe, Geschmacksstoffe, Mineralstoffe, Vitamine	

Lösungen:

1. **A Kakaobaum**
   1 Stamm des Kakaobaumes
   2 Kakaofrucht

   B Kakaozweig
   3 Blatt
   4 Blüte

   C Blüte
   5 Blütenstiel
   6 Kelchblätter
   7 Kronblätter
   8 Fruchtknoten

   D, E Kakaofrucht (längs, quer geschnitten)
   9 Fruchtmus
   10 Kakaosamen

   F, G Kakaosamen (Außen-, Innenansicht)
   11 Samenschale
   12 Keimblätter
2. Beerenfrucht (Vergleich mit Johannisbeeren, Stachelbeeren).
3. Der Kakaobaum braucht ganzjährig Temperaturen von 25 °C und feuchte Luft- und Bodenverhältnisse (tropische Klimate).
4. Der Messwert bezieht sich auf 5 g Substanzeinwaage, muss also mit dem Faktor 20 multipliziert werden.

   Vergleichswerte (Fettgehalt in g/100 g):

Vollmilchschokolade	28
Zartbitterschokolade	27
Blockschokolade	21
Weiße Schokolade	28
Kakao	10 – 20[1]

   [1] Schwach entöltes Kakaopulver enthält bis zu 20 g, stark entöltes nur etwa 10 g Fett / 100 g Substanz.
5. Fließschema der Kakaopulver- und Schokoladenherstellung (auch als weiteres Material einsetzbar): → Beim Kakaopulver findet sich weniger Fett, weil die Kakaobutter im Herstellungsprozess entfernt wird, damit das Pulver nicht klumpt.

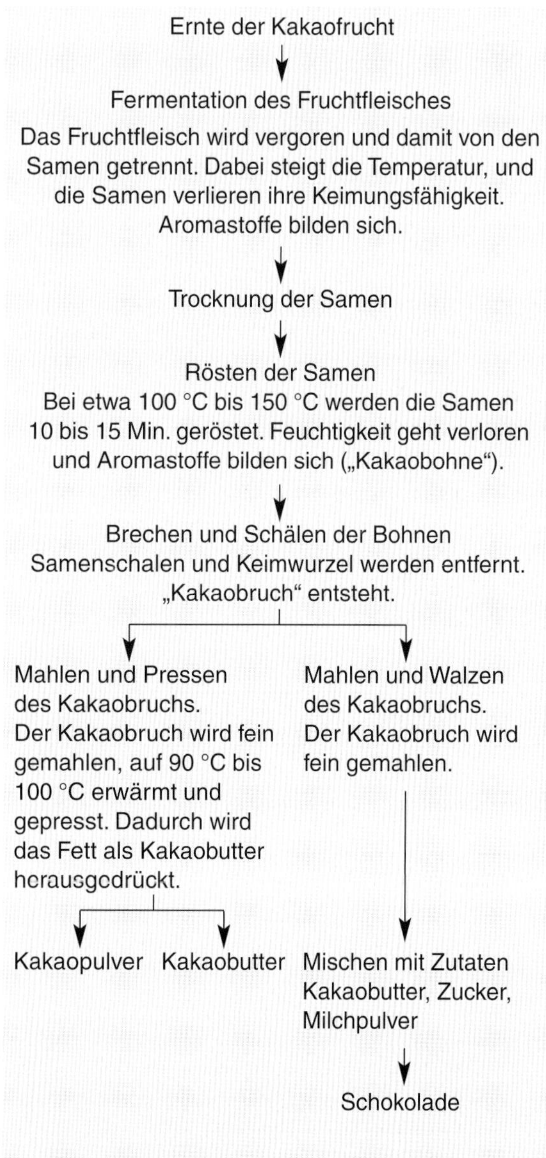

Literatur:

www.theobroma-cacao.de; www.infozentrum-schoko.de
Bader, H. J., Juchelka, S.: Woraus besteht Schokolade?. In: Praxis d. Natwiss. Chemie, Heft 6/1997, S. 2 f.

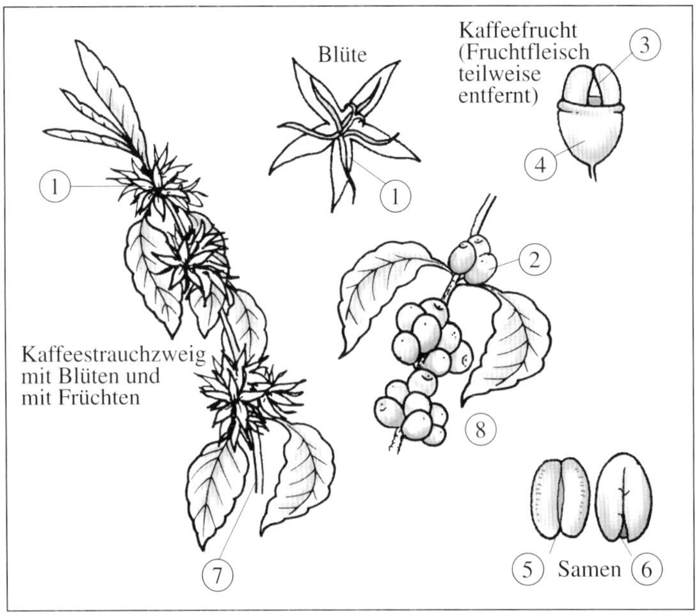

I Die Kaffeepflanze

Die Kaffeepflanze ist ein 8–10 m hoher Strauch mit nahezu waagrecht abstehenden Zweigen und pyramidenförmigem Aussehen. Er wächst und blüht bei mittleren Jahrestemperaturen von 17 bis 23 °C; dauerhafte Temperaturen von weniger als 11 °C oder mehr als 30 °C verträgt die Kaffeepflanze nicht. Bei optimalen Bedingungen können jedoch sogar drei Mal im Jahr Kaffeekirschen geerntet werden. Die Frucht ist eine kugelige Steinfrucht von roter Farbe und etwa 1,5 cm Durchmesser. Im Inneren der Kaffeekirsche finden sich umgeben von Fruchtfleisch zwei Steinkerne, die je einen Kaffeesamen, die „Kaffeebohne" umschließen. Die Steinkerne liegen mit ihren abgeplatteten Seiten einander gegenüber. Nach der Ernte der Kaffeekirschen wird zunächst das Fruchtfleisch entfernt und anschließend die freiliegende Steinfrucht getrocknet. Dann werden in einem Mahlapparat die Steinhüllen entfernt, sodass die Kaffeesamen zugänglich werden. Während des Mahlvorgangs wird auch die Samenschale, die Silberhaut genannt wird, von dem Kaffeesamen abgeschält. Frische, geschälte Kaffeesamen haben eine grüne Farbe.

II Vom Kaffeesamen zur Kaffeebohne

Versuch 1: Rösten von Kaffeebohnen

Einige grüne Kaffeesamen werden abgewogen und in ein Reagenzglas gegeben. Mit Hilfe der Reagenzglaskammer wird das Glas durch die gerade rauschende Brennerflamme geschwenkt. Wenn die Bohnen eine braune Farbe angenommen haben, werden sie erneut gewogen.

Beobachtung:

. . . .

Versuch 2: Vergleich von Kaffeesamen und Kaffeebohnen

Grüne Kaffeesamen und geröstete Kaffeebohnen werden nach folgenden Kriterien miteinander verglichen: Farbe, Geruch, Größe, Dichte (Kaffeesamen und Kaffeebohnen werden in ein mit Wasser gefülltes Becherglas gegeben.), Konsistenz (Kaffeesamen und Kaffeebohnen werden getrennt voneinander im Mörser zerkleinert.), Masse (aus Versuch 1).

Beobachtung:

. . . .

Versuch 3: Untersuchung des Coffeingehaltes

Geräte und Material: Verschiedene Kaffeesorten (Bohnenkaffee, gefriergetrockneter Kaffee, entcoffeinierter Kaffee), geröstete Kaffeebohnen (Versuch 1), grüne Kaffeesamen, Kaffeemühle, Coffein (gesundheitsschädlich!), Erlenmeyerkolben, Brenner, Filtrationsapparatur, Chromatografie-Materialien (Laufmittel: 60 % 2-Propanol / 40 % Wasser, DC-Tank, Kieselgelplatten mit Fluoreszenzindikator, UV-Lampe).

Durchführung: 5–10 Kaffeebohnen und Kaffeesamen werden in der Kaffeemühle fein gemahlen. Etwa ein Teelöffel aller Kaffeesorten werden mit 100 ml Wasser zum Sieden erhitzt und filtriert. Kleine und gleiche Mengen des Filtrats und der Coffein-Lösung werden auf eine Kieselgelplatte aufgetragen und im Tank 30 Min. chromatografiert. Die abgetrocknete Platte kann im UV-Licht betrachtet werden.

Beobachtung:

. . . .

Aufgaben:

1. Beschrifte die einzelnen Bestandteile der Kaffeepflanze anhand der Angaben im Text. Schreibe die richtigen Bezeichnungen mit den Zahlen in dein Heft.
2. Zu den Hauptanbaugebieten für Kaffee in der Welt zählen Brasilien, Mittelamerika, Java und in Afrika Angola und Kenia. Erkläre die Verbreitung.
3. Führe die Versuche durch und notiere deine Beobachtungen.
4. Deute deine Beobachtungen. Welche Veränderungen erfährt der Kaffeesamen durch den Röstvorgang? Was wird nicht verändert?

Methodisch-didaktische Hinweise:

Bohnenkaffee ist das in Deutschland am häufigsten konsumierte Getränk. Jeder Deutsche nimmt pro Jahr (1995) 164 Liter Kaffee zu sich – dagegen „nur" 137 Liter Bier. Gemessen am Wert ist Kaffee das zweitwichtigste Welthandelsgut (nach dem Erdöl). Dieser herausragenden Bedeutung steht jedoch ein weit verbreitetes Unwissen über die Charakteristika der Kaffeepflanze sowie über die Umstände ihrer Nutzung gegenüber. Die Materialie kann eingesetzt werden, um diesem Missverhältnis entgegen zu wirken.
Bei der Durchführung des Versuches 1 ist darauf zu achten, dass die Temperatur, der die Bohnen ausgesetzt sind, nicht zu hoch wird. Der industrielle Röstprozess wird bei 200 °C bis 250 °C ausgeführt. Erhöhte Temperaturen oder ein zu lange dauernder Röstvorgang führen zu verkohlten Bohnen. Durch das Rösten verliert der Kaffeesamen an Masse, dies ist hauptsächlich auf das Entweichen von CO_2 und von Wasserdampf zurück zu führen. Darüber hinaus entstehen braune Farbtöne und eine Vielzahl von Aromastoffen, was auf der *Mailliard*-Reaktion beruht, die hauptsächlich zwischen Zuckern und Proteinen und anderen Substanzen stattfindet. Der Wassergehalt des Samens sinkt durch den Röstvorgang von 10 % auf 1 %, der Zuckergehalt von 10 % auf 2 %. Die durch den Röstvorgang neu entstandenen Stoffe machen am Ende 30 % des Bohnengewichtes aus. Die Struktur des Coffeins wird durch den Röstvorgang nicht verändert; der Coffeingehalt im Röstkaffee beträgt 2,5 %. Durch den Röstvorgang wird die Bohne aufgebläht, sie ist daher etwas größer als der Kaffeesamen, hat dafür aber eine geringere Dichte. Der Kaffeesamen besitzt eine sehr zähe Konsistenz, er ist im Mörser kaum zu zerstören – im Gegensatz zur gerösteten Kaffeebohne.
Im Versuch 3 sollte in allen Fällen Coffein isoliert werden können – bis auf den entcoffeinierten Kaffee. Dies ist als Hinweis darauf zu deuten, dass Coffein durch den Röstvorgang nicht angegriffen wird. Schüler, die diese Materialie bearbeiten, sollten Grundkenntnisse über den Bau von Pflanzen und Früchten, sowie einige Erfahrung im experimentellen Arbeiten besitzen. Falls das Verfahren der Chromatografie unbekannt sein sollte, muss der Lehrer die Vorgehensweise demonstrieren und das Trennungsprinzip wenigstens in Grundzügen erläutern.

Lösungen:

1. 1 Kaffeeblüte, 2 Kaffeefrucht, 3 Steinkern, 4 Fruchtfleisch, 5 Kaffeesamen, 6 Kaffeesamen mit Silberhaut (Samenschale), 7 Kaffeezweig mit Blüten, 8 Kaffeezweig mit Früchten.
2. Die Kaffeepflanze braucht bestimmte klimatische Bedingungen, um zu gedeihen und ist daher auf bestimmte tropische und subtropische Klimate beschränkt.
3. Versuch 1: Die gerösteten Kaffeebohnen werden braun, riechen nach Kaffee und wiegen nach dem Röstvorgang weniger als vorher.
   Versuch 2: Farbe: grün/braun; Geruch: ohne/Kaffeegeruch; Größe: klein/groß; Dichte: Kaffeesamen sinken im Wasser nach unten, Kaffeebohnen schwimmen; Konsistenz: Kaffeesamen sind im Mörser nicht zerstörbar, Kaffeebohnen dagegen sehr leicht; Masse: vgl. Versuch 1.
   Versuch 3: Bei allen Kaffeesorten tritt Coffein auf (Ausnahme: entcoffeinierter Kaffee).
4. Durch den Röstvorgang werden dem Kaffeesamen bestimmte Stoffe entzogen und neue (Farbstoffe, Aromastoffe) gebildet. Coffein ist bereits im Kaffeesamen vorhanden und wird durch den Röstvorgang nicht angegriffen. – In der Technik wird das Coffein den Kaffeesamen durch Lösemittel entzogen. Ein modernes Verfahren verwendet dazu als Extraktionsmittel Kohlenstoffdioxid (bei 70 – 90 °C und 100 – 200 bar), das auch auf gerösteten Kaffee angewendet werden kann.

Literatur:

Kaiser, St. u.a.: Zur Chemie des Kaffees. In: Praxis der Naturwissenschaften – Chemie, Heft 6 / 1997, S. 17 ff.

Bezugshinweis:

Coffein lässt sich in kleinen Mengen in jeder Apotheke erstehen. Ungeröstete Kaffeesamen erhält man in Dritte-Welt-Läden oder in dem diesen Läden angeschlossenen Großversand für Fairen Handel in Wuppertal (gepa mbH Wagner).

Giftig oder nicht?
– ein Briefmarkenrätsel zu einem bekannten Ausspruch eines berühmten Arztes

① *Dosis*

② *ohne*

③ *ist.*

④ *macht,*

⑤ *Gift;*

⑥ *nichts*

⑦ *die*

⑧ *sind*

⑨ *Alle*

Arnika	Nr. ◯	....
Aronstab	Nr. ☐	....
Baldrian	Nr. ◯	....
Fingerhut	Nr. ☐	....
Herbstzeitlose	Nr. ☐	....
Holunder	Nr. ◯	....
Huflattich	Nr. ◯	....
Kamille	Nr. ◯	....

Maiglöckchen	Nr. ☐	....
Mistel	Nr. ◯	....
Rosskastanie	Nr. ◯	....
Salbei	Nr. ◯	....
Salomonssiegel	Nr. ☐	....
Schlafmohn	Nr. ☐	....
Seidelbast	Nr. ☐	....
Tabak	Nr. ☐	....
Tollkirsche	Nr. ☐	....
Weißdorn	Nr. ◯	....

[10] *Gift*

[11] *und*

[12] *allein*

[13] *Ding*

[14] *kein*

[15] *ein*

[16] *Gift*

[17] *dass*

[18] *Dinge*

Methodisch-didaktische Hinweise:

In dem Rätsel geht es um **Pflanzen mit biologisch wirksamen Inhaltsstoffen**. Obwohl das Wissen um die Heil- bzw. Giftwirkung von Pflanzen(teilen) eine lange Tradition hat, ist bis heute von zahlreichen Pflanzen nur bekannt, *dass* sie biologisch wirksame Inhaltsstoffe besitzen, nicht jedoch genau, *welche* es sind. Aber auch von bekannten Wirkstoffen wie Alkaloiden, Glykosiden, Saponinen, ätherischen Ölen, ... weiß man vielfach noch nicht, *wo* und *wie* sie in den Stoffwechsel eingreifen.

• Zum **Bedeutungsinhalt** der Begriffe „Heilpflanze" und „Giftpflanze": Als Heilpflanzen oder Arzneipflanzen bezeichnet man Pflanzen, die aufgrund ihrer Wirkstoffe therapeutisch einsetzbar sind (heilend, lindernd, stärkend). Giftpflanzen enthalten per definitionem chemische Verbindungen, die schon in kleinen Mengen Schädigungen (Vergiftungen) hervorzurufen vermögen. Pflanzen mit therapeutisch wirksamen, zugleich aber giftigen Inhaltsstoffen sind demzufolge beiden Kategorien zuzurechnen, etwa Fingerhut, Tollkirsche und Schlafmohn. Auf diese **Begriffsüberschneidung** müssen die Schüler hingewiesen werden, damit es nicht zu Missverständnissen kommt; alltagssprachlich bezeichnet man Pflanzen wie die genannten Beispiele wegen ihres Gefahrenpotenzials als Giftpflanzen. Dass es bei der biologischen Wirkung einer Substanz wesentlich auf die **Dosis** ankommt, hat der Arzt und Naturforscher ***Paracelsus*** (*Theophrastus Bombastus von Hohenheim*, 1493–1541) in einem bekannten Ausspruch niedergelegt, den die Schüler als Lösung des Rätsels finden sollen.

• Zur **Konstruktion** des Rätsels: Die oberen Briefmarken (Nr. 1–9) zeigen Pflanzen, die man umgangssprachlich als Heilpflanzen bezeichnet – von ihnen geht bei nicht unverhältnismäßigem Gebrauch keine Gefahr aus. Die unteren Briefmarken (Nr. 10–18) zeigen (potenzielle) Giftpflanzen – ihre Blätter, Blüten, Früchte usw. besitzen gefährliche Inhaltsstoffe; in diesem Briefmarkenfeld befinden sich auch die therapeutisch nutzbaren Giftpflanzen. Aufgabe der Schüler ist es, den alphabetisch aufgelisteten Pflanzennamen die richtigen Abbildungen zuzuordnen; dabei ergibt sich aus den bei den Marken stehenden Wörtern das als Lösung gesuchte Zitat. Zwecks besserer Überschaubarkeit sind die Ziffern der Heilpflanzen rund eingerahmt, die der Giftpflanzen eckig; manche Pflanzennamen können den Marken entnommen werden. Durch diese Hilfen ist das Rätsel **leicht lösbar**, mehr als **10 Minuten** werden selten benötigt.

• Zur **inhaltlichen Erweiterung** des Rätsels bietet es sich an, den Ausspruch von Paracelsus näher zu erläutern oder mit den Schülern anhand der Briefmarken Wirkungen von Heilpflanzen zusammenzustellen; man kann auch typische Symptome und Erste-Hilfe-Maßnahmen bei Vergiftungen durch Pflanzenteile besprechen.

Die **wirksamen Substanzen** können in Blättern, Blüten, Samen, Früchten, Wurzeln, ... enthalten sein. Tee aus Kamillenblüten und aus Salbeiblättern wirkt entzündungshemmend, Tee aus Huflattichblättern hustenlindernd, Holunderblütentee („Fliedertee") ist schweißtreibend, Tee und Tinktur aus Baldrianwurzeln wirken beruhigend, Arnikatinktur eignet sich zur Wundbehandlung, Medikamente aus Weißdornfrüchten dienen der Regulation des Blutdrucks, Rosskastanienpräparate finden Anwendung bei Gefäßerkrankungen, Mistelpräparate stimulieren das Immunsystem. Von den Inhaltsstoffen der „giftigen Heilpflanzen" spielen die herzwirksamen Glykoside des Fingerhuts (des Maiglöckchens kaum noch) sowie die Alkaloide der Tollkirsche und des Schlafmohns therapeutisch eine Rolle.

Vergiftungssymptome und erste Hilfe: In der Fachliteratur werden u. a. Übelkeit, Erbrechen, Durchfall, Schweißausbruch, Beeinträchtigung von Herz und Kreislauf (z. B. Herzrasen, Herzrhythmusstörungen, Blutdruckabfall) sowie Störungen des Nervensystems (z. B. Unruhe, Krämpfe, Koordinationsstörungen, beschleunigte oder verlangsamte Atmung, Lähmungen, Halluzinationen, Bewusstlosigkeit) genannt. Maßnahmen, die seitens eines Laien als erste Hilfe in Frage kommen: **Schnellstmögliches Erbrechen hat vorrangige Bedeutung**, es kann durch mechanische Reizung des Rachens oder Trinken größerer Mengen lauwarmen Wassers herbeigeführt werden. Vor Salzwasser wird in der Fachliteratur gewarnt, ebenso vor der Verabreichung von Milch. Bei Vergiftungen durch verzehrte Pflanzenteile, die besonders bei kleineren Kindern nicht selten vorkommen, soll man unbedingt **von dem Material zum Arzt mitnehmen, auch Erbrochenes** (zur zweifelsfreien Identifizierung der betreffenden Pflanzenteile).

Lösung:

(9) [18] (8) [10] [11] (6) (2) (5) [12] (7) (1) (4) [17] [15] [13] [14] [16] (3)

Alle Dinge sind Gift und nichts ohne Gift; allein die Dosis macht, dass ein Ding kein Gift ist. (*Paracelsus*)

Obwohl bereits im Altertum die Weidenrinde als fiebersenkendes Mittel gebräuchlich war, ging dieses Wissen im Mittelalter wohl wieder verloren. Weidenrinde wird allerdings bis heute vor allem in Russland zum Gerben von Leder (Juchtenleder) verwendet, da sie sehr gerbstoffreich ist. Die Wiederentdeckung der Weidenrinde **als Mittel gegen Fieber** wird dem englischen Geistlichen und Hobby-Pharmakologen **Edward Stone** zugeschrieben. Zum damaligen Zeitpunkt war bereits die **Chinarinde** des peruanischen Rindenbaums, die auch als Fieberrinde bezeichnet wird, das einzig bekannte Mittel gegen das Rückfallfieber, die **Malaria**. Da diese Rinde zunächst aus Südamerika nach Europa importiert werden musste, war sie so sündhaft teuer, dass sie nur für Minister, Herzöge und Könige erschwinglich war. Das wirksame Prinzip der Rinde ist das sehr bitter schmeckende Alkaloid **Chinin**. Edward Stone suchte in der heimischen Flora nach bitter schmeckenden Rinden, in der Hoffnung, Chinin zu finden und stieß 1763 auf die bittere Weidenrinde. Es stellte sich heraus, dass man mit Abkochungen der Weidenrinde tatsächlich Fieber bekämpfen konnte. Weidenrinde enthält bis zu 7 % eines bitteren Glycosids, das nach dem lateinischen Gattungsnamen der Weide Salix den Namen Salicin bekam, eine Substanz, die sich von der Salicylsäure ableiten lässt.

Vom Salicin zum Aspirin

1830 wurde erstmals aus Salicin durch chemische Reaktion die Salicylsäure direkt synthetisiert, die nun als Arzneimittel eingesetzt wurde. Da sich gewisse Unverträglichkeitsreaktionen einstellten, kam es zu einer Weiterentwicklung, aus Salicylsäure wurde durch Reaktion mit Essigsäure Acetylsalicylsäure hergestellt, ein Präparat, das unter dem Namen „Aspirin“ vor etwa 100 Jahren auf den Markt kam, abgeleitet von einer alten Bezeichnung für Salicylsäure: Acidum spiricum. Bis heute ist Aspirin bzw. die Acetylsalicylsäure weltweit das am häufigsten verwendete Medikament. Doch neuerdings beschäftigt sich die Wissenschaft auch wieder mit der Weidenrinde. Es stellte sich heraus, dass insbesondere Abkochungen der Rinde von Purpurweide, Bruchweide und Silberweide bei Erkältungskrankheiten, Arthritis und Neuralgien in ihrer Wirkung durchaus mit Aspirin konkurrieren können.

Versuch 1: Weidenrindentee gegen Fieber
Ein Teelöffel mit klein geschnittener Weidenrinde wird über Nacht in einer Tasse kalten Wassers eingeweicht. Am nächsten Morgen wird kurz aufgekocht und abgeseiht. Zum Sammeln verwendet man die Rinde etwa 3-jähriger Zweige, die man im Frühjahr abschabt und gut trocknet.

Versuch 2: Bitterstoff Salicin in der Weidenrinde
Etwa 5 g frisch geschabte Weidenrinde werden 10 Min. gekocht. Man lässt abkühlen und probiert vorsichtig.

Versuch 3: Gerbstoffe in der Weidenrinde
Man gibt in ein Reagenzglas etwas Weidenrindenextrakt aus Versuch 2 und fügt einige Tropfen Eisen(III)-chloridlösung zu. Es bildet sich ein schwarzbrauner Niederschlag (Gerbstoffnachweis).

Methodisch-didaktische Hinweise:

In den meisten Lehrbüchern werden die Weiden als typische zweihäusige Pflanzen behandelt. Um Schüler/-innen zu motivieren, könnte zu Stundenbeginn die Frage gestellt werden, was Aspirin und Weiden miteinander zu tun hätten, dann könnte der Text gelesen werden.
Weiden sind besonders im Frühjahr leicht zu identifizieren, sodass das Sammeln und Trocknen von Weiderindenstücken sowie Versuch 2 als Hausaufgabe möglich wären.

Hinweise zu den Versuchen und Auswertungen:

Versuch 1:

Weidenrindentee schmeckt ziemlich bitter. Die Tagesdosis gegen Fieber sind zwei Tassen. Das wirksame Prinzip der Weidenrinde ist die Salicylsäure. Im Darm wird der an das Salicin gebundene Zucker abgespalten, es entsteht das Aglycon Saligenin, ein Salicylalkohol, der nach der Resorption in der Leber in Salicylsäure umgewandelt wird [3].

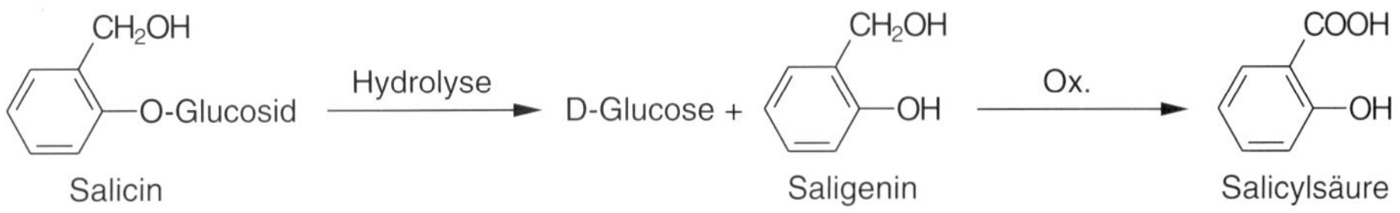

Versuch 2:

Bitterstoffe kommen in vielen Pflanzen vor und sind möglicherweise ein Schutz gegen Tierfraß. Chemisch sind diese Stoffe uneinheitlich.

Versuch 3:

Gerbstoffe kommen in den Rinden von Holzpflanzen vor, jedoch in unterschiedlichen Mengen. Gerbstoffe binden an die quellfähigen Proteine der Haut, sodass diese ihre Quellfähigkeit verlieren, die Haut wird zum Leder. Die Gerbstoffe sind chemisch den Polyphenolen zuzuordnen, die mit Eisensalzen blauschwarze Verbindungen bilden. Zur Herstellung von Juchtenleder wird das gegerbte Leder anschließend noch mit Birkenteer behandelt [2].

Lehrerversuch: Nachweis des Salicin:

Man schält ein Stück Weidenrinde ab und gibt mit einer Pipette einen Tropfen konzentrierte Schwefelsäure auf die Rindeninnenseite. Es bildet sich ein roter Farbstoff. (Achtung! Konzentrierte Schwefelsäure ist stark ätzend, Schutzbrille!). – Kontrollversuch mit Rinde anderer Bäume zu empfehlen.

Literatur:

[1] *Molisch, H., Dobat, K.:* Botanische Versuche und Beobachtungen mit einfachen Mitteln. Fischer Verlag, Stuttgart 1979.
[2] *Mossner, H.:* Arzneipflanzen im Unterricht. Aulis Verlag, Köln 1995.
[3] *Pentz, R., Busse, H. G., König, R., Siegers, C.-P.:* Bioverfügbarkeit von Salicylsäure und Coffein aus einem phytoanalgetischen Kombinationspräparat. Zeitschrift für Phytotherapie 3/1989, S. 92 – 96.
[4] *Reinbothe, H., Wasternack, C.:* Mensch und Pflanze. Quelle & Meyer, Heidelberg 1986.

Mein Arzneipflanzenbuch

Viele in der Natur wild wachsende Pflanzen sind Arzneipflanzen. Um solche Pflanzen kennen zu lernen, kannst du ein eigenes Arzneipflanzenbuch mit häufig in der Natur zu findenden Arzneipflanzen anlegen.
Die Abbildung zeigt das Grundraster für eine Seite eines Arzneipflanzenbuches. In das freie Kästchen kannst du die Heilpflanze zeichnen oder ein gepresstes Blatt oder die Blüte einkleben. Nähere Informationen zu den einzelnen Heilpflanzen findest du in dem Kosmos-Bestimmungsbuch „Was blüht denn da" oder ausführlicher im Kosmos Heilpflanzenführer von P. und I. Schönfelder.

Beispiel für eine Seite des Arzneipflanzenbuchs

Arzneipflanze ....

Lebensraum:
Acker, Schuttplätze, Wege ☐
Trockenrasen, steinige Hänge, Mauern ☐
Fettwiesen, Weiden ☐
Wälder, Auen, Gebüsche ☐
Gewässer, Moore, Sümpfe ☐

Blütenfarbe:...........................

Wuchsform: Kraut ☐ Strauch ☐ Liane ☐
Baum ☐

Familie: ....

Blätter: einfach ☐ gefiedert ☐ gefingert ☐ granzrandig ☐ gesägt ☐
gezähnt ☐ gekerbt ☐ gebuchtet ☐ fiederspaltig ☐ wechselständig ☐
gegenständig ☐ quirlständig ☐

Blüte: radiär ☐ zweiseitig ☐ Köpfchen ☐ 3-zählig ☐ 4-zählig ☐
5-zählig ☐ mehrzählig ☐ Kronblätter verwachsen ☐ Kronblätter frei ☐

Verwendeter Pflanzenteil: Wurzel ☐ Blätter ☐ Kraut ☐ Blüte ☐
Rinde ☐

Blühmonate: ....

Inhaltsstoffe: ....

Anwendung: ....

....

Besonderheiten: ....

....

Methodisch-didaktische Hinweise:
Um die Artenkenntnis bei Schüler/-innen zu erweitern, sind wild wachsende Arzneipflanzen besonders geeignet. Die Vielfalt wird auf eine bestimmte Anzahl eingegrenzt. Die Inhaltsstoffe machen die Pflanzen interessant. Die unten stehende Liste gibt eine Auswahl häufig vorkommender wild wachsender einheimischer Arzneipflanzen. Die Pflanzen sind, entsprechend [1], 1. nach Standorten, 2. nach der Blütenfarbe geordnet.
Bei den Lebensräumen, der Wuchsform, den Blättern, der Blüte, dem verwendeten Pflanzenteil werden die zutreffenden Begriffe nur angekreuzt. Die Blütenfarbe, Familie, Blühmonate, Inhaltsstoffe und die Anwendung und Besonderheiten sollten aus einem Pflanzenbestimmungsbuch [1] oder aus der Literatur [2], [3] oder [4] entnommen werden. Die Musterseite wird vom Lehrer doppelt auf ein DIN A4-Blatt quer sowohl auf die Vorder- als auch auf die Rückseite kopiert. Der Schüler faltet das Blatt in der Mitte. Für die Gestaltung des Umschlags, der aus Karton sein sollte, sind der Fantasie keine Grenzen gesetzt. Das Arzneipflanzenbuch kann mit einer Schnur (Faden) oder mit Heftklammern gebunden werden.

Liste wild wachsender Arzneipflanzen:
I Lebensraum Acker, Schuttplätze, Wege:
1 Weiße Taubnessel (*Lamium album*) Lippenblütler; 2 Echtes Seifenkraut (*Saponaria officinalis*) Nelkengewächse; 3 Echte Kamille (*Matricaria chamomilla*) Korbblütler; 4 Großes Schöllkraut (*Chelidonium majus*) Mohngewächse; 5 Gemeiner Huflattich (*Tussilago farfara*) Korbblütler; 6 Echter Steinklee (*Melilotus officinalis*) Schmetterlingsblütler; 7 Großblütige Königskerze (*Verbascum densiflorum*) Braunwurzgewächse; 8 Wildes Stiefmütterchen (*Viola arvensis*) Veilchengewächse; 9 Wilde Malve (*Malva silvestris*) Malvengewächse; 10 Gemeine Pestwurz (*Petasites hybridus*) Korbblütler; 11 Große Klette (*Arctium lappa*) Korbblütler; 12 Ruprechtskraut (*Geranium robertianum*) Storchschnabelgewächse; 13 Gemeine Wegwarte (*Cichorium intybus*) Korbblütler; 14 Gemeiner Beinwell (*Symphytum officinale*) Raublattgewächse; 15 Große Brennnessel (*Urtica dioica*) Brennnesselgewächse.

II Lebensraum Trockenrasen, steinige Hänge, Mauern:
16 Wilde Möhre (*Daucus carota*) Doldengewächse; 17 Tüpfel-Johanniskraut (*Hypericum perforatum*) Hartheugewächse; 18 Blutwurz (*Potentilla erecta*) Rosengewächse; 19 Gemeiner Dost (*Origanum vulgare*) Lippenblütler; 20 Gemeiner Thymian (*Thymus pulegioides*) Lippenblütler.

III Lebensraum Fettwiesen, Weiden:
21 Gemeine Schafgarbe (*Achillea millefolium*) Korbblütler; 22 Gemeines Gänseblümchen (*Bellis perennis*) Korbblütler; 23 Wiesenbärenklau (*Heracleum sphondylium*) Doldengewächse; 24 Gemeiner Löwenzahn (*Taraxacum officinale*) Korbblütler; 25 Echte Schlüsselblume (*Primula veris*), Hohe Schlüsselblume (*Primula elatior*) Primelgewächse; 26 Gemeiner Frauenmantel (*Alchemilla vulgaris*) Rosengewächse; 27 Spitz-Wegerich (*Plantago lanceolata*) Wegerichgewächse.

IV Lebensraum Wälder, Auen, Gebüsche:
28 Maiglöckchen (*Convallaria majalis*) Liliengewächse; 29 Bär-Lauch (*Allium ursinum*) Liliengewächse; 30 Waldmeister (*Galium odoratum*) Rötegewächse; 31 Eingriffeliger Weißdorn (*Crataegus monogyna*), Zweigriffeliger Weißdorn (*Crataegus laevigata*) Rosengewächse; 32 Schlehe (*Prunus spinosa*) Rosengewächse; 33 Himbeere (*Rubus idaeus*) Rosengewächse; 34 Schwarzer Holunder (*Sambucus nigra*) Geißblattgewächse; 35 Faulbaum (*Frangula alnus*) Kreuzdorngewächse; 36 Sommer-Linde (*Tilia platyphyllos*), Winter-Linde (*Tilia cordata*) Lindengewächse; 37 Kleiner Odermennig (*Agrimonia eupatoria*) Rosengewächse; 38 Hundsrose (*Rosa canina*) Rosengewächse; 39 Roter Fingerhut (*Digitalis purpurea*) Rachenblütler; 40 Echtes Lungenkraut (*Pulmonaria officinalis*) Raublattgewächse; 41 Kleines Immergrün (*Vinca minor*) Hundsgiftgewächse; 42 Echter Ehrenpreis (*Veronica officinalis*) Rachenblütler; 43 Stiel-Eiche (*Quercus robur*), Trauben-Eiche (*Quercus petraea*) Buchengewächse; 44 Hänge-Birke (*Betula pendula*) Birkengewächse; 45 Efeu (*Hedera helix*) Araliengewächse; 46 Knotige Braunwurz (*Scrophularia nodosa*) Braunwurzgewächse.

V Lebensraum Gewässer, Moore, Sümpfe:
47 Echtes Mädesüß (*Filipendula ulmaria*) Rosengewächse; 48 Wald-Engelwurz (*Angelica sylvestris*) Doldengewächse; 49 Echter Baldrian (*Valeriana officinalis*) Baldriangewächse; 50 Wasser-Minze (*Mentha aquatica*) Lippenblütler; 51 Wolfstrapp (*Lycopus europeus*) Lippenblütler; 52 Bittersüßer Nachtschatten (*Solanum dulcamara*) Nachtschattengewächse.

Literatur:
[1] *Aichele, D., Golte-Bechtle, M.:* Was blüht denn da? Franckhsche Verlagshandlung, Stuttgart 1995.
[2] *Mossner, H.:* Arzneipflanzen im Unterricht. Aulis Verlag, Köln 1995.
[3] *Schönfelder, P., Schönfelder, I.:* Der Kosmos-Heilpflanzenführer. Franckhsche Verlagshandlung, Stuttgart 1996.
[4] *Schunk, R.:* Heilkraft aus Heilpflanzen. Kaulfuss-Verlag, Abtswind 1992.

Guter Wald, du gehst so stille ...

Ein Mensch, nicht alt, doch auch kein Neuer
Wirft Scheit um Scheit ins off'ne Feuer.
Da hört er durch das Prasseln, Knistern
Kaum wahrnehmbar ein leises Flüstern.
Ein Fichtenast, verharzt, entrindet,
Der knackend in der Flamme schwindet,
Nutzt die verblieb'nen Atemzüge
Ergrimmt für eine letzte Rüge:
„Ihr Menschen seid wohl nicht ganz dicht!
Schaut euch doch um, so geht's ja nicht.
Wir liegen reihenweise flach,
Bei euch da kräht kein Hahn danach.
Kräht einer doch, dann unbeachtet.
Er wird ergriffen und geschlachtet,
Weil dieses Krähen sehr missfällt.
Man wahrt den Schein. Heil ist die Welt".
Dem Zweifler reißt nun die Geduld:
„Was stimmt hier nicht, wer ist hier schuld?"
Der Blick auf kahle Fichtenkronen
Führt ihn zuletzt zu *Emissionen.*
Von all den ekelhaften Giften,
Die meuchlings durch die Wälder driften,
Ist SO_2, doch davon später,
Der allergrößte Übeltäter?
Von Halogenen, *Stickoxiden*
Spricht man nicht gern, es wird vermieden.
Der schwefelsaure Regen gar
Kommt aus dem Osten sonnenklar.
NO_x samt *Kohlenwasserstoffen*
Ist euch bekannt, ich will es hoffen.
Im Licht, oft nach Minuten schon,
Kommt es zur Kettenreaktion,
Wo jeder reagiert mit jedem.
(Der Chemiker könnt' Stunden reden).
Als neue Gifte werden frei
Die *Peroxide* und O_3.
Sie ätzen, das ist sehr zu tadeln,
Die Zellmembran der Fichtennadeln.
Magnesium und so manche Base
Verlieren in der nächsten Phase
Den angestammten festen Halt.
Die Nadel kränkelt, wird nicht alt,
Ein Baum kann nicht mit Nadeln sparen,
Er braucht den Satz von vielen Jahren.
Nicht nur die jungen Triebe. Alle!
Als Lichtquantenabsorberfalle.
Werden die Nadeln braun und spärlich
Lebt uns're Fichte bald gefährlich.
Zwar lebt sie noch auf alle Fälle,
Doch tritt sie gleichsam auf der Stelle
Nah am Verhungern, kränklich mager,
Ein Borkenkäferkassenschlager.
Sie kommen fern und aus der Näh'
Zur Fichtenschlemmerorgi-e.
So fressen sie die Reinerträge –
Was bleibt? Der Griff zur Motorsäge.
(Den Specht kannst du getrost vergessen,
Er hat sich längst schon überfressen).
In unsichtbaren Schwaden zieht
Vor allem Schwefeldioxid
Und stört als schwefelsaurer Regen
Das ausgeglichne Bodenleben.
Da wendet sich der Wurm mit Grausen:
„So kann ich hier nicht länger hausen,
Dein Freund kann ich nicht länger sein".
Er sprach's und ließ den Baum allein.
Mit ihm verschwanden aus dem Boden
Springschwänze, Pilze, Nematoden.
Der Tod ereilt in großen Serien
Auch *Asseln, Milben* und *Bakterien.*
Das Gleichgewicht geht in die Knie,
Die *Nährstoffre-minerali-Sation* wird lückenhaft und schwächer,
Für jeden Baum der Schierlingsbecher.
Wie wild er mit den Wurzeln wühlt
Die Nährstoffe sind ausgespült.
Der Baum schnallt seine Rinde enger,
Doch dadurch lebt er wenig länger,
Die Fichte und ihr kleines Söhnchen
Pickt nur noch hier und da ein Iönchen.
Prompt stolpert sie nun in die Falle
Der *ausgelösten Schwermetalle,*
Die toxisch niederträchtig warten
Um ihr Vernichtungswerk zu starten.
Einst wurden sie, *komplex gebunden,*
Entschärft und friedlich nur gefunden.
Die *Säure setzt sie frei* geschickt –
Die Fichte schluckt, die Bombe tickt.
Denn sie schwärmt nicht wie wir von Pizza,
Sie steht auf Ionen, *Mycorrhiza.*
Das enge Wurzel-Pilz Geflecht
Hilft ihr beim Dinner (und nicht schlecht).
Der Pilz als Wasser-Salze-Schlucker
Erhält vom Baum als Ausgleich Zucker.
So lebte in der Zeiten Wandel
Ein jeder froh durch diesen Handel.
Man zechte fröhlich und getrost
Heut' hat es sich meist aussymbiost.
Die Wurzelhaare fallen leise
Oft jahrelang und büschelweise.
Ein Nasskern, schwammig, übel riechend
Schiebt in das Innere sich kriechend
Bakteriengeschwängert dicht.
Der Baum, er überlebt das nicht.
Der Mensch bewahrt sich den Humor,
Denn was nicht sein darf, kommt nicht vor.
Werden auch die Wälder gelber:
„Ach die Natur hilft sich schon selber.
Nur keine Panik oder Eile –
Wir forschen erst mal eine Weile".
Und die Moral von der Geschicht'
Der Wald er stirbt! Warum auch nicht.

Gedicht von Werner David

Aufgaben:

1. Informiere dich über die kursiv gedruckten Begriffe und erkläre mit eigenen Worten die Hauptursachen für die Schädigungen der Fichte im Bereich der Nadeln und im Bodenbereich.
2. Weshalb sind geschädigte Bäume anfälliger gegen den Befall mit Borkenkäfern?
3. Warum ist die Anzahl der gesunden Nadeln für die Lebensfähigkeit eines Baumes entscheidend?
4. Informiere dich über Schadstufen und Schadbilder der Fichte.

Methodisch-didaktische Hinweise:
Waldschadenserhebungen werden europaweit seit 1990 nach dem Stichprobenverfahren (7794 Stichprobenpunkte mit ca. 200 000 Probebäumen) durchgeführt [5]. Der Wald stirbt weiter, die Zeitungsmeldungen sind kurz, man geht zur Tagesordnung über. Mit Hilfe des Gedichtes ist es möglich, ein ernstes Thema emotional, aber auch mit Humor zu betrachten. Es empfiehlt sich einen gesunden und einen geschädigten Fichtenzweig in den Unterricht mitzubringen, um die Zahl der Nadeljahrgänge demonstrieren zu können. Eine Exkursion in einen nahe gelegenen Wald in Zusammenarbeit mit einem Forstamt sollte auf jeden Fall im Anschluss an die Unterrichtseinheit durchgeführt werden.

Lösungen:

1. **Emissionen**: Schadstoffe am Ort ihrer Entstehung.
   SO_2 = Schwefeldioxid: stammt zu 95 % aus fossilen Energieträgern und wird hauptsächlich aus Kraftwerken und Industrieanlagen freigesetzt.
   Stickoxide = NO_x (verschiedene Oxide des Stickstoffs): Entstehen bei allen Verbrennungsvorgängen aufgrund des Stickstoffgehaltes der Luft. Hauptemittent ist der Kfz-Verkehr.
   Kohlenwasserstoffe: Sind verschiedenartige organische Verbindungen, die z. T. unverbrannt verdunsten. Hauptemittent ist der Kfz-Verkehr.
   Licht: Unter Einwirkung von Blau- und UV-Licht wird NO_2 in NO und O zerlegt. Die O-Atome verbinden sich mit den O_2-Atomen zu O_3 (Ozon).
   O_3 (Ozon): siehe oben.
   Peroxide: Besser Peroxyacetylnitrate (PANs) sind Verbindungen, die aus Kohlenwasserstoffen, NO_x und Ozon unter Lichteinfluss entstehen. Sie sind für Pflanzen hochgiftig. Sie zerstören die Kutikula sowie die Membranen der Zellen. Bei nachfolgender Tau- und Nebelbildung können Salze wie Magnesium und Calcium („Basen“) ausgewaschen werden.
   Magnesium: Ist ein wichtiges Bioelement, das z. B. komplex in Chlorophyll gebunden ist. Wird es ausgewaschen, kommt es zu einer Verminderung der Fotosyntheserate.
   Springschwänze, Nematoden (Fadenwürmer), Milben, Asseln: Bodentiere, die die Streu fressen und dadurch die Remineralisierung wesentlich beschleunigen.
   Pilze und Bakterien: Remineralisieren die Streu und machen sie so wieder für die Pflanzen verfügbar.
   Nährstoffremineralisation: Überführung des organisch gebundenen Stickstoffs in anorganischen. Bakterien zerlegen Eiweiß zu Ammoniak, das andere Bakterien wieder zu Nitrat oxidieren.
   Ausgelöste Schwermetalle: Bei niedrigen pH-Werten werden Aluminium und Schwermetallionen, z. B. Eisen, Mangan, Blei und Cadmium, aus ursprünglich schwer löslichen Komplexverbindungen freigesetzt und damit für die Bodenwurzeln aufnehmbar.
   Mycorrhiza: Symbiose zwischen Pilz und Baumwurzel. Schwermetallionen sind für die Mycorrhiza-Pilze hochgiftig.
2. Die Harzproduktion der Bäume wird durch den eingeschränkten Stoffwechsel vermindert, die Borkenkäfer können leicht in die Rinde eindringen.
3. Die Nadeln (Blätter) sind der Ort der Fotosynthese. Nur wenn genügend gesunde Nadeln vorhanden sind, überwiegt die durch die Fotosynthese aufgebaute organische Substanzmenge die durch die Atmung verbrauchte.
4. Man unterscheidet die Schadstufen 0–4. Näheres dazu in IV. 10.15.

Literatur:

[1] BMELF (Hrsg.): Waldzustandsbericht der Bundesregierung. Ergebnisse der Waldschadenserhebung 1993.
[2] *David, W.:* Gedichte zum Waldsterben. 1990 unveröffentlicht.
[3] *Philipp, E.:* Experimentelle Untersuchungen zum Waldsterben. PdNB, 2/37, 1988, S. 29 – 35.
[4] *Stichmann, W.:* Schutz und Entwicklung der Wälder in Mitteleuropa. UB 197, 1994, S. 4 – 13.

Kranke Fichten erkennen

Abb. 1

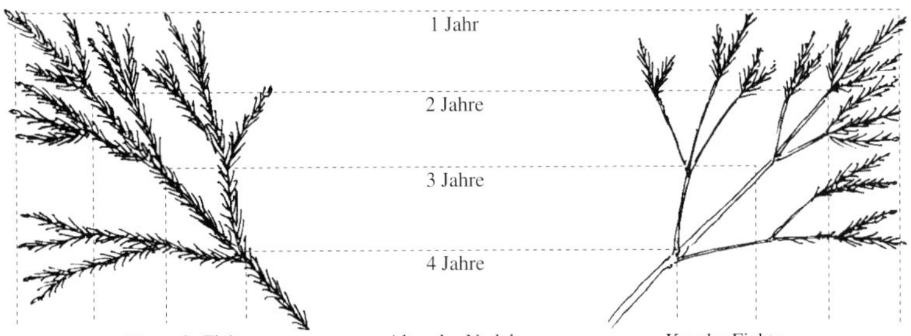

Abb. 2

gesund, voll benadelt

Schadstufe 1, kränkelnd

10–25% Verlust Nadelmasse

Schadstufe 2, krank

25–60% Verlust Nadelmasse

Schadstufe 3, sehr krank bis absterbend

mehr als 60% Verlust Nadelmasse

Gesunde Fichte

Kranke Fichte

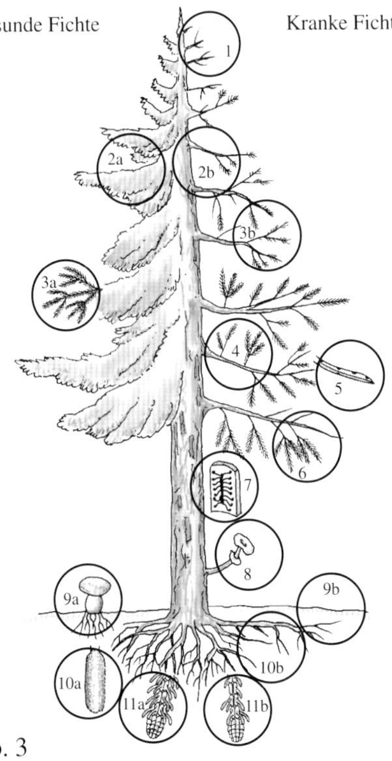

Abb. 3

1 ....

2 a ....

2 b ....

3 a ....

3 b ....

4 ....

5 ....

6 ....

7 ....

8 ....

9 a ....

9 b ....

10 a ....

10 b ....

11 a ....

11 b ....

Aufgaben:

1. Vergleiche Abbildung 1 und 2 miteinander. Warum werden mit zunehmender Schadstufe die Fichten im Inneren immer lichter und nicht an den Zweigenden? Wie viele Nadeljahrgänge sind an einer gesunden Fichte zu finden?
2. Ordne den Ziffern der Abbildung 3 entsprechende Begriffe zu.

Methodisch-didaktische Hinweise:

Für Schüler/-innen ist es nicht leicht festzustellen, ob eine Fichte geschädigt ist oder nicht. In den Materialien sind daher die wichtigsten Schadmerkmale einer kranken Fichte denen einer gesunden gegenübergestellt.

Schadstufe:
0 Gesund, Nadelverlust bis 10 %, 6 – 10 Nadeljahrgänge,
1 Schwach geschädigt, 11 – 25 % Nadelverluste, etwa 2/3 der Zweiglängen benadelt,
2 mittelstark geschädigt, 26 – 60 % Nadelverlust, Verlichtung der gesamten Krone, Lamettasyndrom (Seitenzweige zweiter Ordnung hängen herunter),
3 stark geschädigt: mehr als 60 % Nadelverlust, braune Nadeln, starke Verlichtung,
4 abgestorben.

Lösungen:

1. Gesunde Fichten besitzen 6 – 7 Nadeljahrgänge. Da der Zweig an der Spitze wächst, befinden sich die ältesten Nadeln in Stammnähe. Diese sind den Schadgasen am längsten ausgesetzt und werden daher als Erste abgeworfen.
2. 1 Kronenverlichtung
2a) Noch viele Nadeljahrgänge vorhanden, man kann nicht durch die Fichte hindurchsehen.
2b) Aufgrund des Verlustes der älteren Nadeln wird die Fichte durchsichtig.
3a) Gesunder Zweig, 6 – 7 Nadeljahrgänge sind vorhanden.
3b) Kranker Zweig, nur noch 1 – 2 Nadeljahrgänge sind erkennbar.
4 Um den Nadelverlust auszugleichen, bilden sich Sekundärtriebe („Angsttriebe").
5 Die Nadeln zeigen Nekrosen und Vergilbungen.
6 Lamettaeffekt auf Trieben zweiter Ordnung. (Manche Hochgebirgsrassen der Fichte zeigen allerdings von sich aus solche Lamettabildung.)
7 Sekundärschäden bei geschwächten Bäumen zeigen sich im Schädlingsbefall, hier des Buchdruckers.
8 Geschwächte Fichten werden von parasitischen Pilzen befallen, z. B. vom Hallimasch.
9a) Am Waldboden findet man Fruchtkörper von Mykorrhiza-Pilzen.
9b) Mykorrhizapilze fehlen.
10a) Mykorrhiza umspinnen die Feinwurzeln und vergrößern damit die Aufnahmekapazität für Wasser und gelöste Mineralsalze.
10b) Mykorrhizapilze fehlen.
11a) Ein intaktes Feinwurzelsystem sorgt für eine optimale Wasseraufnahme.
11b) Das Feinwurzelsystem ist durch Schwermetallionen und den sauren Regen geschädigt.

Literatur:

BMELF (Hrsg.): Waldzustandsbericht der Bundesregierung. Ergebnisse der Waldschadenserhebung 1993.
Engelhardt, E.: Umweltschutz. 6. Aufl. Bayerischer Schulbuch Verlag, München 1993.
Jungbauer, W.: Waldschäden (neue Ergebnisse). PdNB, 2/37, 1988.
Stichmann, W.: Schutz und Entwicklung der Wälder in Mitteleuropa. UB 197, 1994, S. 4 – 13.

Text A

Tödliche Keime im Krankenhaus

Die Infektionskrankheiten sind auf dem Vormarsch, und das nicht nur in den Ländern der dritten Welt. Viele krankheitserregende Bakterien haben Resistenzen gegen bisher höchst wirksame Antibiotika entwickelt. Der ständig zunehmende weltweite Handel fördert jetzt ihre Verbreitung. Wie der Mikrobiologe Georg Peters von der Universität Münster unlängst auf einem von Bayer veranstalteten Seminar sagte, ist die Entwicklung von Resistenzen nicht vermeidbar. Bakterien ändern ständig ihr Erbgut oder übernehmen Resistenzeigenschaften von anderen Organismen. Es kommt also darauf an, die Ausbreitung der Resistenzen zu verhindern.

Der Selektionsdruck führt dazu, dass die sensiblen Bakterien in ihrem Wachstum unterdrückt und die resistenten dadurch gefördert werden. Sie können dann ein natürliches Mikrobiotop wie die Schleimhaut oder den Darm besiedeln und sich von dort aus durch Schmierinfektionen epidemieartig ausbreiten. Staphylokokken, die man zum Beispiel bis Anfang der neunziger Jahre mit Penicillin sicher im Griff hatte, sind inzwischen in aller Welt zu mehr als 80 Prozent resistent gegenüber diesem Antibiotikum. Allein in Deutschland führen sie schätzungsweise zu mehr als einer Million Krankenhausinfektionen pro Jahr.

Die Situation in den Kliniken muss verbessert werden, denn nur dort sind die Voraussetzungen für eine epidemieartige Ausbreitung gegeben. Reinhard Marre vom Universitätsklinikum Ulm forderte unter anderem, ständig auf Veränderungen bei den Erregern zu achten und die resistenten Keime so schnell wie möglich zu identifizieren …

Antibiotika sollten nur gezielt angewendet werden. Durch die Wahl des wirksamsten Mittels lässt sich die Phase, in der ein resistenter Erreger einen Selektionsvorteil hat, so weit wie möglich verkürzen.

Auch die Arzneimittelforschung ist gefordert. Benötigt werden völlig neue Klassen von Wirkstoffen. Stefan Wohlfeil, Leiter der Antiinfektiva-Forschung bei Bayer, ist zuversichtlich, was die Entwicklung solcher Substanzen betrifft. Jedes Bakterium besitzt etwa 100 bis 150 Gene, die für sein Überleben unerlässlich sind. Die heutigen Antibiotika richten sich nur gegen etwa zehn Prozent dieser Gene – genug Spielraum also für Neuentwicklungen.

Frankfurter Allgemeine Zeitung vom 22.4.1998

Text B

Resistente Bakterien auf Dauer gefeit

Sind Bakterien erst einmal resistent gegenüber einem Antibiotikum geworden, besteht kaum noch Hoffnung, dass sie diese Eigenschaft wieder verlieren. Darauf weisen Untersuchungen von Forschern um Bruce Levin an der Emory-Universität in Atlanta hin. Bislang haben viele Wissenschaftler angenommen, resistente Keime würden gewissermaßen eine rückwärts gerichtete Evolution durchlaufen, wenn sie nicht mehr mit den entsprechenden Antibiotika in Berührung kommen. Schließlich ist zu erwarten, dass die für die Resistenz zuständigen Gene die Konkurrenzfähigkeit gegenüber anderen Bakterien schmälern …

… Wie hartnäckig sich diese Resistenz hält, zeigen die Langzeitversuche von Richard Lenski an der Michigan State University in East Lansing. Der Forscher kultiviert entsprechende Kolibakterien seit nunmehr zehn Jahren. Das bedeutet, dass 20 000 Generationen verstrichen sind. Obwohl die Keime nicht mehr mit dem Antibiotikum in Kontakt gekommen sind, haben sie ihre Resistenz behalten. Ihre „Fitness" hat nicht gelitten. Das ist offenbar auf eine zusätzliche Mutation zurückzuführen …

Frankfurter Allgemeine Zeitung vom 12.11.1997

Aufgaben:

Text A: (Hinweis: Staphylokokken sind Erreger von Entzündungen, Eiterungen und Blutvergiftung)

1. Informiere dich: Was versteht man unter Resistenz?
2. Welche Gründe werden im Text A angeführt, die zur Resistenz der Bakterien führen?
3. Schildere eine Möglichkeit, wie man das für eine bestehende Infektion wirksamste Mittel finden kann.
4. Warum werden von den Wissenschaftlern „völlig neue Klassen von Wirkstoffen" gefordert?

Text B:

1. Informiere dich: Was sind Coli-Bakterien?
2. Was bedeuten die Ergebnisse der Langzeitversuche von R. Lenski für die praktische Arbeit in den Kliniken und für die Forschung (vgl. Text A und z.B. Frage 4)?

Methodisch-didaktische Hinweise:

Die beiden Texte befassen sich mit der Frage des Resistentwerdens von pathogenen Bakterien gegenüber den im medizinischen Bereich angewandten Antibiotika. Sie referieren in kurzer Form Tagungsberichte bzw. Experimente zu diesem Problemkreis, die wegen der Praxisrelevanz Schülerinnen und Schüler ansprechen.
Der Text A zeigt Probleme, wie sie heute in den Kliniken auftreten als Folge von resistent gegenüber Antibiotika gewordenen Krankheitserregern. Die Aussagen der Mediziner beleuchten nicht nur die augenblickliche Situation in den Krankenhäusern, es werden auch Forderungen an Ärzte und die Forschung gestellt, um das drängende Problem („1 Mio. Krankenhausinfektionen im Jahr!") in den Griff zu bekommen.
Text B schildert Langzeitversuche, welche die Frage klären sollen, ob die bakteriellen Resistenzen auf Erbänderungen (Mutationen) zurückzuführen sind, also keine vorübergehende Anpassung darstellen. Insofern stehen die beiden Texte in enger Beziehung zueinander.
Die Texte können somit einzeln oder zusammen von Schülern bearbeitet werden. Sie sind als Zusammenfassung oder Lernerfolgskontrolle weniger geeignet, eigenen sich aber sehr gut als motivierender Einstieg in das Problem des Resistentwerdens von Bakterien.

Lösungen:

Text A:
1. Resistenz bedeutet hier das Entwickeln einer Widerstandsfähigkeit gegen die entwicklungshemmende oder tödliche Wirkung von Antibiotika (die über Generationen hin erhalten bleibt; vgl. Text B).
2. „Bakterien ändern ständig ihr Erbgut" und „übernehmen Resistenzeigenschaften von anderen Organismen". Sie gewinnen dadurch Vorteile gegenüber den sensiblen Arten.
3. Um das „wirksamste Mittel" finden zu können, muss man die Erreger kennen (evtl. isolieren) und ihre Empfindlichkeit gegenüber möglichen Mitteln testen. Beispiel Plattentest, siehe Abb.; Mittel D ist das wirksamste.
4. Bei der Entwicklung von „völlig neuen Klassen von Wirkstoffen" ist die Wahrscheinlichkeit, auf bereits vorhandene Resistenzen zu stoßen, am geringsten.

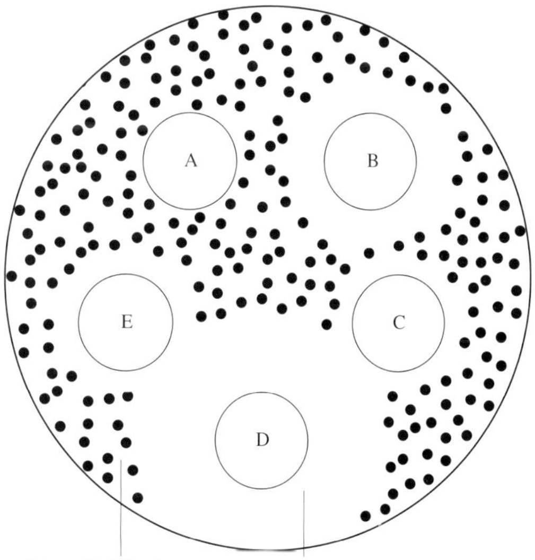

Text B:
1. Coli-Bakterien (wiss. Name *Escherichia coli*) gehören zur normalen Flora des Darms von Warmblütern. Coli kann aber auch Infektionen hervorrufen (Blinddarm, Harnwege, Wunden).
2. Da die Resistenzen erhalten bleiben, ist deren Bildung zu erschweren (Antibiotika nur gezielt und bei gesichertem Erfolg anwenden), durch die Entwicklung neuer Antibiotika können in einer Art Wettlauf die resistent gewordenen Stämme wirksamer bekämpft werden.

Literatur:

Z. B. *Wiesmann, E.:* Medizinische Mikrobiologie. Thieme, Stuttgart 1986.

Schädlingsabwehr bei der Kartoffel

A

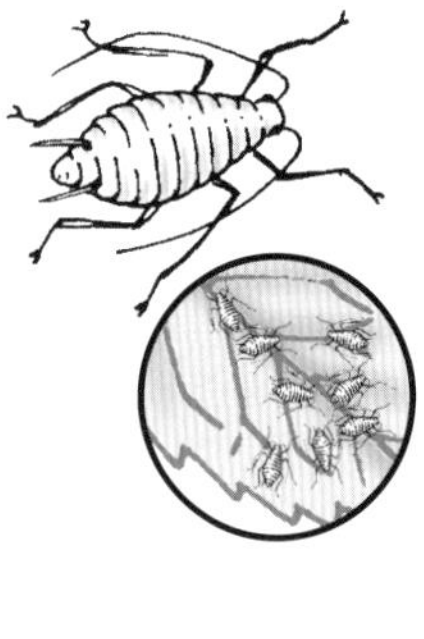

Blattlaus, befallenes Blatt

Beobachtung: Viele Pflanzen werden von Blattläusen befallen. Die Blattläuse stechen das Pflanzengewebe an und saugen es aus. Oft sitzen viele Blattläuse nebeneinander auf einem Blatt oder an einem Stängel. Kartoffelpflanzen jedoch werden von Blattläusen nicht befallen. Auch andere Fraßfeinde findet man an Kartoffelpflanzen selten.

C

Auf der Oberfläche eines Kartoffelblattes befinden sich viele mit Flüssigkeit gefüllte Härchen. Wenn die Flüssigkeit mit der Luft in Berührung kommt, dann bildet sich eine klebrige, zähflüssige, braune Masse.

Oberfläche eines Kartoffelblattes

D

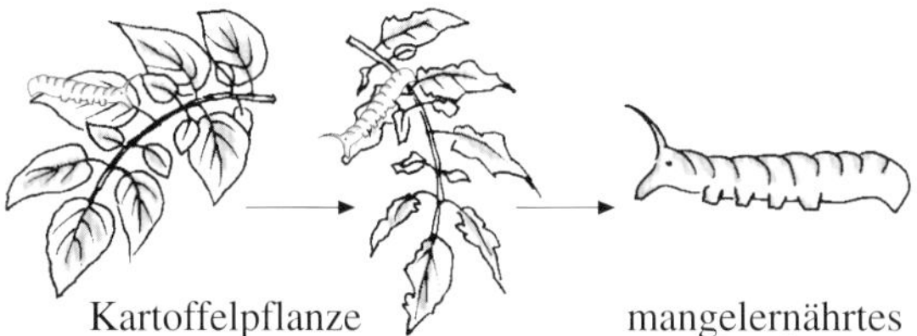

Nährwert von Kartoffelblättern:
An Kartoffelpflanzen fressende Larven entwickeln sich deutlich langsamer als andere Larven, bleiben unterentwickelt und verhungern schließlich.

E

Ein Teil der Härchen auf der Kartoffelblattoberseite enthält einen Duftstoff, der bei Blattläusen Fluchtverhalten auslöst.

B

Abwehrmechanismen von Pflanzen:
- Anreicherung von Giftsubstanzen (Blausäure, Nervengifte)
- Physikalische Barrieren (klebrige Substanzen, Stacheln, verdickte Außenhülle)
- Herabsetzung des Nährwertes
- Lockstoffe für Feinde
- Hormone (zur vorzeitigen Verpuppung)
- Schreckstoffe

G

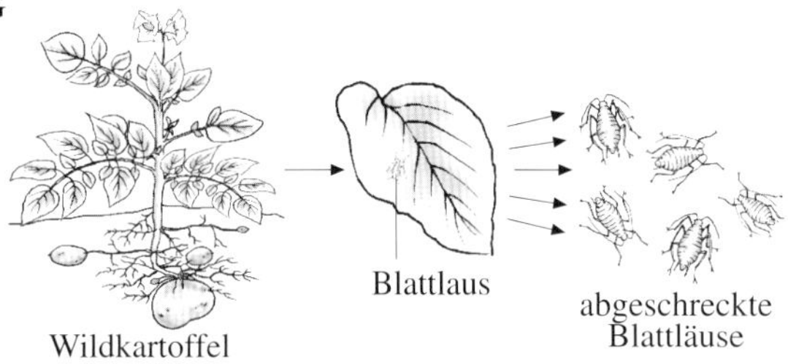

Wirkung verletzter Kartoffelblätter:
Verletzte Kartoffelblätter wirken auf Blattläuse abschreckend.

H

Wenn ein Kartoffelblatt durch eine fressende Larve verletzt wird, so bilden die umliegenden Zellen einen Inhaltsstoff aus, der die Verdauung von Eiweißstoffen stark behindert.

F

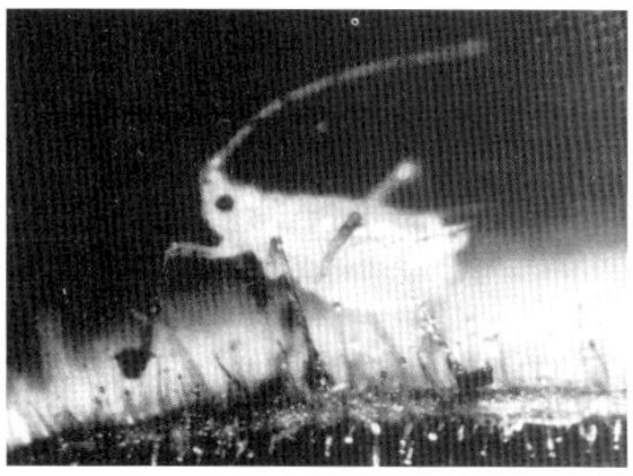

Blattlaus auf einem Kartoffelblatt

Wenn sich eine Blattlaus auf einem Blatt einer Kartoffelpflanze befindet, dann bewegt sie sich nach kurzer Zeit nur noch langsam. Sie sticht kein Pflanzengewebe mehr an.

Aufgaben:

1. Wie wehrt sich eine Kartoffelpflanze gegen Blattlausbefall und gegen andere Fraßfeinde?
   a) Werte zur Beantwortung dieser Frage die Informationen A bis H aus und ordne sie einander zu.
   b) Erkläre die verschiedenen Abwehrmechanismen der Kartoffelpflanze.
   c) Erkläre die Beobachtung (Material A).
2. Im Material B sind verschiedene Typen von Abwehrmechanismen zusammengefasst. Welche dieser Typen finden sich bei der Kartoffelpflanze?

Methodisch-didaktische Hinweise:

Der Primärstoffwechsel von Pflanzen kann durch die Kennzeichen universell, uniform, konservativ und unentbehrlich für den betroffenen Organismus charakterisiert werden. Er dient dem Wachstum und der Entwicklung des Organismus. Der Sekundärstoffwechsel ist demgegenüber Ausdruck der Wechselwirkung des Organismus mit seiner Umwelt. Er kann durch die Kennzeichen singular, vielfältig und adaptiv charakterisiert werden. Sekundäre Pflanzenstoffe sind entbehrlich für Wachstum und Entwicklung des Organismus, jedoch unentbehrlich für dessen Existenz und Fortbestand im Ökosystem. Sekundäre Pflanzenstoffe finden sich in einer ungeheuren Vielfalt und ihre Funktion lässt sich nur erschließen, wenn man die Stellung des untersuchten Organismus im Ökosystem berücksichtigt. Schon seit langem werden sekundäre Pflanzenstoffe nicht mehr als eine Art Müllhalde für Abfallstoffe betrachtet. Bei sessilen Organismen dienen viele der gefundenen Stoffe der Abwehr von Feinden. Viele Mechanismen der Feindabwehr sind nicht auf Pflanzen beschränkt, sondern auch bei sessilen Tieren nachzuweisen.
Die Kartoffel hat als Zuchtform viele der im Materialteil beschriebenen Fähigkeiten verloren. Die Untersuchungen, die zu den beschriebenen Ergebnissen geführt haben, sind zumeist an Wildformen durchgeführt worden. Auf einige weitere Abwehrmechanismen der Kartoffelpflanze wurden im Materialteil aus Umfangsgründen verzichtet:

- Die Blätter von Kartoffelpflanzen werden auch von Spinnmilben aufgesucht. Durch Fraßschäden wird die Bildung eines Lockstoffes für eine Raubmilbe ausgelöst. Die Raubmilbe frisst anschließend die Spinnmilbe.
- Ebenfalls durch Fraßschäden wird die Bildung von Enzymen ausgelöst, die an der Chinon-Gerbung beteiligt sind: Chinone reagieren bevorzugt mit Proteinen zu einem braunen Farbstoff (Bräunungsreaktion). Für Fraßfeinde wird damit der Nährwert der Nahrung herabgesetzt; außerdem reagieren die Chinone (und auch die Enzyme) noch im Verdauungstrakt des Fraßfeindes weiter, wodurch eine weitere Schädigung eintritt.
- Alle Gewebe der Kartoffelpflanze enthalten Tomatin, ein Saponin, das in höheren Konzentrationen auf Insekten tödlich wirkt.

Die Materialie kann eingesetzt werden in einer Unterrichtsreihe mit ökologischem Schwerpunkt. Auch evolutive Gesichtspunkte lassen sich besprechen, wenn die Frage der Genese der beschriebenen Mechanismen gestellt wird. Viele Abwehrmechanismen lassen sich nur vor dem Hintergrund einer lang andauernden Coevolution zwischen Blütenpflanzen und Insekten verstehen (z.B. Hormonbildung, Lockstoffbildung). Schüler, die diese Materialie bearbeiten, sollten systematische, entwicklungsbiologische und biochemische Grundkenntnisse besitzen (Entwicklungszyklus von Insekten, biochemische Stoffklassen, Funktionsweise von Hormonen). Die Bearbeitung ist zwar auch ohne diese Grundkenntnisse möglich, erfordert dann einen höheren Erklärungsanteil vom Lehrer.

Lösungen:

1. (a und b)
   F / C: Durch die Bewegung einer Blattlaus auf der Blattoberfläche brechen die Härchen und die Flüssigkeit ergießt sich über die Blattlaus. Die Flüssigkeit reagiert mit dem Luftsauerstoff zu einer klebrigen Masse und verklebt Beine und Mundwerkzeuge der Blattlaus. So bewegt sie sich nur noch langsam und kann kein Pflanzengewebe anstechen.
   E / G: Durch das Brechen der Härchen wird ein Duftstoff frei, der andere Blattläuse vom Befall der Kartoffelpflanzen abhält. Sie werden abgeschreckt.
   D / H: Durch die Verletzung des Pflanzengewebes wird ein Hemmstoff für die Eiweißverdauung gebildet (Proteinase-Inhibitor), der zu Mangelernährung und schließlich zum Tod der Fraßfeinde führt.
   c) Fraßfeinde werden durch verschiedene Mechanismen abgeschreckt oder getötet.
2. Physikalische Barriere: Bildung einer klebrigen braunen Masse, die den Fraßfeind außer Gefecht setzt. Herabsetzung des Nährwertes: Bildung eines Hemmstoffes für die Proteinverdauung. Schreckstoff: Abgabe eines Duftstoffes, der bei Blattläusen das Fluchtverhalten auslöst.

Pflanzenschutzmittel

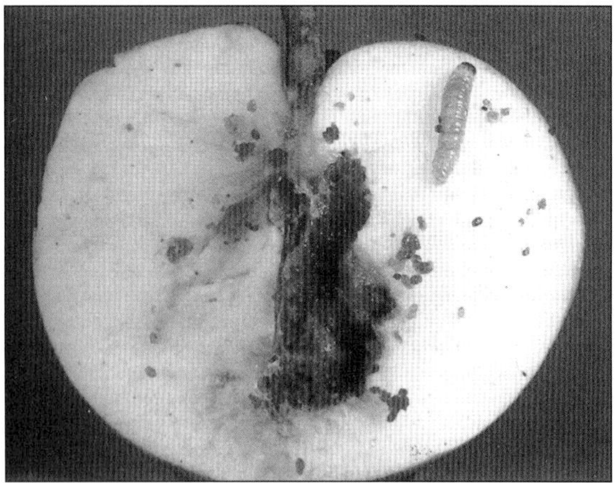

1 Apfel mit der Larve des Apfelwicklers.

2 Kartoffelfäule (Pilzbefall), gesunde Kartoffel.

3 Sonnenblumenfeld mit Unkrautvernichter behandelt (oben), unbehandelt (unten).

4 Definitionen

Pestizide: Sammelbegriff für alle Arten von Pflanzenschutzmitteln.
Herbizide: Unkrautvernichtungsmittel. Unkräuter sind alle Pflanzen, die in einem Feld mit Nutzpflanzen unerwünscht sind. Herbizide verhindern deren Wachstum.
Insektizide: Insektenvernichtungsmittel. Giftstoffe, die auf Insekten tödlich wirken.
Fungizide: Pilzvernichtungsmittel. Giftstoffe, die auf Pilze tödlich wirken.

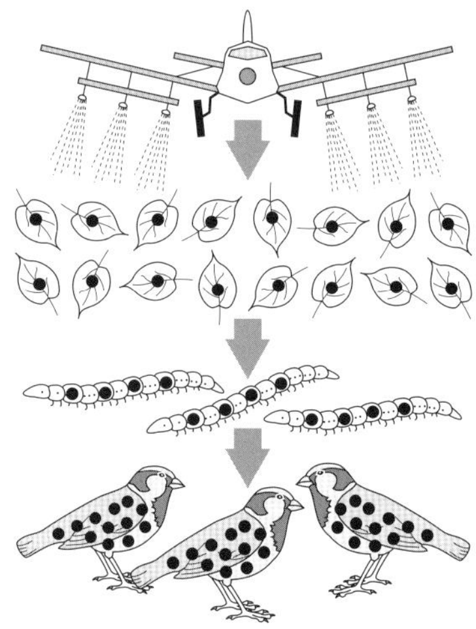

5 Anreicherung von Giftstoffen

6 Folgeprobleme der Giftstoffanwendung

Giftstoffe wirken nicht nur auf die Schädlinge, sondern auch auf andere Organismen, unter ihnen auch natürliche Feinde der Schädlinge. Reststoffe der Gifte können auf den Nutzpflanzen verbleiben und so in die menschliche Nahrung gelangen.
Manche Schädlinge sind bzw. werden gegen die Giftstoffe resistent.
Giftstoffe können durch Wind oder durch andere Einflüsse verbreitet werden.

Aufgaben:

1. Beschreibe die auf den Bildern 1 bis 3 dargestellten Sachverhalte.
2. Durch welche Pflanzenschutzmittel können die dargestellten Ernteeinbußen bekämpft werden? Ordne zu und erläutere.
3. Welche Folgeprobleme können durch die Anwendung von Pflanzenschutzmitteln auftreten? Beschreibe genau.
4. Welche anderen Möglichkeiten zum Pflanzenschutz kennst du? Liste sie auf.

Methodisch-didaktische Hinweise:

Die Behandlung des Themas Pflanzenschutzmittel im Unterricht kann emotional stark belastet sein: Schüler lehnen die Anwendung von Pflanzenschutzmitteln häufig ab, weil die für Tiere tödliche Giftwirkung abschreckend wirkt. Die tatsächlich auftretenden Folgeprobleme des Gifteinsatzes werden dabei häufig übersehen. Andererseits kann eine effektiv arbeitende Landwirtschaft auch heute noch nicht an einem wirksamen chemischen Pflanzenschutz vorbei gehen, ohne empfindliche Ernteeinbußen zu gewärtigen. Der Überfluss in der entwickelten Welt täuscht: Von den etwa 6 Milliarden Menschen der Weltbevölkerung wird etwa die Hälfte nicht richtig satt[1]. Diesem Dilemma versucht die vorliegende Materialie zu begegnen: Die Bilder des befallenen Apfels und der Kartoffel verdeutlichen, dass der Schutz von Nutzpflanzen eine wichtige Aufgabe der Landwirtschaft ist, um genießbare Lebensmittel zu produzieren. Die unterschiedlich stark durch Sonnenblumen bewachsenen Felder verdeutlichen den Anspruch der effektiven Nutzung. Probleme des Gifteinsatzes und Alternativen zur „chemischen Keule" werden jedoch ebenfalls thematisiert. Bei der Nennung der Haupt-Wirkstoffgruppen wurde vereinfachend auf Pheromone, Repellentien u. a. verzichtet. Auch die fördernde Wirkung von Monokulturen auf die Schädlingsentwicklung wird nicht explizit aufgenommen, kann aber im Unterricht angesprochen werden (s. dazu IV. 10.17).
Schüler, die diese Materialie bearbeiten, sollten systematische und entwicklungsbiologische Grundkenntnisse besitzen, sodass die Schadwirkungen von Insekten und Pilzen sowie der Ertragsverlust durch Konkurrenz eingeschätzt werden können.

Lösungen:

1. Abb. 1: Der Apfelwickler legt Eier und die sich entwickelnden Larven bohren sich in den Apfel und fressen das Kerngehäuse, sodass der Apfel ungenießbar wird.
   Abb. 2: Pilzhyphen durchdringen die gesamte Kartoffel und nutzen die Kartoffelinhaltsstoffe für das eigene Wachstum. Auch die befallene Kartoffel ist ungenießbar.
   Abb. 3: Auf dem unbehandelten Feld wachsen deutlich weniger Sonnenblumen, dafür aber mehr andere Pflanzen als auf dem behandelten Feld. Man wird daher dort weniger Sonnenblumenkerne ernten können.
2. Insektizide wirken auf Insekten tödlich, daher auch auf den Apfelwickler. Er legt keine Eier mehr, der Apfel bleibt intakt.
   Fungizide wirken auf Pilze tödlich, ein Befall der Kartoffeln unterbleibt.
   Herbizide verhindern das Wachstum von konkurrierenden Unkräutern, daher steigt der Ertrag an Sonnenblumenkernen.
3. – Giftstoffe können sich in der Nahrungskette anreichern und wirken dann auf größere Tiere (z. B. Vögel) tödlich.
   – Auch die natürlichen Feinde der Schädlinge werden getötet. Dadurch können sich Schädlinge, die gegen den Giftstoff resistent sind, ungehindert vermehren.
   – Durch die Verbreitung der Giftstoffe können angrenzende Ökosysteme geschädigt werden.
4. – Förderung der natürlichen Feinde des Schädlings.
   – Verwendung von Sexuallockstoffen (Pheromone).
   – Ausbringen von Repellentien.
   – Biologischer Landbau und extensive Landwirtschaft (Vermeidung von Monokulturen).

[1] 1916 vernichtete der die Kartoffelfäule hervorrufende Schadpilz fast die gesamte Kartoffelernte der deutschen Landwirtschaft. Im darauf folgenden „Steckrübenwinter" starben etwa 700 000 Menschen an Hunger oder daraus entstandenen Folgekrankheiten.

S IV. 10.19 Kohl

A

Wildkohl ist eine zweijährige Pflanze. Im ersten Jahr treibt die Pflanze aus und bildet einen Spross und Blätter. Der Spross kann bis zu zwei Meter hoch werden und verdickt sich mit zunehmendem Alter. Erst im zweiten Jahr bildet der Wildkohl an der Hauptachse und an den Seitenzweigen stark verzweigte Blütenstände aus. Wildkohl gehört zur Familie der Kreuzblütler. Als Frucht wird eine Schote ausgebildet. Alle Kohlsorten sind durch Züchtung aus dem Wildkohl hervorgegangen.

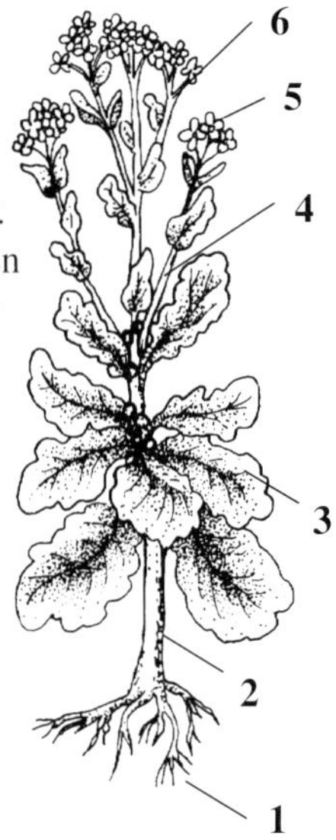

B

a Kopfkohl b Brokkoli c Blumenkohl

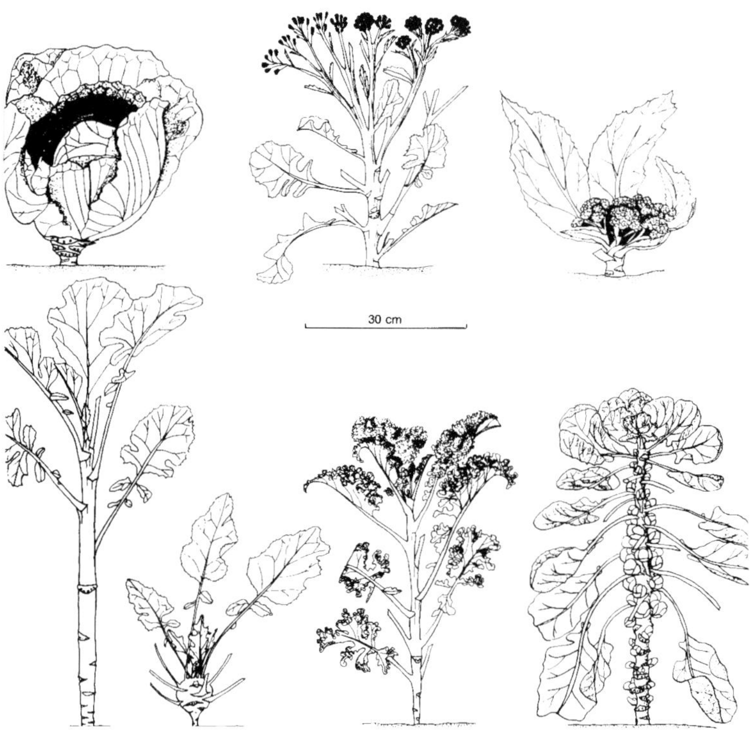

d Markstammkohl e Kohlrabi f Grünkohl g Rosenkohl

C

A Diese Kohlsorte bildet einen hohen Stamm, an dem gestauchte Seitenzweige mit kurzen Blättern wachsen. Die gestauchten Seitenzweige dienen dem Menschen als Nahrung.

B Bei dieser Kohlsorte bleibt der Spross unentwickelt, trotzdem werden aber Blätter gebildet, die sich übereinander um die Sprossknospe legen. Die Blätter werden für die menschliche Ernährung genutzt, aus ihnen kann man Sauerkraut, Wirsing oder Rotkohl herstellen.

C Bei dieser Kohlsorte verdickt sich der Stamm im unteren Bereich. Der Spross wächst nicht in die Höhe, sodass die Blätter aus dem verdickten Stammbereich entspringen. Der verdickte Stammbereich wird für die menschliche Ernährung genutzt.

D Diese Kohlsorte ist hochstämmig und bildet dunkelgrüne Blätter aus. Der Rand der Blätter wächst schneller als die Blattspreite, sodass die Blätter gekräuselt aussehen. Die Blätter dienen der menschlichen Ernährung. Der Kohl schmeckt etwas süßlich.

E Bei dieser Kohlsorte essen die Menschen die verdickten Blütenstiele. Sie werden bereits im ersten Jahr des Kohlwachstums ausgebildet und besitzen eine grüne Farbe. Die Blüten selbst befinden sich noch im Knospenstadium, enthalten jedoch bereits Pollen.

F Diese Kohlsorte wächst hochstämmig und ihr Stamm verdickt sich auf der ganzen Länge. Blätter und Stämme wurden früher häufig, heute jedoch nur noch selten, als Viehfutter genutzt.

G Diese Kohlsorte bildet keinen hohen Stamm aus. Der Stamm ist gestaucht, bildet jedoch bereits Blütenstiele. Auch die Blütenstiele sind gestaucht, sie verdicken sich sehr stark und besitzen eine weiße Farbe. Sie dienen der menschlichen Ernährung. Die Blüten selbst befinden sich noch im Knospenstadium und sind mit bloßem Auge kaum erkennbar.

Aufgaben:

1. Beschrifte die einzelnen Teile des Wildkohls 1 – 6 anhand der Angaben im Text und schreibe die Zahlen mit den richtigen Bezeichnungen in dein Heft.
2. Ordne den Beschreibungen der Kohlsorten die richtigen Namen und Bilder zu. Schreibe die Lösung in dein Heft.
3. Welche Teile des Wildkohls sind durch Züchtung für die Ernährung zugänglich gemacht worden? Erstelle eine Liste und umkreise diese Bestandteile im Bild des Wildkohls.
4. Wie müsste ein Züchter vorgehen, um Samen der verschiedenen Kohlsorten zur Aussaat zu erhalten?

Methodisch-didaktische Hinweise:

Kohl gehört zu den Gemüsepflanzen mit weltwirtschaftlicher Bedeutung und steht mit geernteten ca. 50 Millionen Tonnen an erster Stelle. Die Hälfte davon entfällt auf Asien, dann folgt Europa, und hier gibt es den meisten Kohl in Italien und Deutschland. Der ernährungsphysiologische Wert von Gemüse (und so auch von Kohl) liegt in seinem Gehalt an Ballaststoffen, Mineralstoffen und Vitaminen. Manche Inhaltsstoffe entfalten präventive Wirkungen gegenüber Zivilisationskrankheiten wie Bluthochdruck, Herzinfarktrisiko oder Krebs.
Wildkohl kommt in mehreren Varietäten im Mittelmeerraum und an der atlantischen Westküste vor. Er ist salzresistent und wächst vor allem an felsigen Küstenabschnitten. Alle Varietäten sind untereinander und mit den verschiedenen Formen des Kulturkohls kreuzbar. Die Kulturpflanzen des Kohls lassen sich aus den Wildformen ableiten und sind durch Züchtung bereits im Altertum (Kohlrabi, Grünkohl) oder im Mittelalter (Brokkoli, Kopfkohl) entstanden. Lediglich der Rosenkohl ist als relativ junge Zuchtform erst im 18. Jahrhundert entstanden.
Rotkohl unterscheidet sich von Weißkohl durch den Besitz von Anthocyanen. Auf die Unterscheidung von Weißkohl und Wirsingkohl (der sich durch allometrisches Wachstum von Blattadern und Intercostalfeldern auszeichnet) wurde verzichtet.
Die Materialie kann eingesetzt werden in einer Unterrichtsreihe zu Blütenpflanzen, in der die verschiedenen Pflanzenorgane bereits behandelt wurden. In diesem Fall ergibt sich, dass die neu gelernten Begriffe auf den Fall „Kohl" angewendet werden müssen. Man kann jedoch auch den Schwerpunkt auf die Bedeutung der Züchtung legen, dabei ergibt sich, dass die Materialie als Hinführung zu evolutionsbiologischen Fragestellungen eingesetzt werden kann.
Schüler, die diese Materialie bearbeiten, sollten Grundkenntnisse zum Aufbau höherer Pflanzen besitzen. Als erwünschter Nebeneffekt ergibt sich, dass das heute häufig anzutreffende Unwissen über die Herkunft auch alltäglich benutzter Nahrungsmittel verringert werden kann.

Lösungen:

1. 1 Wurzel — 4 Seitenzweig
   2 Stamm — 5 Blüte
   3 Blatt — 6 Blütenstiel
2. A Rosenkohl Bild g — E Brokkoli Bild b
   B Kopfkohl Bild a — F Markstammkohl Bild d
   C Kohlrabi Bild e — G Blumenkohl Bild c
   D Grünkohl Bild f
3. Stamm: Markstammkohl und Kohlrabi
   Blätter: Kopfkohl, Grünkohl
   Blütenstiele: Brokkoli, Blumenkohl
   Seitenzweige: Rosenkohl
4. Wenn man die Kohlpflanzen über zwei Jahre wachsen lässt (und nicht nach einem Jahr aberntet), dann bilden sie Blüten und Samen aus, die gesammelt werden können.

S IV. 10.20 Von der Hundsrose zur Kulturrose

In Hecken und an Waldrändern wächst die *Heckenrose* oder *Hundsrose* (Abb. 1), sie wird als Urtyp unserer Gartenrosen angesehen. Sie zeigt den für Rosengewächse typischen Blütenbau (siehe Abb. 2).

Abb. 1: Die Heckenrose

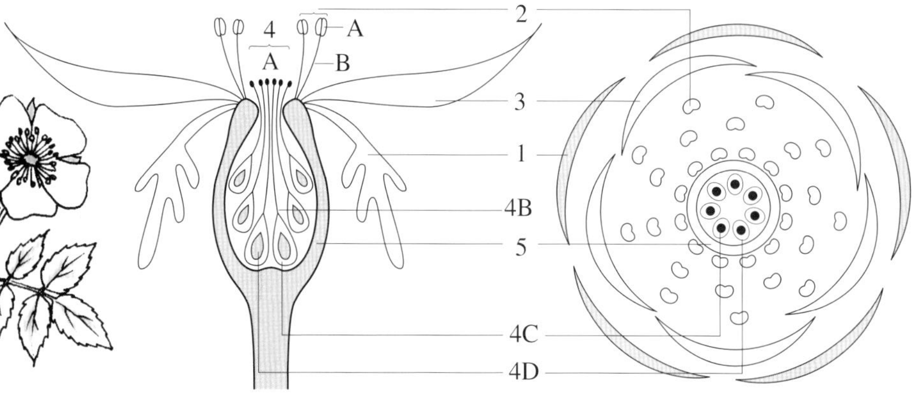

Abb. 2: Blütenlängsschnitt und Blütengrundriss der Heckenrose

Die Anzahl aller bisher erzeugten *Kultur-* oder *Gartenrosen* wird von Experten auf 50 000 Sorten geschätzt. Heute gibt es auf der Welt etwa 1 500 Rosenzüchter, sodass ständig neue Sorten auf den Markt kommen. Sie nutzen dabei aus, dass bei Rosen verschiedene Arten miteinander gekreuzt werden können, es entstehen dann Hybriden. Alle Kultursorten stammen von wenigen Wildrosen ab, die durch Mutationen, Kreuzung und Auslese immer weiter gezüchtet wurden. Während die Farbe der europäischen Rosen stets weiß, rosa oder rot war, tauchte durch Einkreuzen einer asiatischen Rose auch die Farbe Gelb auf, doch auch Rosen mit grünen, violetten und orangeroten Blütenfarben können in den Gartenkatalogen bestaunt werden. Die Wildrosen besitzen 5 Kronblätter, die Gartenrosen sind gefüllt, Staubblätter werden zur Kronblättern umgewandelt. Teerosen zeigen oft noch diesen Übergang von Staubblättern zu Kronblättern (siehe Abb. 3). Extrem gefüllte Rosen besitzen überhaupt keine Staubblätter mehr, sie sind im männlichen Geschlecht steril.

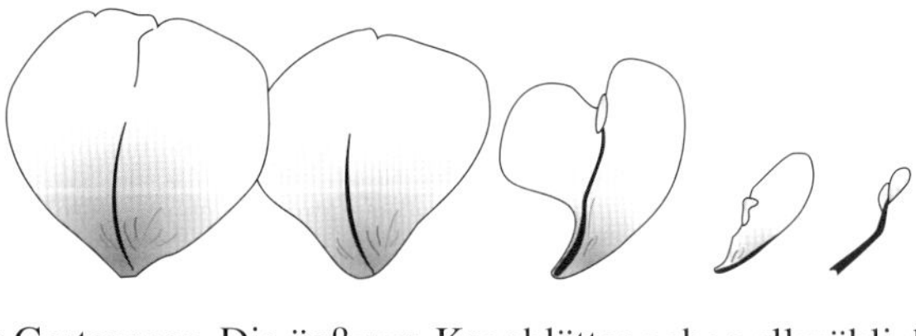

Abb. 3: Blütenfüllung bei der Gartenrose. Die äußeren Kronblätter gehen allmählich in Staubblätter über [aus 1].

Während Wildrosen nur wenige Tage blühen, wurde um ca. 1800 den Gartenrosen die Eigenschaft des Längerblühens einverleibt. Während die Teerosen am Sprossende nur wenige große Blüten hervorbringen, blühen die kleinerblütigen Polyantharosen (gr. poly = viel, anthos = Blüte) ausdauernder und in reicher Verzweigung. Woher der Name Teerose stammt ist umstritten, entweder bezieht sich der Name auf den ausgeprägten Teeduft oder auf Schiffsladungen aus Indien und Ceylon, die neben Tee auch Rosen als Frachtgut mitbrachten. Remontantrosen blühen im Jahr mehrmals, sie remontieren (= wiederholt blühen) wie der Gärtner sich ausdrückt. Aber auch bezüglich der Wuchsform gibt es verschiedene züchterische Bearbeitungen: Kletterrosen, Strauchrosen, Stammrosen und kriechende Teppichrosen.
Im Verlauf ihrer langen Züchtungsreihe haben viele Rosen die Eigenschaft des Duftens verloren, viele Blumenzüchter besinnen sich jedoch nun wieder auf dieses Merkmal der ursprünglichen Wildrosen, ziehen sie damit nicht nur Bienen an, sondern verlocken auch die Menschen, sich solchen Blüten zu nähern, um sie mit allen Sinnen wahrzunehmen.

Aufgaben:
1. Ordne den Ziffern der Abbildung 2 die richtigen Begriffe zu.
2. Nenne einige Rosensorten.
3. Welche Züchtungsziele wurden verfolgt?
4. Wodurch wurden die Züchtungsziele erreicht?

Methodisch-didaktische Hinweise:
Die Geschichte der Gartenrose beginnt vor etwa 5 000 Jahren, wo sie in China kultiviert wurde. In Assyrien und Babylonien war das aus Rosen hergestellte Rosenwasser von großer Bedeutung. Die Römer importierten die Rose zunächst aus Ägypten, bevor sie selbst Rosengärten anlegten. Einen der frühesten Belege für die Einführung von Rosen in Gärten bringt das „Capitulare de villis" Karls des Großen. In der griechischen Mythologie und in der römischen Götterwelt ist die Rose den Göttinnen der Liebe Aphrodite und Venus geweiht. Im Christentum verknüpfte man die Rose mit der Jungfrau Maria und mit Jesus Christus. So spielt die Rose seit Jahrtausenden im Gefühlsleben der Menschen eine wichtige Rolle. Keine andere Blume wurde so oft gemalt, keiner anderen wurden so oft Gedichte gewidmet, und keine andere Pflanze wurde ähnlich intensiv züchterisch bearbeitet. Obwohl auch heute noch die Rose in keinem Reihenhausgärtlein fehlt, wird in Schulbüchern meist nur auf die Wildform eingegangen. Das Unterrichtsmaterial kann daher dazu genutzt werden, anhand des Beispiels Rose auf die Prinzipien der Pflanzenzüchtung und evtl. auch auf die kulturhistorische Bedeutung einer Pflanze, einzugehen. Die Klassifizierung der Rosensorten ist sehr uneinheitlich und unübersichtlich und wurde daher stark vereinfacht. So fehlen die in [3] beschriebenen Bourbonrosen, die vermutlich durch Kreuzung von Chinarosen mit *Rosa gallica* und *Rosa damascena* entstanden. Sie wurden auf der französischen Insel Bourbon (= heutiges Réunion) erstmals entdeckt. Floribundarosen wiederum sind neuere Züchtungen, die zwischen Polyantharosen und Teerosen stehen, also in größeren Büscheln blühen, aber größere, teerosenähnliche Blüten besitzen. Als Hybriden werden die oben genannten Rosensorten bezeichnet, die wiederum mit anderen Rosen gekreuzt wurden und triploid oder tetraploid sind, so entstanden z.B. Teehybriden und Polyanthahybriden, eine eigentlich unlogische Bezeichnung, da es sich bei den ursprünglichen Sorten ja auch schon um Hybriden handelt. Einen möglichen Rosenstammbaum zeigt die Abbildung 4.

Aus didaktischen Gründen wurde im Material nur die Umwandlung von Staubblättern in Kronblätter erwähnt. Allerdings ist es auch möglich, die vorhandenen 5 Kronblattanlagen aufzuspalten, es entstehen dann mäßig gefüllte, eher kugelige Rosenblüten mit vielen Staubblättern (Biedermeiertyp). Manche Rosen zeigen an den äußersten Kronblättern einen grünen Aalstrich, vermutlich wurden hier Kelchblattanlagen in Kronblätter umgewandelt [2].

Lösungen:
1. 1 Kelchblatt, 2 Staubblatt, 2A Staubbeutel, 2B Staubfaden, 3 Kronblatt, 4 Fruchtblatt, 4A Narbe, 4B Griffel, 4C Fruchtknoten, 4D Samenanlage, 5 Blütenboden.
2. Teerosen, Polyantharosen, Remontantrosen.
3. Gefüllte Blüten, neue Blütenfarben, verschiedenen Wuchsformen, längeres und wiederholtes Blühen.
4. Durch Einkreuzen anderer Rosensorten (= hybridisieren), durch zufällige und künstliche Mutationen, durch Auslese der gewünschten Sorten.

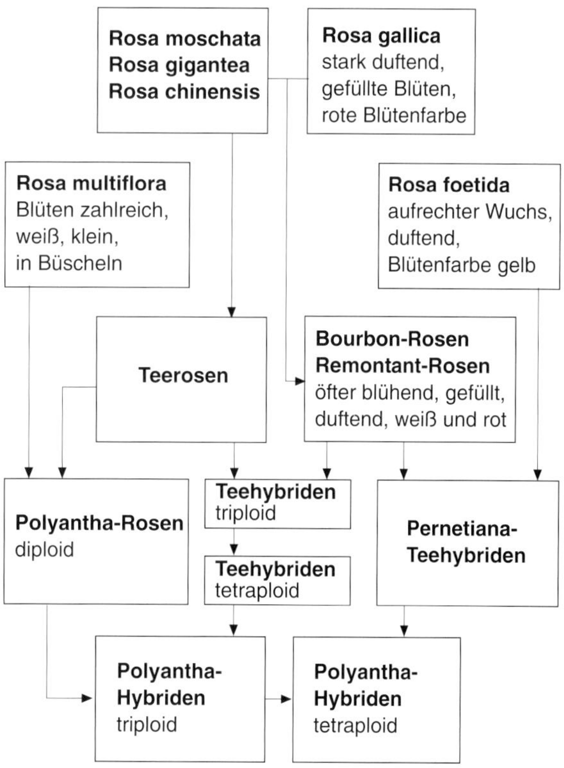

Abb. 4: Möglicher Stammbaum der Kulturrosen [aus 1].

Literatur:
[1] *Dombrowsky, S., Meyer, D.:* Die Rose – Blume der Blumen. In: UB 92/8 (1984), S. 34 – 38.
[2] *Pfisterer, J. A.:* Die Nutzung der Rosen als Arbeitsmaterial im Biologieunterricht, MNU 48/8 (1995), S. 495 – 497.
[3] *Woessner, D.:* Das praktische Rosenbuch. 3. Auf. Verlag Eugen Ulmer, Stuttgart 1996.

Quellennachweis

Seite 20
Abb. 1, Abb. 2: Moßner, H.: Original

Seite 22
Abbildungen: Moßner, H.: Original

Seite 24
Abbildungen: Moßner, H.: Original

Seite 34
Abbildungen: Freytag, K.: Original

Seite 36
Verändert nach: Klahm, G.: Wie sauber ist die Luft in unserer Stadt? – Pflanzen zeigen uns den Zustand der Luft an. NiUB, 3/32, 1984 S. 92 – 103

Seite 52
Abb. 1: Aus: E. Strasburger, Lehrbuch für Botanik an Hochschulen, Gustav Fischer Verlag, 1978, S. 453 © Spektrum Akademischer Verlag, Heidelberg, Berlin
Abb. 2, 3: verändert nach: Rauh, W.: Morphologie der Nutzpflanzen. Quelle & Meyer Verlag, Wiebelsheim 1994, S. 37

Seite 53
Abb. 4: Aus: E. Strasburger, Lehrbuch für Botanik an Hochschulen, Gustav Fischer Verlag, 1978, S. 453 © Spektrum Akademischer Verlag, Heidelberg, Berlin

Seite 54
Abb. 1, 3: Aus: E. Strasburger, Lehrbuch für Botanik an Hochschulen, Gustav Fischer Verlag, 1978, S. 70, 847 © Spektrum Akademischer Verlag, Heidelberg, Berlin
Abb. 2: verändert nach: Rauh, W.: Morphologie der Nutzpflanzen. Quelle & Meyer Verlag, Wiebelsheim 1994, S. 222, 224

Seite 56
Abbildung: Moßner, H.: Original

Seite 58
Abbildung: Moßner, H.: Original

Seite 62
Abbildung: Moßner, H.: Original

Seite 65
Abbildung 3: Aus: Grünsfelder, M.: Makroskopische und mikroskopische Untersuchung von Arzneidrogen. Thieme Verlag, Stuttgart, New York 1991, verändert.

Seite 66
Abbildung verändert nach: Väth, R.: Überblick über den Feinbau des Pflanzenkörpers und über wichtige Funktionen der Bauelemente. Akademiebericht Nr. 73: Biologie in der Mittelstufe des Gymnasiums, 7. Jahrgangsstufe, S. 229 – 233. Akademie für Lehrerfortbildung, Dillingen 1984.

Seite 68
Abbildung verändert nach: Dorn, M.: Überblick über den Aufbau eines Nadelbaumes und über wichtige Funktionen seiner Bauelemente. Akademiebericht Nr. 73: Biologie in der Mittelstufe des Gymnasiums, 7. Jahrgangsstufe, S. 92 – 94. Akademie für Lehrerfortbildung, Dillingen, 1984.

Seite 72
Torfmoospflanze, Sternmoospflanze: Aus: Braune, Leman, Taubert: Pflanzenanatomisches Praktikum, Bd. II., Gustav Fischer Verlag, 1999, S. 218, 225, 249. © Spektrum Akademischer Verlag, Heidelberg, Berlin
Herzlilie: Aus: Braune, Leman, Taubert: Pflanzenanatomisches Praktikum, Bd. I., 1987, S. 106. © Spektrum Akademischer Verlag, Heidelberg, Berlin

Seite 73
Widertonmoos: Aus: Braune, Leman, Taubert: Pflanzenanatomisches Praktikum, Bd. II., Gustav Fischer Verlag, 1999, S. 229. © Spektrum Akademischer Verlag, Heidelberg, Berlin
Torfmoos-Blättchen: K. Freytag, Original

Seite 80
Abbildung: Moßner, H.: Original

Seite 84
Abbildung II: verändert nach Strasburger, E.: Lehrbuch der Botanik für Hochschulen. Gustav Fischer Verlag, Stuttgart u. a., [31]1978, S 330.

Seite 99
Abbildung: Moßner, H.: Original

Seite 102
Abbildung verändert nach Hintermeier, H.: Der Baum als Unterrichtsthema. NiUBio 31 (1983), S. 432

Seite 120
Abbildung I, II: Mohr, H., Schopfer, P.: Lehrbuch der Pflanzenphysiologie. Berlin u. a. 1978, S. 498 (verändert), S. 286.
Abbildung II, IV: Strasburger, E. (Hrsg.): Lehrbuch für Botanik an Hochschulen. Stuttgart u. a. 1978, S. 449, S. 454 (verändert).

Seiten 122/123
Abb. 1, 2B, 3, 4 (jeweils verändert): Mohr, H., Schopfer, P.: Lehrbuch der Pflanzenphysiologie. Berlin u.a. 1978, S. 513, S. 517, S. 518, S. 514.
Abb. 2 A: Gehendges, F.: Kopieratlas Biologie – Pflanzenkunde. Aulis, Köln 1988, P 27 (verändert).
Abb. 5: Eschenhagen, Kattmann, Rodi (Hrsg.): Handbuch des Biologieunterrichts, Band 4, Sinnesleistungen, Informationsverarbeitung, Verhalten. Aulis, Köln 1996, S. 29.

Seite 124
A: www.ernst-beck.de
E: Gehendges, F.: Kopieratlas Biologie – Pflanzenkunde. Aulis, Köln 1988, P 15, P 16.
Abb. 1: Wasternack, C., Hause, B.: Jasmonate – chemische Signale in Pflanzen. In: Biologie in unserer Zeit, Heft 6/2000, S. 312 ff., S. 314.

Seite 126
Abbildung: Moßner, H.: Original

Seiten 134/135
Abb. 1, A–D: Mohr, H., Schopfer, P.: Lehrbuch der Pflanzenphysiologie. Berlin u.a. 1978, S. 376.
Abb. 2: Strasburger, E. (Hrsg.): Lehrbuch der Botanik an Hochschulen. Stuttgart u.a. 1978, S. 382 (verändert).

Quellennachweis

Seite 142
Pflaume A: Gehendges, F.: Kopieratlas Biologie, Band 2. Aulis, Köln 1988, P 114 (verändert).
Apfel B, C: Eschenhagen, D. u. a. (Hrsg.): Handbuch des Biologieunterrichts Sekundarbereich I, Band 5, Sexualität, Fortpflanzung, Entwicklung. Aulis, Köln 1993, S. 188, S. 189 (jeweils verändert).
Pflaume B, Apfel A: Jaenicke, J. (Hrsg.): Biologie heute 1, Lehrerband mit Kopiervorlagen. Hannover 1985, S. 252, S. 253 (verändert).
Pflaume C: Bauer, E. W. (Hrsg.): CVK Biologie 1. Berlin 1984, S. 104 (verändert).

Seite 146
Abbildung: Moßner, H.: Original

Seite 150
Strasburger, E. (Hrsg.): Lehrbuch für Botanik für Hochschulen, Stuttgart u. a. 1978, S. 197.

Seite 152
Abbildung: Moßner, H.: Original

Seite 160
Abbildung: Moßner, H.: Original

Seite 164
K. Freytag, Original

Seite 180
Abbildung nach: Meyendorf, G. (Hrsg.): Chemische Schulexperimente, Bd. 1. Geräte, Chemikalien, Arbeitstechniken. Berlin 1989.

Seite 186
Abbildung nach: Rauh, W.: Morphologie der Nutzpflanzen. Quelle & Meyer Verlag, Wiebelsheim 1994, S. 59 (verändert).

Seite 188
Abbildungen: A, B, C: Aus: Strasburger, E. (Hrsg.): Lehrbuch für Botanik an Hochschulen, Gustav Fischer Verlag, 1978, Seite 814. © Spektrum Akademischer Verlag, Heidelberg, Berlin.
Abbildungen: D, E, F, G: Rauh, W.: Morphologie der Nutzpflanzen. Heidelberg 1994, S. 237 (verändert).

Seite 190
Abbildung aus: Strasburger, E. (Hrsg.): Lehrbuch für Botanik an Hochschulen. Gustav Fischer Verlag, 1978, S. 822. © Spektrum Akademischer Verlag, Heidelberg, Berlin.

Seite 192
Fotos: K. Freytag

Seite 200
Abbildungen 1, 3: H. Moßner
Abbildung 2, Fotos: Horst Hooge

Seite 202
Text A Dr. Hildegard Kaulen, aus: FAZ vom 22.4.1998.
Text B aus: FAZ vom 12.11.1997. Beide Texte wurden etwas gekürzt.

Seite 204
Abbildung A: Quarto Publishing Ltd., London
Abbildung C: Aus: D. Ryan, P. Gregory, W. M. Tingey, Photochemistry, 1982, S. 82. Mit Genehmigung von Elsevier Science.
Abbildungen D, G: Aus: W. Braune, A. Leman, H. Taubert: Pflanzenanatomisches Praktikum I, S. 106 und 128, 1987. © Spektrum Akademischer Verlag, Heidelberg, Berlin.
Abbildung F: Arnold Ltd., London

Seite 206
Abbildung 1 und 2: Zurhake, F., Entwicklung neuer Pflanzenschutzwirkstoffe. In: Biologie in unserer Zeit, Heft 6/1989, S. 190/1
Abbildung 3, oben: Ebertz, F., Kranz, K.: Die Selektivität von Herbiziden In: Biologie in unserer Zeit, Heft 6/1991, S. 298.
Abbildung 3, unten: Novartis, Basel
Abbildung 5: Biologie GN Ökologie. Bayerischer Schulbuchverlag 1995, S. 73.

Seite 208
Abbildung A: Aus: Eschenhagen, D., Kattmann, U. Rodi, D. (Hrsg.): Handbuch des Biologie-Unterrichts, Sekundarstufe I, Band 7. Köln 1998, S. 71 (verändert).
Abbildung B: Aus: Körber-Grohne, U.: Nutzpflanzen in Deutschland. Stuttgart 1987, S. 175.

Seite 211
Abbildung 4: Aus: Dombrowsky, S., Meyer, D.: Die Rose – Blume der Blumen. In: UB 92/8 (1984), S. 34 – 38.

Register

Im Regelfall ist für jedes Stichwort nur die Schülerseite angeführt, es sei denn, es wird speziell im Text der L-Seite erläutert.

Register